2013年国家社科基金课题“刑事程序性辩护的有效性研究”
（批准号：13CFX061）最终成果

江西省高等学校人文社会科学重点研究基地
九江学院社会系统学研究中心成果

刑事程序性辩护的有效性研究

石浩旭　著

WUHAN UNIVERSITY PRESS
武汉大学出版社

图书在版编目(CIP)数据

刑事程序性辩护的有效性研究/石浩旭著.—武汉：武汉大学出版社,2022.9

ISBN 978-7-307-22870-2

Ⅰ.刑…　Ⅱ.石…　Ⅲ.刑事诉讼—诉讼程序—辩护—研究—中国　Ⅳ.D925.215.4

中国版本图书馆 CIP 数据核字(2022)第 013515 号

责任编辑:陈　帆　　责任校对:李孟潇　　版式设计:马　佳

出版发行：**武汉大学出版社**　(430072　武昌　珞珈山)

(电子邮箱：cbs22@ whu.edu.cn　网址：www.wdp. com.cn)

印刷:武汉邮科印务有限公司

开本:720×1000　1/16　印张:21.5　字数:330 千字　插页:1

版次:2022 年 9 月第 1 版　2022 年 9 月第 1 次印刷

ISBN 978-7-307-22870-2　定价:89.00 元

前　言

程序法治化进程使法律程序的价值日益彰显。在以“庭审为中心”的司法改革背景下，重塑侦、控、辩、裁之间的关系成为必要，其中法官中立、控辩平等对抗是公正判决的基础。各法治国家的刑事法律制度均面临着实施国家刑罚权与人权保障之间抵牾，如何保持两者之间的最佳平衡是摆在法治国家面前的一道难题，对刑事程序性辩护的有效性进行研究正是对这一问题的呼应。各法治国家一般均将辩护权作为基本权利设置于宪法与相关法律之中，但静态的辩护权的规定并不必然带来被告人辩护权的实现，律师帮助辩护也只是解决问题的一个侧面，有效辩护不能简单等同于律师尽职辩护。辩护权的实现既需要对实体性辩护的有效性结果进行考量，也需要对程序性辩护有效性的结果进行考量。由于我国传统的刑事司法中侧重于对实质真实的追求，控辩的重心放在实体问题上，相对而言，刑事程序性辩护的有效性问题更为突出，因而本书选择刑事程序性辩护的有效性作为研究的重点。

从外在形式上看，国外学者从有效辩护到辩护的有效性的研究路径，实质上是从制度构建到制度实践的过程，而从辩护的有效性到有效辩护的研究路径则是从司法实践反向推动制度变革的过程；如果从内在本质看，刑事程序性辩护的有效性具有更丰富的内涵，程序性辩护有效性具有导向实体问题的效果，这一概念既可以涵括司法实践辩护实效的意义，也可以用于对有效辩护的制度属性进行考证，也就是说，程序性辩护有效性高的制度实践必然会促成实体辩护与程序辩护效果的双重实现，在此意义上，刑事程序性辩护有效性可以涵括国外学者所指称的有效辩护的制度内容。在学术界已有研究成果的基础上，厘清有效辩护与辩护有效性等诸多相关概念及其相互关系，对程序性辩护的有效性进行系统研究，以期呼应“审判中心主义”司法改革对辩护制度提出的新要求，重新审视并优化整个诉讼环节中关涉程序性辩护有效性的侦查力量、控辩力量、审判力量等权力与权利配置，从而推动程序性人权的有效实现，反向推动相关制度的完善，最终实现司法的公正与权威。

目　录

导　　论

一、研究背景

党的十八大以来，以习近平同志为核心的党中央高度重视国家治理体系和治理能力的现代化。习总书记指出："深化司法体制改革，建设公正高效权威的社会主义司法制度，是推进国家治理体系和治理能力现代化的重要举措。"①毫无疑问，以审判为中心的刑事诉讼制度改革是贯彻这一精神的重要举措，不仅推动了审判程序的改革，也对审前程序提出了新的要求，牵一发而动全身。对审判程序而言，庭审是"审判中心之中的中心"，是寻找事实与法律的关键场域，只有在庭审中保持控辩双方的力量均衡，才有可能实现判决的公正，才更加有利于法官将心证建立在事实与证据的基础之上；对审前程序而言，不仅意味着诉讼流程重心的转移，而且意味着办案人员办案思维的转变，从追求客观真实向追求法律真实转变，对法律真实的追求是对实体正义与程序正义的双向追求，辩护的有效性是实现这一目标的有效手段，而程序性辩护的有效性是法律正当程序的应有之义。

很长一段时间以来，我国的刑事司法侧重于对实质真实和对实体问题的控与辩的追求，相对而言，刑事程序性辩护的有效性被忽视，因而本书以刑事程序性辩护有效性作为研究的重点。虽然本书选择刑事程序性辩护的有效性作为主要研究的对象，但不可否认的是，刑事实体性辩护与刑事程序性辩护对于司法法治化来说是紧密相关的两个问题，缺一不可，各有侧重。相较而言，实体性辩护的客观性更强，

① 习近平：《习近平谈治国理政》（第二卷），外文出版社 2017 年版，第 130 页。

更多地依赖客观事实，刑事实体性辩护的有效性可以直接促成裁判结果向着有利于辩方主张的实体辩护方向发展；而程序性辩护主观性更强，因为程序本身有着人为建构理性的特征，程序性辩护的结果则更加受制于国家对程序价值的态度。事实上，在主张程序优于实体的英美法系国家，成功的程序性辩护影响最终实体结果的情况并不少见，而在没有程序优先传统的国度，程序性辩护的效果可能会大打折扣。尽管在不同的制度背景下，不同的学者对相关论题及其所指称的对象存在理解的偏差，导致了自说自话的现象，诸如“有辩护”“有律师辩护”“有效果的辩护” 与“辩护的有效性”等。但不容置疑的是，提高程序性辩护的有效性是一项系统工程，不仅需要与提升程序价值相呼应的观念，更需要完善具体的程序法律制度。对程序性辩护及其有效性的考证为我们提供了一个长期以来被忽视的视角：与实体性辩护不同，程序性辩护及程序性辩护的有效性能够反作用于程序结构，会使程序更趋合理化，使程序公正的价值更易于实现；程序性辩护的有效性可以增强司法制度可接受的程度；程序性辩护通过交涉说理过程，昭示权力与权利博弈之下的公正，会在当事人心中留下关于程序公正的感受。程序性辩护及其有效性的提升不仅可以促成程序性权利的实现，增强主体对程序的可接受程度，程序的运作还会将这一体验导向实体结果中，增强对实体结果的可接受程度。正如有学者认为的：我国刑事辩护经历了一个从有位辩护到有人辩护、从有人辩护到有序辩护、从有序辩护到有据辩护、从有据辩护到有形辩护的发展历程。①

正如国外有的国家从形式辩护向实质辩护的发展历程一样，我国的刑事辩护必将从有形辩护走向有效辩护。② 但是，与其他国家不同，我国《宪法》虽然规定了律师辩护权，却并不存在其他国家那样的判例法传统，也没有违反《宪法》所产生的程序性权利审查机制。所以，我国也不可能通过判例建立起考评辩护有效性的标准体系，只能通过制度改进以顺应程序法治对辩护制度的新要求，通过对辩护行

① 关仕新：《提升辩护有效性，助力庭审实质化》，载《检察日报》2016 年 8 月 11 日。

② 张中：《论侦查阶段的有效辩护》，载《当代法学》2017 年第 6 期。

为实际运作效果的反思来推进制度完善。

二、研究意义

如果从法律正当程序的视角考量对辩护效果的研究价值，则不难看出其平衡控辩力量的程序架构意义——辩护的有效性是衡量辩护制度能否良性运作的重要手段。从有效辩护到辩护的有效性的路径实质上是从制度构建到制度实践的过程。对刑事程序性辩护的有效性进行研究，是倡导一种从实践到制度的理性反思过程。挖掘刑事程序性辩护有效性的制度内涵，通过分析辩护实践的效果，研究我国辩护实践中存在的问题，反思辩护制度的相关问题，可以反向推动权利的完善与制度的更新。通过因果关系判断找寻问题的真正原因，进而反向推动刑事辩护制度以及整个刑事司法制度法治化。本书试图挖掘刑事程序性辩护的丰富内涵，结合实证资料对刑事程序性辩护的有效性进行研究。从理论上看，对刑事程序性辩护的有效性研究，是对程序权利机制是否良性运作的考量，有利于维护刑事程序的自治性；注重对程序性辩护实质效果的考察，有利于完善程序性裁判中"控、辩、裁"三方诉讼结构的架构，有利于保障当事人的公正审判权；有利于探寻阻碍程序性辩护效果实现的因素，保障程序性人权。从实践上看，能够为被告人及其律师进行程序性辩护提供指引，推动律师刑事辩护执业标准的完善；推动司法权力的有效运作，推动司法机关准确、及时地查明案情和正确适用法律，防止发生冤、假、错案，抵御国家司法权的滥用，防止被追诉者在诉讼过程中的诉讼权利和其他合法权益受到侵犯。

三、国内外相关研究综述

人权保障是各法治国家刑事司法的重要目标，程序性辩护不仅是人权保障的需要，而且是程序法治的应有之义。在研究路径上，两大法系各国学者在研究辩护问题时，均是以辩护权为起点，以律师帮助权为中心，以提升辩护有效性为目标，进而以建立律师辩护标准和完善辩护制度为落脚点。从价值取向上看，各国均以人权保障为背景，不管是采用广义的有效辩护还是采用狭义的有效辩护，均是以刑事司法中的人权保障为背景；从研究方法上看，大体上，各国均遵循了从理论入手到制度设定再到实证验证的发展过程。

在英美法系国家，主要通过判例法确立了保障程序性辩护有效性的制度。在美国，从宪法修正案到刑事程序法律均对律师辩护制度有着详细的规定，但美国的有效辩护立足于考证律师辩护行为的效力，侧重于研究律师的行为及行为的标准，最终扩展到对有利于提升辩护有效性的相关制度的研究上，其具体的路径为，不断通过判例确立有效辩护的形式与实质标准，进而扩展到律师行为的伦理准则之上，以此确保律师辩护的有效性，虽然没有区分实体性辩护与程序性辩护，但因“程序优先”的传统，程序性辩护的重要地位不言自明，无效辩护的最终结果是撤销案件，重新审判，但刑事程序性制裁只触及国家公权机关的程序违法行为，对于律师的无效辩护行为，则单独通过当事人提起无效辩护之诉予以解决。在英国，由于英国没有成文宪法传统，也就不具备如美国那样通过诠释宪法的条款而引申出程序性辩护的情形，但在司法实践中，只要存在律师辩护，就会面临同样的问题，英国的辩护有效性问题直接产生于判例法，通过一系列判例确立了律师有效性辩护的标准。在大陆法系国家，因为成文法事先规定辩护制度，所以直接根据法律规定评判辩护行为的效力并衡量辩护行为的效果，而无须借助判例创造标准，并且将缺乏律师辩护的情形归入诉讼行为无效的相关制度中，在此问题上，将律师与国家机关引起的辩护问题同样处理，通过诉讼行为无效制度解决相关问题，因而，对辩护有效性的探究并没有集中于单一主体的特定行为之上，而是从多方主体所涉及的多项制度进行系统考证。① 较为典型的是法国，法国通过诉讼无效制度制裁程序性违法行为。从诉讼阶段上看，可以分为预审程序的无效与庭审程序的无效；从性质上，可以分为法定无效与实质无效，规定了大量程序性辩护事由。② 在德国，德国《基本法》

① 丁鹏等编译：《欧洲四国有效刑事辩护研究——人权的视角》，法律出版社 2012 年版，第 23～25 页。

② 转引自陈瑞华：《大陆法中的诉讼行为无效制度——三个法律文本的考察》，载《政法论坛》2003 年第 5 期。

与《刑事诉讼法》设定了一系列的程序权利，为国家的警察、检察官和法官的行为设置一系列的公权运作的条件，德国《刑事诉讼法》规定了证据禁止制度，包括：证据提出的禁止与证据使用的禁止①，对违法收集的证据适用严格的程序规则，上述对程序性权利的规定与对权力的限定是程序性辩护有效性的有力保障。

近年来，我国的刑事司法制度改革呼应了国际上刑事司法改革的浪潮，以程序法治与人权保障为最根本的价值取向，《刑事诉讼法》的改革历程可以较为清晰地看到这一脉络，辩护权一直以来都是我国学者研究的重点，但有效辩护的相关问题直到近几年才逐渐成为学者关注的焦点。大致上，我国学者研究这一问题的路径为：其一，从制度发展的历史来看，经历了制度的确立与实施两个大的阶段；其二，从制度研究的内容上看，经历了从"有辩护"到"有律师辩护"到"有效果的律师辩护"阶段。具体来看，在制度确立之前的阶段，学者们主要致力于对国外的辩护制度进行比较研究，以及对当时我国制度中存在的问题进行分析；在制度的确立阶段，学者们致力于对辩护制度及其保障制度进行研究，对制度的基本范畴统一认识；在制度实践阶段，学者们借鉴国外解决辩护实践问题的经验，结合我国司法实践中出现的辩护问题进行实证分析，探寻适合我国国情的解决问题的方法，寻求提升辩护质量的方法，既有宏观的制度变革，也有微观的技术性改进方案。就辩护的效果来看，最初有学者从辩护的种类及其特征对有效辩护进行研究。② 有学者借鉴国外的做法，提出专门针对死刑案件的辩护改进方案，主张死刑案件先确立无效辩护制度。③ 有学者将有效辩护分为形式辩护与实质辩护，从诉讼环境、诉讼构造、制度保障等方面提出了实质辩护的要求，从律师辩护的"合理有能力"、

① 转引自李倩：《德国刑事诉讼法证据禁止制度分析》，载《中国刑事法杂志》2010 年第 1 期。

② 宋英辉：《刑事诉讼法原理》，法律出版社 2003 年版，第 116~120 页。

③ 林劲松：《对抗制国家的无效辩护制度》，载《环球法律评论》2006 年第 4 期。

自我辩护受重视等方面提出了形式辩护的要求。① 有学者则反对贸然引入无效辩护制度，主张应当从律师制度入手，关注律师辩护行为的策略及效果，通过立法与司法提升律师素质和辩护能力。② 有学者提出：我国辩护权从形式走向实质的关键在于关注辩护的有效性。③ 有学者另辟蹊径，从研究、撰写、提出、表达律师辩护意见的方式角度，考察律师辩护效果的生发机制。④ 有学者认为：应当建立律师辩护的标准及质量控制机制，保障被告人获得律师的帮助，而且还要促使律师提供尽职尽责的辩护，以提升辩护的质量。⑤ 有学者从公权与私权的角度对辩护权进行研究，提出过度注重形式辩护，将辩护权绝对私权化理解和设计，置于公权力的对立面去提防和控制，影响有效辩护权生存的法律环境，应当有针对性地提升刑事被追诉人及其辩护律师的辩护能力。⑥ 有学者对律师与法官意见反馈及接纳机制进行研究。⑦ 有学者以审判为中心，强调广义的有效辩护应当成为建设的重点，应从保障被告人对质权与落实辩护律师的调查取证权着手。⑧ 有学者认为：律师辩护的有效性难以得到充分保障，在庭审实质化改革

---

① 樊崇义、叶肖华：《从有效辩护原则看我国的辩护制度改革》，载《中国律师》2007年第10期。

② 顾永忠、李竺娉：《论刑事辩护的有效性及其实现条件——兼议无效辩护在我国的引入》，载《西部法学评论》2008年第1期。

③ 王喆、闵春雷：《美国死刑有效辩护制度及其启示》，载《东北师范大学学报》2012年第6期。

④ 左卫民、马静华：《效果与悖论：中国刑事辩护作用机制》，载《政法论坛》2012年第2期。

⑤ 陈瑞华：《刑事诉讼中的有效辩护问题》，载《苏州大学学报》2014年第9期。

⑥ 汪家宝：《论刑事被追诉人的有效辩护权》，载《政治与法律》2016年第4期。

⑦ 林强、白春安：《刑事案件有效辩护制度的审视与完善》，载《人民检察》2016年第20期。

⑧ 魏晓娜：《审判中心视角下的有效辩护问题》，载《当代法学》2017年第3期。

中，需要落实律师的诸项权利，才能提升律师的辩护质量。① 有学者以审判中心主义为基础，提出从权利要素、行为要素与结果要素三个方面及法律援助制度等进行改革。② 有学者关注了有效辩护的基本内涵，认为有效辩护的理论基础主要包括程序正义、无罪推定与人权保障、诉讼结构等方面。③ 也有学者关注了认罪认罚案件中值班律师的法律定位不明确、对案件的参与程度有限以及辩护质量不高的问题，结合值班律师制度研究了此类案件中的有效辩护，提出我国应结合认罪认罚案件中值班律师辩护的特殊性以及有效辩护的最低标准，制定辩护的专业化、具体化、全面化、合意化和理性化等几点要素为核心的认罪认罚案件的有效辩护标准。④ 也有学者研究改革开放以来我国刑事辩护制度的变革与发展，辩护制度的发展历程为从“有”辩护到实现“有效”辩护的制度。⑤ 有学者认为刑事辩护的质量包括有效性和实质性标准，应当建立无效辩护之诉来解决无效辩护的问题。⑥ 也有学者通过考证非律师辩护制度的立法背景，对非律师辩护人资格提出质疑，其本质在于有效辩护向普遍辩护的妥协，主张应当通过法律援助方式完全实现律师帮助辩护，解决有效辩护的问题。⑦有学者区分了“有效辩护”与“有效果辩护”，认为：其他学者所研究的有效辩

① 熊秋红：《审判中心视野下的律师有效辩护》，载《当代法学》2017 年第 6 期。

② 杨建广、李懿艺：《审判中心视域下有效辩护的构成与适用》，载《政法学刊》2017 年第 1 期。

③ 桂梦美、张蕾：《有效辩护理念的本体展开》，载《浙江工商大学学报》2018 年第 3 期。

④ 宋哲一：《论认罪认罚从宽案件中的有效辩护——以值班律师为视角的观察》，载《中国石油大学学报》(社会科学版)2018 年第 6 期。

⑤ 蒋志如、陈磊：《从“有”辩护到实现“有效”辩护的演进轨迹——改革开放 40 年来我国刑事辩护制度的变革与发展》，载《内蒙古师范大学学报》2018 年第 4 期。

⑥ 张佳华：《有效辩护的法命题解构》，载《甘肃社会科学》2018 年第 4 期。

⑦ 傅兴华：《有效辩护向普遍辩护的妥协——非律师辩护人资格的思考》，载《辽宁工业大学学报》(社会科学版)2019 年第 2 期。

护实为尽职辩护，关注辩护行为的过程，但实际上我国应当同时关注“有效果辩护”与辩护权行使的结果，二者共同构成高品质辩护体系，应当肯定两者的效用，即在肯定尽职辩护具有规范辩护过程作用的同时，主张使用“有效果辩护”作为辩护权实质保障的话语，辩护律师应当以此为依据选择辩护策略。①

学界的研究无疑具有相当的价值，但仍有值得商榷和深入的地方。其一，在基本概念上仍需统一认识，如“有效辩护”“有律师辩护”“律师的尽职辩护”“辩护的有效性”“律师辩护的有效性”“有效果的辩护”等，这些概念的模糊不清，不统一，难以形成研究的合力，在各自的研究范围内，解决问题的方案也千差万别，存在自说自话的现象，例如，如果将有效辩护等同于有律师辩护，进而提出通过保障律师辩护解决有效辩护的问题的方案，这也是值得商榷的观点，因为在我国，律师辩护只是一种类型，而且并不是所有案件均能保证有律师提供帮助。其二，对刑事程序性辩护的研究力度不够，缺少专门研究刑事程序性辩护的有效性的论文与著作。刑事程序性辩护是程序法治化进程中不可绕开的论题，刑事程序性辩护对人权保障及法律正当程序的建构有着重要的意义，程序性辩护的有效性也有着举足轻重的作用。其三，实证研究仍显不够，理论界缺乏实证研究的资料，实务界缺乏对其所掌握的资料进行理论分析的时间与精力及相关的知识储备。其四，缺乏专门的系统分析，学者们的大部分研究是选择与辩护相关的某个角度进行研究，故此其提出的解决问题的方案有时也难免偏颇，因而应当进行宏观的系统分析。

四、研究方法与创新点

本书立足于研究我国刑事程序性辩护的有效性，结合国际社会通用的基本的刑事司法准则及我国最新《刑事诉讼法》的有关规定，综合运用文献研究法、比较分析法、系统分析法、实证研究法等方法，澄清与辩护有效性相关的基本理论问题，建构基本的理论框架与制度框架。运用经济分析的方法对程序性辩护的有效性及主体辩护策略的

① 左卫民：《有效辩护还是有效果辩护》，载《法学评论》2019 年第 1 期。

选取这两者的关系进行研究；运用实证研究的方法，就刑事程序性辩护情况及其有效性进行广泛和深入的调查，在选取实证分析的指标体系时，运用类型学的方法进行分类研究，选取违法扣押、回避、非法证据排除、超期羁押等问题，对影响程序性辩护效果的因素进行研究，探索问题的原因并得出结论，提出有针对性的完善方案。

本书的创新之处在于主张通过研究刑事程序性辩护的有效性，反向推动权利的完善与制度的革新。辩护权的实现既需要对实体性辩护的有效性进行考量，也需要对程序性辩护的有效性进行考量，既需要对过程进行考量，也需要对结果进行考量。从“有辩护”到“辩护有效性”，从“有刑事程序性辩护”到“刑事程序性辩护有效性”，从形式辩护走向实质辩护，关注辩护的质量，推动了对刑事程序性辩护的有效性考量及制度改进。厘清刑事程序性辩护有效性的基本范畴及其与相关概念的关系；系统地研究了刑事程序性辩护的理论框架及运作机制，考证了国内外影响刑事程序性辩护的权利配置及相关制度设置状况；运用实证研究的方法，对我国司法实践中较为典型的刑事程序性辩护辩点选择的实践情况进行了研究，分析其中程序性辩护的有效性；有针对性地提出了从观念、政策转变到诉讼机制、程序性证明机制完善的路径，从程序性辩护选择权奠基到程序性裁判机制司法化改造的路径，从保障律师帮助权到完善律师制度的路径。

第一章　刑事程序性辩护有效性的概述

刑事辩护的有效性包括刑事实体性辩护的有效性与刑事程序性辩护的有效性两个层面，而刑事辩护的有效性概念直接源于学者提出的有效辩护的概念，这一概念的提出既是理论推导的结果，也是实践推动的结果。

第一节　刑事程序性辩护有效性的概说

一个国家在特定时期对某一项制度的研究程度，受制于理论与司法实践的发展程度，政治经济形势的发展重塑了法律的程序价值，推动了程序相关的理论与实践的发展，刑事程序性辩护、有效辩护及刑事程序性辩护有效性等概念的提出即是肯认和提升程序价值的结果。

一、刑事程序性辩护有效性的概念与特征

在社会学中，对有效性的研究一般是从信度与效度两个方面进行，研究测量资料与测量结论的可靠性，研究测量内容与测量要求的符合程度。① 在法社会学的研究视野中，法的有效性，即法对人的作用力和影响力，包括价值有效性、规范有效性和现实有效性。② 借鉴这些研究的成果，刑事程序性辩护的有效性是指程序性辩护行为对程

---

① 郑杭生：《社会学概论新修》，中国人民大学出版社 2003 年版，第 476~478 页。

② 闻立军：《法社会学视野下法的有效性理解的逻辑思路》，载《西北第二民族学院学报》2006 年第 1 期。

序本身及程序性辩护结果所产生的作用力和影响力，包括程序价值有效性、程序规范有效性和辩护实践有效性三个侧面，程序价值有效性是理论前提，程序规范有效性是制度基础，辩护实践有效性是现实条件。刑事程序性辩护有效性的概念有着丰富的内涵，不仅涵括自然法学的价值追求，而且蕴含程序正义的法治理念，追求公正合理地解决刑事案件纠纷，对于维护社会稳定与秩序有着重要的意义；也具备规范法学所倡导的法的效力渊源，涵括有效辩护的基本制度；更具有源于基本人权的辩护实践基础，具有实践导向性，有效果的辩护必须经受法社会学运用社会科学方法所实施的严格的检验。以有效辩护权为基础，指向整个刑事诉讼过程，不仅是对刑事程序性辩护行为的效果进行动态考查，具有过程导向性，还具有结果导向性。从可操作性技术的角度来看，刑事程序性辩护的有效性是将程序性辩护行为与辩护效果设定为一定的指标后进行的一种量化计算的结果。刑事程序性辩护的有效性的基本特征如下。

（一）刑事程序性辩护的有效性是对程序性辩护制度的整体评价

刑事程序性辩护的有效性需要对程序价值、程序规范、程序性辩护实践进行综合评价。就程序性辩护实践而言，并不是对单个孤立的制度属性的简单评价，而是对程序性辩护行为的过程及其效果的整体评价，需要研究程序性辩护主体的选择、程序性辩护辩点及辩护策略的选择、程序性辩护目的选择，以及上述选择对最终辩护结果的影响程度及影响原因的分析。对此问题的研究目的在于推动刑事辩护实践的发展及相关制度的完善，是对刑事程序辩护行为运行过程及结果的动态把握，需要捕捉刑事程序性辩护行为在司法实践中的运行轨迹，类型化为一定的变量并进行动态的描述与分析，这一过程是对国家整体的辩护制度效果的研究。

（二）刑事程序性辩护有效性的过程导向性

英美法系国家法律传统认为程序优先于实体，即“程序是实体之母”，程序性辩护与程序性制裁有着举足轻重的地位。以职权主义为特征的大陆法系国家强调国家公权力机关依职权办案的主动性，虽然程序价值观念不及英美法系国家，但其在追求实质真实的同时也关注程序公正。虽然两者在具体制度设计的立足点上有所不同，但公正合理地解决刑事案件纠纷，维护社会稳定与秩序的价值取向相同。

过程导向性是指对程序性辩护有效性的研究注重达致程序性辩护有效性的过程，程序性辩护有效性的提高必须经历程序性辩护有效化的过程，刑事程序性辩护制度各要素之间是一个完整的系统，系统功能的发挥有赖于各要素之间的结构耦合性，通过制度的改进即辩护制度的有效化过程可以提升辩护制度的有效性。但必须注意的是辩护的有效性是一个相对的概念，相对于辩护的无效性，是对辩护行为效果的一种描述，是为了研究的方便而采用的一种类型化的描述。在各国的司法实践中，辩护的有效性与辩护的无效性如影随形，即使在法治发达的国家也存在辩护无效的问题，在法治不发达国家的刑事司法制度中也存在有效辩护及提升辩护有效性的制度需求，这里并不存在以发达法治国家为中心的先见，当犯罪嫌疑人、被告人的辩护权被证明为法治国家的刑事司法制度中的一种基本的法治文明现象后，有效辩护与辩护的有效性就成为法治国家辩护制度的一个目标。如果说有效辩护可能还存在不同政治形态下因为制度选择的不同而存在不同的价值判断，辩护的有效性则是建立在对辩护行为及效果的实证分析的基础上的事实判断，其具有过程导向性。刑事程序性辩护的有效性直指程序性违法，其运用程序性制裁监控整个程序过程。

（三）刑事程序性辩护有效性的结果导向性

正如前述，刑事程序性辩护的有效性不仅具有过程导向性，还具有结果导向性，因为提升程序性辩护有效性的最终目的不仅在于通过提升程序性辩护有效性以促成程序公正，还在于通过提升辩护效果影响案件结果，维护人权，促进案件的实体公正。从表面上看，刑事程序性辩护关注程序问题，但程序性辩护也指向“事实”，不同的事实观是不同法治国家司法状态的重要分野。在刑事司法中，设置程序性权利的目的在于阻却国家公权力滥用，实现保障人权及发现真实的目标，通过法律正当程序而达到的真实即“法律真实”，刑事诉讼的本质在于通过一定的程序设置来解决社会的冲突与纷争，案件真实是诉讼行为所追求的直接目标。事实上，在刑事诉讼中，刑事诉讼主体在认定案件事实及适用法律进行判决的程序机理上，主体对案件事实的认定过程同样经历着从生活事实到案件事实再到判决事实的发展过程，法律适用蕴含其中。刑事程序的正当性对于消解不满、缓解冲突有着重大的作用，否则，原本存在于被告人与被害人之间的冲突，将可能会由于代表国家的公安机关、检察机关的强行介入，演变成被告人、被害人与国家的公安、司法机关的冲突，任何程序的不公均可能让被告人对司法制度心生不满，进而诉诸上诉甚至信访等救济途径来维护自己的权益，对刑事程序性辩护制度及其有效性的研究是探索消除不满的有效方法。

(四)有效辩护权是刑事程序性辩护有效性的权利基础

作为刑事程序性辩护有效性的制度基础的有效辩护权是一项宪法性权利，是辩护行为的权利基础，但静态的辩护制度只能为实现程序性辩护有效性提供一种可能，辩护权的有效实现必须经历从宪法到部门法层层推进的过程才能实现，可以说，刑事诉讼的发展历史也是以辩护权为核心的嫌疑人的权利不断扩展的历史。刑事辩护制度是现代刑事司法正当程序的基础性架构的重要组成部分，而正当程序不仅具有形式要件的要求还有实质要件的要求，包括刑事程序性辩护有效性在内的辩护的有效性是一种对辩护制度运作效果的考评机制。辩护有效性的提高反向推动有效辩护制度的发展，刑事程序性辩护的有效性直接针对程序性违法行为，有利于增强辩方力量，更进一步促成控辩双方力量的平衡。大部分法治国家将辩护权和宪法、宪政紧密地联系在一起，我国《宪法》也将辩护权作为基本的权利。《刑事诉讼法》将保障犯罪嫌疑人、被告人的辩护权作为基本原则，但没有对辩护权的效果作出具体要求，有效辩护与辩护的有效性是辩护制度从形式向实质发展的两个重要的阶段。在我国 2012 年修改的《刑事诉讼法》中，已经将辩护人介入诉讼的时间进一步提前，律师的有效介入使其有权介入极易出现“非法取证”等程序性违法的阶段并提出程序性辩护，同时，进行程序性辩护的有效性考量也日益重要。

二、刑事程序性辩护有效性的分类

其一，从性质角度分类。刑事程序性辩护的有效性可以分为程序意义上的刑事程序性辩护的有效性与实质意义上的刑事程序性辩护的有效性。美国诉讼法律理论界将正当程序原则分为程序性正当法律程序与实质性正当法律程序，① 借鉴这一分类方法，对刑事程序性辩护有效性的分类也可以分为程序意义上的刑事程序性辩护有效性与实质意义上的刑事程序性辩护的有效性，程序意义上的刑事程序性辩护有效性是对追诉机关程序合法性的考量，是对提出程序性辩护后法官对该程序性事项采纳与否的效果考量；实质意义上的刑事程序性辩护的有效性则不仅考虑程序性辩护的有效性，还要考量其对最终实体性判决的影响程度乃至对法律所蕴含的公平、秩序、人权等多项价值的影响。这种分类法的意义在于通过对刑事程序性辩护有效性内涵的挖掘，深入认识其对实现法律价值的重要作用。

其二，从辩护人的身份角度分类。从辩护人的身份来看，可以分为律师程序性辩护的有效性与非律师辩护人程序性辩护的有效性。我国《刑事诉讼法》规定了能够作为辩护人的主体包括：律师；人民团体或者犯罪嫌疑人、被告人所在单位推荐的人；犯罪嫌疑人、被告人的监护人、亲友。可以将以上人员分为两类，即律师与非律师辩护人，因而从辩护人身份的角度对刑事程序性辩护有效性的研究也包括律师与非律师辩护人刑事程序性辩护的有效性，相较于律师而言，其他辩护人的辩护权限受到更大的限制。因为国外大多数法治国家能够充分保障刑事案件中的律师帮助辩护权，因而研究其刑事程序性辩护的有效性只需考虑律师程序性辩护的有效性，而在我国，还需考虑非律师辩护人程序性辩护的有效性问题。毫无疑问，由于对刑事程序性法律的知悉程度不同，在案件中调查取证的权限不同，不同主体提出的程序性辩护的效果存在较大的差异。

其三，从刑事程序性违法的内容角度分类。从刑事程序性违法的

---

① 潘佳铭：《美国宪法“正当程序原则”及其人权纪录》，载《西南师范大学学报》1997年第6期。

内容来看，大致上可以分为对违反诉讼条件的程序性违法的辩护有效性、对违反强制措施与强制性措施的程序性违法的辩护有效性、对剥夺程序选择权的辩护有效性、对非法取证行为的程序性违法的辩护有效性。

刑事诉讼条件是一个源于大陆法系国家刑事司法的重要理论概念。1686 年，德国诉讼法学者标罗最先从刑事诉讼法律关系的角度研究了刑事诉讼法律规律及价值；1925 年，哥德斯密特又提出了“诉讼状态”理论，将诉讼的实体结果解释为当事人对既判力的一种预期，即“动态的法律状态”，虽然当事人的预期可能会随着不同诉讼阶段案件事实与证据的不同，而呈现不同的预期，但其预期仍然是一种对结果的孤立预期，仍不能很好地解释刑事诉讼中的实体与程序的关系问题，需要将诉讼结果融入诉讼法律关系；德国学者绍尔将刑事诉讼过程分为“实体形成过程”“诉追过程”“程序形成过程”。① 虽然这种分类在理论逻辑上存在一定的交叉关系，可以认为诉追过程也是一种程序形成过程，应当包含在程序形成过程之中，也可以认为诉追过程是从法律行为的角度进行描述的，而实体形成过程及程序形成过程则从法律行为的对象的角度进行区分，将三者并列的分类方式存在着逻辑矛盾，但不容否认的是，在大陆法系国家的刑事司法理论中，程序至此获得了与实体同等重要的地位。当对这种理论作进一步研究的时候，必然会触及诉讼条件的问题，不管是诉讼实体面的形成，还是诉讼程序面的形成过程，均离不开一定的条件。日本田口守一教授将诉讼条件分为公诉权行使条件、应诉权行使条件、审判权行使条件。② 事实上，根据诉讼阶段理论，刑事诉讼分为不同的阶段并层层推进，程序本身就是一定的步骤与程序，从一个阶段进入下一个阶段，必须满足实质条件与形式条件。就法院审判阶段来说，正如我国台湾地区学者陈朴生主张的“如果欠缺诉讼条件时，法院仅为形式上

① 郭松、吴贤静：《大陆法系刑事诉讼条件理论探微》，载《黑龙江省政法管理干部学院学报》2003 年第 6 期。

② [日]田口守一：《刑事诉讼法》，刘迪、张凌等译，法律出版社 2000 年版，第 118~124 页。

的审判，而不能进行实体上的审判，也就是其所说的必须具备诉讼法上成型之构成要件”①。所以，诉讼条件具有重要的程序意义，违反诉讼条件的程序推进行为也会遭遇刑事程序性辩护，也就出现了对违反诉讼条件的程序性违法辩护的有效性的问题。

刑事强制措施与强制性措施是国家公安机关、检察机关、法院为了保证刑事诉讼活动顺利进行而对嫌疑人、被告人的人身、财产、隐私所采取的一定程度的限制或者剥夺的强制性方法。虽然不同的国家分类方法不同，但其对嫌疑人、被告人权益一定程度的限制与剥夺的本质相同，如果这种公权力运用不当，则会侵害嫌疑人、被告人的合法权益，与无罪推定的诉讼原则相违背。对非法的强制措施与强制性措施进行程序性辩护并考查其有效性，会对滥用强制权侵害嫌疑人、被告人合法权益的行为进行规制，无疑会对强制措施的规范化、适用过程的合理化产生重要的影响。

程序选择权是我国台湾地区学者邱联恭在研究民事诉讼的基本理论时提出的一个概念。② 程序选择权与宪法权利紧密连接，在刑事司法中也有着较为广泛的适用范围，我国部分学者已经将程序选择权引入刑事诉讼，学者们借助诸如程序动议权等来描述刑事诉讼中的程序选择权。程序选择权源于权利的选择性，但其突破了单个权利的范畴，指向具体的程序性权利，指向司法实践中具体的程序行为，当其与程序主体性和宪政精神相关联时，程序选择权成为刑事诉讼中一种至关重要的权利，违反程序选择权也会引发程序性辩护，因而也有必要考虑程序性辩护的有效性。

非法证据排除规则是各法治国家中的一项重要的刑事证据规则，尽管在排除的范围上不尽相同，但均肯定了其存在的价值，因而非法证据排除规则也成为辩方进行程序性辩护直接的法律依据。非法的取证行为直接违反程序法，对非法取证行为提出程序性辩护，对保障嫌疑人、被告人的程序性权利具有重要的作用，对其进行有效性研究也

① 陈朴生：《刑事诉讼法实务》(增订版)，台湾三民书局1981年版，第114页。

② 邱联恭：《程序选择权的法理》，台湾三民书局2000年版，第35页。

具有重要的意义。

其四，从所处的诉讼阶段分类。根据诉讼的不同阶段，不妨以审判程序为参照，可分为审前阶段的刑事程序性辩护的有效性、审判阶段的程序性辩护的有效性、审判后阶段的刑事程序性辩护的有效性。辩方在不同的阶段均会遭遇被侵害程序性权利的情形，刑事诉讼法律在不同的阶段均规定了程序性违法的处置程序，但不同阶段的处理程序及效果均存在一些差异，例如在我国的刑事司法实践中，因为不存在中立的程序性法官专门审判程序性事项，因而审前程序中的程序性问题有可能在公安、司法机关被内部消化，如果在审判阶段发现并提出审前程序中存在的程序性违法问题，则可能通过庭审前程序动议予以解决。在我国，除了违法获得的言词证据得到较好的排除外，因某项程序性事项违法而排除实物证据并不容易，一般均会通过补正而采用实物证据，除非该事项影响程序公正。审判后阶段的刑事程序性辩护也极易被忽略。一般认为，一旦判决作出，即发生既判力，则诉权耗尽，控辩审三方的结构也随之拆解，执行程序中也不存在三方的结构，因而也不存在辩护的空间。事实上，且不论冤假错案，只要程序仍在运作就存在程序侵权的可能，虽然在执行阶段，当事人只能以申诉的方式申请审判监督程序，但当被告人对审前程序与审判程序中的实体与程序性事项提出疑异时，此种情形如果启动审判监督程序，仍然存在程序性辩护的空间，也就具备了研究程序性辩护有效性的需要。

第二节　刑事程序性辩护有效性与相关概念的比较[①]

概念是理论研究的起点，如果概念不统一则难以形成有效的研究合力，所以，有必要对容易造成混淆的概念进行界定与区分。本部分通过比较分析，界定刑事程序性辩护有效性相关的概念及特征，从多个层面说明其研究价值。

---

① 石浩旭：《刑事有效辩护的相关概念新辨》，载《司法》2014年第10期。

一、刑事有效辩护与辩护的有效性的异同

总体上看，我国学者在研究此问题时，用了有效辩护、无效辩护、辩护的有效性概念。左卫民教授认为，有效辩护已成为我国刑事诉讼理论和实务界的流行话语。其他学者所指称的有效辩护指尽职辩护，尽职辩护关注辩护权的行使过程，我国的有效辩护应当是有效果的辩护，关注结果，应当从结果层面考察刑事辩护活动的效用，从而实现两者的统一，型构高品质的辩护体系。① 笔者深以为然，有效辩护与无效辩护相对，有效辩护的标准难以把握，但无效辩护则可以通过结果深切体会，所以，国外有些国家通过对无效辩护进行规制，反向促成有效辩护。有效辩护与辩护的有效性是两个不同的概念，需要厘清两者的关系。有效辩护指涉有法律效力的辩护，即辩护行为符合宪法与刑事诉讼法所规定的内容，但不能简单将之等同于律师的尽职辩护，辩护的有效性则考证辩护行为的目的和效果，即辩方通过辩护行为所获得的实体利益与程序利益，是过程辩护与结果辩护的统一。结合国内外学者的研究成果及国外有效辩护的相关制度经验，笔者认为，两者的主要区别在于：

其一，两者的性质不同。有效辩护属于法的效力的范畴，辩护的有效性则属于法的实效的范畴。法规范的效力与实效是两个不同的概念，是法律秩序研究中的两个根本性的问题，法律效力的真正含义是指一条规则具有法律的“资格”，如果一个法律规范是现行法律体系的一分子，就有了法律的“身份”，否则就不具备法律效力。② 根据哈特的观点，法的效力的判断标准来自“承认规则”。③ 凯尔逊则认为：规范效力来源于上级规范的授权，法规范的效力来自法律规范内部，源于立法程序。④法的实效是法运行的结果的体现，它表现为行

① 左卫民：《有效辩护还是有效果辩护?》，载《法学评论》2019 年第 1 期。

② 张文显：《法哲学通论》，辽宁人民出版社 2009 年版，第 184 页。

③ ［英］哈特：《法律的概念》，许家馨等译，法律出版社 2011 年版，第 96~97 页。

④ ［奥］凯尔森：《法与国家的一般理论》，沈宗灵译，中国大百科全书出版社 1996 年版，第 42 页。

为主体的行为与法律规定的符合程度，法律设定的权利是否被尊重，义务是否被遵守，在义务被违反时受司法机关保护的程度。从国外的相关理论与制度可以看出：不论是有效辩护的条件，还是无效辩护的标准，均通过判例或者立法的方式予以确立，考证有效辩护的本质在于考证法律规定的辩护制度的拘束力，属于应然的范畴；辩护的有效性则考证辩护权实际运行的效果，需要综合衡量主体实际的辩护行为与有效的辩护制度相符合的程度，属于实然的范畴。

其二，两者的判断标准不同。有效辩护属于法的效力的范畴，判断是否是有效辩护需要把握静态的法律效力，其本源在于制度效力，而辩护有效性更侧重于法的实效的范畴，判断辩护的有效性则依靠对有效辩护制度在司法实践中的运行状况的动态考量，是对预期效果与实际的实施效果的衡量。在美国，联邦最高法院在 1970 年正式确立了律师辩护效果有效性的审查机制，但当时最高法院并未建立评价律师有效辩护的标准，一些联邦巡回法院在办案实践中各自确立了一套自己的标准，诸如“司法闹剧”“行为标准和结果标准”，与此过程相适应，美国律师协会则通过一系列指南与准则，逐步确立了刑事案件有效辩护的具体要求与规则，通过判例确立有效辩护的衡量依据。事实上，这一标准也是在不断改变的，最初从行为和结果两个方面判定是否为无效辩护，后来有法官主张将律师是否履行美国律师协会制定的规范义务作为辩护是否有效的标准，再后来为了不限制律师依据专业知识进行判断和实施辩护行为的自由，规定了相对“模糊”的“行为加结果”标准，最后实现了有效辩护标准客观化、具体化或者“清单化”。① 这一过程体现出有效辩护的认定标准经历了从模糊的无操作性的标准到具体的可操作性标准的发展过程。辩护的有效性则依靠法律的实际运作，马静华教授在研究指定辩护律师作用机制时，设定了两项指标体系，即客观指标体系与主观指标体系，借鉴这一体系，也可以将刑事程序性辩护有效性评价指标体系设定为客观指标体系与主

① 姜丹：《美国有效辩护标准的新发展》，载《人民法院报》2021 年第 2 期。

观指标体系，其中客观指标包括过程作用指标和结果作用指标。① 我国台湾地区有学者则认为：只有为当事人提供实质的、强有力的辩护才具备有效性。②

其三，两者的实现方式不同。有效辩护是形式法的效力标准，有效辩护的实现主要由立法机关通过法定的程序予以规定或者通过判例在司法实践中逐步确立，而且所确立的制度必须经受住制度伦理与正当性考验；由于辩护的有效性属于法的实效的范畴，实现辩护有效性相对较为复杂，实现辩护的有效性不仅需要存在有效的辩护制度，还需要通过司法实践将有效辩护制度付诸实施并扩展到社会生活中。首先，辩护的有效性受制于法律规范的质量，结构完备、内容科学的法律规范是提升辩护有效性的前提，各主体执业标准的完备程度及公正合理的程序性裁判机制，是提升刑事辩护有效性的制度保障；其次，受制于现实的国情，司法资源的有限性决定了所能承受的支持辩护权运行的保障机制的有限性。辩护权的运作需要耗费较大的国家司法资源，会受制于一国在特定时期所能投入到司法中的资源水平；最后，受制于当事人的程序观念、国家机关的司法观念、法律职业者的业务素质和道德水平。从本质上看，辩护有效性取决于诉讼主体通过辩护行为所获得的实体或者程序利益的满足程度，若有效辩护制度所确认和保护的利益与主体通过诉讼追求的利益契合程度越高，辩护有效性的程度就越高。

二、刑事有效辩护与有律师辩护

辩护的效力为有效辩护的研究重点，从理论上看，要么论及辩护行为的法律效力，要么论及辩护行为在实践中的结果效力，而有律师辩护指涉的是国家为实现辩护权而提供的律师帮助权及其保障制度。日本学者田口守一认为，“犯罪嫌疑人、被告人委托辩护人，从辩护

① 马静华：《指定辩护律师作用之实证研究——以委托辩护为参照》，载《现代法学》2010年第6期。

② 王兆鹏：《辩护权与诘问权》，华中科技大学出版社2010年版，第6页。

人处获得有效辩护的权利称为辩护权"①，直接将辩护权等同于获得律师有效辩护的权利，但是必须注意的是：这种观点以日本的刑事法治为背景，只能适用于特定的场域中。有效辩护是国内学者研究美国"effective assistance of counsel"即"有效的律师协助"时，提出的存在误解的概念②，从文义上理解，辩护人的有效辩护与律师尽职辩护是最相近的两个概念，但不同国家的学者对有效辩护的制度标准与辩护有效性的实践标准并没有形成统一的认识。

我国有学者在研究有效辩护时，提倡通过建立律师准入制度实现有效辩护与普遍辩护，即通过保障律师辩护权实现有效辩护，这一观点的本质在于用满足形式辩护条件的方案解决实质辩护所面临的辩护有效性的问题，将律师辩护作为有效辩护的充要条件，是值得商榷的。这种观点的问题在于：其一，没有区分有效辩护与辩护有效性，正如前述，有效辩护解决辩护的效力问题，考证辩护行为的法律依据，而辩护有效性则考证辩护的实施效果，有律师辩护只是解决帮助辩护主体的资格，满足有效辩护的条件，并不必然会提升辩护的有效性，否则，英美法系国家就不会出现将研究重心转向律师辩护的有效性问题上了。其二，没有区分律师帮助权与律师辩护的效果，律师帮助权可以通过立法予以完善，属于静态的法的效力的范畴，而律师辩护的有效性则是对辩护行为的动态实施效果的系统衡量。正如左卫民、马静华教授的观点：许多研究没有将律师辩护与辩护的效果分开研究，造成了两者的混同。③ 保障律师辩护只是解决问题的一个向度。其三，如果将有律师辩护与有效辩护等同，则无法解释在国外法治发达国家充分实现了律师帮助权后，为何还要继续研究律师辩护的有效性问题，不能简单地将这一历程理解为从形式辩护向实质辩护的转化。事实上，这是两个不同的问题，即一个属于法律效力的问题，

---

① ［日］田口守一：《刑事诉讼法》，刘迪、张凌等译，法律出版社 2000 年版，第 90 页。

② 左卫民：《有效辩护还是有效果辩护?》，载《法学评论》2019 年第 1 期。

③ 左卫民、马静华：《效果与悖论：中国刑事辩护作用机制实证研究》，载《政法论坛》2012 年第 2 期。

一个属于法的实效的问题。其四，将国外辩护制度发展到特定阶段才会出现的有效辩护与有律师辩护等同的现象，作为论证我国相关制度的依据，不符合我国国情，在我国的司法制度中，如果仅从辩护人的角度进行审视，有律师辩护只是有效辩护的必要条件，因为还存在人民团体或者犯罪嫌疑人、被告人所在单位推荐的人，犯罪嫌疑人、被告人的监护人、亲友作为辩护人的情形，这些主体的辩护行为也得到法律的认可，具有法律的效力，其他主体辩护有效性的问题也值得考量。

当然，辩护的有效性涉及辩护制度的实际运行效果，显然更为复杂。在其他法治发达国家，由于律师帮助权能够得到充分保障，所有相关问题的研究重心均集中到了保障律师帮助辩护的问题上。以美国为例，也经历了从有律师辩护到保障律师的有效性辩护的发展阶段，将有律师辩护与有效辩护等同是辩护制度发展到特定的阶段才会出现的现象，其目的在于保障被追诉者的辩护权与律师帮助权，有效辩护就是规制律师的辩护行为，因而其落脚点在于建立一系列的律师的辩护行为标准以实现有效性。从某种意义上，国外的有效辩护发展到了专指律师有效辩护的阶段，而且国外研究有效辩护的问题就是研究律师辩护的有效性的问题，即实现了从形式向实质辩护的转化，但是在我国现阶段，研究有效辩护和辩护的有效性的问题远比国外复杂，就辩护的有效性来说，包括自行辩护的有效性、律师辩护的有效性、单位推荐的人辩护的有效性、监护人或亲友辩护人辩护的有效性问题等。尽管从长远来看，保障所有案件都有专业律师辩护是刑事案件保障辩护权的首选，但是，在我国现阶段，律师辩护率不高，法律援助辩护有限的情形下，排除其他辩护主体的做法，将更加压缩被追诉人寻求辩护帮助的可能性。正如有学者指出的：准入制度可能会使刑事辩护率更低，所使用的行政管理措施与律师服务的市场性质也存在兼容性问题。①

---

①　简乐伟、张文静：《建立刑事辩护准入制度提高刑事辩护质量》，载《中国司法》2009年第2期。

三、刑事实体性辩护的有效性与刑事程序性辩护的有效性

在法理学中，根据调整内容的不同，将法律分为实体法与程序法。理论上，依据实体法规定的内容进行的辩护为实体性辩护，依据程序法规定的内容进行的辩护为程序性辩护。事实上，辩护内容的选择受制于一国特定历史时期对实体法律或者程序法律的重视程度。在传统社会中，我国重视实体法律及实体性辩护，程序性辩护的价值被忽略，随着对程序独立价值的认识不断加深，必然推动围绕程序权利展开的一系列的理论研究与制度建构，诸如程序性主张、程序性辩护、程序性证明、程序裁判制度等，程序性制裁成为相当长时间内我国学者关注的重点，陈瑞华教授较早就根据辩护理由的不同，将辩护分为“实体性辩护”和“程序性辩护”，提出了程序性辩护的概念。① 程序性辩护关涉公正审判权、辩护权等法律赋予公民的基本人权，对程序性辩护的有效性的研究是关涉人权保障的一个重要问题。

近年来，我国学者对程序性辩护的重要性基本上形成了较为统一的认识，为程序性辩护的价值、内涵、外延等问题的研究奠定了良好的研究基础，但学者对于司法实践中程序性辩护的有效性的专门研究并不多见。以往国内大多数关于辩护有效性的研究，均是围绕实体性辩护的有效性展开，其原因在于：其一，主要是因为我国的旧的刑事诉讼法律中关于程序性辩护的直接规定并不多见。1996 年《刑事诉讼法》第 191 条规定了对于违反有关公开审判、违反回避制度、剥夺或者限制了当事人的法定诉讼权利并可能影响公正审判、审判组织的组成不合法等裁定撤销原判，发回原审人民法院重新审判，是进行程序性辩护的直接依据。随后在 2012 年、2018 年《刑事诉讼法》中修订的非法证据排除规则及相关的司法解释也为程序性辩护提供了制度依据，但由于大部分能够作为程序性辩护的条款缺乏程序性制裁，因而缺乏进行程序性辩护的法律保障。其二，司法实践中程序性辩护成功

① 陈瑞华：《刑事程序性辩护之初步研究》，载《现代法学》2005 年第 2 期。

的案例比例不高，也使辩护主体丧失进行程序性辩护的积极性。其三，从前述的我国学者关于有效辩护的研究中可以看出，学者研究的基础主要以美国的有效辩护与无效辩护制度为依据，但是，在美国有着“程序优先”的传统，程序性辩护及其有效性自然属于有效辩护所指涉的对象，在美国学者的理论中，没有分化出程序性辩护及其有效性的概念，而在我国，随着程序价值的提升，对程序性辩护及其有效性的研究则是一个不可忽视的问题。随着程序性辩护理论的逐步丰富，2012 年修订的《刑事诉讼法》明确规定了非法证据排除规则，这一规则指涉的对象也是程序性辩护指向的对象，随着程序性制裁措施的完善，程序性辩护有效性的问题日益显现。

刑事实体性辩护与刑事程序性辩护有着完全不同的价值与意义。通过对程序性辩护有效性的研究，对于验证我国《刑事诉讼法》所确立的程序性权利及司法制度的效力等都有着积极的意义，对于制止公安、司法机关的程序性违法行为有着较为重大的现实意义。

第三节　我国研究刑事程序性辩护有效性的价值

对刑事程序性辩护有效性的重视是司法制度改革的必然结果，是程序公正的必然要求，刑事程序性辩护有效性的提高有利于增强主体进行程序选择的自主性，增强司法权威，增加司法的可接受程度，能够有力地扩展辩护空间，促进程序法律制度的发展与完善。

一、推动程序法律制度的完善

程序性辩护的有效性不仅验证程序性辩护行为的效果，还验证程序性法律制度本身的效果，通过制度到制度实效的转变完成程序法制系统的封闭性结构，提升程序法律的制度理性。自从 1979 年《刑事诉讼法》制定以来，《刑事诉讼法》历经了 1996 年、2012 年、2018 年三次的修改，这三次修改既是政治、经济形势变革所推动的人权改革的内在要求，也是在借鉴国外相关制度之后受到外部程序法治文明启迪的结果，在变革中促成控辩力量平衡，推动辩护制度的改革与完善是其中最为重要的一个方面。1996 年《刑事诉讼法》修改时，为了增强辩方力量，使律师帮助权真正得以实现，将律师介入诉讼的时间提前到侦查阶段，对庭审的方式作出重大的改革，强化控辩双方的作用，发挥合议庭在审判中的决定性作用。从制度上来看，这一试图通过加强辩方力量促成庭审实质化的努力，使我国的刑事审判程序更加接近英美当事人主义的庭审模式，但事后的实践证明这一改革并没有达到预期的效果。2012 年《刑事诉讼法》的第二次修改也将辩护制度的完善作为重要的内容，第 33 条明确了律师在侦查阶段的身份及地位，扩大其权利，扩大法律援助辩护的适用范围，使律师在刑事审前程序中能够真正发挥作用，对犯罪嫌疑人的人权保障，对监督国家公安、检察机关的程序违法行为具有较大作用，但是，由于当时司法资源的有限性，我国还存在律师之外其他的主体作为辩护人的情形，不能保障所有刑事案件中均能有律师参加，而使得其他主体作为辩护人在刑事诉讼过程中的权利受到较大的限制。2018 年《刑事诉讼法》第三次修改第 36 条设立了值班律师制度，大大地扩展了律师参与案件的范围，但值班律师的工作性质是为犯罪嫌疑人、被告人提供法律帮助，没有明确其辩护人身份。

如果从法的效力角度审视，刑事诉讼法所规定的辩护人在刑事诉讼中所作出的辩护行为，均为有效主体的辩护行为，但不容否认的是，由于不同辩护人主体在所享有的权利、法律知识等方面存在不同，其实际效果即辩护的有效性存在较大的差异。如果试图改变这一现象，一方面可以通过供给侧的制度改革，通过加大司法资源投入，增加法律援助的范围；另一方面，也可以通过研究现有制度中妨碍辩护有效性的制度，优化现有司法资源的配置，推动程序法律制度的完善。事实上，即使采用第一种方案也存在问题。以美国为例，在能够充分保障所有刑事案件有辩护律师参与的情形下，依然存在辩护有效性的问题，美国辩护制度的发展经历了从形式辩护到实质辩护的阶段，也就在保障所有案件均有律师参与的前提下，关注律师实际辩护的效果即有效性的问题，在美国这一问题被称为有效辩护，对有效辩护的研究推动了美国评价律师辩护行为标准的完善及律师职业行为伦理制度的完善。

二、引导被告人选择程序性辩护主张

以往的刑事司法制度改革侧重于维护社会秩序和落实国家的刑罚权，刑事辩护则侧重于实体性辩护，相对而言，忽视了被告人的程序性辩护主张。对辩护有效性的研究是人权保障与司法实践的需要，是通过引进国外有效辩护的相关理论与方法或者借鉴外部制度资源完善我国的辩护制度，还是根据我国的国情提升辩护的有效性，这是摆在我们面前的两条路径。马克斯·韦伯在论及现代性时曾提出现代性的基本特征在于理性化的过程与除魅的过程，他提出的理性化包括经济理性化、行政理性化、法律理性化、个人理性化。①

事实上，我们也可以将刑事诉讼的发展过程理解为现代化的过程，即制度理性化的过程，这一过程使司法制度不断增加现代性特质。我国的刑事诉讼法律制度经历了从特定年代作为阶级斗争工具而充斥权力斗争的运动式司法执法，到现代的通过法律的正当程序设计，运用权力与权利的制约与平衡技术彰显制度理性的司法执法这一转变过程。刑事诉讼法作为一种法律上层建筑，除了受制于一国的政治、经济形势之外，自身的发展也需要经过一个理性化的过程，即法律的理性化与适用主体的理性化过程。锁正杰认为：我国的刑事诉讼法中实体性规则与实施性规则均不完善。② 我国《刑事诉讼法》经过多次的修订与完善之后，在很多方面有着较大的进步，但在实施性规则方面仍然具有完善的空间。首先，就辩护制度来说，仍然有刑事案件无律师或者其他辩护人参与辩护的情形；律师的调查取证权缺乏保障，律师调查取证存在职业风险；规定了强制证人出庭的相关制度，但并不拒绝法庭上使用书面证据，也可能使法庭上难以真正对证言进行质证。其次，就程序规则来说，作为实施性规则的程序性制裁和程序性无效制度存在欠缺，也难以激发辩方选择程序性辩护的兴趣，而

① 毕天云：《论韦伯的现代性思想》，载《云南师范大学学报》2002 年第 6 期。

② 锁正杰：《刑事程序的法哲学原理》，中国人民公安大学出版社 2002 年版，第 39~50 页。

完整的实施性规则为程序性辩护提供了强有力的保障，并大大激发了主体进行程序性辩护的积极性。

在国家公权与公民个人权利的关系上，两者是一种此消彼长的关系。从纵向的历史维度来看，专制社会注重运用权力，民主社会则注重保障权利，权力与权利的相互关系体现出法律的交涉性和说服力。刑事诉讼法是动态的宪法，理性的刑事司法程序尊重和保障公民个人基本权利，淡化国家公权力，刑事司法权力经历“自我作茧”的过程，逐渐弱化政治性，公众对刑事诉讼中公安、司法官员的认识，倾向于一种职业化的理解。宏观的制度设计为主体进行程序选择与主张提供了强有力的制度基础。

提升刑事程序性辩护的有效性能够激励当事人选择程序性辩护，个人的理性化在于观念的理性化与人的行动理性化，即主体选择的理性化，在现代法治社会中，主体行动选择均须遵循理性的法律。具体来说，对于国家公权机关来讲，其行为必须要有合法的依据；对于公民个人来说，在法律的限度内则有充分的自由，这是两种不同的逻辑。个体不仅仅是一个主体，也是一个能动者，因此，行动就是一个核心的概念，行动不仅仅是个体的特征也是社会组织或集体生活的要素。结构表现为系统，结构只是具有结构性特征的社会系统或集体，结构与个体之间的互动其实是架通生活世界中社会系统与个体之间自然而然的互动，但不是决定性的制约，无论思考多么复杂的社会问题，具有主体能动性的个人是社会的要素。结构具有二重性，结构与主体行动互相推动，结构由行动构成，反过来行动又被结构性地建构，行动需要对结构进行主观化的理解，同社会系统互动作用的社会学视域相互建构。影响行动的不仅有解释性的理解，也有收益与成本策略的算计。① 虽然在个案中主体选择刑事程序性辩护属于个体选择，但其涉及群体价值取向及制度飞跃，正是因为有了整体的程序辩护有效性的外部评价，以及主体内在的程序性辩护权利观念的推动，共同促成主体作出辩护方案的行为选择，但程序性辩护行为选择的预

① ［美］乔纳森·H. 特纳：《社会学理论的结构》，北京大学出版社 2004 年版，第 76 页。

期后果还取决于大的制度环境。

三、增强刑事司法权威

从诉讼技术层面来说，刑事程序法律是对诉讼主体及其诉讼行为的规制和保障，程序性违法突破了程序法律的限定，对于国家的公权力机关来说，法无明文规定即禁止，程序性违法行为侵入公民的权利空间，毁坏公权力运行的正当性，程序性辩护直接针对刑事司法过程中的程序性违法，型构了一个程序性裁判的制度空间，提供了一个对抗程序性违法的制度可能，即控诉、程序性辩护、程序性裁判和制裁。程序性辩护是程序性诉权的渠道。① 德国法学家耶林认为："权利实现的前提就在于时刻都准备着去主张权利，法是不断的努力，不单是国家的努力，还是公民的努力。"②多数学者认为，刑事程序性辩护针对狭义的程序性违法，主要针对刑事诉讼中的专门机关及其工作人员违反刑事诉讼法律规定的行为，不包括诉讼参与人违反刑事诉讼法规定的行为，程序性违法行为侵害了公民的合法权益，造成公民实体利益或者程序利益的损失，通过程序性辩护行为引发的程序性制裁措施不仅否定公权力机关的违法程序行为，即终止诉讼，也有可能否定采用违法手段获得的证据的证明效力。刑事程序性辩护的有效性与程序性违法呈负相关的关系，程序性辩护的效果不仅会影响主体提出刑事程序性辩护的动机，程序性辩护的效果也是评价程序法治程度的标准。

法律的正当程序对于法治国家立法、司法、执法等整个法律的运行起着非常重要的作用。公正的程序是一个既具有封闭性又具有开放性的自组织系统，其封闭性体现在通过立法程序所设置的程序性权利，约束诉讼主体的程序行为，程序性权利对于国家公权力机关来说，往往体现为一项程序性义务，体现为公权力机关的职责，程序性权利被侵害的结果是程序性制裁，这一过程展现出的是一个封闭的结构，但程序性制裁并不必然发生，需要程序性权利主体提出程序性辩

① 陈瑞华：《程序性违法及其法律后果》，载《检察日报》2002 年 10 月 18 日。

② ［德］耶林：《为权利而斗争》，法律出版社 2007 年版，第 1~3 页。

护主张，提出程序性辩护的频次与有效性是这一封闭结构能否正常运转的关键因素；其开放性体现在公正的程序能够吸纳不满，能够最大限度地保证正义的实现，在社会创新管理的过程中，正是通过高效的刑事程序性辩护，不断向社会昭示司法正义的存在并波及社会生活的各个层面。司法的权威无法简单地通过国家的强制力获得，刑事程序性辩护型构了一个沟通与交涉的空间，在刑事程序性辩护的制度空间中，司法人员与社会公众进行着沟通与交涉，进而被理解与认可，最终通过法定的程序予以确认，司法权威由此得以确立。

但是，必须注意的是，如果过度依赖具有形式理性的程序，也可能失去实质的公正，过度的沟通也会使程序在失去公正的同时失去效率，必须注入实质理性，有效的裁判结果是形式理性与实质理性共同作用的结果。

四、提升裁判结果的可接受性

从心理学的角度来讲，接受是指主体对事物的容纳而不拒绝，是主观内在的愉悦度、承认和接纳的态度。可接受性是社会公众对法律规范予以接纳、认同、内化、服从或予以漠视、违背、规避、抗拒等行为反应。有观点认为：可接受性用于指称证据的可采性。① 在刑事司法领域，学者一般研究裁判的可接受性问题。易延友教授在研究证据法学的基本理论时，将之作为证据制度的基本问题，认为在当事人主义模式下，裁判结果的可接受性主要来源于程序的正当性，职权主义则将案件的客观真实作为根本。②

从本质上看，刑事诉讼也经历了从强制性到交涉性、从形式性到实质性的转变过程。③ 在国家本位型的司法中，刑事诉讼被当作政治统治的工具，程序功能受阻，刑事政策和裁判结果被强行推行，国家

---

① 彭漪涟：《逻辑学大辞典》，上海辞书出版社 2004 年版，第 12 页。

② 易延友：《证据法学的理论基础——以裁判事实的可接受性为中心》，载《法学研究》2004 年第 1 期。

③ 石浩旭：《刑事程序性证明理论系统研究》，知识产权出版社 2013 年版，第 131 页。

利益优先于公民个人的利益；在程序本位型的司法中，程序价值获得高度重视，所有社会分配的结果均需经过法律的公正程序进行，在这种观念中，程序甚至获得了优先于实体的价值；在目的本位型的刑事司法中，形式正义与实质正义被同时关注，裁判结果不仅必须同时满足形式正义与实质正义的要求，同时还必须向公众呈现实现正义的过程，疏导因程序性违法所带来的不公正性，法律程序内在的正义要求程序参与主体之权力必须得到制约与平衡。① 有效的刑事程序性辩护是对公权运作的有力制约与平衡，程序性违法不仅增加了不可靠的定罪的危险，而且存在内在的不公正性。② 所以，刑事程序性辩护的作用显得至关重要。

在儒家伦理精神浸润下的中国传统司法，虽然国家以强制力为背景，但司法过程中的伦理化融通，对于缓解司法的暴力性有着重要的作用，民众仍然被动接受司法裁判结果，现代司法改革消解传统伦理化司法，注入司法民主的理念，公众通过参与司法，积极行使程序性权利而获得内心对程序的认同感，当事人通过自己程序性辩护的行为真正感受到了司法的公正。“通过以一种公众认为公平的方式作出决定，当政者可以获得对这些决定的更大认可，就使得决定涉及的各方更容易服从。”③刑事程序性辩护消解了主体对程序公正的怀疑，矫正了程序性违法行为，刑事程序性辩护有效性考量使制度理想变为现实。

可接受判决的制作过程是一个依照法律程序进行论证的过程，刑事程序性辩护过程不仅通过程序性辩护行为维护程序正当的结果，更重要的是通过这一过程向公众输送程序正义的标准，让受众感受到程序正义，最终内化成主体的行为模式和习惯。刑事程序性辩护通过对法定的程序违法与否的交涉与辩护，维护了程序的公正性，使程序的

① 孙万胜：《司法权的法理之维》，法律出版社 2002 年版，第 77~119 页。

② 孟海燕：《论程序价值的现代实现》，载《长沙大学学报》2013 年第 6 期。

③ [日]谷口安平：《程序的正义与诉讼》，中国政法大学出版社 1996 年版，第 18~26 页。转引自冯子轩：《法治、正当程序与常规行政决策三维分析》，载《法论》2010 年第 4 期。

结果建立在理性交涉互动的基础之上，而不是暴力强制的基础之上。有效的刑事程序性辩护具有吸收不满的功能，通过公正的程序性裁判及时疏导了当事人对程序违法的怀疑与不满，意味着将会减少当事人因此而提出的上诉、申诉、信访等额外的程序。主体正是在程序性辩护与对抗的过程中感知程序，并接受程序，感受司法公正，增强了对判决结果的认同感。

五、扩展刑事辩护行为的理论与实践空间

作为刑事程序性辩护的一种属性，对刑事程序性辩护的有效性研究无疑会丰富辩护制度的理论与实践。不管处于何种模式下的刑事司法，均会通过一定的程序实现国家的刑罚权，但在大多数情形下，辩方只能对实体性事项提出辩护，并不是每种司法制度均能对程序本身提出质疑与辩护，即使能够对程序性违法与程序性事项提出质疑与辩护，也有可能只有形式意义，并不能真正影响实体的判决结果。刑事程序性辩护有效性对程序性辩护提出了更高的要求，不仅关注形式意义上的正当程序，更关注实质意义上的正当程序。律师帮助权是法治国家法律正当程序中为了维护控辩平等的基本设置，也是维护嫌疑人、被告人人权的基本需要，律师帮助权在宪政体系中属于基本的程序权利，对于制约权力起着重要的作用，在现代社会法治国家，该权利与制度已经全面确立，大大促进了人权保障。①

有效辩护必须具备充分辩护的制度空间，相较于我国传统的实体性辩护来说，刑事程序性辩护相关规定从形式上扩展了辩护空间，使辩护的对象延展到刑事司法的程序性违法上，但程序性辩护在司法实践中的情形不容乐观。对刑事程序性辩护有效性的研究是对刑事程序性辩护效果的实质要求，刑事程序性辩护有效性的提升意味着相关配套制度的完善，意味着衡量标准的精细化和制度可操作性增强；提高刑事程序性辩护有效性，也会激励律师积极根据法律中的程序性权利，以刑事程序性辩护辩点为策略，积极推动程序性裁判，以达到理

① 王晋、葛素霞：《宪政维度下的刑事被告人获得律师帮助权》，载《内蒙古财经学院学报(综合版)》2011 年第 1 期。

想的辩护效果，实现从静态的程序性权利规定转变为动态的程序性辩护的法律实践。除了律师以外的其他主体，虽然在其辩护过程中，也可以提出刑事程序性辩护，但相较于实体性辩护而言，提出程序性辩护更为困难，刑事程序性辩护的辩护主体对程序性法律的知悉程度的要求远远高于其对实体法律的知悉程度的要求。因为在实体性辩护中，有些事实可以依据经验和常理进行判断，但在程序性辩护中，各国的程序均是人为理性设计的结果，不经过专业的学习极难熟悉程序性法律知识，也就是说，一般非法律专业人士在不懂程序法律的情形下，难以胜任为辩方进行程序性辩护的要求。另外，考虑到国外对有效辩护的研究集中在律师辩护有效性上，刑事程序性辩护有效性扩展辩护空间的核心作用将体现在律师辩护行为中。程序性辩护制度型构了一个相异于实体性辩护的制度空间，原案被告相当于程序性辩护中的原告，国家的公权机关则被当作程序性辩护行为指向的对象，即程序性被告，程序性控辩双方在程序性法官面前直面相向、针锋相对。对于律师来说，能够促使其更加积极地行使权利，因为对程序性辩护有效性的要求不是简单地提出程序性辩护，而是扩展律师发挥作用的空间，不仅需要律师尽职辩护，还对律师辩护的结果进行考虑，即“有好的效果”的辩护。提升程序性辩护的有效性大大增强了辩方的力量，有力地促成控辩力量的平衡。

六、回应人权保障的程序要求

人权概念最初出现在资产阶级革命的口号中，基于对专制的反思，确立了人权的目标。人权是指在一定的社会历史条件下人人自由、平等地生存和发展的权利，具有普适性和道义性两种基本特征。在当今各法治国家中，正是通过宪法与具体的部门法逐层推进人权保障。作为自然权利的人权先于制定法的存在，但人权概念具有一定的抽象性，在其实现上需要具体性。在法治国家的法律制度中，抽象的人权正是通过具体的法律制度得以实现。从各部门法的特征来看，与人权直接联系的紧密程度不同，从各法治国家的经验来看，宪法、刑法、刑事诉讼法无疑是最为重要的人权保障法，因为宪法是根本大法，而刑事司法领域则直接体现了国家公权力与公民个人权利直面相向的场域。我国主张人权保障是刑事诉讼的目的，事实上，刑事诉讼中的人权保障具有更为丰富的意义。

“刑事诉讼是代表国家公权力与公民个人权利角力最为激烈的场域，理论界将刑事诉讼中的人权分为终极意义上、实体意义上和程序意义上，只有程序意义上的人权保障完全符合语境要求，其他两种语义都不同程度地背离了语境的限定。”①为了实现国家的刑罚权，必须赋予公、检、法机关强制权力，但刑罚权是一种“必不可少的恶”，权力的运行必须限缩在一定的范围之内，任何一次权力的扩张都意味着公民个人权利的相对缩减，公民权利保障的增强则意味着公权力的退让。从某种意义上来说，刑事诉讼发展的历史就是以嫌疑人、被告人辩护权为代表的人权保障不断完善与发展的历史，辩护权的存在意味着被告人在面对国家追诉机关的追诉时获得了与之抗辩的机会，但与国家公权力机关相比，个体的力量终究有限，控辩平等对抗的制度设计建立在法律正当程序的基础之上，现代社会的程序制度设计有意识地向保障辩方权利的方向倾斜，达到最终的控辩力量的平衡，至少在形式上会促成作为个体的被告与代表国家的追诉机关地位平等，被告人的主体地位也得到了制度性的提升，但从制度设计到制度目的实现终究有一个过程，被告人自行辩护会面临法律知识欠缺的风险，只有通过律师帮助辩护来弥补被告人法律知识的欠缺，但律师帮助辩护只是有效辩护的必要条件而非充分条件，从某种意义上看，只要是法律规定的辩护形态均可以认为是有效的辩护，但有时只是形式意义上的有效辩护，而且也会存在被告人因经济困难而请不起律师的困境。所以，在有些国家的刑事辩护制度发展的特定阶段，直接将有律师辩护作为有效辩护的衡量标准，事实上，即使有律师为被告人辩护，也会面临律师辩护质量不高的困境，问题进一步转化为律师辩护有效性的问题。从制度发展过程来看，研究的重心从围绕控辩平等保障辩护权到保障律师帮助权，再到保障律师辩护的有效性，即从注重形式的辩护到关注实质的辩护的转变。对相关配套制度的研究也要相应展

① 林劲松、毕慧：《语义与语境：刑事诉讼中的人权保障》，载《浙江社会科学》2005 年第 5 期。

开，律师援助制度、律师伦理制度、律师办案质量的评价机制等都是必须关注的问题。

刑事程序性辩护的有效性暗含于辩护有效性之中，对程序性辩护的有效性的研究历程的认识有利于认清程序运作过程中存在的问题，从而使解决程序问题的方案更具有针对性，促进程序性权利保障与精巧的程序制度建设，从有辩护权到有效辩护再到辩护的有效性的提高是一个从权利口号到权利在实践中实现的过程，是一个刑事司法中人权保障不断完善的过程。

第二章　刑事程序性辩护有效性之理论框架

制度的理论基础是支撑制度的支柱，是制度建构、制度运作与制度发展的前提条件。对刑事程序性辩护有效性研究属于对诉讼行为有效性考证，而诉讼行为以有效的法律规定的权利（权力）为基础，涉及规范的有效性与规范的实效两个方面的问题。具体到刑事程序性辩护来说，就是刑事程序性辩护权的规范效力及实效。有的学者在诠释权利的含义时指出，权利并非是与生俱来和绝对的，一个人是否有权利，依赖于法律及其实践。所以，权利的实现不仅需要有正当性权利本身，更需要有权利运作的实效性保障，这才是完整意义上的权利。① 结合起来共同构成程序性辩护有效性的实践系统。

第一节　公民、国家与程序性辩护权

权利的设置必须根植于社会才有意义，也只有在国家管理行为中发挥其应有作用，各项权利才体现出其意义。包括刑事程序性辩护权在内的程序性权利也只有在民主、法治国家的创新型管理体系中才能体现出最大的效能。但从制度的效力到制度的实效，需要经过相当长的一段时间的理论与实践的积淀。

一、国家治理与程序性权利

“人是目的而不是手段”，权利是国家为了实现人的存在价值而

① 易军：《生命权发展中的权利论证》，载《法学研究》2009 年第 4 期。

在管理过程中设置的一种技术手段，程序性权利的设置是国家在刑事诉讼法律关系中的一种基本的技术性设置，其最终的目的在于实现国家的治理及维护社会秩序，其终极目的在于实现人权价值。

(一)程序与国家治理

现代社会中大部分国家将法治作为理想形态，依赖法律进行社会治理，但法治的核心在于分权与制衡，程序法则是实现这一理想的具体手段，通过法定程序依法组成立法机构、行政机构、司法机构，通过程序依法司法、执法等。可以认为法治国家的核心问题是程序法。① 在复杂的社会关系中，总会存在冲突与矛盾，国家产生之后均会通过一定的方式解决纠纷以稳定社会秩序，在诸多的方案中，程序通过角色的分担、制度的分化促成制度功能的分化，程序性自治营造了一个封闭独立的自治空间，以此隔绝了来自外界的干扰，同时，程序通过保障参与权与选择权增强了解决纠纷机制的可接受性。事实上，在现代社会中，制度不仅需要有效性还需要可接受性，主体通过充分参与程序，通过自己及律师的行为对案件结果产生实质性的影响，经过公正的程序不一定能达到最正确的结果，但却是最不坏的结果，当事人因此而更加地接受司法制度，信仰国家的法治秩序，国家的统治秩序也得以确立。正如季卫东教授认为的："正当程序具有限制恣意、保证理性选择、反思性整合、'作茧自缚'效应的基本特性，社会的演变与程序理性密不可分，程序对于法治中国有着重要的意义。"②由此可知，程序对国家法治化进程中的民主程序、人权保障、权力制约等问题有着重要的意义。谢佑平教授则认为：重实体、轻程序的传统观念是中国传统法律无法走向现代化的重要因素。从宏观上看，程序在法治国家建设中，对于建构宪政制度、推动民主法治建设、提升法律的品质与地位有举足轻重的作用；从微观上看，对于司

① 孟海燕：《论程序价值的现代实现》，载《长沙大学学报》2013 年第 6 期。

② 季卫东：《法律程序的意义：对中国法机建设的另一种思考》，载《中国社会科学》1993 年第 1 期。

法的公正与民主、规制刑罚权的运行、维护法的安定性及人权保障有着重要的意义。①

（二）法治社会中程序权利的民主特征

“民主”一词源于希腊语“demos”，是一种对国家事务的管理方式。民主与法治相伴随，民主体制倡导主权在民，由民众参与组织政府管理社会，民主是一种由多数主体参与决策的机制。法治社会的刑事程序虽然与政治学的民主制度有差异，但其中所蕴含的价值理念相通。在法治社会的刑事司法中，承认包括被告人、被害人、国家在内的多元主体利益价值，包括实体利益与程序利益。由于主体认识的多元分化，如果缺乏权威的协调机制，不同的利益主体将难以达成共识。所以，只有保障受裁判结果影响的各主体都有机会参与裁判的制作过程，真正通过自己的行为影响判决的结果，共识才有可能达成，多方主体参与之下的交涉互动过程无疑体现出民主司法的特征。这一过程在哲学家的理论中被称作“主体间性”“交际互动”，公正的刑事司法程序保障公民的充分参与机会，控辩过程即交涉互动过程，律师帮助权的设定正是考虑到不同主体所具备的资源基础及独特需求不同，从形式上均衡了控辩双方的力量，有利于控辩对抗真正展开，通过充分的控辩对抗的交际互动形成交涉合理，这一过程围绕着复杂的案件事实、证据及法律展开，程序良性运作能够最大限度地吸收不满，息诉服判。

（三）程序、权利与程序性权利

通过法律的社会控制是法治社会的一个重要命题，法律是社会控制的技巧，法律规则由权利与义务组成，而法律的运作需要经过法定的程序来完成。在程序与权利的关系上，需要经过法定程序制定法律，法律程序自身也由权利与义务、职权与职责组成，但必须注意的是，两者关系并非如此简单，不同的法系、不同的传统，存在着截然

① 谢佑平、吴羽：《程序法的价值分析——从宪政、法制品质与司法正义三重意义》，载《东北大学学报》2011 年第 6 期。

不同的观点。英美法系国家的观念认为“程序优于权利”是指在程序与权利的关系上，从程序中推导出权利而不是相反，因此程序本身比权利更为重要。① 不同的学者对这种观念形成的原因提出了不同的观点，有的学者认为：其一，是习惯法的影响，在巡回法院令状制的模式下，令状改变了诉讼形式特征；其二，经验理性的哲学基础，需要通过法定的程序与步骤，将零散化为一致；其三，重视行动的民族性。② 也有学者认为其原因在于：第一，英国法治传统中的形式主义；第二，普通法中令状制度的出现，注定了普通法诉讼中程序对权利的优先；第三，普通法新令状制度和程序为代表；第四，令状制度对衡平法的渗透；第五，拟制及法律惯例是促成普通法程序优于权利的司法观念和传统的重要因素；第六，与法律传统文化密切相连。③ 虽然学者关于为何程序优于权利的观点不尽一致，但在一些关键的问题上保持一致意见，如令状在程序适用上的司法审查制度、“裁判中心主义”等。英美法系国家以经验主义为背景，追求形式正义，纵观英国法院案件管辖权的演变历程，不难看出，英国正是通过令状制度扩充普通法院的管辖权。

大陆法系国家则以理性主义为背景，更加看重实质正义，但经济全球化趋势推动了法律制度的融合。尽管在现代社会中，每个人都知道权利，每个人都在有意或者无意地使用或者享受权利，但权利的概念其实模糊不清。古典哲学有观点认为权利是不可知的，所以，他们总是回避人们关于权利本质的提问。有学者认为权利是简化单一、不能界定、不可分析的一个概念。④ 夏勇认为，权利虽源于西方，但权利文化现在已经成为一种全球现象。人们正是借助权利表达实践中的

① 杨克兴、王维：《程序优于权利的形成及其价值借鉴》，载《天津法学》2013 年第 2 期。

② 杨克兴、王维：《程序优于权利的形成及其价值借鉴》，载《天津法学》2013 年第 2 期。

③ 由嵘、刘琳：《英国普通法程序优于权利的成因》，载《外国法制史研究》1990 年第 7 期。

④ Joel Feniberg："The Nature and value of rights", Journal of Value Inquiry, 1970, pp. 243-244.

理性选择，获得行动的依据。① 事实上，要准确界定两者之间的关系则需要对两个概念进行限定，抛开对其本质属性的论述，对之进行类型学划分则更能理解两者之间的逻辑关系。将权利分为程序性权利与实体性权利，程序本身包含了权利的因素，“程序优于权利”所指称的“权利”是指实体性权利，或者说“程序性权利优于实体性权利”这一说法才更符合其本意。

二、程序性辩护权的权利基础

程序价值理论是研究法律程序评价体系的一个概念，也是人们借以达到建构程序法律制度的理论依据。

(一)权利是现代法治社会的制度原点

在人类社会的发展历程中，道德与法律是维系人类社会良好秩序的两种基本治理技术。但两者各有优缺点，道德的治理虽然成本低廉，深入人心，但缺乏强制力的道德约束很难长久，特别是在人类社会复杂化程度加剧的时代背景下，也加速了道德治理的弱化，法律的治理虽然耗费较多的司法资源，但法律强制力为社会提供了一个最有力的保障，所以，现代社会大多数国家均以法律治理为主导。在法律的构成中，法律规则由权利和义务构成，以调整人们的行为，现代的法治国家则一般以权利本位为基本的价值取向。权利界定了人们行为的方向和界限，划定了人们行为的空间，权利的义务导向性也使其型构了一个封闭的规则空间，为社会治理提供了一个较为理想的问题解决方案。

(二)程序性权利是权力运行的减震器

法治程序具有限制权力赋予权利的特性，程序由程序性权利与义务构成。虽然我国的法律有着漫长的发展历程，但封建专制传统隔绝了程序法治的发展，专制力越强意味着阻碍专制的力量越弱，现代意

① 夏勇：《权利哲学的基本问题》，载《法学研究》2004 年第 3 期。

义上的法治程序设定了权力运作的空间。从其形态来看，国家是一个“暴力的机器”，国家的治理离不开强制性的权力，评定一个国家是否为专制国家的关键因素需看其强制性权力的运行方式。在专制社会中权力不受阻碍地从权力的发布者直达权力的承受者，即使权力的承受者可能会有申辩的机会，但申辩对强权的运作结果很难产生实质性的影响，因而社会治理状态中的公平与正义在很大程度上取决于权力拥有者的道德水平。

虽然在不同的历史时期，法律也可能是各种力量博弈较量的结果，但在专制社会中，法律最后均由少数人定夺，法律的制定与运作均具有较大的随意性，法律实际是专制统治的暴力工具。在这种社会治理模式下，当社会的力量积累到一定的阶段，被统治者极易发生暴动或者政变以推翻原有的统治者，封建王朝时期体现出了这样的特征。现代西方法治发达国家一般采用宪政体制，所谓宪政指由社会多数人制定的或被多数人承认的宪法性法律(通常指成文宪法)所确定的公共权力组织，建立各主体之间相互关系、职责权限、活动规则以及旨在保护公民权利的政治体制。宪政既是一种政治组织形式，也是一种成熟的国家治理结构，国家通过法律来维护社会秩序，一些关键性的问题和主要的社会关系均纳入法律调整的范围，社会呈现出良性的运作状态，可见，宪政是一种权力约束的艺术。

宪政的核心是将公共权力通过程序予以规制，形成法治秩序，当制定和执行法律的主体不能超越法律时，才能建立起真正的法治秩序。正当程序的思想源于英美法系国家，1215 年签订的英国《大宪章》是一个表明王权有限、法律至上原则的宪法性文件，其中存在诸多程序性限定，如第 39 条即限制非经法定裁判程序的侵害行为。①正是由于国王约翰强化王权、任意践踏封建贵族的权利，危害到了贵族的封建权益，为了限制王权而强迫国王约翰签订。随后，成文法和

① 该法第 39 条：任何自由人，如未经其同级贵族之依法裁判，或经国法判，皆不得被逮捕、监禁、没收财产、剥夺法律保护权、流放，或加以任何其他损害。

司法判例中开始出现正当法律程序的说法，同时，这一概念又细化为程序性正当程序和实体性正当程序，① 成为通过程序的法律控制过程中的重要问题。1791 年美国宪法修正案中大部分是程序性条款的规定：第四修正案规定了禁止不合理的收押；第五修正案规定了公诉案件须经由大陪审团起诉的原则、正当程序条款、禁止自证己罪和双重审判原则；第六修正案规定了保护接受迅速、公平、公开及由陪审团审判的权利，即公正审判权；第十四修正案则定义了正当程序条款等。毫无疑问，程序在英美法系国家的法治进程中起到了至关重要的作用。

在大陆法系国家并无正当程序的传统，欧洲大陆法系司法传统形成于中世纪，在实行集权专制模式很长一段时间里，纠问式模式为其典型的特征，辩护权等一系列的程序性权利缺失。我国学者魏晓娜的研究表明：欧洲大陆法系国家后来受英美法的影响，经过二次结构性调整逐渐注入公正程序的因素。第一阶段，从纠问式诉讼转变成混合式诉讼，受到启蒙思想家的推动，以自由、平等、民主、公正的刑事司法改革为目标，大陆法系的法国最先进行了刑事司法改革，并一度成为大陆法系其他国家借鉴的范本；第二阶段，从犯罪控制型诉讼模式转变为权利保障型诉讼，由于深受第二次世界大战的影响，各国均将人权保障提升到前所未有的高度，法官独立、程序法定、公正审判权、辩护权及律师帮助权、无罪推定及沉默权、一事不二罚等获得全面的确立。虽然没有正当程序的传统，但英美法系正当程序条款所蕴含的诸多内容均被借鉴。②

可见，刑事司法关涉公民的生命、自由、财产，因而是国家权力与公民权利之间最为重要的角力场，由于国家是一个抽象意义上的主体，代为执行国家的权力是个人，也就是说权力的所有者与执行者发生了分离，这就容易导致权力以维护公益的名义侵害公民的权利，而

① 魏晓娜：《刑事正当程序研究》，中国人民公安大学出版社 2006 年版，第 29 页。

② 魏晓娜：《刑事正当程序研究》，中国人民公安大学出版社 2006 年版，第 186~206 页。

且绝对的权力会导致绝对的腐败，如何使刑事司法中的权力运作体现出法治精神，正是公正程序所追求的永恒的主题。现代刑事司法所设定的权力的运作标准和权利的保障程序正是通过控权规则与授权规则进行设定，型构成完整的刑事程序规范，这些规范构成一个有机联系的整体，组成一个结构耦合的社会自治系统，以实现刑事司法中的公正、自由、效率、秩序等诸项价值。

(三)程序性辩护权是程序性权利的核心

人们从不同的角度对权利作出了多种分类，诸如民事权利、刑事权利、行政权利；对人权与对世权；主权利和从权利；实体性权利与程序性权利等。在刑事诉讼法中，刑事程序性权利又有多种分类，从诉讼的主体角度可以分为国家机关的权力、当事人的权利与其他主体的权利。因为在现代法治社会刑事司法中，嫌疑人、被告人的权利保障最为重要，单从嫌疑人、被告人的程序性权利角度进行划分，从性质与作用方面分为防御性权利与救济性权利。比如，有权用本民族的语言文字进行诉讼权、申请有关人员回避权、辩护权、获得律师帮助权、控告申诉权、参加法庭审理权、最后陈述权等。

毫无疑问，辩护权是核心权利，程序性辩护权更是指向程序本身，是程序性权利中最为重要的权利，狭义的程序性辩护权主要针对国家机关执法、司法过程的程序性违法行为提出辩护，意图阻止公权机关滥用权力的行为，保障权力运作的合法性。刑事程序性辩护不同于实体性辩护之处在于刑事程序性辩护相对独立于案件的犯罪事实与证据，建立了一个新的诉讼法律关系体系，原案件的被告为程序性原告方，实施刑事司法行为的公、检、法的相关人员为程序性被告，由专门解决程序性问题的法官对程序性事项进行裁判。正如前述内容，程序对于法治秩序的建立有着重要的意义，程序本身的瑕疵或者违法均会影响社会公众的程序价值观乃至法治信仰。

(四)刑事程序性辩护选择权是程序性辩护有效性的动因

主体提出刑事程序性辩护的权利基础是辩护权，但辩护权的存在并不必然带来刑事程序性辩护有效性的提升，刑事程序性辩护有效性依赖于司法实践中辩护权的运作，依赖于刑事程序性辩护选择权。刑事程序性辩护选择权脱胎于程序选择权，程序选择权是我国台湾地区学者邱联恭先生提出的一个概念。① 程序选择权在刑事司法中的适用性源于其制约权力、保障人权的需要。刑事程序性辩护选择权是程序选择权的一个侧面，刑事程序性辩护具有人权保障与正当程序制度架构的双重意义。更为重要的是，从可操作性的角度而言，刑事程序性辩护选择权具有更强的技术层面的程序指向性和可操作性，对于提升刑事程序性辩护的有效性具有重要的意义。

1. 程序选择权蕴含了程序处分的法理

在大陆法系传统的刑事司法制度中，并不存在关于国家刑罚权自由处分的法理基础，因为传统的大陆法系国家立基于职权主义模式，国家机关依职权积极地追求犯罪控制。客观上，以压缩主体程序权利为代价，因而不存在包括国家公权力在内的对实体刑罚的处分空间，当事人的处分权更难实现。体现在起诉制度上就是起诉法定主义，追诉机关并无太大的自由裁量的余地，所以，最初大陆法系国家对辩诉交易等制度持排斥态度，后来才慢慢接受，而英美法系国家则赋予检察机关在起诉的过程中享有较大的自由裁量权。在某种意义上，这种自由裁量权正是刑事司法中处分权的一种表现，而对于作为个人的被追诉人而言，只有在其权利范围内的处分才有效，程序选择权也正是在此意义上提出。但是出于对人权保障、司法成本和诉讼效率的考虑，大陆法系国家也逐步借鉴英美法系国家的相关制度，诸如体现刑事司法处分权的辩诉交易等制度，这些制度的出现又推动了大陆法系国家的制度发展。

刑事程序选择权的出现突破了提出这一概念时局限于民事处分权的范围，其与宪法相关权利的结合使其扩展到了刑事诉讼法律制度与理论之中，在刑事司法中有了更多的制度实践，丰富了其制度外延。事实上，刑事程序性选择权在实践意义上所谓的程序选择，也意味着对程序性权利或者与之相关的实体性权利的取舍与处分，也就是说，程序选择暗含了程序处分的法理，刑事程序性辩护选择权通过程序性

① 邱联恭：《程序选择权的法理》，台湾三民书局2000年版，第35页。

辩护的方式对程序性权利进行衡量与甄别，向国家公权机关提出最有利于维护当事人权利的程序性辩护主张，程序性主张的选择与放弃之间即是一种处分。刑事程序性辩护选择权将固定化的刑事程序性辩护权细分为多重的程序性权利，将静态的程序性权利动态化为权利实现的对象，也就是说，程序选择权的实现，需要辩方运用法律赋予的程序性辩护选择行为，通过具体的程序性权利激活刑事程序性辩护的有效性。

2. 刑事程序性辩护选择权的目的是刑事程序利益

随着程序价值的提升，刑事程序利益在刑事司法中被更多地肯定，需要一种行之有效的制度实现刑事程序性利益。有学者提出了作为宪法基本权利与人权保障需求的价值基础，也提出了作为程序选择权追求的价值目标的"程序利益"概念，诉讼的目的在于推进刑事司法过程中实体与程序过程的形成，"公权机关必须同时关注实体利益与程序利益"。① 显然实体利益与程序利益"并重论"的观点对其他学者研究刑事实体与程序的关系，有着较大的影响，也有其他学者将程序选择权与程序利益两者结合起来进行研究。② 刑事程序利益是刑事程序权利的现实化，程序利益是主体一切权利选择的深层次动因，其具有丰富的解释力，当然，在法治国家正当程序的模式下，主体正是通过对程序的选择实现程序利益乃至实体利益。

3. 刑事程序性辩护有效性推动了程序主体性与人权保障

邱联恭先生为了论证其所提出的程序选择权的理论价值，借鉴了大陆法系国家相关理论研究的成果，从宪法角度研究程序选择权，认为来源于民事诉讼的程序选择权同样具有基本的宪法权利属性，将程序选择权作为人权的一种实现方式，也就是说邱联恭先生是从宪法所规定的程序主体性与人权保障的角度论证了程序选择权的意义与价

---

① 邱联恭：《程序选择权之法理——着重阐述其理论基础并准以展望新世纪之民事程序法学》，载《民事诉讼法之研讨》(四)，台湾三民书局 1993 年版，第 575 页。

② 刘少军：《被追诉者刑事程序选择权初探》，载《政法论丛》2004 年第 5 期；另可见彭世忠：《程序选择权及其法经济学思考》，载《西南政法大学学报》2003 年第 6 期等。

值。而程序主体性与人权保障也正是刑事诉讼正当程序规则所追求的价值理念。刑事程序性辩护选择权是维护法律正当程序的一种最为有力的手段。刑事程序性辩护选择行为本身的自由程度、选择对象的丰富程度、受到损害之后的救济程度，均能体现出程序主体性地位与人权保障的程度，成为影响刑事程序性辩护有效性因素。

程序选择权存在广义与狭义之分，广义的程序选择权是指对所有程序事项的选择权，将程序选择的对象扩展到对所有程序事项的选择中。例如，有学者在研究辩护律师的程序性权利时，认为律师影响或改变审判程序的权利就是程序动议权。① 这一概念是与本书所说的程序选择权最为接近的命题，律师程序性辩护有效性的提高主要通过向法院提出程序性主张，影响法院的程序性裁判与实体性裁判。有人认为，被告人的程序选择权是指被告人根据自己的意愿，选择相关程序和与程序推进相关事项的权利。② 有学者则从处分权的角度对程序选择权进行了诠释，研究了两者与程序利益的内在关系。③ 事实上，也只有存在多种可能的对象才有可能进行选择。狭义的程序选择权不包括具体权利的选择，主要指普通程序与简易程序的选择。不难看出，这一观点与这一概念产生之初与以民事案件中的选择权和审判程序为研究对象分不开。有学者在研究刑事简易程序时认为：简易程序选择权是指主体自主决定选择、变更、推动简易程序的权利。④

不难看出，广义与狭义的程序选择权的区分的关键点在于如何理解刑事诉讼中的程序处分权，在于能否将民事诉讼中的程序选择权扩展到刑事审前程序中。刑事诉讼中的处分权源于程序主体性、人权保障及诉讼效率的追求。伴随两大法系融合的趋势，在刑事诉讼法中，

---

① 姚莉、李力：《辩护律师的程序动议权》，载《法商研究》2002 年第 2 期。

② 刘政：《刑事被告人程序选择权的缺失分析与制度构建》，载《法学杂志》2010 年第 4 期。

③ 陈卫东、胡之芳：《关于刑事诉讼当事人处分权的思考》，载《政治与法律》2004 年第 4 期。

④ 马康：《论刑事被告人简易程序选择权》，载《公安学刊》2013 年第 2 期。

通过程序选择权对程序进行处分的行为，已经被大多数国家的理论与实践所接受，这一点在前面的内容中已经说明。应当将程序选择的范围扩展到审前程序之中，程序选择权所指涉的范围不仅包括对审判程序及相关程序权利的选择与处分，还包括对审前程序中所有程序事项的选择与处分。

权利的内涵就包括做与不做的选择，关于程序选择权与权利本身所具有的做与不做的关系如何，左卫民教授将之限定在必须存在功能对等的制度，才能区分两者。① 宋世杰教授在研究相关问题时也提出过类似的观点。② 即在功能对等的制度之间进行选择时，才能使之与权利本身的选择性所体现的选择行为相区分，以体现出这一概念的意义与价值。在刑事诉讼中，也只有将程序选择权扩展到审前程序中才能体现这一概念所指涉的制度价值，即通过程序选择权的实现以体现程序主体性、人权保障及对诉讼效率的追求。在实体与程序之间、在多种程序性权利之间选择辩点，最大限度地维护自身的实体利益与程序利益，充分尊重主体的意志自由、选择自由，使其主体地位得以彰显，通过程序编织的人权保障网也正是通过程序性辩护权得以维护。刑事程序性辩护选择权的实现程度，即对程序性权利主张及程序性权利被侵害之后，选择何种程序性救济措施的自由度，是决定刑事程序性辩护有效性的评判结果。

三、刑事程序性辩护有效性的法治基础

法治社会是现代文明社会的基本样态，通常意义上，我们将法治分为形式意义的法治与实质意义的法治。形式意义的法治强调法律运行的形式性，实质意义的法治则不仅强调要符合形式法律的规定，还要实现法律所追求之诸项价值，两者并不矛盾。实质意义上法的价值的实现需要依赖于法的形式得以实现，但法的形式必须符合实质精

① 左卫民、谢鸿飞：《论民事程序选择权》，载《法律科学》1998 年第 6 期。

② 宋世杰、文娟：《试论刑事当事人的程序选择权》，载《河南公安高等专科学校学报》2007 年第 2 期。

神，否则无异于无本之木，所以两者相辅相成，缺一不可。法治以民主与宪政为基础，不仅需要官方“自上而下”的推动，也需要民众“自下而上”的参与。刑事诉讼中设立辩护制度及人权保障制度是官方制定法律的结果，但程序性辩护选择权则掌握在公民自己的手中，如果民众不知道相关权利或者知道而无人运用该项权利，则程序法治难以实现。

事实上，从表面上看，刑事程序性辩护针对程序性违法行为，是为了遏制程序性违法，但也可以认为，刑事程序性辩护方式是权利制衡权力的技巧，权利的保障才是其主要推动力。有学者在论及非法证据排除规则时认为：人民的宪法权利以及表达宪法权利所彰显的宪法身份，并有足够的力量参与宪法政治秩序形成，恰是排除警方非法搜集物证及证明讯问合法性的米兰达规则形成的真正的原动力。①

主要法治国家呈现出将重要的刑事诉讼权利宪法化的趋势，辩护的有效性是实质意义上的正当程序与程序法治的要求。从诉讼的结构上看，控辩双方主体是刑事诉讼构造中的重要两极，刑事辩护权是一种被动性的权利，只有面临控诉主体的追诉时，才能针对指控进行辩护，这种辩护不仅是形式意义上的，还是实质意义上的，所以，有效辩护对辩护权的实现提出了更高的要求。事实上，从正当程序的基本要求来看，只有通过有效辩护提高辩方的辩护强度，才能够真正对抗代表国家的强大的追诉机关，实现控辩力量的平衡。换言之，有效辩护蕴含在正当程序之中，而法律的正当程序一方面源于英国古老的自然正义的思想；另一方面源于限制权力、保障公民权利的斗争。在前普通法时代，正是制约王权及保护人权的法治思想孕育了程序正义的基本理念，随后，在普通法时代几百年的历史进程中，又发展出包括陪审制度、控辩平等、控审分离等权利(权力)配置模式。1215 年 6 月 15 日，英王约翰在与封建领主的权力较量失败后，被迫签署《大宪章》，直到这一约束王权的宪法性文件通过之后，英国历史上才正式出现了与正当法律程序或者法律的正当程序的相关学说与研究。随

① 朱德宏：《非法证据排除规则有效性的制度逻辑：以检察机关公诉权能为视角》，载《学术界》2014 年第 10 期。

着王权的进一步加强，经过爱德华三世时期颁布的六个法令之后，正当程序与《大宪章》及普通法律紧密地联系在了一起，王权也有力量对违反程序的行为进行制裁，随后由于国王权力的膨胀，又出现了通过司法权限制王权的斗争，1628 年的《权利请愿书》是限制国王权力、保障公民权利的具有里程碑意义的重要法律文件。随后 1640 年通过《人身保护法》、1679 年通过《人身保护法修正案》、1688 年通过《权利宣言》、1689 年通过《权利法案》等一系列蕴含程序性条款的人权保障法律文件，开创了将刑事性质的程序性条款融入宪章性法案的先河。之后，这种传统在美国得到进一步发展，与英国不同，美国直接通过宪法修正案的方式将正当程序条款注入宪法，形成了独特的制度体系，美国联邦宪法修正案规定了限制与剥夺公民权利的程序条件。美国学者将正当程序区分为实质性的正当程序与程序性的正当程序，并且不断通过判例与解释对宪法中的正当程序条款作出修正。在美国学者戈尔丁所理解的程序正义的九个标准中，涉及控辩双方的权利配置条件有三项：对各方当事人的诉讼均应给予公平的注意、纠纷解决者应听取双方的论据和证据、各方当事人都应得到公平的机会来对另一方提出的结论和证据作出回应。① 上述三项虽然是对纠纷解决者提出的要求，客观上却促成控辩力量的平衡。刑事正当程序不仅为程序性辩护行为提供了理论基础，为程序性辩护所针对的程序性违法提供对象性基础，还为违反程序性条款的制裁措施提供了保障。可见，在英美法系国家，由于程序性条款与宪法性条款的同构性，也使之具有了较高的效力，同时，正是因为有了以有效辩护权为基础的程序性辩护行为，程序性条款才日趋完善。

1999 年 1 月 22 日，法国宪法委员会作出的一个重要判决中涉及诉之司法权、平等权、住宅不受侵犯权、无罪推定权、辩护权以及个人自由不受侵犯的权利，将后三项权利作为法国刑事诉讼法的三大基石。法国学者称之为“刑事宪法”，随后，又通过衍生权利的方式将上述较为抽象的权利一步步具体化，例如在《刑事诉讼法》序言中规

---

① ［美］戈尔丁：《法律哲学》，齐海滨译，三联书店 1987 年版，第 240~241 页。

定控审分离、控辩平衡、强制措施的适用原则、特殊的侦查手段的合宪规制、律师会见合宪审查等。最后，在《刑事诉讼法》中将符合宪法精神的制度体现出来。①

有学者结合域外经验中关于获得辩护权的规定，认为有效辩护就是保证获得完整而充分的辩护，其中包括程序性辩护的充分性与实质性。② 有效辩护理念是人们对律师行业最主要的精神寄托，作为一项宪法权利，有效辩护权的功能和价值在于实现程序正义和人权保障。全面提升有效辩护理念，需要对有效辩护的内涵、标准进行充分的诠释。有效辩护的理论基础主要包括程序正义、无罪推定与人权保障、诉讼构造等方面。有学者提出，对于因辩护律师不称职产生辩护无效的情形达到“实际无效”标准，律师将面临程序性制裁、民事赔偿或者职业惩戒等后果。有效辩护是获得公正审判不可或缺的一部分，这不仅要求保障获得法律援助权，而且还要求有与之相适应的立法、程序环境以及组织机构，这样才能确保辩护质量。③ 将有效辩护奉为被告人的宪法权利，并将无效辩护与程序错误并列为上级法院撤销原判、发回重审的依据，这是美国刑事诉讼制度的特殊经验。④ 在1970年麦克曼(Mc Mann V. Richardson) 一案中，联邦最高法院进一步解释了宪法修正案中的辩护权，确立了获得律师有效辩护是被告人的宪法性权利，提出被告人不能任由不胜任的辩护人摆布。⑤ 国外的保障辩护有效性的路径只是提供了一个可供参考的范本，必须结合我国的实际选择适合我国国情并能增强刑事程序性辩护有效性的制度。

---

① 施鹏鹏：《走向刑事宪法？——以宪政框架下的法国刑事诉讼改革为背景》，载《浙江社会科学》2011年第6期。

② 尹晓红：《获得律师的有效辩护是获得辩护权的核心——对宪法第125条获得辩护条款的法解释》，载《河北法学》2013年第5期。

③ 桂梦美、张蕾：《有效辩护理念的本体展开》，载《浙江工商大学学报》2018年第5期。

④ 陈瑞华：《刑事诉讼中的有效辩护问题》，载《苏州大学学报》2014年第5期。

⑤ 张中：《论侦查阶段的有效辩护》，载《当代法学》2017年第6期。

第二节　刑事程序性辩护有效性的发展路径

刑事程序性辩护有效性的发展经历了从辩护制度效力到实效的转变过程。法的效力与实效是法律实现过程中的两个重要的概念，两者缺一不可，效力侧重于制度建构，实效侧重于法律在实践中的运作效果，但也不能机械地看待两者的关系，两者是相互补充的。正是在对方的存在中证成了自己存在的价值。有学者主张要运用实证分析的方法研究法的效力，将两者结合起来才有意义。①

在现代社会中，没有超越于法律之上的主体，主体行为均会受到法律的调整与评价，并使之具有法律意义。行为的有效性包括法律规范的有效性与实效，实效的产生依赖主体行为的选择。刑事诉讼法律关系是刑事诉讼主体依据刑事诉讼法规定，在刑事诉讼过程中，通过一定的诉讼行为产生的权利义务关系，包括主体、客体、内容三个方面，引起刑事诉讼法律关系产生、发展、变更和消灭。对刑事诉讼行为的评价包括成立性、合法性和有效性等方面。② 行为成立需满足法律行为成立的条件，诸如主体具备法律资格、意思表示真实、内容合法明确等；行为生效，则由法院最终认定。刑事程序性辩护作为一种刑事诉讼行为，其有效性必然遵循一般法律行为的运行规律：依法设定的程序性规范，授权诉讼主体实施一定的诉讼行为，产生、发展、变更和消灭刑事诉讼法律关系，其动态的运作过程即为有效性评价。刑事程序性辩护有效性的生成必须具备如下要件。

一、有效的程序性规范

规范的有效性分为形式有效与实质有效。形式有效包括法律本身逻辑结构的有效性与作为法律渊源的效力来源的有效性；实质有效则

① 刘焯：《法的效力与法的实效新探》，载《当代法学》1998 年第 1 期。

② 印波、高远：《刑事诉讼行为的三重评价：成立性、合法性和有效性》，载《河北学刊》2015 年第 2 期。

是指规范发挥实效。

(一)程序性规范内部结构的有效性

法律的科学性在很大程度上体现在对法律规范的逻辑结构的科学划分上，而法律规范逻辑结构的合理性与有效性决定法律在实践中的解释力与实践效力，决定能否发挥法律引导力、评价力、强制力等法律功能。

我国学者虽然都较为重视对法律逻辑结构的研究，但关于法律逻辑结构的理论并没有形成较为统一的观点，而是源于20世纪50年代借鉴苏联学者的观点。传统的观念将法律规范结构分为假定、处理和制裁三要素，其中假定设定了法律规范适用的时空条件，处理则是设定行动指引部分，制裁是对违法施加的不利后果。① 针对传统观点，其中有一种观点认为应当在传统观点的基础上将法律规范区分为制裁性规范和奖励性规范，其逻辑结构分别为假定、处理、制裁和假定、处理和奖励。② 关于行为模式和法律后果，行为模式是对行为的抽象概括，因为法律针对主体的具体行为千差万别，所以，法律规范中的法律行为是对日常生活行为的类概括，是一种抽象的行为，也就是对一种法条化的行为模式的描述；法律后果一般是肯定式的，是指法律规范肯定该行为的合法性和有效性，并加以保护、赞许或者奖励；与之相反则是否认行为效力的否定式，并加以撤销或制裁。③ 有学者认为：传统观点最大的问题在于法律规范的作用并不只是存在于制裁之中，对于合规行为，应当肯定而不是制裁；认为假定也不宜作为法律规范逻辑结构的独立要素，在此基础上得出法律规范的逻辑结构为权利义务的规定和法律后果的归结。④ 也有学者认为，法律规范的逻辑

① 李振江:《法律规范的逻辑结构分析》，载《法学研究》1993年第1期。

② 杨万明:《论奖励性规范》，载《法学研究》1985年第4期。

③ 罗玉中:《法律规范的逻辑结构》，载《法学研究》1989年第5期。

④ 张文显:《对法律规范的再认识》，载《吉林大学社会科学学报》1987年第6期。

结构为假定和行为模式。① 拉伦茨将构成要件与法效果作为法规范的基本构成。② 有人认为法律规范的逻辑结构为法律事实、规范模态词、法律效果。③ 也有人认为法律规范的逻辑结构为适用条件、权利义务、义务违反、制裁规定。④ 还有人结合法律规范内部构成的性质与功能，将法律规范逻辑结构分为行为与行为评价两个部分，其中行为可以区分为行为前提、行为主体、行为方式；行为评价则指直接表明待评价行为的法律后果，对行为进行指引，运用规范逻辑词体现规范性质，限定行为选择空间，实现对行为的指引和评价作用。⑤

从以上学者关于法律规范的逻辑结构的观点可以看出，尽管学者没有形成统一的观点，但是结合学者的观点与法律的功能，可知法律规范的逻辑结构主要由法律规范适用的条件与范围、法律后果组成。法律规范的适用条件与范围在技术上通过抽象的行为设定予以表示，不管学者称之为假定、法律事实、构成要件还是行为模式，或者直接以构成规则的权利与义务表示，这些从不同侧面对行为的描述，目的在于对法律规范适用条件与范围作限定。不能因为这一部分是对条件与范围的设定，就认定其不属于该法律规范的一部分而是一个独立的规范。条件与范围存在于规范之中，适用条件与范围设定了该规范的适用空间，也使其更有可能从静态的法律变为动态的法律，但只有条件没有后果也使法规难以适用，因为“无救济，无权利”，所以，法律后果也是法律规范不可或缺的构成要素，法律后果包括对违法的制裁与对合法行为的肯定评价。

毫无疑问，作为部门法的刑事诉讼法也强调规范的结构合理性与

① 邹爱华：《法律规范的逻辑结构新论》，载《湖北大学学报》2004 年第 6 期。

② ［德］拉伦茨：《法学方法》，陈爱娥译，商务印书馆 2005 年版，第 144 页。

③ 刘杨：《法律规范的逻辑结构新论》，载《法制与社会发展》2007 年第 1 期。

④ 张恒山：《法理要论》，北京大学出版社 2009 年版，第 36 页。

⑤ 雷振斌：《法律规范的逻辑结构理论重述》，载《鲁东大学学报》2015 年第 1 期。

科学性，即需要遵循建构规范的普遍规律。刑事诉讼法律规范的逻辑结构也必须符合上述逻辑结构，否则，就会存在先天缺陷，因为对社会生活中具体行为的评价依靠规则，如果规则缺乏关键的后果部分，则会使规则失效。结合上述关于法律规范逻辑结构的构成规律的论述，不难看出，我国刑事程序法规范中的部分条文制裁性不足，因而从刑事诉讼法律规定的内部的逻辑结构来看，其欠缺有效性的制度空间。我国有学者将刑事诉讼法律规则分为实体性规则和实施性规则，必须注意其所认为的实体性规则与实体法规范的区别，实体性规则仍属于程序性规范的范畴，是规定实质性程序内容的部分，也就是规则适用的条件，典型的结构为“如果甲，那么乙”；实施性规则则是规定实施实质性程序性规定的方法及其后果，包括法律制裁，在刑事诉讼法中，一般通过程序性有效与程序性无效得以体现。具体来说，包括“程序的申请者”“被申请者”“程序裁决者”“行为的期限”“行为的方式”“证明责任、证明标准”“裁决”“救济”,① 这种结构可以通俗地表述为“谁来做，怎么做，如果不做该怎么办”。锁正杰博士在关于实体性规则与实施性规则的描述的观点中，认为其中一个关键性的因素就是制裁部分缺乏,② 实质上就是法律后果部分缺乏，从规则本身的逻辑结构来看，法律规则的不完整会作用于司法实践，从而阻碍实效的发挥。

事实上，我国在2012年修订《刑事诉讼法》之后，这一情况有了较大的改观，以非法证据排除规则为例，《刑事诉讼法》第50条(2018年修订变更为第52条)与第54条(2018年修订变更为第56条)规定就注意到了兼顾实体性规则与实施性规则，前者规定了审判人员、检察人员、侦查人员取证的实质性程序规则，从正反两个方面规定了取证方法，即必须依照法定程序收集证据，严禁刑讯逼供等非法取证行为；后者则规定了对于违法取得的言词证据与实物证据的排

① 锁正杰：《刑事程序的法哲学原理》，中国人民公安大学出版社2002年版，第39页。

② 锁正杰：《刑事程序的法哲学原理》，中国人民公安大学出版社2002年版，第39~50页。

除方法，即为实施性制裁措施。只有二者配合使用才能真正地排除非法证据，使这一制度发挥作用。此外2021年修订的最高人民法院《关于适用刑事诉讼法的若干问题的解释》进一步对实施过程中可能产生的法条歧义进行明确，第123条至第126条对如何判断法律禁止的取证行为予以明确，对包括刑讯逼供在内的有形的肉体折磨和无形的精神折磨中所使用的方法、重复性供述以及对物证、书证在何种情形下才算作“可能严重影响司法公正”等作了细化解释，大大增强了这一制度的可操作性。值得注意的是：全国人民代表大会常务委员会法制工作委员会刑法室编著的《关于修改刑事诉讼法的决定、解释与适用》中，将不符合法定程序的物证、书证取证程序解释为包括不符合法律的取证主体、取证手续、取证方法，这种对排除非法物证、书证的理解中所适用的范围显然比高法解释中非法证据排除规定所确立的适用范围要广，但对于除了非法取证手段以外的其他违反程序法规定的取证行为的实施性规则，以及除了犯罪嫌疑人、被告人、被害人、证人，物证、书证以外的其他的证据的实施性规则，还有待进一步明确，虽然司法解释在一定程度上进行了规定，但其效力层次不及《刑事诉讼法》。另外，申请非法证据排除之后，如果被法院驳回，所采取的救济措施也属于实施性规则的一部分，这也有待进一步加强。

(二)刑事程序性规范的形式有效性

法律渊源的有效性是指法律规范的效力来源。从语义上看，包括历史渊源即法律与历史事件的关联性；理论渊源即支撑该法律的理论基础，该理论论证了法律的价值合理性；本质渊源即法律的本质来源。以凯尔森为代表的纯粹法理论对法律规范进行了研究，排除法律的价值判断，对法律本身的描述就是有无效力的问题，对主体行为的描述就是实效的问题。凯尔森认为，法律秩序内涵法律规范，法律规范内涵法律效力。事实上，法律虽然是一种建构的抽象的概念，但自从人类社会选择法律作为调整人类行为的一种重要的手段，法律逐渐形成一套完整的规范体系，自然法理论认为法律的效力来自自然、理性、正义等抽象的自然法理；社会法学认为法律的效力来源于适用；

分析实证法学认为法的效力来自法律逻辑效力，认为实在法的有效性只能从其自身秩序获得，不能从外在的价值中获得。虽然分析实证的思想也有其理论局限，但其在对法律规则纯粹性、法律规则的效力层级上，也有其积极的意义，所以法律的效力渊源是层层推进的，依据基础规范制定宪法，宪法作为母法，又产生其他部门法，部门法由调整各种具体行为的法律规范组成。至此规范与规范之间形成了一个环环相扣的体系，形成了完整的法律效力秩序。凯尔森主张在区分应然与实然的基础上，处于实然层面的规范的有效性无法通过应然层面的价值判断等方式获得，规范有效性的判断标准是先验的基础规范，法律体系是一个层级体系而非平行体系，每一个规范均从其上位的法律中获得效力，基础规范是包括宪法在内的其他法律的效力的源泉。① 按照阿列克西的定义，即法律规范经过权威机关的颁布而具有约束义务人的约束力。② 哈特将法律规则的效力来源解释为承认规则，法律之所以具有效力是因为民众必须以内部观点对待承认规则，正是因为有了人的接受与服从才使规则具有了效力。③ 还有学者将法律规范的有效性与体系性相结合，从法律的渊源体系中产生形式效力。④ 哈贝马斯认为不能通过法律系统的回溯性返回自

① ［奥］凯尔森：《法与国家的一般理论》，沈宗灵译，中国大百科全书出版社1996年版，第125~141页。转引自解永照、张一博：《从规范到事实：效力和实效的纠结以纯粹法理论为研究背景》，载《山东警察学院学报》2013年第4期。

② ［德］阿列克西：《不法论证——对法律实证主义的回应》，卡尔登出版社2002年版，第87页。（R. Alexy, The Argument from Injustice—A Reply to Legal Positivism, Trans by B. L. Paulson and S. L. Paulson, Clarendon Press, 2002, p. 87.）转引自王旭：《法的规则有效性理论研究》，载《比较法研究》2007年第3期。

③ ［英］哈特：《法律的概念》，张文显等译，中国大百科全书出版社1996年版，第91页。

④ ［英］阿尔尼奥：《理性与权威》，英国大学出版社1997年版，第167~173页。（A. Aarnio, Reason and Authority, The united kingdom at the university Press, 1997, pp. 167-173.）转引自王旭：《法的规则有效性理论研究》，载《比较法研究》2007年第3期。

身，循环论证自己的合法性，法律不能仅以强制性得以实施，法律的有效性包括行为的合法律性(强制力，即事实的有效性)和规则本身的合法性(法律的合法性)。①

道德伦理正义观能够作为评价法规、政策等制度的有效性标准。② 道德作为底线的正义，正是其与法律的相通之处，法律有时也必须借助于道德来真正实现。通过“无知之幕”的假定，人们在原初状态下选择了正义，再在正义的指导下制定法律系统，罗尔斯的法律观相异于纯粹法学的观点，其特点在于用“无知之幕”下的正义代替基础规范。阿尔尼奥的观点事实上与纯粹法学观点相近，认为法律规范的有效性来源于其自身，哈特所提倡的接受与服从是法的实效产生的根源，哈贝马斯认为法的效力的源泉在于具有交涉性的民主程序，是一种程序正义的观念。结合上述研究的观点，可知各种观点的最大争论点在于法律规范的效力来源于“自身的系统”还是来源于“外在的价值”，在基本性来源确定之后，论者均承认法律体系效力层次，如果将法律规范的效力认定为来源于能够接受正当性评价的法律体系自身，正当性根据可以从学者所主张的“正义”“商谈互动”“可接受性”等诸多方面进行评判，此时似乎各种观点能够形成一致。

1. 刑事诉讼法与宪法的渊源

1979年《刑事诉讼法》第1条表明本法“以宪法为根据”，1996年、2012年、2018年修订的《刑事诉讼法》第1条均改为“根据宪法，制定本法”，此条文是刑事诉讼法合法性的根据。在《宪法》与《刑事诉讼法》的关系上，存在“两点论”“割裂—融合论”与“保障论”的观点。“两点论”的观点强调宪法作为“母法”对作为“子法”的刑事诉讼法的支配地位，刑事诉讼法作为部门法、子法处于从属的下位法地位。从其内容上看，宪法规定国家权力与公民权利体系中的根本性问题，刑事诉讼法只是规定刑事司法方面的问题；“割裂—融合论”者

---

① [德]哈贝马斯：《在事实与规范之间：关于法律和民主法治国的商谈理论》，童世骏译，三联书店2003年版，第167~174页。

② [美]罗尔斯：《政治自由主义》，万俊人译，译林出版社2000年版，第36~40页。

认为宪法与刑事诉讼法通过《刑事诉讼法》第1条的规定从法律文本上进行了勾连，与有些国家刑事诉讼法与宪法紧密相连不同，宪法虽然是母法，但我国并没有直接将宪法的内容作为判案依据的传统。宪法所规定的权利在刑事诉讼领域公权运行的过程中存在被侵害的可能，"宪政—富强"成为"割裂下的融合"的关键。① "保障论"则重视刑事诉讼法对宪法的反作用力及诉讼权利对宪法权利的保障作用。

国外宪法与刑事诉讼法的关系问题上存在不同的模式，如在英国，其宪法性规则散见于普通法之中，由法官在司法实践中自由裁量，因而英国缺乏独立宪法的上位性，不能约束刑事诉讼法。宪法没有系统地规定公民的基本权利，基本权利缺乏宪法之规定与保障，相反，权力与权利的制约与平衡思想深入人心，在这种思想指导下的制度建构能够达到人权保障的目的。在美国，宪法与刑事诉讼法呈现出一体化的特征，刑事诉讼权利因为涉及公民基本人权而直接规定在宪法修正案中，或者说美国的刑事诉讼规则直接将其宪法条文具体化，宪法中的程序性条款本身就可以作为法官判案援引的依据，宪法与刑事诉讼法相互交融，相得益彰；在德国，根据德国的成文法的立法精神，宪法是刑事诉讼法的渊源，被追诉人的诉讼权利及宪法救济措施由宪法加以规定；在日本，因受美国的影响，宪法与刑事诉讼法也具有一体化的特征，大多数刑事诉讼原则在宪法中都有体现，通过违宪审查机制对刑事司法的错误适用予以救济。②

2.《刑事诉讼法》与司法解释的关系

对法律进行全面司法解释的必要性来源于法律过分简约的事实，如果不作解释，实践中会因难以找到相关法律而造成办案困难。③ 有人认识到司法解释的重要作用在于弥补刑事诉讼中的不足，在将其中笼统的、抽象的、概括性的规定具体化并使之具有可操作性的同时避

① 李训虎：《割裂下的融合：中国宪法与刑事诉讼法关系解读》，载《法学家》2009年第3期。

② 米镝：《宪法与刑事诉讼法关系研究》，载《周口师范学院学报》2012年第11期。

③ 张建伟：《刑事诉讼司法解释的空间与界限》，载《清华法学》2013年第6期。

免职权机关越权。① 但这也带来一个较大的弊端，就是司法解释作为下位法可能突破作为基本法律的《刑事诉讼法》的规定，两者存在冲突的可能。

(1)解释主体不恰当地扩大

刑事诉讼法律解释的需求在于，当先前相对原则性的程序规定与事无巨细的日常生活事件相遇时，而法律缺乏相关规定时，或者规定过于抽象，缺乏可操作性时，通过解释扩充法律的适用效力，所以，法律解释主体的权限在其中起着至关重要的作用。我国现行的《立法法》规定了法律的制定主体及解释主体，作为基本法的《刑事诉讼法》由全国人民代表大会制定，不管是何种主体作出解释，均无法与最高国家权力机关相媲美，所以，如果严格遵循法律的规定，各种性质的司法解释的效力远远不及《刑事诉讼法》的效力，我国正是通过限制解释主体的方式限制各类主体滥用司法解释权。刑事诉讼中司法解释权产生于 1981 年五届人大通过的《关于加强法律解释工作的决议》，规定了最高人民法院、最高人民检察院及全国人民代表大会常务委员会的司法解释权限，明确了法院、检察院对于各自工作中的问题可以各自在其系统内进行解释，而对于法律、法令本身的解释或者两者存在争议的地方则由全国人民代表大会常务委员会解释或者决定。

根据法律解释的基本精神，司法解释权必须严格限定在授权的范围之内，否则将会导致法律解释的冲突与无效。《刑事诉讼法》经国家立法机关严格的立法程序论证表决通过，而司法解释由若干主体制定，可能出现为了部门利益而含有部门偏见的问题，也有可能作为部门扩展权力的手段。而我国颁布司法解释的主体大大超越了《关于加强法律解释工作的决议》的内容，既有最高人民法院和最高人民检察院，也有司法部、公安部、安全部，全国人大法工委等部门。②

① 王敏远：《2012 年刑事诉讼法修改后的司法解释研究》，载《国家检察官学院学报》2015 年第 1 期。

② 王敏远：《2012 年刑事诉讼法修改后的司法解释研究》，载《国家检察官学院学报》2015 年第 1 期。

(2)解释内容超范围

《关于加强法律解释工作的决议》规定法院、检察院解释如果出现分歧则由全国人民代表大会常务委员会解释或决定。《刑事诉讼法》是由立法机关制定的基本法律，所有其他的刑事司法解释必须以之为基础与界限。司法解释所指涉的范围不能超越《刑事诉讼法》文本所规定的意义，其原因在于立法权与司法权的分离，如果司法解释的内容超越了立法机关制定的刑事诉讼法的范围，则意味着司法机关运用司法解释权不正当地侵犯了唯有立法机关才有的改变基本法律的权力。一旦法院、检察院对《刑事诉讼法》法律文本理解及其相应的解释出现了争议，则由全国人民代表大会常务委员会解释或决定。但事实上，司法解释的有些内容并没有遵循《关于加强法律解释工作的决议》对司法解释的规定，而是超出法律文本的原意。在司法实践中，如果法律解释替代法律，则会使刑事诉讼法律落空，如何调整司法解释的内容，协调《刑事诉讼法》与相关司法解释的关系是一个重要的问题。

二、法律规范的实效

法律规范只有在现实生活中运用，才有可能实现其真正的价值。法律本身为生活世界而生，人们根据人类行为过程中对社会治理的认识及调整人行为的需要设定法律，静态的法律被制定出来之后，因为其目的在于指引人们的现实生活，并不会自动运行，所以人们必须主动地去运用和适应法律的规制，法律的价值才能得到发挥。法律的实效是人们将预设的法律可能变为法律现实的过程，人们按照法律的指引，对违反法律的行为进行制裁，对遵循法律的行为予以奖励，由此法律完成对人行为的调控。

有学者认为，法律效力是从形式层面辨识法律的概念。① 但并不尽然，只关注法律的形式性，而忽略法律的实质性的观点并不可取，唯有形式与实质兼具的法律才是完整意义的法律。立法的质量是影响法律实效的一个重要的方面，法律规范的可操作性、规范本身的严密

---

① 程刚：《法律的效力与实效概念辨析》，载《社会科学辑刊》2012 年第 4 期。

程度及相互之间的协调关系，也影响法律实施的效果。事实上，在现代社会中的法治国家，科学民主的立法程序本身就奠定了各项法律制度坚实的实效基础。虽然从表面上看，法律实效是对法律运作结果的评价，但事实上，法律实效不仅关系到法律的运作结果，而且也受制于法律规范本身的质量及规范之间的协调性、可操作性，这一点与立法相关。法律实际运作的效果是一个更为复杂的问题，与法律本身的可操作性相关，也与法律主体对法律的态度相关，属于法律的执行问题。也有法社会学者从民间法的角度关注法的实效，有效的法律要发挥实效必须关注民众对法律制度的需求、意愿、情感和态度，即在立法过程中最大限度地展开充分的利益表达与利益综合。① 也有学者从法的可接受性角度研究法律的实效，以往对法的实效的研究均是站在官方立场和自上而下的视角，意味着从立法、执法、司法、守法整个法律的运作过程均是为了维护官方和法律(国家法)的权威，有利于制定法目标的实现则是有实效的，但如果站在民众的角度进行审视，是否接受法律的态度决定法律实施的效果，这就是法社会学上关注的法律实效。②

在社会主义法治国家，国家与民众制定法律的目标一致，因而两者其实是可以统一的。如果仅仅站在纯理论的立场，法的效力与实效实际上是不同法学流派的重要分野，但刑事司法作为一门实践性学科，必须关注有效力的法律的实际司法效果，即程序性法律制度的运作效果。

三、从刑事程序性辩护制度的效力到实效的转变

任何法律制度的实现均需经过从有效的规范到发挥规范实效的历程，刑事程序性辩护的有效性也是对这一过程的验证。也就是说，刑事程序性辩护有效性既关涉到规范的质量，也关涉到规范的实际运

① 胡平仁：《立法过程中的利益表达与利益综合》，载胡旭晟：《湘江法律评论》，湖南人民出版社 2001 年版，第 3~20 页。

② 胡平仁、刘冬泉：《司法裁判可接受性的法社会学之维》，载《石河子大学学报》2015 年第 1 期。

作，需要综合衡量。正如有学者提出的：正当合法的程序规则既需要把握程序规则的质量，也需要把握程序规则的数量，还要关注程序规则间的相互协调。程序规则的质量仍然是良好程序的基本要求，程序是由程序规则构成的规则群，依程序规则办事需要从内部结构、原则与概念方面入手。①

从上述内容关于法的效力与法的实效法理的诠释中，不难看出，法的效力更多地体现为调整静态的法律规范的合法性、合理性、逻辑自洽性、可操作性的问题，法的实效则更多地验证法律的动态的运作效果，关涉从立法、守法、司法、执法、法律监督的整个法律运作过程，法治化的进程一般都经历了从关注法的效力到关注法的实效的转变。在刑事司法制度中，刑事程序性辩护制度的发展也应当遵循这一规律，即从程序性辩护制度的效力到程序性辩护制度的实效的转变，通过制度本身的完善奠定制度效果的基础。

在刑事司法中，与之相似的概念是有效辩护，有效辩护是一个源于美国的概念，在英美法系无成文法传统的国家，有着独特的“程序优先”的传统，在某种意义上，这一传统表明英美法系国家法律制度发展的历史就是程序法治不断完善和发展的历史。以法律的正当程序为表征，法律的正当程序具有极强的可操作性，在程序规则构成上包括实体性规则与实施性规则，刑事程序性裁判是一种针对违反程序法律制度的救济手段，刑事程序性辩护指向刑事程序性违法行为，对其运作效果的评价就是刑事程序性辩护的有效性。事实上，在英美法系国家，辩方通过程序性辩护获得程序主张成功，甚至实体方面胜诉的案件也比比皆是。由于英美法系国家能够充分保障律师帮助权，因而考证这一问题的焦点就是有效的律师帮助权，而律师帮助的效果则是动态地对律师为当事人提供刑事辩护的整个过程及结果进行衡量。第七届联合国预防犯罪和罪犯待遇大会上通过的《律师的作用》指出了被追诉人权利保护与律师帮助权之间的关系。② 这一规定提出，刑事

① 孟海燕：《论程序价值的现代实现》，载《长沙大学学报》2013 年第 6 期。

② 冀祥德：《刑事辩护准入制度与有效辩护及普遍辩护》，载《清华法学》2012 年第 7 期。

诉讼中的权利保护需要律师服务的有效性。美国法院结合宪法修正案关于辩护权的相关内容，通过一系列的判例，推进辩护有效性的发展。总体来看，大致上经历了从形式阶段到实质阶段的发展过程，即从有效辩护到辩护有效性的发展。事实上，对律师辩护效果(辩护有效性)的评价在美国也不是一蹴而就的，而是经历了一个相对较长的过程：其一，美国联邦最高法院在1970年正式确立了律师辩护效果有效性的审查机制；其二，先后在实践中通过两个判例确立了"荒诞剧和滑稽戏的标准"和"行为标准和结果标准"；其三，美国律师协会通过一系列指南与准则逐步确立了刑事案件有效辩护的具体要求与规则。德肖维茨从一个美国法学者和辩护律师的角度将程序性辩护视为最好的辩护。① 在英国，犯罪嫌疑人接受律师帮助的权利曾经一度被学者称为犯罪嫌疑人权利的"一块橡皮图章"而已，由于英国历史上没有形成如美国一样的成文宪法传统，因而英国的辩护的有效性主要通过判例确立了保障程序性辩护有效性的制度。

大陆法系国家运用成文法规定司法官员的行为标准，因而其程序性违法无效制度也易于操作，能够为当事人提出程序性辩护提供有效的保障。综观《法国刑事诉讼法典》，其繁杂细致的刑事诉讼法律设定了许多具有较强可操作性的程序性条款，在当事人提出刑事程序性辩护之后能够得到及时解决，一旦辩护成立会导致法定无效与实质无效的结果。在德国，警察、检察官和法官必须以法律规定为限，上述程序性权利是保障程序性辩护有效性的根据。

从其他法治发达国家程序性辩护的有效性的发展经验中不难看出：有效辩护或者辩护的效力属于法的效力的范畴，需要通过法律制度本身的完善来实现，主要由法定的立法机关通过法定的程序予以确立或者通过判例的方式逐步确立，而且所确立的制度必须经受住制度正当性的考验，法规范的效力来自一个基本规范，法规范的效力来自法律规范内部，源于立法程序。② 实现辩护有效性则相对较为复杂，

① ［美］艾伦·德肖维茨：《最好的辩护》，唐交东译，法律出版社1994年版，第39页。

② ［奥］凯尔森：《法与国家的一般理论》，沈宗灵译，中国大百科全书出版社1996年版，第42页。

辩护的有效性则是属于法的实效的范畴，需要通过考证辩护行为的动态运作过程，还要考量辩护行为的目的和效果，即辩方通过辩护行为所获得的实体利益与程序利益。法的实效是法运行结果的体现，它取决于法律行为主体的实际行为与法律规定的行为标准相一致的程度，法律设定的权利是否被尊重，义务是否被遵守，以及在权利未实现与义务被违反时受司法机关保护的程度。同时，还需要通过司法等方式将有效辩护制度付诸实施并扩展到社会生活中。两者是对立统一的矛盾关系，一个良好的制度运行离不开两者中的任何一个方面。

第三章　域外保障刑事程序性辩护有效性制度的比较考察

辩护制度是现代法治国家刑事司法制度中较为核心的问题，辩护质量也是各国刑事辩护中绕不开的话题，但是由于制度背景不同，各国对此问题的研究路径也存在差异，但从总的方面来说主要包括宏观的制度架构与微观的权利保障。本部分正是从其他国家的相关制度中，探寻影响刑事程序性辩护有效性的规律性因素。

第一节　国外刑事程序性辩护有效性概述

每一个国家均有其独特的制度传统，从国际公约到各国具体的程序制度，各国在保障刑事程序性辩护的有效性方面，均积极地探索适合本国的最佳方案。学者也存在不同的研究路径，无论从判例到理论，还是从理论到具体的案件；从宪法程序条款入手，再到刑事诉讼中寻找相对应的程序性法律，还是从刑事诉讼程序性条款入手，然后从宪法中找依据，不同学者各辟蹊径，各有特色。

一、国外刑事程序性辩护有效性研究述评

1955年联合国大会通过的《囚犯待遇最低限度标准规则》规定了为未受审讯人提供法律顾问的法律帮助权。《公民权利和政治权利国际公约》也规定了被追诉者获得律师协助的权利、辩护权，特别强调了免费律师帮助的重要性。1988年联合国大会通过的《保护所有遭受任何形式拘留或监禁的人的原则》在先前规定律师协助的基础上，补充了强制措施禁止的相关规定。1990年出台的《关于律师作用的基本

原则》列出了律师辩护及保障律师辩护有效性的诸多措施，包括保障平等有效地获得律师协助的程序规定、获得免费律师协助规定、无律师不得采取逮捕和拘留等强制措施规定。可见，上述国际性文件中将被指控人获得高效的律师辩护作为衡量刑事司法公正、人道的基本标准，是完成审判程序架构的基本方面。①

在现代法治国家刑事司法制度中，大多数国家均将辩护权作为嫌疑人、被告人的基本权利予以规定。辩护权与律师保障制度的实现情况也是评价一国刑事司法法治状态的重要指标。刑事程序性辩护有效性的研究正是在这一潮流下进入人们的视野。在国外学者对刑事司法制度的研究中，辩护权与辩护制度是其中最为重要的内容，对辩护制度的研究经历了从有辩护权到保障辩护权即有效辩护再到辩护的有效性的发展历程，即从制度的效力到制度实施的实效的过程。从辩护的内容角度进行划分，可以分为实体性的辩护与程序性的辩护，可以从实体与程序两个层面对有效辩护进行考证，刑事程序性辩护的有效性的问题应运而生，有效辩护的概念容易导致将研究的重心集中在制度的效力上，但不能将研究的目标简单地定位在有律师辩护上，还必须进一步研究律师辩护的质量即辩护的有效性，辩护权论必须向有效辩护的辩护机制论发展。②

两大法系法律制度融合的趋势意味着各自在相互吸收与借鉴中取长补短。我国学者熊秋红在考证国外学者的研究后发现：国外学者普遍认为有效辩护是由立法与司法等多重因素与条件发生综合效应的结果。为了实现公正审判权，获得法律援助的权利，配套的立法、程序环境以及组织结构等是必不可少的条件。在刑事辩护的国际标准中贯穿了平等、及时和有效的原则，是被指控人获得有效辩护的前提或支撑性条件。③

① 熊秋红：《从刑事司法国际标准的角度看我国刑事辩护制度》，载《中国刑事法杂志》1998 年第 3 期。

② ［日］田口守一：《刑事诉讼法》，刘迪、张凌等译，法律出版社 2000 年版，第 90~97 页。

③ 熊秋红：《有效辩护、无效辩护的国际标准和本土化思考》，载《中国刑事法杂志》2014 年第 6 期。

不难看出，在国外，刑事程序性辩护的有效性关涉到刑事程序性辩护的制度安排及其有效性考评，关系到刑事司法中犯罪嫌疑人、被告人的人权保障与宪法所设定的权利保障，但各法治国家在增强辩护效果的制度设计上存在较大的差异。总体上看，可以将其他国家的制度分为两个部分：提升刑事程序性辩护有效性的制度与违背制度之后的救济措施。除此之外，律师职业道德也是其中的一个重要方面，乔治·沙司伍德曾研究律师职业伦理时提出："律师道德是唯一可以信赖的安全路标。"①可见，律师职业伦理在律师执业行为中有着重要作用。法律职业者在法的继受与变革中起着至关重要的作用，马克斯·韦伯认为："法制现代化是通过国家为实现它的权力要求而同法学家结成同盟达到的。"②韦伯曾在司法人员与司法制度中探求法的本质形态及继受与变革的根据，一度认为法的继受与变革所带来的最后的结局是实施法律的司法人员的变化。某一制度的形成与发展与其相关职业的发展与存续相关联。③ 威格莫尔也认为，"某一法系的形成与发展与受到高度教育的职业阶层的发展与存续相关联"。④

遵循韦伯与威格莫尔的思路，刑事程序性辩护有效性的提升是辩护制度从形式到实质的转变，其最后的结局在很大的程度上也可以认为受律师制度规范并与受伦理约束的法律职业者相关。以正当程序为背景的所有的有关辩护制度改革，均可以认为是有利于提升包括刑事程序性辩护在内的各种形态辩护的有效性，但为了研究的方便，将集

---

① 转引自徐岱、刘佩：《刑事辩护律师之法律伦理思考——涉黑案件中的正义、道德、尊严之辩》，载《当代法学》2012 年第 1 期。也可见季卫东：《律师的重新定位与职业伦理》，载《中国律师》2008 年第 1 期。

② ［德］马克斯·韦伯：《世界经济通史》，王容芬译，上海译文出版社 1981 年版，第 291 页。

③ ［德］马克斯·韦伯：《儒教与道教》，王容芬译，商务印书馆 1995 年版，第 200 页。

④ Wigmore, J. H, A Panorama of the world's legal systems, 1936, p. 1129. 转引自丁相顺：《日本司法考试与法律职业制度比较研究》，中国方正出版社 2003 年版，第 29 页。

中选取检警机关的追诉权力(以广义强制措施为主)、平衡控辩力量的程序制度设计、律师辩护保障制度进行研究。其一，检警机关的追诉权力的扩张与控制与一国的犯罪形势与刑事政策相关，对应嫌疑人、被告人的程序性权利的范围，也决定了被告人进行程序性辩护的权利与范围。其二，如何实现平衡控辩力量的程序制度？只有提升辩方整体力量，才有可能对控方追诉权进行制约，才能从根本上保证程序性辩护的有效性。其三，律师辩护保障制度是现代社会分工的必然结果，职业的专业化、精密化、精英化对刑事辩护提出了更高的要求，由于刑事程序是一种人类理性设计的结果，刑事程序性辩护比一般的辩护更加依赖于法律知识的专业化，律师辩护保障制度包括强制法律援助制度、律师的权利与义务设置、违背义务的救济措施、律师职业伦理等内容。

二、国外对刑事程序性辩护有效性的研究方式

在对国内外的关于刑事诉讼有效辩护与辩护有效性的相关问题的研究中，比较典型有两种类型。

其一，在英美法系国家，所追求的形式正义及程序优先的传统决定其在研究辩护的有效性时，也是从程序辩护的有效性出发，因为程序优于实体的传统决定实体权是程序性权利引申出来的权利。美国学者研究有效辩护时，从有效辩护理论与实践层面进行探索，有描述性的制度史研究，也有对制度成因进行解释性的研究。① 美国辩护有效性的发展路径以宪法所规定的辩护权与律师帮助权为基础，在司法实践中，因为有公正的程序保障，有关辩护的程序问题由程序解决，对律师有效辩护问题的研究并没有诉诸宏观的制度，而是局限在律师制度本身上，通过判例逐渐确立律师辩护的行为准则，以衡量律师的辩护行为。这一过程被欧洲大陆法系国家的学者总结为：大多数国家学者均是从法律援助的角度，研究律师帮助权及律师辩护质量，以此来

① 胡旭晟：《描述性的法史学与解释性的法史学——我国法史研究新格局评析》，载《法律科学》1998 年第 6 期。

提高刑事辩护的有效性。① 由于英国没有成文宪法，英国的刑事司法制度中也只是存在着关于辩护权与律师帮助权的保障制度，英国的辩护的有效性问题也直接产生于判例法。正如有人认为，法律程序以一种高级形式的阐释需要促成了程序的顾问和专家的发展。② 其二，大陆法系国家有着重视理性与思辨的传统，因而在对刑事辩护有效性的研究中，更多地从宏观制度中找原因，探寻影响刑事有效辩护的制度性因素。解决问题的方案也是通过对应的制度改进予以解决，而不是如英美法系国家通过判例逐步确立衡量律师辩护有效性的标准。具体来说，大陆法系传统的司法制度追求犯罪控制与实质正义，大陆法系国家对辩护有效性的研究围绕实体性辩护的有效性展开。通过成文法规定了司法官员行为的统一标准，刑事司法制度中设定的因程序性违法而引起的诉讼无效制度也易于操作，能够有效保障当事人及律师进行程序性辩护的有效性。以《欧洲四国有效刑事辩护研究》一书所展示的部分欧洲国家学者对有效刑事辩护研究为例，书中反映出国外学者以欧洲部分国家相关判决为基础，运用实证数据、案例与访谈资料，分析各国保障刑事辩护权利方面的制度实践。③ 从研究的方法来看，主要进行解释性的研究。

第二节　国外主要法治国家保障刑事程序性辩护有效性制度实践

在国外大多数法治国家，有效辩护权被作为宪法或者国际人权公约所规定的基本人权，对有效辩护的研究一般围绕被追诉人人权保障

① 丁鹏等编译：《欧洲四国有效刑事辩护研究——人权的视角》，法律出版社2012年版，第2页。

② ［英］科特威尔：《法律社会学导论》，潘大松译，华夏出版社1989年版，第99页。转引自尹晓红：《获得律师的有效辩护是获得辩护权的核心——对宪法第125条获得辩护条款的法解释》，载《河北法学》2013年第5期。

③ 参见丁鹏等编译：《欧洲四国有效刑事辩护研究——人权的视角》，法律出版社2012年版，第23~25页。

理论展开，因为在刑事诉讼过程中，为了实施国家的刑罚权，各国公权力机关均会在不同阶段相应限制涉嫌犯罪的被追诉者权利。同时，为了防止滥用权力，各法治国家均赋予被追诉者辩护权以平衡两种力量，显然辩护的有效性是从形式到实质对抗的关键，最终促成公正审判权的实现。但是必须注意的是，不能将结果作为唯一的衡量标准，应该从多个角度对程序性辩护的有效性进行测评，这一过程是对立法、司法宏观综合评价的结果，既有对过程的评价，也有对结果的评价，既是对包括律师在内的主体诉讼行为的评价，也是对程序本身公正与否的评价。

在社会生活中，律师行业不是一个简单的职业，为了实现法的正义与社会的公正而具有独立的价值与地位，与一般的职业相比，律师不仅仅是一种简单的谋生的职业，更应该具有高尚的道德要求。但律师也存在滥用执业地位与权限侵害当事人利益的行为，这种背信弃义的行为极易摧毁人们对律师行业的期望，因而各国法律均设置律师职业道德标准，对律师行为进行规制，律师职业伦理对实现有效辩护和提升辩护的有效性有着重要的作用。

刑事辩护的有效性包括刑事程序性辩护的有效性与刑事实体性辩护的有效性，国外研究刑事有效辩护与辩护有效性的方法能为研究刑事程序性辩护有效性提供借鉴，可以借鉴国外研究有效辩护的指标模型对刑事程序性辩护的有效性进行分析。但必须注意的是有效辩护与刑事程序性辩护的有效性是两个不同的概念。刑事程序性辩护的有效性有其独有的特征，从广义上理解，所有与辩护相关的制度完备程度、权利完整程度均能影响刑事程序性辩护有效性，但为了避免研究的泛化，主要从当事人的程序性权利、非法证据排除规则、律师制度及刑事政策等几个因素作为研究的对象，研究国外刑事程序性辩护的有效性。从当事人的程序性权利角度来说，程序性辩护与程序性制裁是权利的救济方式，但根据法律的规定或者判例，并不是对程序性权利的任何侵害均会导致诉讼行为无效，所以，应当选择可能会导致诉讼无效的侵害程序性权利时的状况，作为衡量刑事程序性辩护有效性的因素；申请非法证据排除是直接针对违法的取证行为而提起的程序性辩护，非法证据排除的相关规定与实践状况也能衡量程序性辩护有效性；律师是辩护行为的直接实施者，律师的权利与义务的设定与律师职业伦理等制度设置也会影响包括程序性辩护在内的辩护的有效性；司法体制是政治体制的一个有机组成部分，它的形成、形态、结构特征及运行机制必然受到政治的影响。社会关系的近代化要求成为司法变革的根本动力。① 刑事政策是特定时期政府政治要求的反映，刑事政策也是刑事法律思想的外化形式，对于刑事司法有着重要的指导作用，对于刑事程序性辩护的有效性有着重要的影响。

一、美国保障刑事程序性辩护有效性的相关制度

（一）美国刑事程序性辩护的基础及有效性保障

1. 权力滥用可能引起的程序性辩护：公权机关权力视角

（1）违规适用强制措施可能引起程序性辩护

程序开始后警察就可以实施一系列的侦查措施，包括任意性的调查活动和强制性调查活动，美国的强制措施可以分为逮捕、搜查与扣押、警所拘留、秘密监视与使用耳目。

逮捕分为有证逮捕与无证逮捕，其中有证逮捕需要由侦查人员或者检察人员提出签发令状申请，提交控诉书或者附有宣誓申请书的控诉书，有合理的根据始得进行。② 有证逮捕的条件为"合理根据"，即有证据能够证明足以保证该公民有足够可能实施了某项犯罪。美国最高法院的判例将"合理根据"的标准界定为"不同层次的信息与警察所听、所知以及作为受过此种训练的官员所观察的各种综合信息的全体或总和"③。无证逮捕则适用于现行犯或者重罪等紧急情况。搜查与扣押包括人身搜查、扣押与财产的搜查、扣押。人身搜查、扣押包

① 丁相顺：《日本司法考试与法律职业制度比较研究》，中国方正出版社2003年版，第30页。

② 卞建林、刘玫主编：《外国刑事诉讼法》，中国政法大学出版社2008年版，第72~73页。

③ Smith v. United States，337U. S. 137，695s. Ct. 1000，93L. Ed. 1264 (1949). 转引自宋英辉、吴宏耀：《刑事审前程序研究》，中国政法大学出版社2002年版，第122页。

括拦截与搜身，由宪法第四修正案规范，警察必须有“合理的怀疑”才能进行，特里案(Terry v. Ohio)中确立了合理的怀疑情形下拦截与搜身的合宪性，拦截的条件为警察依据经验合理推论出犯罪行为即将发生或已经发生，可能携带武器并具有现实危险性，警察表明身份并进行合理的询问。搜身的条件为观察后接近并表明身份，若还有顾虑则可向下轻拍外衣，摸到武器后可以没收并逮捕，之后可以实施全身的搜查。① 警所拘留对自由的限制弱于逮捕，但强于拦截与搜身，为了采集指纹和讯问，采集指纹时需要至少有该人犯罪的客观根据，同时具备合法的调查目的，不会给被调查方带来不便的扣留时间，法院陈述适当的证据的正当性。为了讯问的拘留需要有相当的理由。② 财产的搜查与扣押包括有证搜查与无证搜查，受宪法第四修正案的保障，可以发生在任何对隐私权合理期待的地方，搜查证的签发需具备以下条件：陈述相当理由、宣誓与代宣誓支持、描述将要被搜查的地方和将要被扣押的物品、治安官署名。对于无证搜查则必须于特定情形下方可进行，无证搜查必须同步，就是必须同时于逮捕或者非常接近逮捕的时间与地点。③ 情况紧急的无证搜查附属于逮捕程序，如发现赃款赃物，则可以进行扣押。④ 秘密监视与使用耳目的条件：秘密监视与使用耳目会涉及侵害隐私与道德伦理问题，因而使用相关侦查技术必须遵守一定的程序并保存一定的记录，以使之符合正当程序的条款，不能为获得实物证据而进行搜查或侵入住宅，对于人的隐私也有权免遭窃听。在卡兹诉美国(Katz v. US)⑤一案中，监听源自公用

① [美]罗纳尔多·V. 戴尔卡门：《美国刑事诉讼法律和实践》，张鸿巍等译，武汉大学出版社 2006 年版，第 143~145 页。

② [美]罗纳尔多·V. 戴尔卡门：《美国刑事诉讼法律和实践》，张鸿巍等译，武汉大学出版社 2006 年版，第 166 页。

③ [美]罗纳尔多·V. 戴尔卡门：《美国刑事诉讼法律和实践》，张鸿巍等译，武汉大学出版社 2006 年版，第 234 页。

④ [美]伟恩·R. 拉费弗、杰罗德·H. 伊斯雷尔、南西·J. 金：《刑事诉讼法》，卞建林、沙丽金等译，中国政法大学出版社 2003 年版，第 708 页。

⑤ 转引自[英]麦高伟、杰弗里·威尔逊主编：《英国刑事司法程序》，姚永吉等译，法律出版社 2003 年版，第 55 页。

电话亭的电话交谈也被认为违反美国宪法第四修正案，在这一案件中确立了免遭不合理的搜查的自由，也适用于监视和隐私活动，公民有免遭不合理干涉个人隐私、住宅或通信的权利。在伊力劳斯诉盖茨(Illinois v. Gates)一案中又确立了监视适用的合理根据即可能的原因，视特定事实的可能性评估而定。“错误信任”选择向密探无保留地吐露秘密的侦查对象，该记录在法庭上可以使用；合理隐私权期待起着决定性的作用，判断的依据为：信息来源、考虑所提供细节的量及耳目过去有没有提供可靠的消息来源。① 美国《联邦通讯法》规定了监听适用的范围为间谍罪、叛国罪等特定的犯罪，其适用的条件为必须以书面形式，必须向法官证明有合理的原因能够使人相信某人正在犯罪或者已经犯罪且除了专门的窃听装置外，没有其他的方法或者有较大的危险。②

上述侦查措施在适用时，必须严格地遵循各种措施的适用条件，否则将会因滥用权力而被提起程序性辩护，其最终的结果是基于程序的滥用而被撤回、驳回起诉。美国对强制性侦查行为的救济措施主要以宪法修正案所列的权利为基础，通过禁止双重危险、迅速审判权、公正审判权、法律正当程序等对侦查行为进行评判。美国联邦证据规则规定：在起诉前，对被告权利的保护主要援引正当程序条款进行保护；在起诉阶段，总检察长或者联邦检察官经法庭的许可有撤销起诉书、控告书终止起诉的权力。程序滥用的制裁机制主要是针对检控方的追诉行为，美国联邦最高法院认定羁押的超期是否危害迅速审判权主要考虑拖延的时间、拖延的原因、对被告人造成的不公正等因素，如果符合上述的条件，被告人可以提出程序性辩护主张，维护宪法与刑事诉讼法赋予的该项权利，否则，有可能失权。

(2)在法院审判中可能引起的刑事程序性辩护

在审判期间，可以适用程序滥用的制裁机制，如果行使上述援引宪法修正案所列的权利则需要被告人的同意。在庭审的过程中，控诉

① 转自[英]麦高伟、杰弗里·威尔逊主编：《英国刑事司法程序》，姚永吉等译，法律出版社2003年版，第56页。

② 陈瑞林：《论监听措施的法治化》，载《汕头大学学报》2006年第4期。

方拖延诉讼，法庭也有权驳回起诉。对于违法适用的逮捕、搜查与扣押、警所拘留、秘密监视与使用耳目，一方面，通过事前的令状进行司法审查；另一方面，对于因此而取得的非法证据，可以通过非法证据排除规则实施程序性制裁。在上诉审程序中，对程序性错误，可以提出上诉，上诉法院对原审法院所犯的错误适用无害错误规则审查，对于最严重的程序性违法行为作无效宣告。①

2. 权利被侵害可能引起的程序性辩护：被告人权利的视角

(1)被侵害引起程序性辩护的主要防御性的权利

其一，沉默权。美国法律中的沉默权与英国的沉默权有一脉相承的关系，美国宪法第五修正案的主要目的是用法定程序防止政府权力的滥用，其中就有不得在任何刑事案件中被迫自证其罪的规定。1966 年，美国联邦最高法院在米兰达案件中，将不得自证其罪的宪法原则正式确立为“米兰达规则”，联邦最高法院明确规定：在审讯之前，警察必须明确告诉被讯问者关于沉默权的规则，否则，供证将不具有证据能力。② 在随后的发展过程中，米兰达权利确立后也遇到了不少阻力和挑战，理论界与实务界均出现了不少争议。该制度的现行状态就是采用了“原则加例外”的规定，成为美国家喻户晓的制度。

其二，辩护权、获得法律援助的权利、获得有效辩护的权利。通过法律与判例确立律师的介入权。在美国，为了保障被告人辩护权的实现，律师帮助辩护被作为公正审判权与辩护权的实现机制，并设置在宪法修正案中，作为一项宪法性程序权利予以保障。联邦最高法院针对司法实践中存在的问题，逐步反思律师的辩护质量，判断律师辩护的质量标准是一个较难把握的问题，而标准的制定离不开律师日常辩护行为，诸如律师的会见、律师的证据采集过程、律师在庭审中的

---

① 蒋鹏飞：《美国刑事诉讼中的无害错误规则及启示》，载《国家检察官学院学报》2008 年第 4 期。

② 在米兰达案件中，初审法院以供认书和招供情况为证据，以劫持罪和强奸罪，分别判处有期徒刑 20 年和 30 年，米兰达随后以自己当时的招供是被迫的，警察违反了不得强迫被追诉人对自己作证的宪法修正案第 5 条规定为由提出上诉，获得成功。后来，又通过判例发展出“公共安全例外”和“抢救例外”。

辩护行为及其对程序结果的影响，借此以综合评估律师作用。标准确立之后，对于低于标准的代理行为，即是违背了宪法第六修正案所规定的律师帮助权的规定。美国学者对辩护制度的研究，经历了从重罪到轻罪案件，研究的重心从保障获得律师帮助权到对获得律师辩护的有效性问题上。① 事实上，还有一个趋势就是将这一权利的保障范围从审判程序扩展到审前程序中。在司法实践中，获得律师辩护权的案件范围不断扩大，从联邦法院扩展到州法院，从死刑案件扩展到一般案件，从当事人的选择到国家义务，从正面规定有效辩护的标准到从反面规定无效辩护的条件，对无效辩护制度的探讨实质上是对有效辩护权利受到侵害的权利救济问题的研究，实现辩护权的保障制度不断完善。联邦最高法院通过一系列的判例，使律师辩护有效性的评价机制不断完善。

有效辩护(Effective assistance of counsel)这一词汇来源于美国联邦宪法第六修正案中的“有效的辩护人的帮助”，也就是律师帮助辩护，但是从规范逻辑角度进行分析，“获得律师帮助为其辩护”与被告人享有真正意义上的高质量的辩护权还存在一定的差距，这一内容被置于被告人公正审判权条文之后半部分，作为公正审判权的一种制度保障，是对律师帮助权的强调，或者说是将保障裁判行为中律师的介入作为对法院裁判行为公正与否的衡量标准，所以，在此意义上，本部分的重心并不是对辩护权的强调，而是对律师帮助辩护行为的强调，是指功能的辩护而非规范的辩护，是一种辩护行为而非辩护权。② 事实也是如此，即使在美国，对获得律师帮助的权利的认识也有一个逐步深入的过程，最初这一权利并没上升到宪法基本权利的认识高度，只是被作为被告人自行选择的权利，而非作为国家义务的基本宪法权利。律师介入只是被告人实现辩护权的必要条件而不是充分条件，只是有利于被告人辩护权的实现，但并不意味着就是辩护权，获得律师辩护保障制度进一步发展就是获得有效辩护和提升辩护质量，即辩护的有效性问题，必须同时通过制度保障律师辩护质量。

① 陈效：《美国有效辩护理论辨析》，载《学理论》2012 年第 5 期。

② 陈肇新：《麦考密克法律论证理论视角下的辩护权》，载《国家检察官学院学报》2017 年第 9 期。

“律师辩护有效性的评价即获得律师尽职辩护，促进律师辩护的形式与实质平等。”①随后，法院通过一系列判例，丰富了辩护权的内涵与外延，逐步提升辩护的有效性，我国部分学者将此历程概括为形式阶段向实质阶段的发展。

通过判例保障所有案件中的律师帮助权。保障律师帮助辩护权的案例最先出现在死刑案件中。20 世纪初，许多州均不承认被告人享有律师帮助权，在 1932 年的鲍威尔(Powell v. Alabama)案中，三名黑人男子强奸了两名白人女子，由于无力聘请律师，因而在没有律师帮助的情形下，被白人陪审团判处死刑，随后，这一判决由于没有及时有效地提供宪法所规定的律师帮助辩护而被联邦最高法院撤销了，确立了对死刑案件中无力承担律师费用的被告人提供律师法律帮助的权利。这一判例也将律师必须保证办理案件所需的必要的时间投入，借此以充分地准备辩护，作为程序有效性的前提之一，法院不得在程序上阻碍律师进行有效辩护。② 1938 年发生的另一案件中，美国最高法院确认了贫穷者享有律师帮助的权利，但在很长时间里这一权利都没有被扩展到州法院系统，贫穷被告人主张将第六修正案与第十四修正案所规定的正当程序结合，将律师帮助权从联邦法院扩展到州法院的努力都归于失败，最高法院将决定权赋予州法院法官，由州法官根据具体个案自由裁量。直到 1963 年吉迪恩案（Gideon v. Wainwright）中确立了贫穷被告人获得律师帮助权，将之作为公正审判的基本条件，无辩护律师的审判及定罪均有违公正审判，明确了律师帮助权是一项基本的宪法性权利，后来又将这一权利扩展到州法院审理的案件之中。1972 年最高法院在阿杰辛格案（Argersinger v. Hamlin）中明确建立了对所有贫穷的包括重罪或轻罪指控的被告人指定辩护律师和公设辩护人的体制。③

---

① 林劲松：《美国无效辩护制度及其借鉴意义》，载《华东政法学院学报》2006 年第 4 期。

② [美]伟恩 · R. 拉费弗、杰罗德 · H. 伊斯雷尔、南西 · J. 金：《刑事诉讼法》(上册)，卞建林等译，中国政法大学出版社 2003 年版，第 660~663 页。

③ 爱伦 · 豪切斯泰勒 · 斯黛丽、南希 · 弗兰克：《美国刑事法院诉讼程序》，陈卫东、徐美君译，中国人民大学出版社 2002 年版，第 67~68 页。

通过判例确立律师有效辩护的质量标准。判例所引申的美国联邦宪法第六修正案有效的辩护律师的帮助条款只是提供了律师帮助的宪法依据，并没有设立有效辩护的具体标准，为了防止因法官自由裁量可能会造成的法治不统一，司法实践中将律师辩护的范围扩展到所有案件之中，逐渐将有效辩护的重心从保障有律师辩护转移到律师有效辩护的质量标准上来。例如在鲍威尔案之后，格拉瑟案演绎出了相似的逻辑，在初审法院审判中，两名前联邦检察官为共同被告人指派了同一名律师，联邦最高法院认为这一利益冲突显然是一个司法闹剧。在怀特案中，律师因被告人贫穷没付费，没有做庭前准备，被告人在不知相关权利，没有得到相关权利保障的情形之下，进行了有罪答辩，联邦最高法院认为是一个司法闹剧，侵害了有效辩护权。联邦法院的判决为其他法院衡量辩护的“有效性”提供了一定的借鉴，但对地方法院却没有强制约束力。1945 年，华盛顿巡回法院在迪格斯案中确立了“闹剧”标准，只要整个庭审过程看起来不是“司法闹剧”，就认为宪法所规定的律师帮助权得到了维护，这一评估标准结合了宪法第六条与第十四条法律正当程序条款中的获得有效辩护的权利。虽然“司法闹剧”的标准同样不容易把握，对法官自由裁量的依赖性较大。事实上，由于这一标准是在判例法的背景下产生，也演绎成为可资借鉴的标准，随后，“闹剧”标准在部分地方法院也被适用，以促成律师有效辩护的产生，并提高辩护的有效性。地方法院又发现“闹剧”标准意味着对被告人及其律师的不信任，要证明“闹剧”的存在，必须从整体上证明律师的行为毁坏了“闹剧”理论的立论基础，即侵害了宪法修正案第 14 条规定的法律正当程序，其难度可想而知。所以，“闹剧”标准逐渐被地方法院所抛弃，并演绎出“合理称职”标准，即在刑事案件中，律师应当具有合理、称职的必备条件，如果律师连这一最为基本的条件都不能达到，将无法保障辩护的质量。在 1970 年联邦最高法院处理的麦克曼案中，确立了有罪答辩中有效辩护的判断标准即“合理称职”标准。① 在德科斯泰案中，联邦最高法院将法

① 转引自[美]罗纳尔多·V. 戴尔卡门：《美国刑事诉讼法律和实践》，张鸿巍等译，武汉大学出版社 2006 年版，第 514~519 页。

律正当程序的正常功能作为衡量辩护律师辩护行为是否有效的标准，以评判辩护律师辩护行为的质量，而不是从案件结果中反推律师辩护行为的有效性。① 1984 年，在斯特里克兰案（Strickland v. Washington）中，这一案件后来促成联邦高院提出了衡量律师能力的具体要求，需要律师具备一定的知识与技能。② 在克罗尼克案（United States v. Cronic）中确立的衡量律师辩护质量的"双重标准"，即行为标准和损害标准。③

将无效辩护之诉作为有效辩护的救济措施。为了保障辩护的质量与有效性及被告人获得有效律师帮助权利的实现，在程序设计上，美国司法实践中逐渐结合有效辩护的标准。通过判例阐发出无效辩护制度，作为对因律师行为导致的对被告人辩护权侵害的救济，被告人可以提起无效辩护之诉，违反有效辩护的标准就是无效辩护之诉的提起理由，经过程序性审判，如果被认定为无效辩护行为，则意味着原审程序违反宪法赋予的被告人有权获得律师帮助的相关规定，原审将被撤销。

后来，在另一案件中又增加了对律师辩护过程中的行为进行审查的行为标准，以及对当事人的合法法益造成损害的实质标准，并要求被告人承担无效辩护的举证责任。理论界通常也将之概括为形式标准与实质标准，必须符合两个要件时才能认定为无效。律师不尽职违反了律师维护当事人利益的制度初衷，违反律师的职业伦理，造成人们对司法公正的怀疑。无效辩护意味着法律正当程序中所规定的律师帮助权被侵害，打破了控辩之间的平衡关系。一系列的判例确立了无效辩护的标准规则并在不断地发展完善。④ 后来，又明确了在调查证人

① 转引自［美］罗纳尔多·V. 戴尔卡门：《美国刑事诉讼法律和实践》，张鸿巍等译，武汉大学出版社 2006 年版，第 514~519 页。

② 转引自［美］罗纳尔多·V. 戴尔卡门：《美国刑事诉讼法律和实践》，张鸿巍等译，武汉大学出版社 2006 年版，第 514~519 页。

③ 转引自［美］罗纳尔多·V. 戴尔卡门：《美国刑事诉讼法律和实践》，张鸿巍等译，武汉大学出版社 2006 年版，第 514~519 页。

④ 李本森：《美国刑事无效辩护制度及其对我国的借鉴》，载《北方法学》2016 年第 6 期。

方面存在缺陷的举证要求，无效辩护扩展到所有阶段。在 2012 年发生的密苏里诉弗赖伊案(Missouri v. Frye)和拉弗勒诉库珀案(Lafler v. Cooper)中，美国联邦最高法院将有效辩护的适用阶段推向了审前程序，在律师出现的各个阶段，被告人都能针对律师申请无效辩护，以维护自己合法的程序权益。①

与此相应，美国律师协会则通过一系列指南与准则逐步确立保证律师辩护质量的标准，不难看出，正是出于对司法实践中问题的反思，美国司法系统及律师协会才推动了律师行为规范与伦理规范的产生。无效辩护的质量标准的确立对律师行业产生了很大的影响，全美法律援助和辩护人协会制定的《美国辩护律师指南》确立了大量的律师辩护的行为规范与标准，全美律师协会制定的《美国律师职业行为标准规则》《律师职业责任准则》也确立了大量的律师辩护的行为准则，成为律师辩护的有益参考，对于保障辩护行为的有效性提供了重要的保障。②

其三，知情权。被告人知情权是其行使其他诸如辩护权等权利的保障，“被告人有权要求获悉被控的罪名和理由”是美国宪法修正案中的一条。这一宪法权利在刑事诉讼规则中得到了较好的落实，如在逮捕时，必须出示逮捕证，在逮捕证的内容中必须写明犯罪嫌疑人被指控的罪名，无证逮捕时必须告知被指控犯罪的情况；在搜查时，搜查证中必须注明签发搜查证的根据及宣誓申请人的姓名；讯问前必须告知被告人享有沉默权、律师帮助权等；在羁押时，羁押令上也必须写明羁押的依据，控方必须证明羁押理由的存在；在证据开示的过程中，辩方可以通过开示程序知悉控方掌握的证据。

(2)被侵害引起程序性辩护的主要救济性的权利

其一，回避申请权。根据正当程序的基本要求，司法官员在裁断

---

① Justin F. Marceau, Embracing A New Era of Ineffective Assistance of Counsel 14U. Pa. J. Const. L, 1161, pp. 1191-1205. 转自熊秋红：《有效辩护、无效辩护的国际标准和本土化思考》，载《中国刑事法杂志》2014 年第 6 期。

② 李本森：《美国刑事无效辩护制度及其对我国的借鉴》，载《北方法学》2016 年第 6 期。

的过程中，不能与所涉案件有利害关系和影响公正的因素，否则，可能会被回避制度剔除出程序。美国的回避制度可以分为强制回避和有因回避。强制回避在有的国家又称无因回避、绝对回避，即提出回避申请时无须说明理由即可申请，但联邦和各州对回避的次数均有所限制，如《联邦刑事诉讼规则》中设定了回避相关的权利及义务，对于死刑案件有20次绝对要求回避的权利，对于1年以上有期徒刑案件，被告方有10次绝对要求回避的权利。① 毫无疑问，因为不需要承担证明责任和说明理由，强制回避制度是一项最有效的程序性权利；有因回避则是在提出回避申请时，必须提出存在偏见的理由，有因回避无次数限制。回避的理由不仅可以在初审中提出，也可以作为上诉的理由。在美国历史上，多尔斯倪(State v. Doleszny)上诉案和安妮刚妮(United States v. Annigoni)上诉案的重审就是典型的因违反回避制度而引起的程序性辩护成功的案例。② 因而回避辩护权也是最为重要的程序性辩护的理由。

其二，保释权与解除超期羁押的申请权。美国的保释制度与宪法联系在一起，宪法第八修正案规定不得要求过多的保释金与罚金。保释是常态，而羁押是非常态。美国有些州限制了死刑与终身监禁的保释。美国的保释有保释证书的形式、定金保释的形式以及全额保释的形式，对保释条件过高的可以上诉。对于错误的保释，被告方可以通过请求复审、提起上诉或者申请人身保护令的方式予以救济。③

---

① 赵宇红：《陪审团审判在美国和香港的运作》，载《法学家》1998年第12期。

② 多尔斯倪案参见State v. Doleszny, 508 A. 2d 693 (Vt. 1986)。多尔斯倪被裁定犯有奸淫一名不满16周岁幼女的严重罪行，事实清楚，证据确凿，辩方律师提出某陪审员存在公正性疑问要求其回避而没有被批准，事后被上诉，因为佛蒙特州的法律规定，绝对要求回避权是6次，而不是5次。安妮刚妮案参见United States v. Annigoni, 96 F. 3d 1132, 1134-1136 (9th Cir. 1996)。安妮刚妮及同伙使用伪造的文件，利用并不存在的担保物骗取了银行285万美金的不动产贷款。辩方律师试图用绝对要求回避权剔除一名对不动产感兴趣的亚裔美国人而被否决，事后，上诉成功，案件重审。转引自喻贵英：《走进美国的陪审制度》，载《法学评论》2004年第2期。

③ 尹华嵘、钟琪：《我国取保候审与国外保释制度之比较》，载《浙江学刊》2002年第10期。

《1984年保释改革法》中完善了保释制度的流程，保释制度保证涉嫌犯罪的人一定的人身自由，其重要的意义在于其能够通过保释配合律师的调查取证，维护自己的权益。其适用范围包括除死刑案件之外所有犯罪行为。① 错误羁押侵害公民的人身自由权，及时提出羁押错误的程序性辩护有利于避免对人权造成过度侵害。

其三，针对程序性违法的救济权与上诉权。对于程序性违法的救济主要通过非法证据排除规则予以实现，当事人可以通过提出非法证据排除的程序性请求主张权利。对于口供的排除，因执法官员违法获得的口供的排除采用强制排除，对于被告人自愿的口供则采用裁量排除；对于非法搜查与扣押的证据以及违反联邦宪法第四修正案的规定所获得的物证、书证，不得作为不利于被告人的证据；对于由上述方法而派生的证据，即“毒树之果”，除了特殊的例外情形之外，不得用于不利于被告人的证据。② 当事人提出非法证据排除申请，由法官审查排除，而法官没有排除时，且经再次提出仍未排除，则被告人可以就此提出上诉。除此之外，被告人可以以有罪判决的程序违法为由提出上诉。

(二)美国非法证据排除规则与刑事程序性辩护的有效性

根据我国学者的研究，非法证据排除规则产生于美国，并由多重因素产生，发展至今，美国有着最为完备的非法证据排除理论与实践。美国的非法证据排除规则有着深厚的宪法基础，宪法修正案规定了非法搜查扣押排除法则，不得强迫自证其罪、正当法律程序、公正审判权、律师帮助权以及其他违反成文法、判例法而获得的证据，均应当被排除。在司法实践中，通过一系列判例将宪法权利具体化，逐步确立了非法口供，非法搜查、扣押，非法逮捕，非法监听，诱惑侦查的排除规则和例外规则。③ 美国非法证据排除规则范围极广，意味

① 王以真主编：《外国刑事诉讼法学》，北京大学出版社2004年版，第359页。

② 王以真主编：《外国刑事诉讼法学》，北京大学出版社2004年版，第387~388页。

③ 王以真主编：《外国刑事诉讼法学》，北京大学出版社2004年版，第388~389页。

着当事人能够提出程序性辩护的范围也极为广泛。

美国非法证据的排除规则设置了较为充分的制度保障，虽然《联邦刑事诉讼规则》第 12 条规定了被告人应当在审前动议阶段向法官提出非法证据的排除。但在事实上，在不同的阶段，控辩双方均可提出非法证据排除的“动议”。① 被告人提出非法证据排除动议时，只要存在相关的诉讼权利被侵害或者警察侵害其宪法性权利的情形，均可申请法官给予司法救济。提出程序性动议时，若案情简单，争议不大，法官通过审阅申请书与答辩状即可直接裁决，若案件复杂，争议较大，法官需要组织“非法证据排除之听证程序”（suppression hearing），专门对取证行为的可采性进行辩论与交叉询问，最后就此事项进行裁决。

（三）美国律师职业伦理与刑事程序性辩护的有效性

美国有着非常发达的律师行业，这一行业的发展与完善的律师制度息息相关，律师的工作具有强烈的主观性，在很大程度上难以用有形产品的标准衡量，因此，围绕律师工作成果的质量非常容易引起纠纷。在美国历史早期，并无律师职业守则，律师行为规则是高度传统性的、偶发性的、反应性的，用于处理律师的极端不合理行为。随着经济的发展，律师的作用日益重要，律师执业问题也不断出现，才有了运用职业道德与纪律规范来规范律师执业行为的需要。1878 年美国律师协会的建立就是以重建律师职业精神，改善律师从业标准为目标。1908 年通过的《职业道德准则》被后来制定法、法院规则或州律师职业道德规则所采纳。1969 年通过了《职业责任示范守则》，其中包括惩戒规则与道德考虑。1983 年通过的《职业行为示范规则》补充了新的内容，采用了全新的结构。随后经过一系列的修改与完善，最近的修改于 2003 年完成并为贯彻律师的职业行为标准提供了一个全国性的框架。从规则名称的“道德”到“职业责任”这一技术性术语，再到“行为”，这一过程被美国学者称为去伦理化而为硬

① 《美国联邦刑事诉讼规则和证据规则》，卞建林译，中国政法大学出版社 1996 年版，第 69~70 页。

法所调整的过程。① 美国的有效辩护问题的理论渊源为宪法修正案中关于律师帮助权的条款，无效辩护的处置又将宪法修正案关于正当程序条款与其所蕴含的理论导入对此问题的解释之中，因而与大陆法系国家研究者采取广义的程序性辩护概念并将其置于宏观的程序性制度中衡量辩护有效性不同，美国学者研究有效辩护时采用狭义的概念，专门研究律师的有效辩护和律师辩护的有效性问题，立足于对律师辩护行为的规制，即通过对律师执业行为技术规范的完善，以改善律师辩护行为的有效性。

其一，保障程序性辩护有效性的律师执业措施。律师执业规范是规制律师执业行为的准则，发展至今，美国有着较为完备的律师行为规则。

① 提起律师不当执业诉讼。

律师不当执业诉讼是指当事人作为原告，将其委托的律师作为被告，因律师的不当执业行为，向法院控诉律师执业行为违反律师执业行为规则，请求法院对律师不当执业行为进行制裁的一种特殊的诉讼形态。20 世纪 60 年代，美国出现了不当执业诉讼的高潮。不当执业诉讼以合法有效的律师行为规则为前提，美国的律师行为规则包括：以律师的称职性设定了律师的能力标准、厘清了律师与委托人的关系、律师的收费标准、律师的保密义务、利益冲突的处理方案、律师的庭审规则、律师的广告规则、律师的流动、律师的惩戒等一系列律师在执业过程中会遇到的问题。不当执业诉讼如利剑一样高悬于律师头顶，促使律师管理部门积极进行管理，律师个体则自觉地约束自己的办案行为。律师的不当执业行为不仅损坏了委托人与律师之间的信任关系，而且造成了当事人获得律师帮助权的落空，其本质上是一种侵权行为，但在美国律师行为规则的原则说明中，明确规则只是提供律师行为的指引，用于作为律师执业行为

---

① David Luban and Millemann，“Good judgment：Ethics teaching in dark times”，Georgetown Journal of Legal Ethics，1995，p. 31. 转引自王进喜：《美国律师职业行为规则理论与实践》，中国人民公安大学出版社 2005 年版，第 13～15 页。

的自我评价或者作为惩戒机构的规范结构的根据，而不能作为承担其他责任的诉因。①

② 设定律师与委托人关系的行为准则。

设定了律师称职的评定标准、律师与委托人之间的权力分配、律师与委托人的交流方式、律师的勤勉义务、律师保密义务、与各类主体利益冲突的处理规则、律师费用的收取标准及方式、财产保管的规定、谢绝或者终止代理的方式、法律业务转卖等。《美国律师协会职业行为示范规则》对律师职业能力的评定主要为称职性考量，考量的内容包括专业知识、办案技巧与经验、在紧急情形下处理事务的能力、特定事务的称职处理等方面的工作，其中首要的且最为核心的因素为知识与技能的考量。② 毫无疑问，在处理律师与委托人关系的过程中，知识与技能在其中起着至关重要的作用，委托人选择某个律师，在很大的程度上立基于律师在以往办案过程中因知识与技能所累积的律师声誉。在办案过程中，律师的知识与技能决定着案件办理的最终效果，在法治的状态下，满足知识与技能条件不一定能办好案件，但知识与技能的欠缺一定办不好案件。良好的知识与技能来自长期的理论学习与实践磨炼，知识与技能也是律师能否处理与委托人关系的专业基础。

③ 代理的范围和律师与委托人之间权利的分配。

虽然律师与委托人之间存在私法上的委托关系，但在刑事诉讼中，律师具有独立性，其存在超越了简单的私法的授权委托关系，如果不厘清两者的关系，极易造成在具体个案中律师与委托人在具体的辩护策略与意见上的冲突。美国律师职业行为规范对之也作出了相应的规定，律师行为的目标、范围由双方在法律的限度内进行协商，设定行为的界限及不当行为的法律后果，律师一般均在法律允许的范围及委托人授权的范围内行为。

---

① 王进喜：《美国律师职业行为规则理论与实践》，中国人民公安大学出版社 2005 年版，第 19 页。

② 王进喜：《美国律师协会职业行为示范规则》，中国人民公安大学出版社 2005 年版，第 10~12 页。

④ 勤勉。

程序的运作需要耗费较高的司法成本，“迟来的正义非正义”，所以，律师的执业过程中应合理的勤勉、迅捷。

⑤ 对诉辩者的要求。

律师为了实现委托人的最大利益，有责任诉诸法律程序，但也不能滥用法律程序，律师采取行动必须在法律和事实方面提出有意义的善意观点，包括扩大、修改或者废止法律的善意主张，否则律师不得起诉或者进行辩护，刑事诉讼中律师为了使每个要件被证实，可以进行上述辩护之外的各类辩护；律师办案必须努力地加快诉讼；律师必须对裁判庭坦诚，不得就事实或法律向裁判庭提供虚假陈述，应当向裁判庭公开不利于其委托人的法律，不得提交明知虚假的证据、披露委托人的欺诈意图或者采取合理措施补救、单方程序中告知裁判庭所有重要事实；针对对方当事人及律师的行为，不得妨碍作证、违造证据，不得不遵守法庭规则义务、遵守案件先悉要求、要求委托人以外的人拒绝向对方提供信息等；不得向法庭或者法官作出运用法律禁止手段对裁判官员施加影响，不得与单方交流，不得在特定情形下与解散的陪审员交流；律师庭外相关言论的禁止；规定了律师同时作为证人的特定情况；规定了同委托人以外的人的交往规则。

其二，保障律师合理辩护的伦理规范。美国是一个诉讼极度发达的国家，因而美国也是一个律师职业极度发达的国家，为了保证律师良好执业，美国的法学院均开设有律师职业道德课程，但起源于哈佛法学院的案例教学法，主张按照科学的方法实施法学教学，这一方法虽然能够高效地提升学生的理论水平与实践能力，但这一方法也将职业道德从法律专业知识分裂开来，造成很长时间对职业道德的忽视，1974 年尼克松水门事件中牵涉许多律师违法行为，律师的职业道德的问题重新回到人们的视野中，美国律师协会决定将法律职业道德作为法学院的必修课且必须通过独立的考试。律师职业行为规则为律师有效执业行为提供指引，对于避免不当的执业行为有着重要的意义。

其三，对律师不良辩护的惩戒措施。对律师不良的执业行为处置包括法庭与行政机构的处罚、惩戒机构的处罚、雇主内部监督、民事责任及保险责任等。惩戒机构的处罚是司法机构内部的正式处罚措施，因其具有“准司法性”而必须满足正当程序要求，一般对律师的惩戒由法院组织和任命的律师惩戒机构实施，全美律师协会及各州的律师协会大多成立了律师纪律处分委员会，通过行业自律的方式配合法院对律师实施正式的惩戒，要求律师投保律师执业责任保险或者配合提供保险所需的资产证明。实施惩戒必须经过审查、调查、正式指控、听讯、惩戒委员会复审、法院复审。①

二、英国保障刑事程序性辩护有效性的相关制度

(一)英国刑事程序性辩护的基础及有效性保障

在英国的刑事司法制度中，规制刑事司法权力与公民权利的法律是《1984 年警察与刑事证据法》，该法的目的并不是为了合理地解释现有法律，而是立基于在警察权力与犯罪嫌疑人如何免受不公正、不必要的权利间达到平衡。皇家刑事程序委员会在报告中指出：追求个人权利与国家利益之间达成适度的平衡，实施强制权必须在合理怀疑犯罪的基础上始得进行。② 事实上，虽然理论上可以通过法律对警察权力与被追诉者权利进行平衡，但在司法实践中，总是存在因权力滥用造成的对权利的侵害，通过程序性辩护与程序性制裁进行救济是一种较为有效的程序处置措施。

1. 权力滥用可能引起的程序性辩护：公权机关权力视角

(1)违规适用强制措施可能引起程序性辩护

英国的强制措施分为阻留搜查、逮捕、拘留、讯问、搜查和扣押、秘密监视与使用耳目。英国刑事诉讼程序的启动以被追诉人的特定化为前提，只有犯罪事实无法启动诉讼，因对特定公民的指控而开始程序。侦查程序开始意味着程序的启动，人们通常认为英美法系国

① 王进喜：《美国律师职业行为规则理论与实践》，中国人民公安大学出版社 2005 年版，第 211~214 页。

② ［英］麦高伟、杰弗里·威尔逊主编：《英国刑事司法程序》，姚永吉等译，法律出版社 2003 年版，第 46 页。

家的司法程序启动是从逮捕开始，但英国从 20 世纪 60 年代以来，随着司法实践与立法的发展，逮捕的职能发生了深化，从一种限制自由的强制措施变成了一种强制询问的取证方法，并从侦查活动的尾端移到侦查的开端。①

搜查的适用条件。搜查分为无证搜查与有证搜查。无证搜查即阻留搜查，警察有合理根据怀疑嫌疑人拥有被盗或违禁物品、意图用于不诚实的犯罪行为的物品，以及攻击性武器；除外衣、夹克或手套外，不得命令嫌疑人当众脱掉任何东西，进一步搜查必须将其带至附近没有公众在场的地方；警察搜查需事先告知警察姓名及警察局、欲搜查对象与根据，按需提供一份搜查笔录的副本。有证搜查即警察在搜查时必须事先向治安法官申请搜查证，每张用一次，一月内有效。

逮捕的条件。逮捕分为有证逮捕与无证逮捕。有证逮捕必须接受必要性审查，由治安法官签发逮捕证，治安法官会进行必要性审查，如果觉得符合逮捕的条件但存在不能出庭或者有碍刑事诉讼顺利进行时，则通常会签发逮捕令状。除此以外，《1984 年警察与刑事证据法》中规定了警察有权为保护诸如儿童等特定主体免受伤害而自由裁量适用一般逮捕权。对夜间非法闯入、正在实施公诉罪和醉酒后在公共场所破坏社会秩序等，警察均可执行无证逮捕，无证逮捕后，必须在法定时间送交治安法官并提出控告，否则可能受到非法拘禁与民事侵权之诉。

拘留的适用条件。英国的拘留实际上就是逮捕后的羁押，英国法律设置了专门的“拘留警察”，通过判断是否存在符合拘留条件的合理根据，即当保全、保护证据或者通过讯问获得这样的证据有拘留必要时，决定拘留，而不是由执行逮捕与侦查的警察决定；拘留后应当通知其朋友、亲属或其他人；在合理地需要执行搜查时才能拘留嫌疑人；可以获得免费的律师帮助；周密地规定讯问记录确保法庭如实获得警察讯问过程的谈话。②

---

① 宋英辉、吴宏耀：《刑事审判前程序研究》，中国政法大学出版社 2002 年版，第 120~126 页。

② [英]麦高伟、杰弗里·威尔逊：《英国刑事司法程序》，姚永吉等译，法律出版社 2003 年版，第 46~49 页。

讯问的条件。英国警察有广泛的询问权，但讯问犯罪嫌疑人时必须告知沉默权，在自愿的情形下才能提问，否则必须等到律师在场的情形下才能讯问，回答将被制成笔录并被录音，并制成二盘录音。

扣押的条件。只能限定在搜得犯罪证据时才可进行，对于当事人与律师之间的通信与通话录音、法律咨询或涉及诉讼程序的通信或通话录音不得扣押。①

秘密监视与使用耳目的条件。秘密监视与使用耳目会涉及侵害隐私与道德伦理问题，因而使用相关侦查技术必须遵守一定的程序并保存一定的记录，以使之符合正当程序的条款，力图使该程序符合《欧洲人权公约》的要求，将美国与加拿大判例法中的适用情况作为英国适用参考，但并没有完全借鉴北美模式，而是根据监视导致的对个人隐私的侵扰程序以及是否涉及不法侵入，将监视划分为不同的类别，进行不同的授权，法律强调居住权而非隐私权，结合犯罪的严重程度决定是否采用特定措施。《1997 年警察法》将授权理由确定为：在预防或侦查严重犯罪方面可能有实质性价值。《2000 年侦查权限制法》将范围扩展到了对特定通信手段及存储电子邮件的拦截。②

警察权力的设定划定了权力的界限，超越界限的权力通过有效的权利进行救济，救济性权利的设定正是程序性辩护有力的权利基础与依据。程序滥用而导致诉讼终止，追诉过程中的程序滥用包括：控制起诉或者在审判过程中，剥夺被告人的权利或者使其处于不公正危险里；在违法的起诉延误中，辩护行为或者辩护准备处于危险中。③ 事实上，警察调查行为只要其影响了司法公正，法官就可以通过程序性裁判运用自由裁量权进行救济。法官可以运用自由裁量权对滥用程序的行为进行程序性制裁，作出诉讼终止的决定，自由裁量权的最终目的是为了实现公正审判，包括对控辩双方的公正。确切地说，

① 卞建林、刘玫主编：《外国刑事诉讼法学》，人民法院出版社、中国社科出版社 2002 年版，第 348 页。

② ［英］麦高伟、杰弗里·威尔逊：《英国刑事司法程序》，姚永吉等译，法律出版社 2003 年版，第 56～60 页。

③ R. V. Derby crown court, ex p. Brooks, 80 Cr. APP. R. 164.

英国诉讼终止制度包括检察机关行使的针对警察的侦查行为、控方律师的诉讼准备行为和治安法官对控诉方实施的追诉行为，相当于司法审查行为。

(2)在法院审判中可能引起的刑事程序性辩护

在英国的上诉程序中，提出上诉的错误的种类包括：法律错误、事实错误、审判程序的不规范，而导致被告人失去了无罪释放的机会的错误。其中第三类导致审判程序的不规范就是因程序性问题而产生的程序性辩护的理由，其原因较多，可能由法官造成，如：法官在总结发言中存在偏见，过分打断辩护律师争辩；控诉方没有依法进行证据展示等。在英国的上诉的种类中，程序审查型上诉即是对裁决之程序的合法性或作出裁决之法庭的司法管辖权提出上诉。① 除此以外，后来英国的总检察长将律师误算与失职纳入无效辩护的理由之中，失职的情形包括律师没有提出应该提出的问题，该举证没有进行举证等，随后又通过一系列的判例相继确立“不能容忍的不合格”，或者是“重大过错”标准。但错判的原因错综复杂，公正的对抗式庭审程序依赖于律师的技巧与判断力，并不能简单地将律师轻率的策略或者合理的决策也作为有效的上诉理由。② 可见，法官和律师的错误均可能在审判过程中引起程序性辩护和制裁。

2. 权利被侵害可能引起的程序性辩护：被告人权利的视角

(1)被侵害引起程序性辩护的主要防御性的权利

其一，沉默权。沉默权是被告人在刑事司法中所享有的最基本的权利，是无罪推定的应有之义，事实上，沉默权源于英国古老的习惯法的权利。确立这一权利的判例为1639年约翰·李尔本案，在该案件中，李尔本在接受伦敦的总检察长书记官的询问时拒不认罪，拒绝回答自认为引起新罪的问题，在星座法院的审判中，提出了诸多的程序性辩护主张，结果法庭不但没有尊重其主张，审查相关要求，星座

① ［英］麦高伟、杰弗里·威尔逊：《英国刑事司法程序》，姚永吉等译，法律出版社2003年版，第438页。

② ［英］麦高伟、杰弗里·威尔逊：《英国刑事司法程序》，姚永吉等译，法律出版社2003年版，第446~447页。

法院以"藐视法庭"为由判处李尔本鞭刑和罚款。但该案在民众中引起较大的反响，1641 年 5 月，英国议会下院将该案予以撤销。① 该案不仅标志着沉默权在英国的正式开始，而且也是较为经典的成功利用程序性辩护的案例。1912 年《英国法官规则》首次明确了"明示沉默权"，将主动告知沉默权作为治安法官或警察在每次询问或预审开始之前的基本义务。② 必须注意的是英国最新的法令体现出对沉默权予以限制适用的倾向，1988 年《刑事证据法令》、1998 年《刑事审判(恐怖与密谋)法》对沉默权的适用范围进行了调整。

其二，辩护权、获得法律援助的权利、获得有效辩护的相关权利及制度保障。

英国 1679 年《人身保护法》中有辩护权的规定。被指控犯罪的人在警察局接受询问时，具备随时要求与律师私下见面的法定权利，通过社会资助的值班律师制度予以实现。新的刑事辩护机构的作用在于保证被指控有罪的人或嫌疑人能够得到所需要的建议、帮助以及诉讼代理，以维护正当利益。针对国家的追诉权力，要求一个有效的、有时是无畏的刑事辩护服务。③

英国《1984 年警察与刑事证据法》、《1985 年犯罪起诉法》和《1996 年刑事诉讼和侦查法》等设立了律师保障制度，对律师的会见权、在场权、免费获得律师帮助权、获得律师有效帮助的权利设置了充分的制度保障。法律援助权也被逐步推行，律师能够真正介入诉讼案件中，为当事人提供法律帮助，不仅在法庭审理阶段，而且还表现在嫌疑人被羁押于警察所时，可以广泛地获得辩护与代理。在法律援助案件中，也充分尊重了被告人的律师选择权。相关制度最新的发展表明，律师必须与律师服务委员会签订援助合约后才能实施法律援助，但也必须提供最低限度的服务质量。但是最初并没有规定何为最

① 余定宇：《寻找法律的印迹：从古埃及到美利坚》，法律出版社 2004 年版，第 94 页。

② 程汉大、李培锋：《英国司法制度史》，清华大学出版社 2007 年版，第 335 页。

③ [英]麦高伟、杰弗里·威尔逊：《英国刑事司法程序》，姚永吉等译，法律出版社 2003 年版，第 6 页。

低限度的服务标准，随着法律援助案件不断增加，这一问题也逐渐显现出来。在此问题上，英国并没有设立标准予以规制，而是通过设定程序流程对过程进行把握，以促进整体法律援助案件的质量的提升。这种方法符合英美法系国家以程序正义为主的传统，例如：通过“紧急情况测试”控制非律师的法律咨询、法律援助的管理权限平移、对援助费用进行管控、调和公共辩护人与签订合同律师的同台竞争等。①

为了提升刑事案件辩护律师办案的质量，英国采取了如下措施：在警察侦查阶段，实行代理人资格认证制度，此阶段所有事务律师与值班律师都必须接受审查，律师协会列明在警察局从事法律咨询的事务律师和在治安法院从事辩护业务的值班律师职责，直接将此阶段的律师视为辩护人而不仅仅是简单的咨询人；设定一系列的标准和措施保障律师的辩护质量。②

其三，知情权。警察讯问前有告知义务，讯问嫌疑人时必须以书面的形式告知罪名与权利，具体来说，包括沉默权、律师帮助权等，除非嫌疑人自愿放弃。事实上，这也尊重了主体的程序选择权。搜查前的告知义务指的是除恐怖案件外警察应当首先证明自己的身份，告知搜查的目的、依据的法律规范或授权，入室搜查中，告知搜查令申请者的有关信息、签发的日期、被搜查的场所等内容。逮捕与羁押前的告知义务，逮捕前需要告知逮捕的事实与理由，解除逮捕也应告知对他的逮捕已经解除，逮捕后的羁押，或者延长羁押期限均需要告知羁押与继续羁押的理由，告知其有权将逮捕、羁押的事实和地点告知其亲友，可以获得律师帮助。规定了羁押场所的羁押官必须要以书面的方式告知其诉讼权利。③

除此以外，被提取指纹及其他标本时、被辨认时、被录音时均有

① ［英］麦高伟、杰弗里·威尔逊：《英国刑事司法程序》，姚永吉等译，法律出版社2003年版，第126~134页。

② 丁鹏等编译：《欧洲四国有效刑事辩护研究——人权的视角》，法律出版社2012年版，第87~88页。

③ 王晋：《英美法系国家被告人获得律师帮助权之考察》，载《内蒙古财经学院学报》2010年第3期。

知悉权，警察均需履行特定的告知义务，还可以通过预审程序获知控方掌握的证据信息。如果违反法律规定的告知义务，除了口供会被直接排除之外，所获得的其他证据也可能会被法官裁量排除。①

(2)被侵害引起程序性辩护的主要救济性的权利

其一，申请回避。从回避申请的理由上看，包括有因回避与无因回避。英国法律规定控辩双方均有申请候选陪审员回避的权利，书记员从选民名单中随机抽签确定12人，再在庭审前，由控辩双方律师进行提问，以决定是否排除和补足。提出回避主张时间为组成陪审团之前，因存在偏见或不当行为而提出回避申请，或者提出特定情形之下的有限次数的程序主张。英国《1974年陪审团法》规定了对陪审团申请回避的相关内容，被告人可对某一个或者全体陪审团提出不限次数的有因回避，最多可对7名陪审员提出无因回避。② 可见，英国的回避制度也遵循了程序选择权，并以申请为要件，这一权利(力)平衡配置于控辩双方，公权机关一般情形之下不会主动启动回避程序。回避制度回应了程序公正的程序架构的需要，当事人提出回避的程序性辩护主张，通过自己的积极行为呼应了这一制度需求。

其二，保释权与解除超期羁押的申请权。英国《1976年保释法》规定被告人在整个刑事诉讼的各个阶段均有要求保释的权利。英国的保释分为权利保释、不附条件的保释与附条件的保释。这三种保释根据适用的条件的不同而被广泛适用于刑事司法实践中，保释是常态，除了可能不出庭、实施新罪、逃匿等有碍司法公正等情况，均能够被保释。③

其三，针对程序性违法的救济权与上诉权。《1984年警察与刑事证据法》对于非法证据排除规则作了两项重大的修改，第78条规定："在任何诉讼中，法庭考虑了包括证据取得的所有情况之后，如果认

① 刘梅湘：《犯罪嫌疑人知悉权初探》，载《国家检察官学院学报》2004年第4期。

② 张品泽：《外国刑事回避制度比较研究》，载《比较法研究》2004年第6期。另可见中国政法大学刑事法律研究中心组织编译：《英国刑事诉讼法(选编)》，中国政法大学出版社2001年版，第99页。

③ 郑宇：《保释制度与取保候审之比较研究》，载《河南省政法管理干部学院》2004年第6期。

为采纳该证据会对诉讼的公正性造成不利影响，以至于不应将之采纳为证据的，就可以将控方提出的证据排除。”明确将警察获得证据之方式纳入其中。对于刑事法院作出的初审有罪判决或治安法院定罪后由刑事法院科处刑罚的判决，被告人可以向英国上诉法院提出上诉。1968 年《刑事上诉法》规定上诉的情形包括：陪审团的裁断不可靠和难以令人满意、原审法院在法律适用上的错误决定、审判过程中的严重的程序违法情况。1995 年《刑事上诉法》将上述理由简化为只要上诉法院认为原审法院的定罪裁断不安全即可。程序性违法包括法官向陪审团作了错误的指示、法官允许检控方对指控的修正导致司法不公、法官同意导致不可采性证据出现在法庭、法庭没有适用多数裁决规则等，只要法官裁量可能会造成裁断的不安全，即有可能经过听审后作出撤销原判的裁定。①

（二）英国非法证据排除规则与刑事程序性辩护的有效性

在资产阶级革命的过程中，人权保障作为政治口号提出之后，逐渐出现在各国的法律制度之中，制定于 1215 年的英国《大宪章》第 39 条规定了对自由民扣留、监禁、没收财产、剥夺其法律保护权，或加以放逐、伤害、搜查或逮捕的程序性条款。这条就是人权保障的较早的体现，随后，在其刑事司法制度中也体现出来。英美法系国家正当程序的传统起源于英国，非法证据排除规则正是正当程序与人权保障相互结合的产物，对于公权违法所获得的证据，因其不但违反了法律的正当程序而且侵害了人权，必须予以排除。相较于美国通过非法证据排除规则遏制警察非法行为的价值追求，英国传统普通法规定除了被告人的供述以外，被告人供述的可采性标准考察的不是其真实可靠性，而是警察获得该供述的手段是否合法，对于其他证据的排除，基本上不以证据取得的非法方式为基础。非法证据排除规则所适用的对象仅适用于检控方提出的证据，即针对公权机关的违法取证行为，实践中，法官一般裁量后予以认可。《1984 年警察与刑事证据法》第 76

① 王以真主编：《外国刑事诉讼法学》，北京大学出版社 2004 年版，第 117 页。

条、第78条、对非法证据排除规则进行了改革，进一步明确了法官在此问题上的自由裁量权，明确了非法证据排除过程中的证明对象、证明标准、证明责任。① 对于被告人供述的排除申请，法官会审核供述内容的真实可靠性，以决定其可采性，而作出供述时的自由、自愿是保证真实可靠的基本条件，检察机关必须证明被告人供述时的自愿性。对于除了被告人供述之外的其他证据，辩护方提出相关证据属于非法证据时，由提出主张的一方进行证明，证明标准只需达到“优势证据”即可。

英国非法证据排除，在庭前程序中适用“答辩与指令听审程序”和“预备听审程序”进行，证据可采性争议的审查与裁决，在正式的庭审程序开始前，采用解决程序性争议的程序，这对于明确案件争点，进行正式的庭审准备提供了制度空间，由专门的程序性法官主持。其一，“答辩与指令听审程序”适用于除了严重诈骗案件之外的刑事案件，解决程序性事项。在程序的进行中，如果被告人选择认罪答辩，则案件直接进入量刑程序，若作无罪答辩，案件将进入审理的下一阶段，在庭前准备阶段，当事人可以提出非法证据排除与其他的程序性权利主张，法官会对程序性主张进行衡量，如果存在新的证据或者实质性的变化，影响案件的公正性，可能作出有利于主张者的裁断。其二，对于案情复杂、审理时间较长的案件，法官可以举行“预备听审程序”与“答辩与指令听审程序”。虽然两者解决的事项主要是程序性问题，但事实上，处理两者的法官不同，庭审法官主持预备听审程序以衔接正式的庭审程序，在正式的庭审程序中，适用“预先审核程序”继续解决证据可采性的程序性争议，《1984年警察与刑事证据法》规定了正式的庭审程序中开启程序性审判的程序设置，依职权或者依当事人申请均可，但法官依职权提出时，必须要求控方对供述自愿性进行证明。如果法官依照证据能够当场判定证据的可采性，则无需举行预先审核程序。若需要适用“预先审核程序”，在辩护方提出排除非法证据的申请时，应当在开庭后告知控方，在随后的开庭陈

① 王以真主编：《外国刑事诉讼法学》，北京大学出版社2004年版，第93~98页。

述之中，控方将避开此证据并适用特定的程序，重新解决相关争议，组织控辩双方就此争议进行对庭答辩，法官根据答辩情况就可采性争议作出最终的裁决。对于治安法官处理的案件中的对被告人供述的可采性争议，《1984 年警察与刑事证据法》限制了治安法官在程序性问题上的自由裁量权，例如限制在是否排除非法证据的问题上的广泛的自由裁量权，对于辩护方提出被告人供述违反自愿性原则或者可能违法取证时，必须适用预先审核程序，只有通过此种程序获得之证据才为有效。①

除此以外，根据《1996 年刑事诉讼与侦查法》可知，上诉权也得到扩充，除了严重诈骗案，对于案情复杂、审理时间长的重大案件均可上诉，在刑事程序性问题上的争议，还可以通过中间上诉程序继续上诉，直至最高法院，可见，英国刑事司法中对于程序性违法，证据可采性问题，法律均设定了充分的救济条款，体现对程序正义的重视。除此以外，类似的规定还散见于其他相关的法律文件中，这对于没有成文法传统的国家而言难能可贵。《1968 年刑事上诉法》《1981 年最高法院法》均对此作出了规定：当事人还可以就程序性事项向最高法院上诉，对于不服高等法院裁决只能向最高法院上诉，不能向上诉法院上诉，且需要经过高等法院或最高法院的批准。不服上诉法院裁定，可以向最高法院上诉，但仍需要上诉法院与最高法院的批准。程序的欠缺均可能会引发程序性辩护。

(三)英国律师制度与刑事程序性辩护的有效性

现代律师制度始于英国，律师的出现是为了弥补以“神判法”或者“保证宣誓”制度中存在的解决纠纷机制的不足，为了保证宣誓的合法性，避免保证人因经验不足或者紧张而导致的口头错误而无法完成复述，或者能够顺利流畅地说出誓词，为帮助出庭说出誓词而设置。随后，宗教法院、决斗审、陪审制度的出现使审判方式更加复杂化，诉辩者(律师)的作用越来越重要，处理事务的复杂化，使英国

① Robert Stevens, “Trials within Trials in the Magistrates Courts: A Panoramic View”, J. P. N, August 1988, p. 531.

将律师分为巴律师与沙律师，产生之初，两者有着较为严格的等级划分，具有严格的资格与准入条件。

律师代理与法律援助辩护有利于维护被告人的合法权益，也型构了控辩平等对抗的制度空间。英国的法律援助制度范围比较广泛，包括整个刑事司法制度的所有阶段，从被警察扣留讯问到各级法院刑事案件受审，再到提起上诉。① 但直到今天，被告的律师代理与法律援助权也没有得到完全的保证，援助案件的范围、援助经费保障等问题仍是一个较有争议的问题。早期英国的法律援助权受到限制，通过1836年《重罪审判法》、1903年《贫穷囚犯辩护法》、1949年《法律咨询和援助法》、1967年《刑事司法法》、《1984年警察与刑事证据法》、1999年《司法准入法》逐步确立了援助案件的范围与标准。随着律师数量的增加，酬金问题也得到解决，法律援助的案件数量也大量增加。随着刑事司法中法律援助案件范围的扩大，律师服务质量的问题也显现出来，英国对此采取了如下措施进行完善。

其一，提升程序性辩护有效性的律师执业技术规范。英国的律师分为出庭律师与事务律师，虽然他们办案重点不同，但两类律师业务的区别与刑事辩护的质量之间没有直接的关联。两类律师的行业组织都设立了"刑事法律委员会或业务部"指导刑事辩护工作，此外刑事法事务律师协会也起到了很重要的作用。为了提升刑事案件辩护律师办案的质量，英国设置律师资格准入条件、律师能力、服务标准、质量测评体系等保证律师辩护的质量。②

其二，伦理规范的规制。英国的律师分为初级律师和专门律师。英国通过律师学院传授法律知识，同时，专门律师理事会行使授予专门资格、维护纪律和进行惩戒等权限，对律师职业伦理提出专门要求，从进入律师学院入学前的品行考试开始，各自的律师协会负责管理制定各自类型律师的伦理制度，同时也负责惩处违规行为。专门律

① ［英］麦高伟、杰弗里·威尔逊主编：《英国刑事司法程序》，姚永吉等译，法律出版社2003年版，第126页。

② 丁鹏等编译：《欧洲四国有效刑事辩护研究——人权的视角》，法律出版社2012年版，第87~88页。

师职业伦理包括不得与当事人直接接触；必须单独开业；不得做广告或招揽业务；大律师担任公司董事时，必须遵循禁止之行为法则。1974年《初级律师法案》规定了初级律师的行为准则，包括广告宣传禁止；双方代理禁止；收取成功酬金的禁止；与非律师分享律师费禁止；特定行为的代理禁止等。①

其三，对于不良辩护的惩戒措施。不良辩护可能会导致程序无效，侵害了委托人的合法权益，损害了设置辩护制度的初衷，浪费司法资源，因而英国法律也规定了对律师失职的不良辩护的惩戒措施。对大律师的惩戒由专门的大律师惩戒裁判所组织，专业内外人士实施。惩戒的内容相当广泛，轻的有谴责、重的有除名等措施。对初级律师的惩戒可以由初级律师纪律惩戒法庭，特定情形下由高等法院实施惩戒。②

三、法国保障刑事程序性辩护有效性的相关制度

法国作为典型的大陆法系职权主义传统的国家，国家公权力机关在司法实践中起着积极的主导作用，虽然没有统一的律师法，但法国也非常重视人权保障，因为刑事诉讼与人权保护联系紧密，刑事诉讼程序具有重要地位，人权保障得到《法国宪法》确认。《法国宪法》第34条规定：只有经过议会表决通过的法律才能规定有关刑事诉讼的各项规则。随后《法国刑事诉讼法典》贯彻了这一规则，在刑事诉讼法中确立了诉讼无效制度。③

---

① 石毅：《中外律师制度综观》，群众出版社2000年版，第215~228页。

② 英国的惩戒包括：谴责、命令返还、放弃报酬、停止律师资格、责令暂时停业，罚款及除名等几种方式。石毅：《中外律师制度综观》，群众出版社2000年版，第215~228页。

③ 《法国刑事诉讼法典》第170条规定：在任何情况下，应预审法官、共和国检察官或有关当事人的申请，上诉法院刑事审查庭在审理过程中，有权对某一行为或某一证据宣布无效。第171条规定：违背本法典的任何规定或任何其他有关刑事诉讼程序规定的实质性诉讼行为，如果侵害了有利害关系的一方当事人的利益，均使其行为无效。参见《法国刑事诉讼法典》，余叔通等译，中国政法大学出版社1997年版，第83页。

(一)法国刑事程序性辩护的基础及有效性保障

1. 权力被滥用可能引起的程序性辩护：公权机关权力视角

(1)违规适用强制措施可能引起程序性辩护

法国刑事诉讼中没有立案阶段，司法警察接到公民的控告、告发后，有一个预备性阶段，自原告当事人发动追诉时正式开始，检察机关只有对其已经知悉的犯罪搜集到某些特定情况、材料之后，才能作出追诉决定启动程序。① 预审法官依法进行其认为有益于查明事实真相的一切侦查行动，侦查行动采取的强制措施包括直接传讯、搜查、扣押、截留电讯通信件、拘传、先行拘押、逮捕。直接传讯是检察官可以对违警罪与轻罪案件向法官申请传票，对于已经知道姓名的人，通过传票的方式强制到庭的一种追诉行为，直接传讯是审判法院系属案件；搜查由预审法官依职权作出，《法国刑事诉讼法典》第 94 条规定凡是可能发现有利于查明事实真相之对象的地点，均可进行搜查，不得在夜间进行搜查，搜查时受审查人或其代理人或者其他情况下的两名证人必须在场。搜查通过判例确立，对于仅仅只有怀疑而采取之搜查行为所获得的证据不得采证，即使事后证明搜查本身的合法性，也不能消除已经被污染的搜查行为。如果要采取搜查强制措施除了被搜查者同意以外，必须证明有合理的根据。② 为了保障个人自由与辩护权，法律规定必须履行所有手续，否则，会因违反这一规定导致辩护权或职业秘密遭受侵害而无效；扣押是指凡与犯罪相关，对于查明事实真相有益的对象或文件、材料，均可由其决定实行扣押。为了保证扣押的真实性及妥善处理被扣押的财物，扣押必须遵循一定的手续，逐项登记并加封保存，对于清点困难者则加临时封签；截留电讯通信件涉及被追诉者的隐私权，《法国刑事诉讼法典》第 81 条规定了截留与监听的适用条件，即当重罪案件与轻罪案件处 2 年或者 2 年以

---

① ［法］卡斯东·斯特法尼、乔治·勒瓦索、贝尔纳·布洛克：《法国刑事诉讼法精义》(下)，罗结珍译，中国政法大学出版社 1999 年版，第 488 页。

② 孙长永：《侦查程序与人权——比较法考察》，中国方正出版社 2000 年版，第 78 页。

上的监禁刑时由预审法官决定采用，不得超过4个月，每一次均必须制作笔录写明日期、开始与结束时间，然后进行封存；拘传是预审法官向公共力量发出的立即将受拘传通知的人解送到案的命令。法律规定不得在21时到早6时之间拘传，不得进入受拘传人的住所拘传当事人，拘传之后原则上必须立即带到预审法官面前进行讯问，特定情形可以推迟至最多24小时以内，否则必须放人；对于先行羁押，羁押法官对于重罪或3年及3年以上监禁轻罪的受审查人，如果检控方能够证明存在保全证据与证据线索、保护受审查人、防止严重犯罪对公共秩序造成混乱的理由时，可以决定实施，但是法官必须对羁押的合法性进行连续的审查，同时不服羁押的检察官和犯罪嫌疑人均可上诉于上诉法院的预审法庭，对于不服者，还可以继续上诉至最高法院；逮捕是对当事人实行更长时间的拘押，具有特别的强制力，针对在逃或者居住在国外且实行犯罪引起轻罪监禁刑或更重的刑罚时才能适用，预审法官无权单独决定逮捕，必须在听取共和国检察官的意见之后才能签发逮捕令，其他条件与拘传相同。①

上述措施的违法适用，有可能引起当事人的程序性辩护主张，对其制裁的结果就是诉讼行为无效制度，从《法国刑事诉讼法典》所列举的无效情况来看，被宣告无效的行为主要是有关警察搜查、扣押、检查、讯问、窃听等侦查行为违反法定诉讼程序的情况。向上诉法院预审庭提出申请，由上诉法院预审庭对无效事项进行审查并裁决。②

(2)在法院审判中可能引起的刑事程序性辩护

根据现行《法国刑事诉讼法典》第592条和第593条的规定，在审判的过程中也可能会出现审判程序无效的情形，法官的数目不符合法定人数、裁决法官没有出席全部审理活动、检察官缺席、没经法庭辩论或者没有公开宣告判决、没有说明判决理由、遗漏诉讼请求或者

① ［法］卡斯东·斯特法尼、乔治·勒瓦索、贝尔纳·布洛克：《法国刑事诉讼法精义》(下)，罗结珍译，中国政法大学出版社1999年版，第574~589页。

② 陈瑞华：《大陆法中的诉讼行为无效制度——三个法律文本的考察》，载《政法论坛》2003年第5期。

检察官的起诉。基于上述理由对各级法院的上诉中，原裁决均可能会被作为行为无效的理由而被撤销。① 这些情形均会侵害当事人的公正审判权，辩方可以因此提出程序性辩护。

2. 权利被侵害可能引起的程序性辩护：被告人权利的视角

(1)被侵害引起程序性辩护的主要防御性权利

其一，沉默权。法国是资产阶级革命较为彻底的国家，“无罪推定”和“程序法定”相关的法律文件最早出现在法国，无罪推定的基本内涵中就有沉默权的内容，在其后的多个文件中，均将之作为重要的程序性权利予以设立。1897 年改革的预审程序的条款，设定了律师帮助权及沉默权。1993 年《法国刑事诉讼法典》第 70 条规定了对现行重罪案件，讯问嫌疑人时的律师在场权，也就是说被传唤者能够以律师不在场主张沉默权。第 116 条规定了对此权利的知悉权及法官的义务。

其二，辩护权、获得法律援助的权利、获得有效辩护的权利。相较于英美法系的辩护人，由于在法国职权主义模式下，审前侦查程序接受严格的司法监督，法官依职权办案，因而辩护职能不够发达。律师的作用体现在审判与上诉程序中，审前的辩护职能仍受到较大的限制，由于审问式的诉讼模式将对犯罪行为的侦查与审判交付给一个司法权威，而不是交给个体或者对立的当事人，审前与审判阶段的调查被作为一个公共的而非私人的职能，律师从中发挥着从属性的作用。警察拘留期间，是辩护权受到最强烈抵制的地方，律师仅仅被允许与他们的委托人作简短(30 分钟的咨询)的商谈，在警察讯问时被排除在外，在审前阶段，辩护律师只能起较小的作用。在预审中，律师有权阅卷，有权要求审查特定的侦查措施，在程序的所有阶段询问嫌疑人。律师的职业文化与司法环境不利于发挥律师职能。律师通过司法官介入侦查，由司法官调节和控制辩护人对侦查的影响及由此对卷宗发挥的作用，律师作用为司法官的辅助性地位。

刑事专业律师如果想提供有效的辩护，在部分案件中，其实是通

① 转引自陈瑞华：《大陆法中的诉讼行为无效制度——三个法律文本的考察》，载《政法论坛》2003 年第 5 期。

过一种微妙的过程实现，即非正式的询问及对疑点和含混不清的地方进行仔细的巧妙处理，并在此后加以利用；在审判程序中，对案件的结果也只能产生较小的影响，在快速审判程序中，大多数案件由义务律师代理，缺乏足够的时间准备辩护，除此以外，在检察官监督的场合，也不利于辩护人有效参与的诉讼时间，但在2004年“有罪答辩”制度改革中，对律师的作用提出了新的要求。① 对于律师权的保障，《法国刑事诉讼法典》第116条中规定了选聘与指定律师的权利保障制度。②

其三，知情权。法国刑事诉讼法律规定，在初步侦查阶段，司法警察警员告知犯罪嫌疑人正在对其进行调查的所涉嫌犯罪的性质，在规定的期限内通知日常与其在一起生活的人、直系亲属或兄弟姐妹中的一人，或者雇主，并享有指定医生为其检查的权利，可以获得律师帮助权，但只是限于短时的咨询；逮捕时，应当告知被指控犯罪的性质，行为的法律依据，相关事项逮捕令中均需列明。③ 预审法官第一次讯问时，应当告知被指控的事实与所涉嫌的罪名，告知可以请求采取侦查行动、请求撤销指控，获得律师帮助权。辩护律师在特定的阶段具有阅卷的权利，通过律师的作用最大限度地保障了被告人的知悉权。对于违反知情权的情形，根据《法国刑事诉讼法典》第171条的规定，违反前述关于告知义务，侵害被告人的知情权，属于违反程序规定时的无效的情形。④

---

① ［英］杰奎琳·霍奇森：《法国刑事司法——侦查与起诉的比较研究》，张小玲、汪海燕译，中国政法大学出版社2012年版，第138~159页。

② 《法国刑事诉讼法典》第116条规定：“对于重罪案件，如果被告人不选聘律师，审判长或其代理应当依职权为他指定一名律师。”“被指控犯有轻罪的被告人也有权获得自己选定或法庭指定律师的帮助。”转引自汪建成、黄伟明：《欧盟成员国刑事诉讼法概论》，中国人民大学出版社2000年版，第131页。

③ 刘梅湘：《犯罪嫌疑人知悉权初探》，载《国家检察官学院学报》2004年第4期。

④ 《法国刑事诉讼法典》第171条规定：“违背本法典或其他刑事诉讼程序条款规定的某项实质性手续，已经危害到与诉讼有关的当事人的利益时，即产生无效。”第278条规定：“律师可以在案卷保管处查阅案卷中的任何文件。”《法国刑事诉讼法典》，罗结珍译，国际文化出版公司1997年版，第431、463页。

(2)被侵害引起程序性辩护的主要救济性的权利

其一，回避申请权。从回避理由上进行区分，在法国，回避也可以分为有因回避与无因回避制度，法国刑事诉讼法律对陪审员实行的是无因回避制度，回避贯穿于各个阶段，当事人有着较为广泛的回避申请权，《法国刑事诉讼法典》第298条、第668条等，规定了回避适用的条件、程序及理由。① 但与其他国家的不同之处在于法国回避制度对针对回避的上诉等救济性的权利进行了限制。

其二，保释权与解除超期羁押的申请。受职权主义的影响，法国保释的适用由预审法官依职权采取，《法国刑事诉讼法典》第142条规定：在受审查人被强制提供保证金时，用于担保受审查人、轻罪被告人或重罪被告人在诉讼程序的任何阶段均能到案、执行判决，以及在相应场合规定其应当履行的义务，在各诉讼活动中均已到案，并且履行了接受司法监督的义务时，并服从执行判决，保证金予以归还，否则收归国有，在不起诉、免予刑罚或宣告无罪的情况下，该部分保证金予以归还。受审查人可以对保证金额提出异议，如果被驳回可以提出上诉，被没收保证金后，也可以提出申辩，履行了法定的义务可以要求归还保证金。②

其三，针对程序性违法的救济权与上诉权。在法国，对于程序性违法的救济主要通过刑事司法制度中所设立的诉讼无效制度实现。具体来说，包括三类无效的情形：法定无效、附条件的无效、公益性无效。法定无效是依据法律规定违背诉讼程序的预审行为无法律效力；附条件的无效以损害了当事人的利益为确定无效的前提；损害司法权威和公共利益的违法行为而产生的无效则是公益性无效制度。这三类无效基本上能够概括现实生活中可能出现的程序性违法而导致的程序性救济需求，既关注了形式正义又考虑了实质正义，既关注了公民个人的权利也关注了公共利益，是一种较为成功的制度设计。③

---

① 《法国刑事诉讼法典》，余叔通等译，中国政法大学出版社1997年版，第227页。

② 《法国刑事诉讼法典》，罗结珍译，国际文化出版公司1997年版，第415页。

③ 陈瑞华：《大陆法中的诉讼行为无效制度——三个法律文本的考察》，载《政法论坛》2003年第5期。

在法国，审理违警罪的法院作出的判决，当事人对于除了比较轻微的案件外的其他案件均有上诉选择权，对于轻罪法院作出的判决，任何当事人包括被告人、应负民事责任的人、检察官，甚至驻上诉法院的检察长均可以提出上诉。重罪法院审判的案件虽然实行一审终审制，但可以就其中的法律问题向最高法院提起非常途径的上诉。作为欧洲人权公约的成员国，法国公民对于任何判决侵犯欧洲人权公约的内容，均有向欧洲人权法院提起上诉的选择权。

在法国，只有"权益受到损害的当事人"才有第三审上诉权，其他主体仅能对一般判决提起上诉，公诉机关原则上均可提起第三审上诉。具体来说，有权提起第三审上诉的人包括：预审阶段的被追诉人、被告人及其法定代理人、检察官。大陆法系国家的被害人均没有独立的上诉权，但可以用自诉人的身份提起刑事第三审上诉，或者用附带民事原告人的身份就民事利益部分提起第三审上诉。

（二）法国证据合法性原则、诉讼行为无效制度与刑事程序性辩护的有效性

尽管《法国刑事诉讼法典》没有对证据方法作出严格限定，书证、被告人的供述、勘验、鉴定的形迹等，只要按一定的方法，遵守特定的规则提出，法律均认可。出于对法官的信任及法官自身所具备的高素质，法官能够对流入法庭审判过程中的证据，作出准确的判断和自由裁量。《法国刑事诉讼法典》第427条规定了证据自由原则。理论上，各种类型的证据都可能提交法庭，成为法官形成内心确信的依据。但由于非法取证方法必然会造成对人权的侵害，必须对之进行限定，限制的规则主要由法院判例确认，如禁止酷刑拷打、禁止警察或法官使用不正当手段收集证据等，但当事人对于非法方法获得的证据可以提交法庭辩论，进入法官心证范围，最高法院各法庭一致认定排除在法庭辩论之外。① 对于刑讯逼供和其他非法手段取得的口供，判

---

① 王以真主编：《外国刑事诉讼法学》，北京大学出版社2004年版，第150~152页。

例均持否定态度。① 但法国刑事理论与实践均重视证据的合法性审查，与其他国家的非法证据排除规则有着异曲同工的效果，证据的合法性审查包括：因攻击人的身体或精神上的自由而取得的证据的合法性和因使用诡计而取得的证据的合法性两个部分。前者如刑讯的方法获得的证据不应当采纳，以测谎方法与麻醉分析取得的证据是否采纳，在理论与实践中则有较大的争论；后者如电话截取、录音机或者麦克风收集的证据因违反"光明正大"原则，不具备合法性。② 证据合法性关注取证方式，如若取证方式的合法性存在争论，控辩双方必须就此问题进行证明，证实之后才具备证据能力，同时规定，法官不能简单地依据违法侦查获取的证据认定罪行，否则将招致程序性无效的法律后果。③ 1993 年司法改革之后，包括被告人、被害人在内的当事人均可申请宣告无效。如果当事人发现存在程序性违法行为，在刑事审前程序中可以向上诉审法院预审法庭提出请求，申请宣告该行为无效。在程序上，当事人以附具理由的申请书的方式提出，也就是说对于此类程序性的主张，当事人承担一定的证明责任。从性质上可以分为法定无效与实质无效，主要考证警察、检察官实施的程序性违法行为是否侵害当事人的权利，并决定是否宣告该行为无效，撤销违法的诉讼行为。

(三)法国律师制度与刑事程序性辩护的有效性

其一，有利于提升程序性辩护有效性的律师执业技术规范。近代法国律师制度是资产阶级革命的产物，针对封建司法专横与宗教特权，提出用辩论式取代纠问式，统治阶级被迫承认了辩论原则，1789

① 陈朴生：《比较刑事证据法各论》，汉林出版社 1984 年版，第 285~287 页。

② 郭志媛：《刑事证据可采性研究》，中国人民公安大学出版社 2004 年版，第 69~70 页。

③ Robert Vouin, "The Exclusionary Rule under Foreign Law: France," The Journal of Criminal Law, Criminology, and Police Science, Vol. 52, Sep. 1961, pp. 275-277.

年10月制宪会议规定允许辩护人参与刑事诉讼，1791年法国宪法规定从预审开始被告人就获得了律师帮助权。法国律师资格的获得较其他法治国家相对简单，大学法律专业硕士学位的获得者申请在各地律师公会的“律师职业培训中心”进行为期一年的培训与学习，经过考核实习者就可能获得资格证书，再经过律师职业培训中心约两年的实习，上诉法院登记注册就可以开业或者到其他律师事务所工作，法国没有专门管理律师的司法行政机关，也没有全国统一的律师协会，只有各地设置在法院内部的地方律师公会，律师达到条件(国籍条件、学位条件、能力条件)后，必须向律师协会申请，由理事会决定是否授予律师资格，律师执业必须在上诉法院宣誓并登记造册，再向律师协会申请，将其名字载入律师名册，才能以律师身份在管辖区内参加诉讼活动。虽然法国没有统一的律师法与律师职业行为规范，但在漫长的历史进程中，律师职业也形成了特有的惯例与传统。

大致上，法国律师制度从以下几个侧面对律师的执业行为进行了规制：律师退出诉讼不得损害当事人的利益，必须诚实谨慎地管理现金，只能在办公室接待当事人，自主决定交给当事人的文件，根据实际情况决定向法庭提出的诉求，保证当事人对与诉讼有关的案情的知悉状态，对法院保持独立；律师对法院的义务包括注意礼貌与克制，不得藐视法庭，享有法庭豁免权；对同行律师的义务包括诚实谦恭相互关心，律师向对方律师提供将使用的文件的副本，变更律师必须征得先前律师的同意，不能与对方律师联系，必须给对方律师知悉案情的时间；律师同时有保密的义务；不得将律师业务交由他人代替；不得有不正当的广告。①

其二，保障律师合理辩护的伦理规范。在法国，由全国性律师协会与地方性律师协会负责制定律师职业伦理规范，法国的全国性律师协会负责制定事关律师职业伦理的各种规则和条例，地方性律师协会则通过颁布决议案的方式对律师的职责、行为规则及执业活动进行规制。主要内容包括：律师准入条件、律师与委托人的关系、律师的权

① 石毅：《中外律师制度综观》，群众出版社2001年版，第294~299页。

利与义务、收费制度、职业禁止行为及违背的责任等。①

其三，对于不良辩护的惩戒措施。在法国，律师协会管理律师的自治组织设置于各法院所在地，律师协会决定对律师的惩戒，制定规制律师的行为准则。具体来说，由律师协会的理事会组成惩戒委员会对违反法令、违反职务规章及不诚实的和有损于名誉及品格的行为实施惩戒，惩戒的种类包括警告、谴责、停止执行业务三年以下、除名。②

四、德国保障刑事程序性辩护有效性的相关制度

(一)德国刑事程序性辩护的基础及有效性

1. 权力被滥用可能引起的程序性辩护：公权机关权力视角

(1)违规适用强制措施可能引起程序性辩护

德国将从发现犯罪开始的所有调查活动均包括在程序之中，因而德国的刑事诉讼程序的启动也是以“何时启动刑事侦查活动”为标准。③ 德国刑事诉讼法中的侦查的启动与我国相似，国家机关的发现犯罪、公民的举报等，只要获得犯罪信息，就应当开启程序。④ 德国刑事诉讼法规定了多种强制措施，从刑事程序性辩护的角度进行审视，容易引发程序性问题的辩护主要包括对自由的限制、搜查与扣押、对私人通讯的秘密监控。其一，对自由的限制包括为查明身份责令停止、暂时逮捕、判决羁押。为查明身份责令停止指的是只要警察怀疑有人实施犯罪行为即可责令停止对其进行搜查并拘留，以查明身份的必需时间为准，但不得超过 12 小时；暂时逮捕的条件为存在逃

① 许身健：《欧美律师职业伦理比较研究》，载《国家检察官学院学报》2014 年第 1 期。

② 石毅：《中外律师制度综观》，群众出版社 2001 年版，第 317 页。

③ 宋英辉、吴宏耀：《刑事审判前程序研究》，中国政法大学出版社 2002 年版，第 130 页。

④ 《德国刑事诉讼法典》，李昌珂译，中国政法大学出版社 1995 年版，第 78 页。

离法院管辖的范围或毁灭证据的危险，且逮捕后必须毫无迟延地带到法官面前；判决羁押的适用条件为，检察官必须向法官申请羁押令，由警察或者检察官执行，并向对案件有管辖权的法官解交，法官必须不迟延地对被告人进行讯问，并告知其相应的权利，检察机关必须证明符合待审羁押的条件，即对嫌疑人实施某种犯罪的“紧急”的怀疑。其二，搜查与扣押的条件，搜查时只要认为对有犯罪嫌疑的人进行搜查可以发现证据，就可在任何时候进行，法律规定了最低限度的防止非法搜查实体性和程序性措施，搜查必须持书面的令状，需明确搜查的地点及欲找到的物品。除此以外，警察也可以因紧急的权力自行命令搜查，被搜查者有在场权，有权获取书面通知，有时需中立的市镇公民做见证人，被搜查者可以通过对有令状的搜查提出上诉或者事后的司法确认进行救济；扣押的条件为只要涉及犯罪的物品存在与犯罪相关的怀疑即可，但德国法律同时赋予了辩方一定的救济权，如果辩方基于非法证据排除的理由，将其在审判中作为辩护纲要，警察不得将此物扣押。其三，对私人通讯的秘密监控，德国基本法规定了信件及邮件电子通讯的秘密性不可侵犯，司法实践中授权刑事诉讼机构可以在特定的情形下，依司法令状对信件和邮件进行监控，对于邮政部门控制之下的邮件，依照司法令状进行检查，但邮件内容与侦查相关，必须受到宪法性的比例原则限制。法官签发的令状，法官有权阅读，如果检察官欲阅读必须经法官授权。对电子通讯的监控限定在严重犯罪案件的侦查中，如侵害国家利益罪等，对该罪存在有事实根据的怀疑，使用其他手段困难时，方可采用。《德国刑事诉讼法典》规定：在采取监听措施之前，必须证明有事实足以怀疑存在特定犯罪的犯罪行为存在，监听主要适用于被指控人，除了情势急迫可以由检察官许可外，应由法官或预审法官决定或批准采用，法官保留对程序性问题的最终裁判权。①

可见，德国的法官对于强制措施与强制性措施可以依申请行使程

① ［德］克劳思·罗科信：《刑事诉讼法》，吴丽琪译，法律出版社 2003 年版，第 344 页。

序裁判权，也可以依职权主动进行调查，此过程中的程序性证明体现出对抗式的特征，这一做法体现了平衡控辩力量的思想。1974 年之前，德国的预审法官可以直接领导、指挥侦查行为；1974 年之后，变更为由侦查法官进行司法审查，《德意志联邦共和国基本法》第 19 条第 4 款着眼于国家权力与公民权利的良性互动，规定公民权利遭受侵害时提起诉讼的权利。《德国刑事诉讼法典》第 136 条、第 163 条规定当被控告人第一次被警察、检察官或法官讯问时，有权聘请律师。除了律师在场有碍侦查外，并有权在询问时在场，并有权查阅卷宗。①

(2)在法院审判中可能引起的刑事程序性辩护

在普通程序中，如果侦查程序的结果为非刑事追究的终止，则进入庭审预备程序(中间程序)，由法官决定是否开始审判程序，决定撤销逮捕或羁押的决定②，中间程序的主要功能为负面的监控功能，由职业法官对案件侦查的合法性及必要性进行审查，要求被告在一定期间内作出证据调查之申请或声明异议。③

在刑事审判的过程中，对于程序性问题还可以通过抗告和上诉解决，抗告可以解决除判决以外的司法决定与命令，二审上诉法庭对决定与命令进行审查，包括进行事实与法律方面的审查，既审理实体问题，也审理程序问题，发现问题实施程序制裁，第三审上诉程序则只针对原审判决进行法律方面的审查。④ 当事人及律师则可以以此为依据提起相应的程序性辩护。

2. 权利被侵害引起的程序性辩护：被告人权利的视角

(1)被侵害引起程序性辩护的主要防御性的权利

其一，沉默权。德国早期的法律中并没有规定沉默权，出于对纳

① 卞建林、刘玫主编：《外国刑事诉讼法》，人民法院出版社、中国社会科学出版社 2002 年版，第 20~21 页。

② 王以真主编：《外国刑事诉讼法学》，北京大学出版社 2004 年版，第 240 页。

③ [德]克劳思·罗科信：《刑事诉讼法》，吴丽琪译，法律出版社 2003 年版，第 377~379 页。

④ 卞建林、刘玫主编：《外国刑事诉讼法》，人民法院出版社、中国社会科学出版社 2002 年版，第 32~33 页。

粹统治的警惕，1950年修改《德国刑事诉讼法典》时，增加第136条规定：禁止以违背犯罪嫌疑人和被告人意志自由的方式取证，这是一种绝对的权利，若有违背，即使获得被告人同意，也不排除其违法性。现行《德国刑事诉讼法典》以1950年《德国刑事诉讼法典》为蓝本，第136条规定："讯问人在对犯罪嫌疑人开始审讯之前，必须明确告知，他依法有权作出供述，或者拒绝供述。"该条规定了讯问人的告知义务，拒绝供述即为沉默权。此外，还在随后的其他条款中规定了检察机关侦查人员、法官告知供述与沉默的权利。

其二，辩护权、获得法律援助的权利、获得有效辩护的权利。作为最基本的权利，被告人在刑事诉讼的所有的阶段均有自行辩护的权利，为了实现这一权利，联邦最高法院通过判例将有效的律师帮助辩护权确定为有关机关的客观义务，并需提供权利行使的便利。此外，还设置了指定辩护的情形，如重罪和复杂的案件、法定代理人、监护人被排除在程序外、未成年人被羁押、精神不健全者或者自行辩护有较大疑问等均属于指定辩护的情形。为了保证实现辩护权，还设定了一系列制度措施以保障实现有效辩护，如律师在场权、调查权、辩护权等。①

其三，知情权。在前述的强制侦查过程中，国家机关均承担告知义务，而告知义务的权利基础是嫌疑人与被告人的知情权，这一权利是被告人行使其他权利的前提，《德国刑事诉讼法典》规定：警察在第一次询问时，应当告知所涉嫌的犯罪行为；享有律师咨询的权利；沉默权；提出证据收集申请的权利；受怀疑的原因。违反告知义务，经当事人提出程序性辩护申请后，原则上会导致询问中收集的证据被排除，但法院会考虑被告人因有效辩护获得的利益与社会利益，进行平衡之后，决定是否排除；暂时逮捕与羁押应当以书面形式告知被告人享有不过分迟延面见法官的权利、沉默权、收集证据申请、咨询律师的权利，接受医生检查权、除妨害侦查外通知亲属权、获得免费翻译权、外国公民告知领事权；起诉书中写明有罪与无罪的客观义务，

① 丁鹏等编译：《欧洲四国有效刑事辩护研究——人权的视角》，法律出版社2012年版，第233~237页。

否则在不能补正的情形下，可能被提起上诉；庭审过程中不能进行证据突袭，违背告知义务会被提起法律事由上诉；侦查结束后如果被告被羁押，律师可以查阅卷宗。

其四，庭审参与权。在所有被告的主动参与权中，最重要的权利是要求法庭审判的权利，《德意志联邦共和国基本法》第 103 条第 1 项规定了法院的公正审判权。《德国刑事诉讼法典》第 230 条第 1 款规定：没有被告人的出庭，不得进行审判。第 33 条 a 规定了如果没有经过法庭审判的讯问程序，即使对于不得提起抗告的裁定，法院事后也得简化追加审判讯问。第 115 条、第 118 条、第 128 条规定了准备诉讼程序及中间程序，对被逮捕者或被羁押者，要求受到法官之审判讯问之权利保障；第 175 条也规定了被告要求受到法官之审判讯问的权利保障；第 243 条、第 258 条、第 265 条分别规定了身份及起诉事实的陈述权、最后陈述权、法律见解变更时，告知被告辩护权等。①

(2)被侵害引起程序性辩护的主要救济性的权利

其一，回避申请权。德国的回避制度包括回避与拒绝两种方式，回避直接依据法律的规定，对法官的拒绝均需提出申请，作为一种重要的程序性权利，辩方有权基于法定的理由提出回避或者拒绝的申请，德国的回避制度采用有理由的回避制度，如果理由不能被采纳，其申请将会被驳回，当然提出申请的当事人可以基于此进行抗告，被驳回的申请人还有救济的机会，还可以附带于上诉中对此提出抗告，以示不服先前的处理决定，若再次被驳回，则结束救济程序。②

其二，保释权与解除超期羁押的申请权。德国刑事司法所规定的羁押的性质定位随着犯罪的形势变化有所变更，1877 年《德国刑事诉讼法典》将羁押定位为程序法上的程序保全措施，即只需保证诉讼顺利进行，则无需羁押而可以获得保释。纳粹德国时期，公民权利受到

① 丁鹏等编译：《欧洲四国有效刑事辩护研究——人权的视角》，法律出版社 2012 年版，第 233~237 页。

② ［德］克劳思·罗科信：《刑事诉讼法》，吴丽琪译，法律出版社 2003 年版，第 53~58 页。

了极大的限制。后来，又随着犯罪形势的恶化，增加了“行为之重大”与“再犯的危险性”等适用羁押的条件，导致羁押数量大量提升，后来，考虑到这一取向有违无罪推定而进行修改。① 最新的《德国刑事诉讼法典》重新定位羁押措施，强调了保障诉讼顺利进行的程序意义，弱化了预防犯罪的实体追求，确立了作为羁押替代措施的保释的地位。《德国刑事诉讼法典》第112条、第113条、第116条规定了羁押与保释的相关条件。②

其三，针对程序性违法的救济权与上诉权。《德国刑事诉讼法典》规定的证据禁止制度正是出于解决公权机关非法取证的问题，该制度对于非法收集及使用证据均予否定，原判作出之后，当事人通过上诉程序提出禁止相关证据，主张法院不能使用该证据对其定罪。《德国刑事诉讼法典》第三编规定了刑事诉讼中的法律救济程序，一般的法律救济是指抗告、第二审上诉、第三审上诉和不服处刑命令的异议。具有上诉利益的主体均可以因事实和法律问题提起上告，包括对法律问题的上诉、对法院裁定和决定的抗告等，属于救济程序，被告人、辩护人和其他代理人以及检察机关等都可以据此提出抗告，这些因素可能成为当事人刑事程序性辩护的理由。相对于第二审上诉来说，大陆法系国家对第三审上诉的适用条件有更严格的限制，提出的主体必须具备上诉利益才适格，上诉的条件为“原判存在法律错误”，因而被告人提起三审上诉必须有法律上错误，而公诉机关源于国家机关的中立性，只要裁判不正确，均构成裁判之不利益，有义务提起第三审上诉。比如在德国，被告人提起第三审上诉的条件是：其被错误判决有罪，或者处刑太过严厉时，才构成不利益。有权提起第三审上诉请求的人包括被告人及其法定代理人、辩护人、检察院、自诉人。③ 其中刑事程序性违法及程序性辩护主张主要体现于抗告的内容

① 林山田：《刑事程序法》，台湾五南图书出版有限公司1998年版，第201页。

② ［德］克劳思·罗科信：《刑事诉讼法》，吴丽琪译，法律出版社2003年版，第283~300页。

③ ［德］克劳思·罗科信：《刑事诉讼法》，吴丽琪译，法律出版社2003年版，第490页。

中，《德国刑事诉讼法典》规定，对侦查程序中的裁定、判决，实际上主要为程序性问题的抗告权。①

(二)非法证据排除规则引发的程序性辩护可能

证据的可采性问题贯穿德国整个刑事诉讼过程，但在发现事实真相与程序公正的价值取向之间，德国的法院明显偏向于前者。在实践中，非法证据可能被合法手段取代，即使符合排除的条件，法官也可以运用“利益平衡”原理采纳该证据。德国证据禁止制度的法律源于宪法性原则与刑事诉讼法中的有关规则。首先，衡量以暴力或欺骗手段所取得的证据是否违反国家的法治原则，如果不是采用上述方法获得，则看其是否侵害了宪法所赋予的个人权利，再看其是否违反了《德国刑事诉讼法典》有关证据禁止的规定，然后再决定是否排除。规制违法取证的《德国刑事诉讼法典》第136条②是强制性条款，规定应当绝对排除非法获得之证据。

《德国刑事诉讼法典》中处理非法证据问题程序为“中间程序”，程序启动既可以由法官依职权进行，也可以由辩护方向法官提出证据合法性审查，法官在庭审中对于控诉方的证据合法性产生疑问时，应依法审查来决定是否排除，辩护方通常在正式审理程序的证据调查阶段提出证据合法性调查的申请，再由法官决定是否排除。证明禁止可以分为提出和采用的禁止，禁止作为证据提出又包括证明对象禁止、证明材料禁止、证明方法禁止以及相对禁止；禁止作为证据采用包括以合法手段获得的证据与以非法手段获得的证据。对于非法证据的排除，除了排除法律禁止方法所获得的陈述以外，对其他证据的排除有较大的争议。③ 但在司法实践中，法官进行非法证据的排除时，考虑

---

① 《德国刑事诉讼法典》第304条规定：对第一审或上诉审程序中，对在侦查程序中作出的决定、命令等不服时，允许提起抗告。另可见王以真主编：《外国刑事诉讼法学》，北京大学出版社2004年版，第242页。

② 《德国刑事诉讼法典》，李昌珂译，中国政法大学出版社1995年版，第62~63页。

③ 卞建林、刘玫主编：《外国刑事刑事诉讼法》，人民法院出版社、中国社会科学出版社2002年版，第48页。

的因素包括不可替代的发现、损害受保护人的利益、国家法治重大的利益平衡等。

对于初审法院证据禁止的裁决不服，当事人可以通过抗告、第二审上诉、第三审上诉进行救济。抗告解决审前程序及初审法院程序问题，二审上诉解决初审法院判决，三审上诉则仅审查相关法律问题，第三审上诉还解决程序性违法问题而提出的程序性上诉。当出现重大的程序性违法事由或者初审法院的裁判结论违背法令导致被告人的权利受到了实质性侵害时，将由州高等法院或者联邦最高法院审查后受理。较为特殊的是证明责任，《德国刑事诉讼法典》第 244 条第 2 款规定：就证据合法性争议的举证责任由法官承担，法官应当依职权调查，控辩双方均不承担证明责任。

（三）德国律师制度与刑事程序性辩护的有效性

德国《联邦律师条例》中将律师作为独立的司法机关，但在司法过程中，国家机关占据主导地位，律师在日常生活中为维护社会的公平正义起了重要的作用。德国大学教育采用免费制，学生不必缴纳学费，中学毕业即可申请进入大学学习，但德国的法学教育采用典型的宽进严出的方式，需经过两个阶段的学习。第一阶段是不少于 4 年的基础法律教育阶段，进行全面的法律基础知识和系统的法学基础理论学习，进行第一次国家考试；第二阶段，见习阶段和第二次国家考试。实习的必经站点为民事或者刑事法院、检察院、行政机关和律师事务所，选择性站点为联邦或州立法机关、公证人、行政法院或财税法院或劳动法院或社会法院、工会或雇主联合会、外国律师事务所等。经过学习、实习及考试就具备了初步的理论水平与实践能力。另外，设置了一系列的执业技术性规范，确保律师执业的质量。

其一，有利于提升程序性辩护有效性的律师执业技术规范。《联邦律师条例》规定了律师的主体地位、律师的责任及义务。法院的组成及职能、律师职业诉讼、审判程序及救济程序、联邦最高法院的律师及律师公会、律师的收费等问题。

德国实行统一的法律职业，取得了法官职务资格之后，如果欲从事律师职业，必须申请律师执业许可，德国律师必须经过严格的资格考试，有着严格的准入条件。州司法行政部门决定是否批准律师执业许可申请，获得执业许可申请之后，还需获得在普通诉讼管辖的某个法院的出庭许可，因许可而产生的纠纷可以以书面方式向高等律师法院提交判决申请而进行救济。律师的任职资格为律师能力和辩护有效性提供了基础条件。此外，根据联邦律师条例，作为对特定领域的专业律师的认可，如果具备特定的理论与实践经验，其知识与经验明显超过律师一般在职业中通过职业培训和实践经验所获取的知识与经验的程度，取得律师许可至少 3 年以上不间断执业者可以申请刑事专业律师称号。律师权利与义务则为律师行为划定范围，为律师的执业行为提供了行动指引：律师在执业的过程中，不得接受危及职业独立性的约束，负有保密的义务，不得以不客观的方式从事行为，不得代理相互冲突的利益，负有谨慎的义务处理托付给他的财产，负有深造的义务，允许以广告的形式客观地告知律师身份。

其二，保障律师合理辩护的职业规范。德国《律师职业条例》重点规定了律师职业义务包括：沉默、利益冲突禁止、财产与钱款的处理、广告及特殊职业义务、接受、履行或者结束委托时的特殊义务、对法院及行政机关的特殊义务、约定及结算费用的特殊义务、对律师公会及成员、工作人员职业合作时的义务等。

其三，对于违规执业行为的惩戒措施。德国律师法中设有专门的律师法院，律师事务由律师法院管辖，处理律师违反律师法与职业条例规定的义务的行为、律师在职业之外所为之行为构成违法等情形，破坏权利寻求者对律师职业的尊敬与信任且在律师法院制裁范围之内，对律师的惩戒等都由律师法院裁决。律师法院可以分为地方律师法院、州高等律师法院和联邦最高律师法院。惩戒种类有警告、严重警告、最高不超过 25000 欧元的罚款、禁止在特定的法律领域担任代理人或者辅佐人 5 年、开除出律师界。针对律师的诉讼，由检察机关向律师法院提出起诉开始，检察机关与律师公会相互通报相关情况，管辖法院为启动诉讼时律师所属的律师公会的所在地法院，律师也可以针锋相对地提起律师职业诉讼以洗刷嫌疑；决定作出之后，律师可以向高等律师法院抗告；裁判作出之后，可以向高等律师法院上诉；不服高等律师法院的裁判还可以向联邦最高法院再申诉。①

五、日本保障刑事程序性辩护有效性的相关制度

(一)日本刑事程序性辩护的基础及有效性保障

1. 权力被滥用可能引起的程序性辩护：公权机关权力视角

(1)违规适用强制措施可能引起程序性辩护

在日本，刑事诉讼程序的启动与德国相似。从侦查开始，侦查则由公民等提供犯罪线索(包括告诉、告发、请求、自首和其他)和侦查机关直接发现犯罪线索(包括对非正常死亡尸体的检验、职务查问和对持有物品的检查等)。② 日本的强制侦查行为包括逮捕、羁押、查封、搜查、勘验、人身检查、监听等措施。其一，逮捕分为三类，通常有相当理由足以怀疑被疑人已经犯罪时，依据法官签发的逮捕证实施逮捕；存在充分的理由怀疑被疑人已犯有相当于死刑、无期惩役或无期监禁以及最高刑为3年以上的惩役或监禁之罪的场合可以实施紧急逮捕；对于现行犯及刚实施完犯罪者可以实施现行犯逮捕。逮捕之后必须立即告知其犯罪事实和可以选任辩护人。逮捕之后对于存在留置必要者必须在48小时内连同文书证物一并移送检察官，检察官应给予辩解机会，对于应当留置者自接受被疑人者24小时内向法官请求羁押被疑人，否则应当释放被疑人。其二，逮捕是羁押的前置性程序，羁押的条件为：无住所、有理由相信毁灭证据、有逃亡或者逃亡可能的。③ 其三，对物的查封、搜查、勘验。检察官、检察事务官、司法警察认为必要时，以书面形式向法官提出申请，然后依据法官签发的令状实施查封、搜查、勘验。其四，人身检查需持令状始得进行，检察官、检察事务官、司法警察在逮捕现行犯或现行犯的场

---

① 邵建东：《德国法学教育的改革与律师职业》，中国政法大学出版社2004年版，第37~144页。

② 程味秋主编：《外国刑事诉讼法概论》，中国政法大学出版社1994年版，第181页。

③ 王以真主编：《外国刑事诉讼法学》，北京大学出版社2004年版，第457页。

合，认为有必要时不需另持令状。① 其五，监听的条件为：原则上限定为毒品犯罪等四种犯罪。对于可处死刑、无期徒刑或最低刑为1年以上的惩役或监禁的其他罪也可以加以监听，但需要证明有充分理由足以怀疑实施了对象犯罪并为通讯，且采取其他方法查明案件事实存在困难的，由法官签发监听令状始得进行。②

(2)在法院审判中可能引起的刑事程序性辩护

日本法禁止法官审前的实质性审查，上述诸多强制措施，除了特定的情形以外均需要令状始得进行。事实上，法官的审查是一种程序性实质要件的审查，即具有推动程序的实质要件成立的可能，对最后的实体判决没有约束力。当事人可以通过准抗告程序提出因不符合诸项强制措施的适用条件，如不服搜查、扣押等强制措施而请求救济。

2. 权利被侵害可能引起的程序性辩护：被告人权利的视角

(1)被侵害引起程序性辩护的主要防御性的权利

其一，沉默权，日本《宪法》第38条规定公民享有不受强制非自愿供述的权利，也设定了违反该规定的程序性后果。日本《刑事诉讼法》第19条、第198条第2款、第291条第2款、第311条规定了被疑人自愿供述的权利，侦查阶段、审判阶段警察、检察官、法官在各自的办案的阶段告知沉默权的义务。第318条确立了自白排除规则，确立了违反沉默权的程序性法律后果。③

① 卞建林、刘玫主编：《外国刑事诉讼法》，中国政法大学出版社2008年版，第252页。

② 孙长永：《侦查程序与人权——比较法考察》，中国方正出版社2000年版，第4页。

③ 《日本刑事诉讼法》第198条规定："(一)检察官、检察事务官或司法警察职员在实施侦查中认为必要时，可以要求嫌疑人到场，并对他进行讯问。但嫌疑人除被逮捕或羁押以外，可以拒绝到场或者在到场后随时离去。(二)应当预先告知嫌疑人没有必要违反自己的意志而做陈述。"第311条规定："(一)被告人可以始终保持沉默或者对于各项质问拒绝陈述。(二)被告人自愿进行陈述时，审判长可以随时就必要事项要求被告人陈述。(三)陪席团、检察官、辩护人、共同被告人及其辩护人可以在告知审判长后要求被告人前款的陈述。"参见《日本刑事诉讼法》，宋英辉译，中国政法大学出版社2000年版，第8页。

其二，辩护权、获得法律援助的权利、获得有效辩护的权利。日本《刑事诉讼法》的发展历史就是辩护权从审判阶段到预审阶段再到侦查阶段，范围不断扩大的历史。日本的辩护分为实质性辩护与形式辩护。实质性辩护是从国家机关客观义务的角度提出维护被告人有利的事实的义务；形式辩护则意指律师帮助权，从辩护权论向可以接受有效辩护的辩护机能论发展。日本《宪法》第34条规定保障犯罪嫌疑人、被告人的委托辩护人的权利，将之作为采取进一步强制措施的前置性条件。日本《宪法》第37条规定了委托辩护人的方式，不能委托则由国家免费提供辩护人。《日本刑事诉讼法》第30条规定犯罪嫌疑人不论其是否在押，均拥有辩护人委托权。第36条规定保障贫困被告人的律师选任的问题。为了保障律师委托权的实现，日本诉讼法律制度最初采用由犯罪嫌疑人请求律师协会提供辩护人的方式，但由于可能存在被指定的律师不愿接受的情形，后来又实行律师协会推荐律师的方案，由于仍然存在不足，后来便实行值班律师制度。出于对贫困者无力支付律师费用的考虑，法律扶助协会1990年设立“刑事犯罪嫌疑人辩护人援助制度”，为无力支付律师费用的人提供免费的律师帮助，由于这一制度面临资金困难便又实行了国费辩护制度。①

其三，知情权。在检察官、检察事务官或司法警察职员实施逮捕时，有证逮捕应当出示逮捕证，告知犯罪嫌疑人罪名、主要犯罪嫌疑事实或予以拘提的逮捕机关；无证逮捕时应当告知犯罪嫌疑人事实及即将发出令状。逮捕后，告知委托辩护人的权利，给予辩解的机会，实施羁押时告知羁押的事实，对于逮捕后能否提出准抗告，判例作了否定的解释，但被羁押人可以提出申诉；逮捕之后的羁押，由法官告知嫌疑人嫌疑事实，羁押的理由、沉默权及辩护人聘任权，有的地方规定需告知值班律师制度，经过羁押讯问后才签发羁押证，多数学者认为可以对是否羁押提出准抗告。搜查、查封需要搜查令，搜查令中必须写明搜查的场所、人身或物品。搜查令状需写明查封的物品。日

① ［日］田口守一：《刑事诉讼法》，刘迪、张凌等译，法律出版社2000年版，第90~92页。

本司法实践中搜查、查封时可以允许当事人在场，因而一般律师辩护人可以在场，对搜查、查封不服，可以提出准抗告。关于科学的侦查手段，日本刑事司法实践与学说存在不同的观点，对于拍照与摄像有任意措施说、强制措施说与新强制措施说，有的主张以令状为基础，有的提出以允许为前提，有的提出需以必要性、紧急性、适当性为标准。监听时是否需要通知被处分者或者受不当监听时救济措施不明。当对未被羁押的嫌疑人讯问时，必须告知没有必要做违反自己意思的供述，有拒绝供述权；对在押的嫌疑人讯问时，必须保证沉默权，强制威胁获得的证据无证据能力。① 在检察机关起诉阶段，案件的处理程序信息必须提供给犯罪嫌疑人本人，《刑事诉讼法》第 295 条规定必须将不起诉处分结果通知嫌疑人本人。实践中，一般认为，告知缓期起诉、嫌疑不充分、无嫌疑、无罪等不起诉的原因即可。起诉书必须及时送达被告人，起诉书的内容包括确定被告人的事项、公诉事实、罪名等内容，能够充分保障被告人的知情权。②

(2)被侵害引起程序性辩护的主要救济性的权利

其一，回避申请权。《日本刑事诉讼法》中规定的回避制度包括自行回避和申请回避，《日本刑事诉讼法》第 21 条规定控辩双方的回避申请权，辩护律师也享有此种权利，除非当事人明示反对。法官与书记官员均是回避申请排除的对象。③ 当法官存在不正当的利害关系，影响随后判决公正的可能时，可启动回避程序。

其二，保释权与解除超期羁押的申请权。日本的保释分为权利保释、义务保释和裁量保释。权利保释是指将保释作为被告人的权利，除了排除的例外情况不得保释外，一经申请即获得批准；义务保释是指因不当羁押导致长期不正常的羁押，依申请或者依职权实施保释；裁量保释是指除了例外的情形之外，法官有权裁量的情形与上诉过程

---

① ［日］田口守一：《刑事诉讼法》，刘迪、张凌等译，法律出版社 2000 年版，第 48~85 页。

② ［日］田口守一：《刑事诉讼法》，刘迪、张凌等译，法律出版社 2000 年版，第 109 页。

③ 《日本刑事诉讼法》，宋英辉译，中国政法大学出版社 2000 年版，第 8 页。

的保释。保释请求权人的范围极为广泛，包括辩护人、法定代理人、保证人、配偶、直系亲属、兄弟姐妹。《日本刑事诉讼法》第91条规定了对不当拘禁的申请保释的情形。《日本国宪法》第38条规定对非法拘禁的证据排除法则。① 对于保释的裁定，法官可以提出上诉与准抗告。《日本刑事诉讼法》也规定了不得保释的情形，均依具体案件严格操作。②

其三，针对程序性违法的救济权与上诉权。在日本，对于口供采用非任意的排除法则与补强法则，《日本国宪法》第38条规定刑讯及非法拘禁获得之自白禁止情形。《日本刑事诉讼法》第319条第1款在此基础上予以完善，规定只要存在此种情形的怀疑即可，对于非法搜查、扣押违反令状主义等违法取得的证据必须排除。③ 当事人应当就程序性违法提出主张，并对证据物的收集程序违法进行证明，然后举证责任转由控方承担。控辩双方当事人均有权对判决提出上诉，包括检察官、被告人、被告人的代理人、辩护人等均可以提出上诉。对不服第一审判决可以控诉、上告，对于不服法院作出的各种裁定或命令则可以通过提出抗告程序上诉，被告人的法定代理人的上诉权受到一定的限制，不得违背被告人意愿自行提起第三审上诉。被害人没有独立的上诉权，只能以自诉人的身份提起刑事第三审上诉，或者以附带民事原告人的身份仅就民事利益部分提起第三审上诉。辩方可以对程序性问题提出抗告，对诸如不受理、驳回回避申请、羁押、保释、扣押、返还扣押物等向法院提出抗告，处理程序问题。④

(二)日本非法证据排除规则与刑事程序性辩护的有效性

出于人权保障的需要，《日本国宪法》与《刑事诉讼法》规定了非

① 王以真主编：《外国刑事诉讼法学》，北京大学出版社2004年版，第53页。

② 孙长永：《日本刑事诉讼法导论》，重庆大学出版社1993年版，第69~71页。

③ 王以真主编：《外国刑事诉讼法学》，北京大学出版社2004年版，第452~453页。也可参见黄利：《两大法系非法证据排除规则比较研究》，载《河北法学》2005年第10期。

④ 王以真主编：《外国刑事诉讼法学》，北京大学出版社2004年版，第475页。

自愿自白的排除法则和补强法则，出于强制、拷问或胁迫的自白，或其他可以怀疑为并非出于自由意志的自白，被违法长期扣留或拘禁后的自白，适用排除法则；对于非法搜查、扣押而收集的证据材料，因不具有正当性，不能认定犯罪事实。《日本国宪法》第35条规定违法搜查、扣押获得的证据的排除标准。但在司法实践中并不是全部排除，法官会根据适用的特定情况的不同来裁量是否排除，以混合说为标准。①

相对而言，《日本刑事诉讼法》对排除非法口供较为明确，但对于非法实物证据存在争议。在司法实践中，日本最高法院的判决所体现出的态度并不明朗，对夜间自白会考证手段与结果之间的因果关系；对没有取下手铐而进行的调查，除非有相反证明，一般推定内心受到了强制有违任意性；多种承诺的自白被否认证据能力；诡计的自白要看是否违背真实的意志自愿；拘禁中的强迫自白实际上违背了被告人的意志自愿，将被排除。②

《日本刑事诉讼法》规定了非法证据排除申请主要在审前程序中的证据开示阶段提出，《刑事诉讼规则》第178条第6款规定：控辩双方应依法进行证据开示。对案件争点等事项进行充分的讨论与协商，如果对相对方提供的证据合法性有异议，法庭应当在审前程序中对证据合法性争议作出裁定。进入法庭审判阶段之后，再欲提出证据合法性异议则需要通过庭审异议程序。《日本刑事诉讼法》第292条规定庭审过程中提出证据异议的程序。证据包括留置人的出入记录本、活动记录本、医生诊疗病例册、医生诊断书、会见记录本、看守人员的事务日志等。③ 在非法证据的举证责任与证明标准上，由控诉方承担相关的证明责任；对于实物证据，控诉方应当证明达到排除合

① 王以真主编：《外国刑事诉讼法学》，北京大学出版社2004年版，第453页。也可参见黄利：《两大法系非法证据排除规则比较研究》，载《河北法学》2005年第10期。

② 宋英辉：《日本刑事诉讼的新发展》，载《诉讼法论丛》，法律出版社1998年版，第1卷。

③ [日]田口守一：《刑事诉讼法》，张凌、于秀峰译，中国政法大学出版社2010年版，第301页。

理怀疑的程度方可排除，辩方只需承担使法庭对合法性产生怀疑的责任，达到“盖然性占优势”的标准即可。

(三)日本律师制度与刑事程序性辩护的有效性

其一，有利于提升程序性辩护有效性的律师执业技术规范。日本律师协会与律师联合会是规范律师执业活动的组织，律师协会与律师联合会实行完全自治的管理制度，对于严格执业纪律、提高执业水平，努力实现维护人权与社会正义起了重大的作用。日本《律师法》第一章开篇就开张明义地设定律师的使命与职责，对律师提出了不同于一般职业的职业要求；第二章设定律师资格，规定严格的准入条件与实习条件，保证高素质的律师队伍。日本律师资格考试被认为是日本国内最难的考试，采用法曹三者统一考试，需要经过两次考试才能通过，此外还需在司法研习所学习两年，司法考试及格率极低；第三章规定了律师登记的条件与程序；第四章设定了律师的权利与义务，设立律师事务所、保密、遵守会则、要求回答、承办嘱托事项、不得受理、禁止渎职行为、禁止与非律师的协作、禁止接受有争议的权利、不接受委托需通知、兼营与经营的限制等。这些权利与义务的规定对于维系律师与当事人的信任关系，顺利执业提供了有力的保障，同时也为律师执业划定了行为的范围。

其二，保障律师合理辩护的伦理规范。现行的《律师职业道德》由日本律师联合会于 1990 年 3 月 2 日临时总会决定颁布。明确了律师的社会责任，规定了律师的社会形象与行为准则，严禁律师发生违法及其他不良行为。《律师职业道德》开篇规定了律师的基本使命，即拥护基本人权与实现社会正义。第一章规定了律师职业道德纲领；第二章规定了一般的纪律，包括不得进行广告宣传，不得诱骗当事人委托自己，不得与非律师一起从事法律业务，不得让人假借自己律师之名，不得给予介绍案件者谢礼与报酬，不得违反公序良俗，不得接受争议标的物等；第三章规定了律师与委托人之间的关系，规定了能够受理与不能受理的案件范围，在接受委托的过程中，律师要有自由独立的立场，凭良心维护委托人的正当权益，保守知悉的秘密，不得对案件的结果作虚假的承诺，不得接受违法的手段与目的的委托，发现有影响信赖的情形时的告知义务。后来，经过律师联合会的完善与扩展，发展成为《律师职务基本规程》，律师职业伦理内容相当完备，具体包括律师的使命、律师与当事人、法院等不同主体的关系、律师的惩戒、对律师的定期的职业伦理教育，作为律师七项必修项目之一。①

其三，对于不良辩护的惩戒措施。日本对律师进行惩戒的法律依据为《律师法》《律师职业道德》及协会会则等。日本对律师的惩戒不但要看对律师职业道德的违反程度，还要考证该行为的动机，事发时的外界因素，该行为的恶性程度、次数及产生的影响与后果。日本的律师惩戒制度包括警告、2 年以内的停业、退会命令、除名四种。程序的启动较为容易，任何人认为某律师存在应当受到惩戒的事由，均可向该地律师协会提出申请；与德国专门的律师法院不同，实施惩戒时，惩戒行为直接由律师联合会和地方律师协会行使，先由纲纪委员会进行调查，再交惩戒委员会进行审查，作出是否进行惩戒处分，最后由律师协会作出惩戒的决定，如果不服此项惩戒可以向律师联合会提出异议寻求救济；惩戒的理由为任何违反相关法则，损害律师协会的秩序与信用等一切丧失律师应有的品位的不良行为，其中包括在刑事程序性辩护中的违法行为。

第三节　国外保障刑事程序性辩护有效性制度的比较分析

有比较才有鉴别，国外保障刑事程序性辩护有效性的相关制度存在较大的差异，学者的研究方法与路径也千差万别，但各有优缺点，能够为我们的制度建设提供可资借鉴的资源。

---

① 冀勇：《日本：严格规范律师职业伦理行为》，载《法制日报》2015 年 8 月 18 日。

一、两大法系保障刑事程序性辩护有效性制度的特征

其一，程序规则的可操作性。两大法系各法治国家均发展出具有较强可操作性的程序规则。英美法系法治国家程序结构合理，程序性制裁严格，具有较强的可操作性。源于自然正义的正当程序观念被学者不断诠释，边沁、丹宁、戈尔丁、罗尔斯、贝勒斯、萨默斯等均对法律的正当程序进行过研究。当程序观念植入人心之后，辩方在司法实践中遇到问题时理所当然会进行程序性辩护，通过法官创法行为，相关判例不断吸收司法实践中的新问题，并寻求最佳的解决方案，不断地加入操作性强的程序规则，推进程序完善，由此形成程序良性循环，加上程序性制裁就形成最终的程序闭环，在此种环境中程序性辩护权得到彰显。大陆法系法治国家信奉理性的力量，通过理性建构成文法以涵摄社会生活的方方面面，刑事领域同样如此。事实上，在刑事司法中，法官依职权办案的主动性有余，但真正自由裁量办案的权限则远远不及他们英美法系的同行，刑事程序性辩护则严格遵循事先制定的刑事诉讼法。从学者的论述中可以看出端倪，比较典型的有韦伯从合法性到形式理性的论述，马克思关于实体法和程序法就是内容和形式的关系的论述，大致上可以看出程序观念在法律体系中的地位。大陆法系国家主要通过成文法对程序进行理性建构，国家机关权力扩张，压缩辩方的相关程序权利空间，相较于英美法系国家的程序性辩护权的高效运作，大陆法系国家程序并不彰显。总体上，从前述各国与刑事程序性辩护有效性相关的制度中可以看出，两大法系主要法治国家强制措施条件具体明确，事前审查与事后制裁配合紧密，被告人程序性权利，诸如沉默权、辩护权、律师帮助权、回避权、救济权与上诉权等较为丰富，非法证据排除规则较为完备，体现出各国惩罚犯罪与保障人权之间的价值取向。

其二，价值追求。在价值追求上，各国均以人权保障为价值追求，不管是采用广义的有效辩护还是采用狭义的有效辩护，均是以刑事司法中的人权保障为价值追求，刑事诉讼是国家机关的公权力与公民个人权利直面相向的场域。相较于国家机关来说，被告人属于相对弱小的一方，所以只能预先在制度上，至少在形式上进行制度设计，

实现权力与权利的平衡配置，以平衡控辩双方的力量。刑事司法中的人权，特别是被告人的人权保障是各法治国家刑事司法改革的重心，大部分法治发达国家的刑事诉讼法中有很多重要条款均来自宪法，依靠法律的正当程序，被告人通过司法中的诉权，实现宪法与刑事诉讼法所确立的公正审判权。以美国与德国为例：美国宪法修正案第 23 条关于公民的基本权利之中有 12 项权利与刑事诉讼密切相关，前述内容表明，美国宪法修正案大部分是程序性的条款，美国有效辩护的相关判例正是源于对宪法修正案第 6 条与第 14 条关于律师帮助权与正当程序条款的援引与诠释；德国宪法追求指导与矫正，使其成为权利保护的天然屏障，“刑事诉讼的理论与实践必须与宪法符合，刑事诉讼法为宪法适用法”。① 将之作为最底线的正义，联合国相关的文件也大多设定了作为基本权利的程序性条款，诸如辩护权、沉默权、回避权、律师帮助权、公正审判权等，这些条款也是法律人权保障在各部门法中具体化的最直接的形式，成为各国刑事司法参照的依据。

其三，研究方法。在方法上，各国大致遵循了从理论入手到制度设定再到实证验证的不断反复发展的过程。具体来说，就是将被告人的地位从客体变为主体，承认辩护权，从自行辩护到实现律师帮助辩护和有效辩护，到运用实证的方法验证律师帮助辩护的有效性，再到通过调整有利于辩护有效性的制度变量，提升整体的辩护质量，乃至牵动整个刑事司法制度中与之相关的理念、制度的变革。

刑事程序性辩护的有效性是其中较为重要的一个方面，程序性辩护专门针对刑事司法运作过程中的程序性违法与程序性瑕疵问题，是认识到程序独立价值之后的制度回应，对于程序价值的提升有着不可替代的作用，辩护权是辩护制度产生的权利基础，是被告人从客体到主体地位转变的必然结果，辩护权对于被追诉人来说，具有专属性、防御性、绝对性等特征。② 自行辩护的被告人由于知识与自由限制决

① 孙孝福：《刑事诉讼人权保障的运行机制研究》，法律出版社 2001 年版，第 16 页。

② 卞建林、杨宇冠：《联合国刑事司法准则撮要》，中国政法大学出版社 2003 年版，第 95 页。

定了自行辩护的不足，被告人自身的条件与能力决定其难以对精通法律的追诉方的指控行为作出有效的应对，必须借助律师帮助制度辅助完成辩护行为，但同时这也造成将辩护权的实现寄望于第三方主体即律师身上，也就是说，辩护权的主体与辩护权的实施主体可能会发生分离。根据理性经济人的假设，当辩护权由被追诉人自己实施时，总是会追求自身利益的最大化，各种辩护行为因自我选择而具备合理性，但当律师参与辩护，特别是实现了律师的帮助辩护的完全保障之后，就发生权利的享有者与权利的实施者的制度性分离，需要厘清被告人与其辩护人之间的关系，只有厘清了二者之间的关系才能在辩护意见冲突产生之后寻找最佳的解决方案。关于辩护人的地位，学者存在不同的观点，诸如辩护人是诉讼主体、非诉讼主体、相对独立的诉讼主体、准诉讼主体。大致上，各种观点均注意到辩护人基于法律的独立性与基于委托的依附性，其地位决定辩护行为的受制约程度，并影响其责任的大小，独立性强则责任相对较大，依附性越大则责任越小，这将作为律师辩护行为有效性的理论基础。有学者结合后现代哲学中主体间性理论，提出被告人与辩护人二元结构论，即存在两主体关系，被追诉人是第一位的主导型、自律型主体，辩护人是第二位的因应型、他律型主体。①《意大利刑事诉讼法典》第一编规定的诉讼主体直接将辩护人作为诉讼主体。解决律师主体地位之后，如何通过制度约束具有主体地位律师的辩护行为，保障辩护行为的有效性成为随之而来的问题。因为律师的独立辩护极易损害其当事人的程序性权利与实体性权利，但由于实体性权利往往以实体结果的形式体现在最终的判决结果之中，所以，对律师辩护行为的考证往往归入程序性权利的范畴。美国刑事辩护制度的发展通过无效辩护制度解决律师无效辩护的问题，大陆法系国家对于程序性违法通过宣告诉讼行为无效制度解决，两者具有异曲同工的效果，辩护有效性的发展反向推动相关制度的完善与发展。

① 林林：《辩护权主体的二元结构辨析》，载《人民检察》2007 年第 21 期。

二、两大法系刑事程序性辩护有效性路径差异的主要原因

其一，诉讼模式与法官地位的差异导致。在英美法系对抗制国家，法官处于中立被动的地位，由控辩双方推动整个诉讼的进程，法官不主导诉讼进程。最初，美国学者仅研究庭审过程中的有效辩护，因为律师帮助权的实现，依靠辩护律师来实现，所以，在研究之初，单纯研究律师介入案件的范围及律师介入之后辩护的有效性问题，但是否有效极难感知，无效辩护则极易为人们把握和感受，所以，在美国的司法体系中率先阐发出了无效辩护制度，最初采用的是学者所谓的狭义的有效辩护概念。随着研究的深入，逐渐将有效辩护问题扩展到审前程序，除了陪审团审判之外，扩展到以认罪为基础的简易程序之中，贯穿于存在律师辩护的所有刑事案件中，直指律师提供有效辩护及影响辩护有效性的问题，通过判例确立一系列有效辩护与无效辩护的标准。在对抗制的诉讼模式中，诉讼进程由控辩双方主导，法官只是中立的裁断者，法官对辩护效果的影响极小，而在职权主义模式中，包括法院在内的公权机关掌握着整个诉讼流程，律师作用受限，因此有效辩护包括尽职尽责和职责履行不被干扰。① 在大陆法系职权主义国家，对国家的公权力有着较大的信任，警察、检察官、法官依职权办案，在办案的过程中，具有较大的主动权，公权的主动性干预也可能是导致辩护无效的原因，因而大陆法系国家更侧重于从宏观的角度去考虑问题，辩护的成功与否不仅仅是律师的问题，不能简单地从律师身上找原因，更应该从促成有效辩护的相关制度中找原因。

其二，法治传统的差异导致。成文法与判例法的传统也是引起有效辩护相关问题分野的原因。成文法国家的传统相信人类理性的能力，法律规则是人类理性的结果，法官行使司法权，应当遵守立法机关制定的法律，依法办案不用承担风险，法官缺乏主动地运用自由裁量权打破法律规定的条件与动机，在实现被告人辩护权的问题上，也是如此，法律事先设置辩护权及促成这一权利实现的相关制度，法官

① 胡晴晴：《美国刑事诉讼中有效辩护制度的启示》，载《中国检察官》2017 年第 1 期。

只需根据法律的规定依法、依职权推进诉讼即可；而在判例法的传统国家中，在辩护权实现的问题上，并无法律事先明确的规定，有的可能只是宪法上的一个原则性的规定，需要法官结合具体的案例运用自由裁量权不断地进行诠释，以解决不断出现的新问题，在司法过程中创造有效辩护与无效辩护的标准，推动制度的自然演进。

其三，不同的研究对象与归责方式导致。在英美法系国家，美国立足于考证律师辩护行为的效力，侧重于研究律师的行为及行为的标准，最终扩展到对相关制度的研究以提升辩护有效性的问题上。刑事程序性制裁只触及国家公权机关的程序违法的诉讼行为。对律师的无效辩护行为，则单独通过当事人提起无效辩护之诉予以解决。在大陆法系国家，因为有法律事先规定的辩护制度，所以具有直接根据法律制度评判辩护行为的效力，而无需借助于判例创造标准，将缺乏律师辩护的情形归入诉讼行为无效的相关制度中，在此问题上，将律师与国家机关置于同样等次的地位再通过诉讼行为无效制度得以解决相关问题。因而对辩护有效性的考证，并没有归因于单一主体身上，而是全面地考证“三角形权利”中各项具体的权利内容。① 换言之，这些权利的满足程度成为衡量辩护有效性的权利标准。

程序性辩护的对象以程序性违法为基础，英美法系国家的律师在进行程序性辩护时，以法律的正当程序与证据规则为依据，任何违反正当程序条款和证据规则的警察、检察官、法官的程序违法行为均可能会被辩方提起程序性辩护与非法证据排除申请，而将程序归于无效或者排除非法证据。所以，正当程序与非法证据排除规则的制度设计也会影响程序性辩护效果。另外，通过判例确立了有效辩护的标准之后，实质上也是通过法官创法以确立此类标准。

---

① 丁鹏等编译：《欧洲四国有效刑事辩护研究——人权的视角》，法律出版社2012年版，第23~25页。也可见熊秋红：《有效辩护、无效辩护的国际标准和本土化思考》，载《中国刑事法杂志》2014年第6期。

第四章　刑事程序性辩护有效性的运作机制

我国学者研究有效辩护主要借鉴了以美国为代表的国家的经验，多从律师尽职辩护的角度展开。根据美国刑事辩护制度中的有效辩护相关历程，从狭义的有效辩护保障律师帮助辩护权到律师辩护的质量，从形式辩护到实质辩护，可见，律师对于辩护有效性起着至关重要的作用。现代社会中刑事辩护形态不仅有自行辩护、律师帮助辩护，有些国家还有其他人帮助辩护类型。自行辩护、律师帮助辩护是主要的辩护方式。在自行辩护中，根据“责任自负”的原则，从责任主体的角度来说，研究自行辩护是否有效，因责任主体为其自身，自己追究自己的责任没有意义；关于律师帮助辩护，在涉及无律师帮助案件中，只要确保主体放弃律师辩护的自愿性即可，美国辩护制度关注的重心在于保障律师帮助辩护权的有效实现，在此种意义上，辩护的有效性即是对律师辩护的过程及结果的评价，反之，所有有利于提升辩护有效性的程序均可作为评判是否有效辩护的标准，也就是说，有效辩护是法律所规定的概念或者根据法律的规定总结出的一个理念，属于法律效力的概念；而辩护的有效性则是对有效辩护的结果的评价，是一个实践性的概念，属于法律实效的概念。广义的有效辩护不仅包括有律师辩护而且包括律师辩护质量的保障性制度，即评价律师辩护有效性的制度，在此意义上，能提升辩护有效性的制度必然是有效辩护。

一般情形下，虽然律师介入之后，在法律专业知识上优于当事人自行辩护的效果，但有律师辩护并不意味着高质量的辩护效果，有律师辩护只是辩护有效性的必要条件，或者说律师辩护是为提升辩护有效性而设置的，在保障律师帮助权之后，必须设置一系列的保障律师辩护有效性的权利规定。有效辩护机制是指一个系统中，组成系统的各要素及其相互作用的关系和运行方式。刑事程序性辩护有效性是对刑事程序性辩护效果的一种评价，对此问题的研究不能仅仅停留在对结果的评价。对促成刑事程序性辩护系统有效性的各种要素及其运作机制进行考查，才有利于建构和完善相关制度。陈瑞华教授将刑事程序性辩护分为广义的程序性辩护与狭义的程序性辩护，广义的程序性辩护主张所有程序权利均可作为辩护依据，但此种辩护主张缺乏中立的裁判者的参与；狭义的程序性辩护是指在中立的裁判者的参与下专门针对公权力机关的程序性违法或者程序性错误所进行的程序性辩护活动，其针对的是公权力运作过程中的诉讼侵权问题。①刑事诉讼机制为控、辩、裁三方权利义务关系构成的整体。②

大致上，我们认为：刑事程序性辩护有效性的提升涉及的问题主要包括辩护主体即诉讼主体理论、辩护的对象即刑事程序性辩护辩点的选择机制、决定程序性辩护有效性的依据即程序性法律规定、公正的程序性裁判与制裁机制。下面将以上述的重要机制为主进行阐述。

第一节　刑事程序性辩护的主体

刑事程序性辩护主体与刑事程序性辩护有效性的责任主体都属于诉讼主体的范畴，诉讼主体理论在刑事诉讼法中有着非常重要的地位，诉讼主体理论起源于欧洲大陆的司法制度改革。我国早期的刑事诉讼法学者如夏勤、陈谨昆对此均有过专门的研究，后来我国台湾地区学者陈朴生、林山田、黄东熊，大陆学者陈光中、樊崇义、宋英辉、卞建林、陈瑞华、吴杰、刘涛、锁正杰等都作过研究，大多学者

① 陈瑞华：《程序性辩护之初步考察》，载《燕山大学学报》2005 年第 1 期。

② 陈瑞华：《刑事诉讼的前沿问题》，中国人民大学出版社 2000 年版，第 147 页。

是从诉讼主体的范围、确定依据研究诉讼主体的问题。从范围上看，一种观点主张将侦查机关、检察机关、审判机关、自诉人、被害人、犯罪嫌疑人、被告人作为诉讼主体。① 另一种观点主张除了公权机关当事人外，将其他的包括法定代理人、诉讼代理人、辩护人、证人、鉴定人、翻译人等协助国家机关与当事人进行诉讼行为的其他主体也当作诉讼主体。② 也有学者提出：应当从主体性的动态角度而不能单纯从主体的静态角度研究诉讼主体，因而将传统的控、辩、裁三方作为诉讼主体，而将其他参与人均作为一般法律关系的主体。③ 有学者认为：应当立基于主体性理论、分权制衡原理、诉讼民主原理研究主体制度的建构。④ 诉讼主体理论的最大价值在于推动了辩方作为诉讼主体地位的提升，使辩方获得了通过法律赋予的权利与权力机关进行交涉与对话的可能。相应的，综合国内学者关于主体理论的研究，结合主体在诉讼过程中所起的地位作用、所承担的权利与义务及诉讼职能，可以从刑事诉讼主体中抽出刑事程序性辩护主体进行研究。刑事程序性辩护主体是指在刑事司法的过程中，承担辩护职能，享有辩护的权利与义务的被告人及其辩护人。之所以将辩护人纳入刑事程序性辩护主体的范畴，主要是因为程序性辩护制度的设计本身是为了平衡控辩双方的力量，程序性辩护主要针对权力机关的程序性违法而主张，相应地提出这一权利主张的主体应当扩展到包括熟悉法律的以律师为代表的辩护人身上，而不是简单地局限于被告人身上，另外，从国外的有关法例来看，苏联持广义诉讼主体论的观点，将辩护人也纳入了诉讼主体之中，《意大利刑事诉讼法典》第一编规定的诉讼主体中也包括辩护人。⑤

---

① 宋英辉：《刑事诉讼原理》，法律出版社 2007 年版，第 176~178 页。

② 陈光中、徐静村主编：《刑事诉讼法学》，中国政法大学出版社 2000 年版，第 56~57 页。

③ 陈瑞华：《刑事诉讼的前沿问题》，中国人民大学出版社 2000 年版，第 146~160 页。

④ 刘涛：《刑事诉讼主体论》，中国人民公安大学出版社 2005 年版，摘要部分。

⑤ 宋英辉：《刑事诉讼原理》，法律出版社 2007 年版，第 175 页。

将律师作为刑事程序性辩护主体有着重要的价值。在刑事诉讼法中，律师本身就有独立的地位，虽然律师在案件中大多是基于当事人委托而存在，其辩护受制于其当事人的意志与选择限制，但很长一段时间内，律师及其当事人的冲突与协调是存在于刑事理论与实践中的一个重要的问题。将律师作为辩护主体之后，有利于督促律师更加积极尽职地履行辩护职责。在刑事程序性辩护中，与已经发生的实体性案件事实不同，刑事程序性违法甚至可能发生于律师介入之后的公权运作的过程中，律师最为熟悉相关的程序性法律及当事人的诉讼利益（包括实体性利益与程序性利益），律师有着更多的发挥作用的空间，律师有条件且有能力积极履行律师之职，否则将会受到相应的制裁；其辩护主体地位的确定，对于将因律师之责任产生的无效辩护归责于律师，提供了合理正当的基础。

事实上，无效辩护的原因较为复杂，程序性辩护有效性的提升是多重因素作用的结果，不能过于简单地片面化解决，因为辩护行为系属于复杂的诉讼系统，由诸多的构成程序性结构的要素组成，各要素均有可能影响实体性辩护与程序性辩护的有效性。在我国，律师以辩护人的身份介入审前程序后，与审判程序一样存在提出程序性辩护的可能，对于违法的程序行为越早提出程序性辩护主张，越有利于及时制止或纠正违法程序的侵权行为，节约诉讼资源与司法成本，但同时也依赖于审前程序中健全的程序性裁判机制。一般而言，无效的程序性辩护因侵害了辩护权这一基本的权利，将会受到较为严格的程序性制裁，诸如解除羁押措施、排除非法证据、发回重审等方式均能有效地制止侵权行为的继续发生。但事实上，这一处理方法对于国家机关适用的是一种严格的无过错责任，如果因为律师的恶意辩护行为导致程序性辩护无效，还应当对不尽职的律师作出相应的制裁，否则对于司法资源来说也是一种极度的浪费。

不难看出，无效程序性辩护的责任主体包括程序性裁判者与律师。在没有及时发现与制止无效程序性辩护的程序性裁判者时，处理方式为发回重审等使程序归于无效，对于程序性裁判者只要不存在违法、犯罪或者恶意等行为，均无需对裁判者个人进行制裁；因恶意的没有尽职律师的不良的程序性辩护行为导致的程序性辩护无效，则还应追究律师个人的责任，对于无恶意者即使辩护没能达到理想的程序性辩护效果也不宜进行制裁，至于有无恶意则能够以通常的律师的辩护行为选择为基准。

第二节　刑事程序性辩护的基础：程序性辩点

刑事程序性辩护主体针对控方的指控，选择实体性事项或者程序性事项作为辩点，从而推翻控方所指控的实体性或者程序性方面的事实与证据。刑事程序性辩护行为建立在对刑事程序性辩点选择的基础之上，刑事程序性辩点选择的有效性关系到刑事程序性辩护的有效性，选择刑事程序性辩点的依据是刑事程序性法律。完备的程序性法律可能通过程序性辩护后的程序性制裁，推翻控方的程序乃至实体性事实与证据而获得胜诉。

一、刑事程序性辩点概说

辩点是辩护要点的简称，是指辩方在辩护过程中选择辩护工作的切入点和辩护角度。国家的公权机关办理案件均会以相关的事实为基础，以相关的法律为依据，刑事诉讼的辩点就隐藏在案件的事实、法律、程序问题中，辩点是一个在司法实务中出现的概念，在专业的理论书籍中并没有关于辩点的论说。在有限的与之相关的书籍与论文资料中大部分是来源于律师的文章或著作，且大部分是从办案的角度结合具体案件对辩点选择方法进行描述。罗力彦律师的《找到辩点》一书结合了自己的办案经验，总结了律师在个案中形成辩护思路的过程，研究了庭审的策略与技巧、审查证据与调查证据的技巧、律师的职业素养与执业风险等方面。① 娄秋琴律师在《常见刑事案件的辩护要点》一书中以各类常见的刑事案件辩护工作为切入点，从办案实践的角度进行了研究，具体包括贿赂类犯罪的辩点、渎职类犯罪的辩点、挪用类犯罪的辩点、侵占类犯罪的辩点、诈骗类犯罪的辩点、侵

① 罗力彦：《找到辩点》，法律出版社 2010 年版，第 1~4 页。

财类犯罪的辩点、暴力类犯罪的辩点、税务类犯罪的辩点、走私类犯罪的辩点、毒品类犯罪的辩点、黄赌类犯罪的辩点等。① 张成、律璞玉律师则发表论文专门研究职务犯罪的辩点。②

毫无疑问，来自司法实务部门的这种以案件类型区分办案辩点的类型化研究的努力，为新入职律师提供了办案的技巧性的资料索引，能够有效提升新入职律师的办案技巧。法律并不是对具体个人的调整，而是对个体行为的调整。主体行为是相互间发生关系的基础，行为本身具有抽象化、可类型化的特征，通过对行为的把握可以调整行为背后所指涉的千差万别的具体的个案，这一特征大大增强了法律调整的可操作性与法律的涵摄力。但是，我们必须注意的是，上述研究皆是从实体的角度进行选择，缺乏程序性辩点选择的内容。自从刑事司法中肯认了程序的价值，在刑事诉讼法律中设置了程序性辩护时起，刑事程序性辩护就获得了制度保障，欠缺的只是司法实务中的贯彻与实践。刑事程序性辩护的辩点选择与刑事实体性辩护的辩点选择既有相通的地方，也有自己的特色，律师在进行刑事程序性辩护的辩点选择时，也需要较长时间的实践磨炼与理论的总结进而获得办案的经验与技巧。

刑事程序性辩护制度是对刑事程序性违法行为的调整。在刑事诉讼的过程中，各种主体均可能会出现程序性违法行为，但为了集中研究的重心，将刑事程序性辩护所指涉的对象限定在侵害犯罪嫌疑人、被告人程序性权利的公权力机关的程序性违法行为中。因为根据刑事诉讼职能的划分，刑事程序性辩护属于辩护的一种形态，其指向的对象正是公权力机关的程序性违法行为。

二、刑事程序性辩点选择的原则

(一)程序性辩点选择的合法性原则

我国部分学者认为，在刑事诉讼中必须坚持程序法定原则。程序

① 娄秋琴：《常见刑事案件的辩护要点》，北京大学出版社 2014 年版，第 1~15 页。

② 张成、律璞玉：《如何找到职务犯罪的辩点》，载《中国律师》2018 年第 2 期。

法定原则包含了双重内涵，即形式意义上的程序法定(形式合法性原则)和实质意义上的程序法定。形式合法性原则主张以程序规制国家公权与公民个人的私权，形成形式完整的程序运作机制；实质意义上的程序法定则是为了弥补形式意义上的程序法定的不足，运用正当程序的标准构成程序法定的内在指涉，对其进行补充和支援。程序法定原则所坚持的是一种限权与护权的理论进路。① 不难看出，学者认为的形式意义上的程序法定原则注重主体行为时所必须遵守的形式性条件与方式，是一种事实评判，而实质意义的程序法定原则则注重主体行为的合理性，是一种价值评判。毫无疑问，沿着这条路径，程序法定原则能将刑事司法行为导向理想的法治状态。具体来说，程序法定原则所要求的公权运作的程序在不同阶段所推进的条件法定、强制侦查行为法定、主体法定等标准为程序性辩护辩点的选择框定了范围。

程序性辩点选择的合法性是指辩方在选择程序性辩护辩点时，必须要有程序性法律依据，提出程序性违法的初步证据，才能启动程序性裁判程序。虽然程序性辩护建立在辩护权的基础之上，根据公民行为的一般规律，“法无禁止即可为”，作为基本权利的辩护权具有可选择性的特征，但刑事程序性辩护所指向的对象是国家公权力机关的程序性违法行为，为了保障国家刑罚权的落实及程序的正常运作，选择程序性辩护时必须兼顾公民人权保障与刑罚权的有效实现。因而应将程序性辩护辩点选择进行限定，必须以程序性法律为依据，以杜绝无根据的恶意利用程序性辩护拖延诉讼的辩护行为出现。

(二)程序性辩护辩点选择的针对性与指向性原则

现代法治社会中的程序制度以控、辩、裁三方结构为基础，公权机关在办案的过程中编织了一个构成犯罪的刑事实体及程序法律与事实之网。控诉机关侧重于证明犯罪构成要件事实及办案过程的程序合法性，辩方则刚好相反，辩方的刑事程序性辩护专门针对公权机关的程序性违法行为，指向公权运作过程中的程序性事实与证据证明体系

① 万毅、林喜芬：《“现代刑事诉讼法的帝王原则：程序法定原则重述”》，载《当代法学》2006 年第 1 期。

及法律依据。与刑事实体性辩护中对指控犯罪的实体性事实、证据与法律侧重于根据经验或者常理常识探寻事实的因果关系不同，刑事程序性辩护辩点集中在程序运作过程中的程序性违法上，程序性事实产生于办案过程中。正常的情形下，不会发生程序性违法行为，一旦发生，其实施主体的特殊性决定程序性违法具有较深的隐蔽性，而且收集证据的难度较大。但是因为公权运作必须严格依照程序法律运行，相较于实体法律而言，程序法律争议较小，处理方案主要在于考查程序行为是否有直接法律依据，是否遵守程序法律法定流程，易于把握。当权力的运作指向公民的人身、财产或者隐私且使公民的相关权益受到损害时，也会留下程序违法的线索，在程序性辩护的过程中应当重点把握这一部分的内容，针对程序性违法提出程序性辩护主张才有更多辩护成功的机会。

(三)程序性辩护辩点选择的及时性原则

域外法治国家和地区均强调保障法律程序运转的迅速或及时。在英美法系国家，以赋予和保障被告人迅速审判权为核心；在欧陆法系国家，则表现为诉讼及时原则，其本质在于对程序中时间的法律控制。①

程序性辩护辩点选择的及时性原则是上述思想在程序性辩护中的延伸。与之不同之处在于，上述迅速审判权或者诉讼及时原则以约束国家公权机关为主，其目的在于保障公民诉权与人权，保证公民能够及时摆脱诉累，而程序性辩护中的及时原则不仅约束国家公权机关，而且同时约束提出程序性辩护主张的嫌疑人和被告人。因为公权机关实施程序性违法之后，不仅造成嫌疑人、被告人人身、财产权利的损失，而且造成国家程序法律制度的损害，时间越久则损害越大，所以，当事人应及时向有关机关提出程序性辩护，对于及时结束程序性违法，救济自身权利，及时弥补存在问题的程序；对公权机关准确实施追诉权、节约司法成本、维护合法法益都有着重要意义。当然，辩

① 郭晶：《英美法系迅速审判权与欧陆法系诉讼及时原则之间的制度对话——比较法视野下的刑事诉讼“合理期间”》，载《西安交通大学学报》(社会科学版)2018年第4期。

方会对提出程序性辩护的效果进行衡量，在不同的阶段向不同的机关提出程序性辩护的效果可能完全不同。辩方难以信任追诉机关解决程序性违法的公正性，辩方可能基于此种考虑将提出程序性辩护辩点的时间延后，推迟到法庭审判阶段向法官提出，这种针对违法程序的辩点选择显然可能会造成程序倒流，浪费司法资源，所以，必须对选择程序性辩点的行为进行约束，故而程序性辩点选择的及时性原则成为约束诉讼主体的有力手段。

其价值在于：首先，可以约束国家机关并及时解决程序性违法问题，保障公正、及时实现裁判权，落实刑罚权；其次，针对上述提出程序性辩点的当事人的顾虑，因为国家设计了针对程序性违法的救济机制，不能因为嫌疑人、被告人片面疑虑，而阻却程序法律的适用；再次，可以约束辩方利用程序性辩护恶意拖延诉讼的行为；最后，在完善值班律师及律师帮助权的充分保障的背景下，及时提出程序性辩护主张，运用及时性原则作约束，对各方主体均利大于弊。同时必须注意的是，只能将及时性原则作为提出程序性辩点选择的原则性规定，为了保障程序性辩护权的实现，不宜对违反及时性原则的行为采用程序失权等制裁措施。

三、刑事程序性辩点选择的内容

从《欧洲四国有效刑事辩护研究》一书部分欧洲国家学者的分析路径中，可以找到借鉴的研究方法，以权利为原点，从影响辩护效果的权利因素的角度进行分析，包括无罪推定等总体影响性的权利、知情权等与刑事辩护相关的具体权利、准备辩护等支撑性的权利等。①上述的权利与辩护行为的效果息息相关。刑事程序性辩护行为的基础在于程序性辩护权，将抽象的程序性辩护权细化为具体的权利，刑事诉讼法律所规定的程序性权利被侵害之后，皆有可能成为程序性辩护辩点选择的对象。因而结合第二章的分类，可以将刑事程序性辩点归纳为：

① 丁鹏等编译：《欧洲四国有效刑事辩护研究——人权的视角》，法律出版社2012年版，第23~25页。

其一，违反诉讼条件引起的程序性辩护。因违规启动与推动刑事程序，违背程序运作的条件而引起的程序性辩护。刑事诉讼的启动与推动均需要达到一定的条件。在立案阶段，不破不立，难案不立，该立案的不立案或者不该立案的立案均违背了程序法定的原则，可以作为程序性辩护的对象；在起诉的过程中，对于符合起诉条件的案件较容易把握，而对于不起诉的案件酌定不起诉与证据不足的不起诉则不易把握；在审判过程中，在法官存在自由裁量的地方，较易出现错误，对于“有疑从无”的适用，需要重点关注办理案件的公权主体所提出的证据能否达到其所选择的处理方式的证明标准。

其二，因权力滥用引起的程序性辩护。如：违规适用强制措施及其他强制侦查行为。在国外，追诉机关的强制措施分为对人、对物、对隐私的强制措施，受到同样的法律保障；而在我国的刑事诉讼法中分为强制措施与强制性措施。对人的强制措施与对物的强制性措施有着不同的处置方案与程序，对强制措施与强制性措施的准确适用，依赖于对各类型措施的适用条件的准确把握与自觉遵守，否则极易引发针对此问题的程序性辩护。在程序性辩护的过程中，应当重点关注强制措施适用的条件。

其三，因程序主体组成不合法而引起的程序性辩护。如：裁判者组成不合法、其他办案人员被申请回避、鉴定人不具备条件等，对于这类辩点，证明相对简单，只要证明具备或者不具备相关资格即可，而回避的理由不易证明，经过许可的鉴定人资格则相对容易证明。

其四，权利被侵害引起的程序性辩护。从侵害被告人特定权利角度选择程序性辩点，例如，侵害沉默权即刑讯逼供中适用非法证据排除规则作为辩点，侵害辩护权相关的权利而引起的程序性辩护，没有保障知情权与参与权而引起的程序性辩护等。被告人的刑事司法权利具有法定性，权利被侵害后被告人具有最直接的感受。一方面，可以通过询问被告人获得相关证据；另一方面，也要向有关机关核实相关证据，努力做到相互印证。

其五，非法证据排除引起的程序性辩护。在国内外的刑事司法中，非法证据排除一般包括排除言词证据与实物证据，将刑讯逼供作为程序性辩护辩点的难点在于举证困难，但可以通过申请检察机关调查的方式，解决调查取证困难的问题，可以从衍生证据入手寻找证据的矛盾之处，以推翻非法取得口供的证据体系。对于非法物证，重点关注取得物证之程序条件与物证形成过程中的细节。

事实上，我国有学者主张应当采用广义的程序性辩护概念，将实践中的程序性辩护概括为请求型、要求型、抗辩型、救济型四种类型，认为在不同诉讼阶段与实体性辩护呈现为不同的关系，其核心是掌握好程序性辩护的“度”。① 这种分类与本书的主张有着异曲同工的效果，以程序性权利为基础，从程序性权利主张的角度对程序性辩护进行分类，将程序性辩护从狭义的程序性辩护的范围扩展到更为广泛的程序性权利主张的辩护，回归到权利—主张—救济的法律逻辑闭环中，由此，程序权利的范围与程序辩护救济范围实现一致。

第三节　刑事程序性辩护的目的

一、刑事程序性辩护的双重目的

刑事程序性辩护的直接目的是刑事程序性辩护的有效性，包括过程的有效性和结果的有效性。程序性辩护的有效性既是国家设定程序法律时追求的静态目标，也是当事人进行诉讼实践时追求的动态目标。从字面上理解，可以从两个层面理解程序性辩护的有效性：其一，立足于程序性辩护制度本身的特性，某种事物具有某种属性，就是指该事物的存在本身所具有的特性，这一特性存在于事物本身之中，是其本质属性的体现，以使该事物区别于其他事物，此点旨在说明制度本身的有效性；其二，立足于辩护实践的特性，即主体通过帮助辩护制度的运作和自行辩护行为所达到的制度目标，所获得的主观满足程度，进而得出关于制度效果的评价结论。所以，程序性辩护的有效性，既可以是从国家的层面对已经制定的程序制度符合法治时代

① 顾永忠、娄秋琴：《程序性辩护的理论发展与实践展开》，载《国家检察官学院学报》2020 年第 3 期。

正当程序要求的评判，也可以是从当事人的角度对程序性辩护行为与结果的主观考量。

二、刑事程序性辩护的“有效性”与“有效化”

在我国学者提出的与辩护有效性的相关概念中，有“有效辩护”“有效的律师辩护”“辩护有效性”“辩护有效化”这几个不同的概念，但并没有学者对这几个概念进行区分。正如前面的内容中所提出的，一般认为，有效辩护是一个兴起于美国刑事司法的概念，起源于美国宪法第六修正案所规定的“被告有权获得律师帮助为其辩护”。从这条中极易看出被告人有获得律师帮助的权利，但此条只能保证从形式上获得律师的帮助，无法保证律师辩护的质量。随着时间的推移，美国刑事司法实践中出现了一些律师消极辩护侵害当事人辩护权的情形，因而美国联邦最高法院在一系列判例中确立了被告人享有“获得有效辩护的宪法权利”。① 虽然对于何谓“有效辩护”，美国的相关法律与法院判决并没有进行明确的界定，但结合两者不难看出，在美国，从某种意义上来说，“有效辩护”可以视同“有效的律师帮助辩护”。② 但在我国现行的条件下，难以保障所有案件均能有律师参与。在除律师之外的其他法定的主体也可以依法参与刑事辩护的情形下，“有效辩护”或者“有效的律师辩护”可以用于作为指引律师辩护行为的理念，但其无法涵括其他主体的辩护行为，因其涵摄力的缺陷不宜将其作为刑事程序性辩护的目标。除此以外，有学者提出了“辩护的有效化”概念，认为有效辩护究其字面意义即辩护的有效化，就是以无效辩护的风险与后果告诫律师应在法律规定的范围内维护被代理人的权利，提高刑事辩护效率，要加强法律援助体系建设，提高刑事辩护的质量，实现辩护的有效化，但有效辩护制度的适用存在一定的问题。③

---

① ［美］卡罗尔·S. 斯泰克：《刑事程序故事》，吴宏耀译，中国人民大学出版社 2012 年版，第 115 页。

② 张佳华：《有效辩护的法命题解构》，载《甘肃社会科学》2018 年第 4 期。

③ 胡晴晴：《美国刑事诉讼中有效辩护制度的启示》，载《中国检察官》2017 年第 1 期。

如果从字面上理解，“化”是指性质或形态改变，辩护的有效化包括辩护制度的创新、选择和淘汰，必然导致辩护结构乃至司法结构的改变，以及权力与权利的重新配置。相较于辩护的有效性侧重于对属性与特性的研究，辩护有效化更加侧重于对转变过程的研究。有学者也提出过“辩护的有效性”概念，被追诉人应当在刑事诉讼的各个阶段都有权获得“有效”的刑事辩护，刑事辩护的质量应当符合有效性和实质性标准。① 该学者发现了有效性的问题，但其将辩护的有效性等同于“各阶段有权获得有效的刑事辩护”。值得称道的是，其运用辩护有效性将这一问题导向了对辩护质量的研究。但必须注意的是，在该学者对刑事辩护质量的标准的划分中，关于有效性与实质性的划分并不具备逻辑自洽性。根据逻辑学关于划分的规则，两者并不处于同一逻辑层次，并不具有矛盾的关系，它们是两个具有包容关系的概念。显然，辩护的有效性与实质性并不是同一逻辑层次的概念，不符合上述的逻辑划分规则，据此可以认为：保障辩护效果的形式性条件与实质性条件必须具备有效性。熊秋红教授在论及有效辩护时，提出了辩护有效性的概念，他认为广义的有效辩护就是为了提高辩护的有效性，所以辩护必须符合辩护的标准并取得好的效果；狭义的有效辩护主要围绕律师的辩护质量展开。② 必须注意的是，即使狭义的理解，有效辩护也涉及律师辩护有效性的问题。正如熊秋红教授在总结欧洲几个国家刑事程序性辩护有效性标准时，提出评估辩护有效性的内容，包括是否有宪法或者其他立法规定了与欧洲人权法院所确定的原则相符合的最低标准；法律所规定的权利实现的有效性；以犯罪嫌疑人和被告人为中心的律师的辩护水平在程序和结果方面的有效性。③ 可以看出，有效性实际上包括熊秋红教授提出的广义与狭义的有效辩护的有效性问题。陈瑞华教授则认为：“有效辩护”引起歧义

① 张佳华：《有效辩护的法命题解构》，载《甘肃社会科学》2018 年第 4 期。

② 熊秋红：《有效辩护、无效辩护的国际标准和本土化思考》，载《中国刑事法杂志》2014 年第 6 期。

③ 熊秋红：《有效辩护、无效辩护的国际标准和本土化思考》，载《中国刑事法杂志》2014 年第 6 期。

的原因在于其涉及刑事辩护“有效性”的定义问题。不能简单地从语义上进行理解，也不能只从效果上解释，也就是说，不能根据某种诉讼结果或诉讼效果来评判一项辩护活动的有效性，对“有效辩护”也应从辩护过程的有效性角度来认识，主张将其作为一种着眼于评价律师辩护过程的概念，将之作为法律的准则与理念。①

正如前述，因为有效辩护理念的产生需要特定的制度条件，在美国，经过司法实践的发展已经演变成“有效的律师辩护”，已经从形式上的辩护演变为必须兼备形式与实质意义的有效辩护。如果将这一概念直接引入我国，尽管有律师辩护是其中最为关键的问题，但在我国现实司法实践的情形下，并不能代替全部。如果要使用这一概念，必须对之重新诠释并注入新的内涵。如果对“有效辩护”的诠释必须借助于辩护有效性的概念，不如直接将有效辩护的概念换成辩护的有效性，使这一概念更加具有涵摄力。因为将辩护的有效性作为刑事辩护的目标能够同时兼顾制度及过程的有效性与结果的有效性，具有制度及过程的有效性的制度必然符合“有效辩护”要求。

如果从理论上对辩护的有效性与辩护的有效化进行研究，考虑到辩护的有效性是程序法治语境下的产物，区别于传统司法制度下的“无辩护”或者“无效辩护”的内在属性和特性，这种内在属性和特性是程序法治的灵魂，同时也是衡量程序法治的理性尺度。这种内在的属性和特性既依存于法律的正当程序之中，也依附于司法实践的经验之中，所以同时也需要通过主体的理性自觉来把握。其主要研究对象是法治状态下的辩护制度及实践的基本属性，其不仅仅勾勒正当程序主导下的合法、合理高效辩护的制度蓝图，同时也以此评判此制度主导下的辩护实践的效果。

还可以将辩护的有效化理解为依循辩护有效性的标准型构刑事诉讼辩护制度的过程，使之具备辩护有效性。辩护有效化重视对辩护过程的描述，辩护有效性侧重于从宏观上对辩护属性的评价。主体正是通过对辩护有效性的认识，通过辩护的有效化过程实现辩护的有效性，进而使刑事辩护行为符合法治化的水平，这就是在辩护有效性预

① 陈瑞华：《有效辩护问题的再思考》，载《当代法学》2017年第6期。

设目标的指引下实现的辩护法治化、有效化的过程。辩护有效化是对具体辩护行为的规制，有效化的过程包括多个具体的辩护层面。如果缺乏辩护有效性的宏观指引，极易导致过分追求辩护保障制度中的某个侧面或者某个侧面的某项内容。不难看出，相较于辩护有效化的概念，辩护有效性既可以包括对辩护制度的过程评价，也可以包括对辩护结果的主客观评价；既可以作为一种理念，也是一种辩护行为的行为准则。因为辩护可以分为实体性辩护与程序性辩护，相应的，辩护的有效性也应当包括实体性辩护的有效性与程序性辩护的有效性，刑事程序性辩护也应当将刑事程序性辩护有效性作为目标。

第四节　刑事程序性辩护有效性的构造条件

有学者认为：刑事诉讼构造主要设定刑事诉讼中控诉、辩护、裁判三方的法律地位和相互关系。① 而辩护则只是单方主体的诉讼行为，所以，刑事程序性辩护行为本身不存在构造的问题，其只是宏大的刑事程序中的一个构造因子，但是刑事程序性辩护有效性则涉及刑事诉讼的构造问题，因为不同的诉讼构造对包括刑事程序性辩护在内的诉讼行为的效力起着决定性的作用。两者之间的关系在后面的内容中将会有详细的论述，这里只是正面说明程序性辩护有效性的构造条件。在我国，李心鉴先生较早对诉讼各阶段的构造进行了系统的研究；汪海燕教授也研究过不同模式及结构之下，诉讼行为及其发挥作用的效果呈现出的不同样态。理论界将之形象地归纳为“三角形”结构，程序性裁判以对程序性违法行为的裁判为主，所以，在先前的程序行为的实施机制中，控、辩、裁关系对于后期的程序性裁判有着相互规制的作用，一定的程序结构对刑事程序性辩护的有效性有重大影响。

刑事诉讼的构造受制于刑事诉讼的价值取向，又反作用于价值。

① 李心鉴：《刑事诉讼构造论》，中国政法大学出版社 1998 年版，第 7 页。

在现代法治社会中，刑事程序性辩护所置身的程序性裁判机制一般均是按照“控、辩、裁三方结构”的司法化方式设立。在国外有些法治国家，有专门的程序性裁判法官专司程序性裁判，控辩双方针对程序性问题进行举证、质证、对抗。在审前程序中，职能高度分化。在侦查程序中，追诉机关所实施之任何可能侵害公民法益的行为，诸如逮捕、拘留、审前羁押、窃听、搜查、扣押等，均需要经过中立的司法机构发布令状进行司法授权和审查。在这种体制中，程序性违法经过事前的审查与事后的裁判，均无所遁形，能够得到及时有效的解决。刑事程序性辩护主张附属于普通的刑事案件中，刑事程序性裁判中由辩方提出程序性违法的线索与初步证据，追诉方承担证明其无程序性违法行为的证明责任，中立的裁判者进行裁判。在这一过程中，如果检察机关代行部分程序性裁判的职权，侦查机关与检察机关合二为一，则可能出现裁判者不中立的现象，为此，有学者提出了“以裁判为中心的四面体刑事诉讼构造”的说法。就是以裁判方为锥顶，以侦、检、辩为锥底三顶点的三角锥形结构。① 这一观点本质在于型构无论实体问题还是程序问题上的真正的“审判中心主义”。将侦查行为合法性问题纳入审判对象，改变传统诉讼构造下审判对象只能由控诉方单向提示的格局，确立起一种真正体现被告人与控诉方平等对抗的审判对象双向提示格局。对于制约国家追诉权力、保障个人权利之制度装置的定位有重要意义。②

事实上，这种观点可以扩展到整个刑事程序性裁判与程序性辩护的制度之中，其价值在于能够从根本上改变被告人被动被追诉的司法印象，从人权的角度赋予被告人刑事程序性辩护权，以对抗违法的程序运作，将公权机关的程序性违法行为置于中立的程序性法官的审判之中，这一行为本身也昭示了司法过程中的“平等”。

---

① 高德道：《刑事诉讼构造新论》，载《浙江公安高等专科学校学报》(公安学刊)2002 年第 2 期。

② 谢进杰：《论审判对象的生成——基于刑事诉讼合理构造的诠释》，《北方法学》2009 年第 2 期。

第五章　刑事程序性辩护有效性的影响因素

刑事程序性辩护效果的好坏直接刺激主体选择或者放弃程序性辩护的意图。提升刑事程序性辩护的有效性意味着主体程序性辩护主张得到支持，与之相应，程序性制裁的实现将会使程序法律规范的逻辑结构更加完备。制度的相互关联及制度本身的复杂性决定影响辩护有效性的因素错综复杂。刑事程序性辩护有效性受制于国民的诉讼观念、诉讼模式与结构、诉讼阶段、诉讼主体、诉讼地域、不同时期的刑事政策、证据制度、证明方式以及提出程序性辩护的论证方式等。

学者们提出了见仁见智的观点。有学者认为，应当从价值观、辩护权和相关配套制度的完善等几个层面进行改革。① 有学者认为，影响辩护有效性的因素既有诉讼与辩护固有的内在因素，也有文化土壤、社会观念、职业环境等外在因素。② 有学者则认为，实现有效辩护需要多方面的因素结合，需要科学的权利配置与制度设计，完善证据规则，贯彻疑罪从无的制度，“以审判为中心”，进而发挥庭审功能，司法公开等。③ 判断律师辩护行为是否有效可从权利要素、行为

---

① 汤茂定、李建明：《论我国刑辩律师有效辩护的制度保障》，载《深圳大学学报》2012 年第 3 期。

② 张佳华：《有效辩护的法命题解构》，载《甘肃社会科学》2018 年第 4 期。

③ 蒋志如、陈磊：《从“有”辩护到实现“有效”辩护的演进轨迹——改革开放 40 年来我国刑事辩护制度的变革与发展》，载《内蒙古师范大学学报》2018 年第 4 期。

要素与结果要素三方面进行考察，将无效辩护作为辩护行为的边界。① 有学者则从律师与法官的信息交流机制入手进行研究，认为有效辩护不足的原因在于律师建设性辩护意见没有受到重视，由于律师与法官缺乏充分有效的意见反馈及接纳机制，应当从法律职业共同体建设、法律思维模式方面进行建构，加强司法人员职业保障，建立刑事错案责任追究、刑事辩护质量评价机制，提升有效辩护质量。② 法治社会刑事诉讼法律制度本身是一个自治组织系统，各要素之间相互作用，共同实现刑事诉讼法律的功能，刑事程序性辩护的有效性也与其他要素之间有着千丝万缕的联系。

第一节　刑事程序观念与价值取向的影响

理性的人类一直存在探索价值问题的内心倾向，因为价值是人们行为的内心起因与终极追求，刑事程序观念与程序价值取向会引导人们进行制度建构及具体的权利选择。

一、国民程序观念的影响

程序观念是指主体对程序的态度，即主体对程序运作过程的感受及在发生纠纷之后是否愿意诉诸程序的意愿。马克思主义哲学观点认为："物质决定意识，人们的社会存在决定人们的意识。"③而程序法律意识也属于精神生活层面，属于上层建筑的范畴。主体对程序的感受不是简单的感受，而受制于程序所蕴含的公正、效率、秩序等诸项法律价值及其在刑事程序运作过程中的实现程度；从反面来看，则体现为违法程序破坏了法律的上述诸项价值。作为一种救济性措施，程

① 杨建广、李懿艺：《审判中心视域下有效辩护的构成与适用》，载《政法学刊》2017 年第 1 期。

② 林强、白春安：《刑事案件有效辩护制度的审视与完善》，载《人民检察》2016 年第 20 期。

③ 《马克思恩格斯全集》(第 13 卷)，人民出版社 1998 年版，第 7~9 页。

序性辩护阻碍了可能出现的非法的程序运作及由此而得出的结果，程序性辩护的有效性是对这一过程的效果的评价，程序性辩护效果的好坏会影响主体对程序辩护的选择。整个程序性辩护制度的有效性或者实效需要收集第一手资料，运用科学的方法进行统计分析，但是个体却可以在个案中感受到程序性辩护的效果，个体在个案中感受到的程序公正性与否的心态又会影响主体的程序观念。

正如有学者提出的：实体形成的程序外指向是中国在实现刑事程序正当化过程中需要解决的一个前提性问题。引进或者转变诉讼观念基本上是一个“人”的建设的问题，由于诉讼观念与诉讼制度具有不能分割的密切关系，两者相互影响与作用，民众程序观念的转变依赖于整体制度效能的发挥，在此之前，则需要刑事诉讼中的司法官员事先转变观念并先行推动。① 从主体的角度分析，程序观念包括参与案件的代表国家的公权机关办案人员的程序观念、案件当事人的程序观念、其他参与人的程序观念、普通社会公众的程序观念。普通社会公众的程序观念会受制于个案程序的波及效应。在这个过程中，职业法曹起着重要的作用，其诉讼观念会影响办案过程，也会影响其对案件的评判，最终也会被社会公众所知。刑事诉讼中侦查人员、检察人员和审判人员等掌握公权的主体及律师等法律职业人员的程序观念转变，较之普通公民，应先行一步。

(一) 国外程序观念及对刑事程序性辩护的影响

正当程序的观念源于自然正义的观念，源于自然法。古希腊民族是一个善于思辨的民族，一度以人是否具有思辨性作为评价人是否具有教养的标准。② 思辨的传统促成人们思考人与自然的关系，发现自然界中普遍存在的促成人类社会与自然和谐共处、良性运转的公正法则。当时正义论者大多数是围绕人定法与自然法展开。柏拉图摒弃了

① 魏晓娜：《刑事正当程序原理》，中国人民公安大学出版社 2006 年版，第 365 页。

② [英]J. M. 凯利：《西方法律思想简史》，王笑红译，法律出版社 2002 年版，第 1 页。

带有较强主观色彩的、有着狭隘的个人利益的传统观点，从社会公益的立场论述城邦法律的公正性，将人分为三类：智慧的哲人、勇敢的护卫者、克制的劳动者。事实上，其所谓的“最大的幸福”与人类社会及人类与自然的和谐共处息息相关，社会秩序的维系需要每个个体严格遵守社会角色的分工。在亚里士多德对正义的考察中，注意到了城邦法律的不正义的可能性，反对以社会整体利益的名义侵害个体利益，提出了分配正义与矫正正义两种形态。主张分配的正义应结合个体的不同的地位等因素给以不同的待遇，矫正的正义则主张均等对待不同的人，其实是在分配正义出现问题的场合，通过程序的均等予以矫正。不难看出，分配正义属于实质正义的范畴，矫正正义则属于形式正义的范畴。经过历史的积淀，古希腊、古罗马的自然法观念与正义观念紧密地结合在一起，并成为正当程序的伦理观念，这种观念外化的制度形态涵括在正当程序的制度中。实在法的缺陷也是通过法律的正当程序得以弥补和完善。程序的实体化即指自然法，“正义的形式化”就是正当程序。① 同时，由于自然法源于人们对自然规律的把握，人们非常容易对自然法产生信仰之力，自然法与正当程序同构的结构促使人们必然对正当程序也产生广泛的信仰。程序正义的观念正是产生于自然法的观念，称为“自然正义”，美国则将之发展为“正当法律程序”。②

欧洲国家刑事司法的正当程序观念，脱胎于专制集权的纠问式的诉讼制度。由于吸收了英美法系国家正当程序的观念，总体上看，呈现出混合式的诉讼模式特征，程序也较为合理。最初，由于权力过于集中，侦查、起诉和审判均由法官作出，法官主导诉讼进程，程序封闭，排除程序性权利因素，被告人的辩护权也被剥夺。在此情形下，司法权力极易成为勾兑的对象，权力滥用容易滋生腐败，但当时的人们借鉴英美法系国家正当程序的相关做法对其制度进行改革与完善，取得了较好的效果。根据我国学者的研究，这一过程大致上经历了两

① [法]伏尔泰：《哲学辞典》，王燕生译，商务印书馆1991年版，第600页。

② 陈瑞华：《程序正义论纲》，载《诉讼法论丛》1998年第1期。

个阶段：其一，从纠问式诉讼到混合式诉讼。本次调整发生于 18 世纪下半叶到 19 世纪上半叶，经过伏尔泰、孟德斯鸠、贝卡利亚等思想家、法学家的倡导，人们逐渐认识到刑罚实施的残酷与不合理性，程序性权利意识逐渐觉醒。为了顺应这一潮流，欧洲部分国家的改革者将英美法系程序公正的制度设置引入大陆法系国家，诸如陪审制度、公开审判、辩护权的保障等一一被注入法德等大陆法系国家的司法制度中。其二，从犯罪控制型诉讼到权利保障型诉讼。第二次世界大战后，随着各国人权运动的高涨，欧洲主要法治国家刑事司法制度逐渐从犯罪控制型模式向权利保障型模式转变。① 从国外的程序观念的发展历程可以看出，程序制度的发展与完善正是通过程序实现权利对权力的制约的过程。虽然有些国家在特定的历史时期(如欧洲中世纪)也出现过违反人权的程序制度，但均同时蕴含着蜕变的基因，最终在启蒙思想及资产阶级革命推动下走上现代程序法治的正轨，而且国外法治国家一般均将重要的程序性条款上升到宪法宪政的高度，完成了制度层面的升华，因而程序正义的观念深入人心。不难理解，受西方法治国家"程序优于实体"的理念影响，当权益被侵害时，人们想到的或者主张的首先是程序性权利是否得到保障，在实体性结果待定的情形下，程序是可以控制的，通过完善程序制度，以保证实体结果的公正性。刑事控诉、刑事程序性辩护、程序性裁判构成一个独立于实体性裁判的程序空间，程序性辩护的有效性则成为一个重要的衡量程序能否良性、公正运作的重要的指标。

(二)我国程序观念对刑事程序性辩护的影响

作为一种制约公权力滥用的制度设置，完善的刑事司法体制需要建立在国家理性的基础之上。只有在公民个人权利与国家权力的关系上有着正确的观念才能够孕育出民主、文明的刑事司法制度，才能出现符合理性原则的诉讼行为。程序法治观念是现代社会制度运作的观念基础之一。

---

① 魏晓娜：《刑事正当程序研究》，中国人民公安大学出版社 2006 年版，第 188~198 页。

在中国古代社会，民事法律与刑事法律没有分开，实体法与程序法也没有分开。事实上，虽然中国古代社会也出现了一些诸如捕法、五听、刑讯制度、命夫命妇不躬坐狱讼、亲亲得相容隐等刑事司法制度与原则，但现代法治意义上的程序制度却不曾出现。正如学者总结的：儒家思想指导下的中国古代诉讼制度，呈现出专制集权的特征。① 毫无疑问，这种思想指导下的制度与现代法治意义上体现权力的制约与制衡思想的程序制度并无太大的关联，侧重于教化的儒家思想对于息诉与定纷止争有着积极的作用，但同样也会导致出现“厌诉”思想，在此种背景下，公民的程序性权利意识很难产生。案件数量过少，也不利于常态化的权利主张以及由此而引发的制度改进，权力对权利的压制使权利主张难以实现；司法与行政合一，侦查、起诉、审判集中在一个主体身上的制度设置，虽然可以节约司法成本，但集权极易导致滥用权力；实体法与程序法不分直接导致我国传统社会中程序法制与法治均得不到实践和发展；刑讯逼供的合法化更是与人权和法治相违背。在这种情形之下，程序性辩护制度也不可能存在。正如陈瑞华教授的观点：在那些公认的实行“人治”的专制社会里，即使存在相当完备的法律程序也不是公正的程序，这种以牺牲和剥夺个人的自由意志和自由选择权为代价所采取的诉讼程序，具有极大的不公正性。②

清末修律虽然模仿西方资本主义国家的法制建构了包括《刑事诉讼律》在内的法律制度，但由于清朝灭亡，相关制度并没有得到实践就流产了，由制度所推动的诉讼观念的转变也不可能实现。中华民国时期，虽然在制度上进行了一些革新，如南京临时政府制定了《中央裁判所官职令草案》《律师法草案》等进行了多项刑事司法改革，但因其存在的时间较短，也没能发挥其应有的作用；北洋政府时期，将前清的《刑事诉讼律》改为《刑事诉讼条例》，近现代的刑事司法体系也在此时得到建立，意味着相关的刑事诉讼制度与原则也在此时建立；

① 陈光中：《刑事诉讼法》，北京大学出版社、高等教育出版社 2016 年版，第 46 页。

② 陈瑞华：《程序正义论纲》，载《诉讼法论丛》1998 年第 1 期。

国民党时期的《刑事诉讼法》承袭了北洋政府时期《刑事诉讼条例》的基础，融合了大陆法系职权主义的因素，建构了当时的刑事司法体系。

毫无疑问，在专制政治环境下，不可能存在民主与人权特征的刑事司法程序机制，现代意义上的程序法治也是伴随着民主与法治国家的建立而得以实现。1979 年《刑事诉讼法》得以制定，经过 1996 年、2012 年、2018 年三次修改之后，我国的刑事司法制度更加完善，但是，正如前述，公民通过感知诉讼过程的公正，完成诉讼观念的蜕变，公民诉讼观念的转变需要整体制度实效的实现，刑事程序性辩护的有效性正是主张通过体悟该制度的实效(过程的效果与结果的效果)来促进诉讼观念的转变。

二、价值取向的影响

价值取向是价值哲学的重要范畴，价值取向反映主体解决问题时所坚持的立场与态度及最终愿意选择的解决问题的方案的内心倾向。它暗藏于主体的内心，影响甚至决定主体行为的方向及最终的结果。刑事程序性辩护行为选择同样受制于主体价值取向的影响，通过法律的权利保障和通过程序的平等对抗以实现权利，是刑事诉讼中程序性辩护的两大价值取向，分别对应于大陆法系和英美法系国家的刑事辩护制度，两者均通过当事人的程序权利得以实现。由于不一致的价值理念导致的权利设置的目的与结构、权利行使的具体方式等存在较大的差异，因而导致其最终的效果，即刑事程序性辩护的有效性的结果也不同。

从程序性辩护权利设置的方式来看，大陆法系国家更多运用成文法进行构建，因为大陆法系国家本身有着成文法传统，也精通运用成文法调整人行为的社会治理。刑事程序性辩护制度是通过法律将被追诉者的权利加以制度化的结果，是法律本身法治化的需要，也是权利保障的需要。正是因为对传统侵害人权的刑事司法制度的反思，大多数大陆法系法治国家通过法律对辩护相关制度进行完善，在实践中只需相对简单地援引即可获得较好的结果；英美法系当事人主义国家的刑事程序性辩护更多的是为了适应对抗式诉讼制度架构的需要，因为英美法系国家有着经验主义的传统，人们正是通过自己的行为感知影响周围的世界，通过一个个鲜活的判例形成解决问题的判例体系，这一制度是通过人本身的行为自然演进的结果，是人们追求制度正当性的结果，在解决问题的同时也形成了解决问题的方案与技巧，即“程序的技巧”。在当事人主义的模式中，程序性辩护权具有权利保障及型构对抗式程序的结构需求，通过控辩双方在程序中的交涉互动推动了结果的产生，其影响“由内向外”产生，而大陆法系国家则通过国家制定法赋予司法权威性，其影响“由外向内”产生。因此，在构建刑事程序辩护权的制度体系时，如果选择大陆法系的制度模式，刑事程序性辩护的有效性的提高更多依靠宏观的成文法的制度设计和保障，通过程序性权利的静态的设计来实现；如果选择英美法系国家的司法制度则更多依赖于法律正当程序约束下的平等对抗，通过程序动态运作的判例经验来积淀。但不管采用何种模式，律师的作用均非常明显，相关的律师保障制度就显得更为重要。

第二节　论证逻辑与刑事程序性辩护的有效性

在刑事司法中，控与辩的成功与否，最终均是建立在以证据为基础的论证与说理的基础之上。在刑事司法的隔音空间中，控辩双方必须尽最大努力运用法律所赋予的权利，影响裁判者的心证。

一、法律论证与刑事程序性辩护的有效性

法律论证理论是西方法学家对法治理论反思的结果，经过长期的发展，传统的法治理论出现了所谓的“法治危机”，法律的有限性及法律规则的涵摄力受到人们的质疑，人们相继从不同的侧面寻求解决问题的方案，法律论证理论通过对法律的正当性证成过程的探索，在一定程度上增强了法律本身的涵摄力，丰富了法治理论的内容。

一般意义上的论证是引用论据来证明论点的过程和方法，但法律论证不同于一般意义上的论证。阿列克西认为：法律论证是一种研究

规范性命题的正确性的言语活动。① 为了使人们确信某一法律评价或决策的正确性，在最初的研究中，法律论证理论被法理学和法哲学家作为法律解释学的方法进行，从方法论的意义上使用这一概念，法律论证附属于裁判理论的一部分，而没有将其作为一种独立的理论，不具有本体论的意义，之后随着理论研究的深入，以及逻辑学、语言学、哲学、语用学等知识的融入，法律论证的独立价值被人们重新认识，法律论证理论对司法裁判正当性的证成的独立价值被人们不断地诠释。

自 20 世纪 70 年代以来，国际法哲学和社会哲学协会、国际论证协会、语言交流学会的多次会议均将法律论证理论作为重要的议题，法律论证理论被推向了一个全新的高度，关于法律论证的专业文章也大量出现在各类期刊中。20 世纪 80 年代以来，法律论证的研究涉及更为广泛的论题、方法、原则和观念，触及诸如立法程序、法律过程、法官裁判程序等领域，对法律判决进行理性证立的问题，已经成为处于不断演进中的法律论证理论的核心主题。② 一些国家甚至明确规定法官在制作判决时的论证义务，如德国民事程序法第 313 条第 1 款、瑞典诉讼法都明确了法官的论证义务。③ 判决正当化需要研究如何加强裁判中的法律论证，从而提高裁判的可接受性，裁判结论要在确保法律论证合法、合理的前提下，通俗易懂，达到易于被社会公众接受的效果。因此，在司法活动中增强论证的可接受性，对于妥善处理司法裁判与受众意见的关系，对提高司法公信力、实现定纷止争、促进社会和谐具有重要价值。④ 法律论证对案件判决结果有着重要的作用。

其一，法律论证的目的在于证成裁判结果的客观真实性、正当

① ［德］阿列克西：《法律论证理论》，舒国滢译，中国法制出版社 2002 年版，第 18 页。

② 焦宝乾：《法律论证导论》，山东人民出版社 2006 年版，第 9 页。

③ 伊夫林·T. 菲特丽丝：《法律论证原理——法裁判之证立理论概览》，张其山等译，商务印书馆 2005 年版，第 1 页。

④ 杨猛宗：《民商事裁判中的法律论证及其可接受性研究》，载《河南财经政法大学学报》2015 年第 3 期。

性、合法性。法律规则的机械运用已经无法满足人们对判决正义的需求。自亚里士多德提出形式逻辑以来的很长一段时间，人们大多依靠三段论式的推理解决刑事案件的判决，但作为大前提的正当性问题的论证出现了所谓的明希豪森三重困境，案件事实作为小前提的陈述也会出现偏差，为了解决这一难题，以及保证命题与陈述的正确性，使司法判决更具有说服力，法律论证理论进入了人们的视野，论证理论的独立价值在于建构了一个理性的程序性的法律商讨机制。① 有学者认为：以往学者研究法律论证的进路为逻辑分析的进路、修辞学的进路和对话(论辩)的进路，但这三种进路均有缺陷，因而在批判的基础之上提出了德性伦理学的进路。② 法律评价或法律决策是正确的，司法裁判要成为能够被人们所接受的结果，必须具备客观性；要实现客观性，则需要关注三个方面的要素：真实性、正当性和合法性。③ 必须注意的是，根据法律真实的观点，在刑事司法特定的时空范围中，客观真实只是一种理想的追求，法律论证无疑为法律真实的实现提供了一种可操作的方案，案件的客观性正是建立在对案件事实与证据论辩与证立的基础之上；正当性则并不能单纯从法规本身得出，法规并不具备先天的正当性，必须借助于法的价值理念、德性伦理思想等加以论证，必须从论证中得出；合法性即根据事实与证据寻找适用法律的过程，也只有在多方主体交涉论证的过程中形成的共识才是最合理、合法的判决方案。

其二，论证技术为判决提供了可接受性的基础。传统的刑事程序缺乏论证，法官主导诉讼程序，判决由法官作出，如果不经公正程序限制，极易演变为法官单向度决定，呈现暴力专权的外观，刑事冤假错案因此也极易出现。在压制型的诉讼模式下，当事人的不满被压制，人权价值被贬损，人们接受判决更多由于公权力的压制而不是内

---

① 葛洪义：《试论法律论证的概念、意义与方法》，载《浙江社会科学》2004 年第 2 期。

② 冉杰：《法律论证理论述评》，载《法律科学》2010 年第 5 期。

③ 王晓：《法律论证客观性的寻求——以真性、正当性和合法性为基点》，载《国家检察官学院学报》2011 年第 1 期。

心的接受与认同，在缺乏论证的模式下，判决在失去客观真实性的同时也失去了正当性，可接受性不强；论证立基于型构论证主体的说理空间，意味着主体所提出的任何主张均必须经过摆事实、讲道理、提供证据的过程，法律论证被认为是排斥非法和任意的有效工具。① 葛洪义教授则认为：法律论证的意义在于克服形式逻辑的局限性；以打破形式逻辑中的集权主义结构为目的，试图建立以民主商讨和开放性为基础的逻辑推论理论，这一机制顺应现代民主、开放的思潮，通过对话协商机制为司法过程注入论证与说理的机会，能够有效防止任意与专断。② 与一般的论证不同，刑事司法中的论证必须在法律的正当程序空间中进行。控、辩、裁三方按照各自的职能配置，各司其职，各负其责，任何一方均不能压制与僭越相对方的权力或者权利。通过多方主体的参与形成共识，将事实与法律置于公开的对立面中进行证立与证否的争辩，正当程序最大限度地平衡控辩双方的力量，法官不怀偏私之心，居中裁断。裁断的过程既是一个说理的过程，也是一个展现公正司法的过程。公正的程序为各方主体提供势均力敌的对抗机会，在这一过程中，不满得到了最大限度的释放，增强了判决的可接受性。论证的结果是将原来主体对客体的认识变为了主体之间对客体的共识，法律论证过程形成的结果是一种共识性的结果。正如有学者所认为的：刑事诉讼既不是实质性，也不是形式性，而是交涉性。③ 事实上，这一过程的转变使研究的焦点从主体性变成了主体间性的视角。

国外学者在研究论证理论时，往往运用英美法系国家学者所提倡的法律“实践理性”的方法。事实上，法律论证理论作为一种法学研究方法，是一种多元化的研究方法。国内外学者的研究并没有区分实体性问题与程序性问题的论证，也就意味着不管是实体性问题的论

① 陈金钊：《司法过程中的法律方法论》，载《法制与社会发展》2002 年第 4 期。

② 葛洪义：《试论法律论证的概念、意义与方法》，载《浙江社会科学》2004 年第 2 期。

③ 季卫东：《法治秩序的建构》，中国政法大学出版社 1998 年版，第 20、100 页。

证，还是程序性问题的论证，均必须遵循法律的论证逻辑，而不是武断的决定。因为法律论证建立在对传统仅凭逻辑形式主义的断案方式的批判的基础之上，新的法律论证理论是否包括逻辑分析的方法是学者们争论的最大焦点，但正如季卫东教授所提出：法律论证离不开三段论式的推理。① 现代法律逻辑学家们已经在传统的三段论式逻辑的基础之上，发展出了道义逻辑、对话逻辑等系统，大大丰富了逻辑理论的解释力。总之，法律论证理论与刑事程序性辩护制度有着紧密的联系。

其一，具有目的上的一致性。两者均为获得裁判结果的正当性、合理性、合法性。狭义的法律论证理论将司法程序作为重要的研究对象，而抛开立法等程序，其目的在于将法律论证与司法紧密关联；刑事司法中法律论证的目的在于通过各方主体对己方观点与主张的论证，将结果建立在说理的基础之上。三段论式的推理方式建立在完全的逻辑涵摄的基础之上，当出现无法涵摄的情形时，则需要通过语言学、哲学伦理学、修辞学等方式将事实与法律问题作出解释与论证。事实上，无论通过何种手段，法律论证都是社会说理的一种方式，只不过其在一定的程度上受到社会中普遍通行的法律观念的决定。新修辞学正是在传统形式推理过程中融入了修辞论辩成分。② 以对话为基础的交涉互动理论也是为论证奠定共识性基础。刑事程序性辩护通过赋予辩方质疑公权力程序违法的权利，平衡控辩双方的程序性权利，通过这种方式吸收不满，保证判决制作过程的合法性，增强实体结果的效力。

其二，制度建构方法上的相通性。两者均通过型构一个对话交流的平台，增强结果的说理性。法律论证理论关注达到结果的论证过程，无论是形式逻辑推理，还是新修辞学的运用，或是对话理论的诠释，均丰富了结果形成的过程，通过设置一个固定的对话交涉的流程，增强结果的说理性。在佩雷尔曼看来，法律推理是通过论辩说明

① 季卫东：《法治秩序的建构》，中国政法大学出版社 1998 年版，第 100 页。

② 廖义铭：《佩雷尔曼之新修辞学》，唐山出版社 1997 年版，第 315 页。

某种选择、决定或取向更优的实践推理方式。① 也有学者综合多种学说的观点后认为：法律条文的本质不是一种简单的解释，而是解释主体之间、解释主体与行动者之间的互动交流过程。② 刑事程序性辩护产生于因刑事程序性事项发生争议之后的程序性裁判中。刑事程序性裁判遵循法律的正当程序规则，控审分离、控辩平等、法官中立是刑事程序性裁判的应有之义，英美法系国家所倡导的程序优先的理念注重权力与权利的平衡配置，所有的程序设置均为保证顺利的举证、质证、交叉询问等方式，通过对抗与论证获得判决结果，不管是实体性争议及主张，还是程序性争议及主张，均能够得到有效的解决；大陆法系国家以职权主义为传统，提倡公权力机关的客观义务，国家机关在办案过程中有较大的主动权，但判决的结果并不是强力压制，而是遵循成文法传统的演绎逻辑，逻辑推论的过程实际上也是一个利用案件事实寻找法律、论证法律的过程，而且为了避免纯三段论式形式逻辑演绎的弊端，以及增强判决的说理性，故而进一步研究法律论证理论。

其三，在具体的论证方式上略有差异。法律论证理论试图通过对论证过程的强调与控制，以增强论证的效果，包括判决前的过程控制与审判过程中的论证，直到得出判决结果。而刑事程序性辩护则是通过对程序违法行为的事后救济方式，排除违法取证行为获得的证据，保持裁判事实与证据的客观性与合法性，通过维护程序合法性，间接保障判决结果的客观性、正当性、合法性。也就是说，在刑事司法的过程中，刑事判决也建立在法律论证的基础之上，控方就指控的事实、证据及所适用的法律的论证，辩方对其辩护意见的论证、裁判者对判决方案的决断及论证均离不开法律论证。

二、不同主体论证路径与刑事程序性辩护的有效性

从论证主体来看，刑事司法中的法律论证可以分为控方、辩方、

① ［比利时］佩雷尔曼：《法律推理》，朱庆育译，载陈金钊、谢晖：《法律方法》（第二卷），山东人民出版社 2003 年版，第 139 页。

② 郑戈：《法律解释的社会构造》，载梁治平：《法律解释问题》，法律出版社 1998 年版，第 65~87 页。

裁判方的法律论证。控方在支持公诉时必须向相对方及法官论证其指控的事实及法律理由，法官作出判决必须展现支撑其判决的事实及证据基础，以及适用法律的理由。辩方虽然不承担证明责任，但其辩护主张建立在对控方证据的有效的辩护的基础上，必须通过事实与证据的论证使法官对控方相应的证据产生怀疑。不管是英美法系国家刑事司法中检警分离的模式，还是大陆法系国家刑事司法中检察一体化的模式，警察的调查取证行为客观上都为控诉提供事实与证据基础，但刑事司法过程中的程序性违法行为可能毁坏这一基础，阻断正常的论证行为。违法的取证行为不仅会污染法定的程序，而且极易产生虚假的事实与证据，使论证的基础发生偏差，导致案件偏离客观真实性。而程序性违法行为以侵害公民人权为基本特征，程序性违法行为终将使判决失去客观性、正当性、合法性基础。所以，一旦发现刑事程序性违法行为，法治国家均通过一系列程序性制裁措施予以保障。各法治国家对程序性违法的态度体现在对程序性违法论证的态度上。

(一)法官判决的论证路径与刑事程序性辩护的有效性

事实上，在法律论证的实践中，审前程序的不公开性导致人们关注最多的正是审判程序中的论证过程。民主社会中司法审判的结果需要建立在法律论证的基础之上，司法权本质上是一种判断权，是法官自主性判断与交涉性判断的辩证统一，是事实判断与价值判断的辩证统一。① 但是法官的判断必须以事实、证据与法律为基础，刑事审判的过程实质上就是一个交涉、论证、说服的过程。首先，追诉方必须向法官、对方和社会公众论证犯罪事实、证据及所援引的法律依据；其次，被追诉方则尽力从控诉相反的方向提出实体与程序性辩护，并进行论证，以否定追诉方所提出的指控；再次，就是法官依靠心证作出最终的判决结果，心证过程虽然无法向社会公开，但法官在作出一个好的判决时必须通过自由心证解决具有思辨色彩的法律分歧，也需要解决法律适用于个案中的实践性分歧，通过论证的方式向社会昭示之所以选择该种判决方式的理由及其所蕴含的实践理性的因素。诺伊

① 孙万胜：《司法权的法理之维》，法律出版社 2002 年版，第 27 页。

曼认为：以法院法官为代表的裁判者应当通过对话方式论证其判断的正确性。法律论证的质量决定着其所支持的法律观点的质量，论证的可接受性决定法律观点的可接受性。① 菲特丽丝认为：论证在法律职业的职务行为中起着非常重要的作用，法官、律师均需要通过表明向相对方及社会公众论证其案件处理的正确性。②

(二)控辩双方的论证路径与刑事程序性辩护的有效性

从逻辑学的角度，案件的判决过程是一个三段论式的推理过程。在审判中心主义所主导的审判方式中，控辩双方通过建构与解构对方所提出的案件事实及适用的法律基础以影响法官心证的方式，并对最终的案件结果施加影响力。对于控方来说，刑事案件发生之后，警察、检察机关以证据为基础将犯罪这一社会事实逐步转化为法律事实，寻找法律大前提，通过三段论式的演绎，得出控方指控的依据，然后，将这一过程在法庭中呈现与证实就有可能获得成功。因控方立足于建构，所以必须设置"事实清楚、证据确实充分"或者"排除合理怀疑"等较高的证明标准。相对而言，辩方则立足于解构控方的指控依据，达到"证否即成""存在合理怀疑"即可。辩护律师为了维护当事人的权益，在庭审中首先确定结论命题，然后反驳控方小前提，选择有利于己方的大前提，以实现所拟定的辩护目标，这一过程即为法律论证过程。③ 辩方正是通过寻找控方指控所适用的规范与事实之中的分歧，动摇指控的事实、证据及法律基础，影响法官心证朝向有利于己方发展。

在刑事程序性辩护的诉辩空间中，辩方通过型构程序性违法的案件事实及处理意见，向公权机关及裁判者主张有关机关的程序性违法及相关的法律适用，将法律思辨性分歧及处理方案的实践性分歧可能

---

① [德]乌尔弗里德·诺伊曼：《法律论证理论大要》，郑永流、念春译，载《法哲学与法社会学论丛》，北京大学出版社2005年版，第4~15页。

② E. T. Feteris, A Survey of 25 Years of Research on Legal Argumentation, Argumentation 11, 1997, p. 354.

③ 梁庆寅、张南宁：《论刑事辩护中的法律论证》，载《学术研究》2005年第2期。

产生的行动方案，通过法律论证呈现给裁判者，从而为法官提供备选的裁判规则，使法官结合具体的目的、后果取向对案件进行裁判，使辩护人以最为有效的方式捍卫委托人的利益，并为法律论证提供重要依据。辩护行为及其事实性权威证成了辩护权，并形式化为法律条文，开示辩护权背后的社会压力。①

第三节　刑事程序性辩护有效性的评价标准

形式意义上的有效辩护可以由制度事先予以设定，辩护的有效性则更是对制度实际运行提出了要求，程序性辩护的有效性同样如此。从国家的层面来看，除了从理论上对制度的公正性进行考量外，对一国程序性辩护制度效果的评价还可以研究司法实践。当主体提出程序性辩护主张之后，国家能否及时公正地进行程序性制裁，通过这一结果，可以从宏观层面衡量一国刑事程序性辩护的有效性。从诉讼成本的角度考虑，国家以较少的诉讼成本支出，实现公正合理的判决结果，即为具备较高的有效性。从当事人的角度来看，被告人提出程序性辩护主张之后，能否获得预期的效果，能否满意地解决程序纠纷，是其衡量程序性辩护有效性的依据。被告人方通过程序性辩护有效阻止程序性违法行为及由此获得的证据进入审判，阻止错误的追诉行为，甚至获得案件的胜诉，以相对较低的成本达到这一结果则为高效。刑事程序性辩护制度、制度运作所关涉的主体等因素是实现刑事程序性辩护有效性的组成要素，因而主体的辩护能力高低与制度的公正程度成为衡量刑事程序性辩护有效性的重要标准。

一、刑事程序性辩护有效性的静态标准

刑事程序性辩护有效性的前提是存在有效的保障程序性辩护的制

① 陈肇新：《麦考密克法律论证理论视角下的辩护权》，载《国家检察官学院学报》2017 年第 9 期。

度，这是刑事立法的结果。有效的程序性辩护制度取决于一国司法程序法治化的程度，也取决于立法过程中程序制度设计的科学性。能否建构结构合理的刑事程序性辩护制度是程序性辩护有效运作的基础，有效辩护制度主要围绕辩护权的合理配置及在辩护权被侵害之后的救济程序。有学者在研究律师辩护“表演化”等辩护律师不尽职责的问题时，提出应当在遵循司法规律的基础上，继续改革和完善中国的刑事审判制度乃至司法制度。此外，还应针对辩护律师构建起特殊的保护机制和符合中国现实情况的质量控制标准与机制。① 也有学者提出：律师辩护是法治状态下的必需品，只有同时保障有律师辩护和律师提供有效辩护，才能保证其成为积极参与并影响法院裁判的诉讼主体，而不是被动等待司法裁判的诉讼客体。② 因而，保障律师辩护权，提高辩护的有效性成为当务之急。

（一）主体辩护能力标准

从某种意义上来说，辩护主体辩护能力主要由其所掌握的法律知识决定，但辩护技巧也起到一定的作用，被告人不仅可以自行辩护，还可以聘请专业律师帮助其辩护，以弥补自身法律知识的不足，也能解决因为人身自由受到限制而引起的辩护困难。一个国家的辩护情况虽然受制于整体的辩护环境，但相对于整体环境来说，每一个案件的辩护都是当事人及其辩护律师努力的结果，是对案件事实、证据、适用法律及程序综合考虑的结果。除了事实问题主体可以运用一定的经验进行辨识之外，证据证明、适用法律等均是非常专业的法律活动。所以，除了嫌疑人、被告人自身的辩护能力之外，程序性辩护有效性的提高更多地依赖于律师的辩护能力。我国自 1979 年《刑事诉讼法》开始，为了保障被告人辩护权有效实现，规定律师、人民团体或者被告人所在单位推荐的人、经人民法院许可的公民、被告人的近亲属、监护人可以作为辩护人。我国 1996 年、2012 年、2018 年《刑事诉讼

---

① 李奋飞：《论“表演性辩护”——中国律师法庭辩护功能的异化及其矫正》，载《政法论坛》2015 年第 3 期。

② 陈瑞华：《听取辩护律师的声音》，载《律师文摘》2005 年第 3 期。

法》修正案，在此问题上有细微的调整，取消了经人民法院许可的公民作为辩护人的方式。法律的专业化使法律日益远离普通人的日常生活知识的范畴，除了律师之外的其他主体，虽然人身自由没有受到限制，但法律知识的欠缺决定其辩护能力的欠缺，其他法治国家保障被告人获得律师的有效辩护权是提升辩护有效性的基本措施。我国刑事司法中设定的除了律师之外的其他主体帮助辩护，从短期来看，发挥了一定作用。在以实体性辩护为主的传统诉讼模式下，仅凭日常生活经验感知，依赖自行辩护或者除了律师之外的人帮助辩护，具备一定的合理性，但从长远来看，随着法治进程的加快，法律程序的意义与价值提升到前所未有的高度，程序性辩护也成为日常司法实践中最为重要的一类辩护形态。辩护内涵的丰富与扩展，使单纯的实体辩护逐渐不能应对日常辩护的需要。辩护有效性的提高不仅需要保障有律师参与辩护，还要保障律师提供的是有效辩护，进一步型构制度以提升律师辩护的有效性。有学者提出，解决我国刑事辩护质量低的问题最有效的方法是完善律师的职业伦理，提升律师的职业能力与经验。① 也有学者提出：设立律师在场权是实现有效辩护的重要途径。②

毫无疑问，作为实现辩护有效性的重要的辩护主体，律师辩护质量是评价特定状态下辩护有效性的重要因素。律师辩护质量的提高与其掌握的事实与证据分不开，律师掌握事实与证据的多寡取决于律师调查取证能力，而调查取证能力一方面受制于法律授予的调查取证权，另一方面与律师自身运用法律调查取证的技能息息相关，辩护制度的发展历程也证明此点，被告人自行辩护到律师帮助辩护全覆盖就是为了弥补被告人辩护能力的不足。除此以外，国家公权力机关办案人员的能力也影响程序性辩护的效果，是压制、鼓励，还是采取一种既不压制，也不鼓励的中立的立场，这向社会昭示了国家对程序性辩

① 冀祥德：《刑事辩护准入制度与有效辩护及普遍辩护》，载《清华法学》2012 年第 4 期。

② 李麒：《工具理性和底限正义：刑事速裁程序辩护的价值》，载《山西大学学报》2018 年第 1 期。

护的态度，故而办案人员高效处理程序问题的能力是衡量程序性辩护的另一个向度。

(二)刑事程序性辩护有效性的正当程序标准

正义是人类社会崇高的精神追求，包括实体与程序两个方面的正义。随着时代的发展，程序正义从审判到审前，从司法到立法，逐渐发展和完善。① 程序正义的核心理念在于通过法律的正当程序赋予公权运作的范围、限制公权的恣意行使。程序性违法从表面上看违反了程序性法律规则，实质上是程序性法律没有得到应有的重视，公权僭越于程序法律之上，权力的滥用阻碍了正义的实现。刑事司法程序本身是一个自组织体系，程序性违法通过程序性裁判得以解决，程序性辩护主张直指警察、检察官，甚至法官的程序性违法行为，被告人在程序性辩护中作为程序性原告，警察、检察官、法官作为程序性被告，程序性裁判的法官则遵循公正程序的审判规则裁断程序性问题。不难看出，各法治国家程序性裁判呈现出控、辩、审三方结构的组合形态。在这个结构组合中能否遵循控辩平等、控审分离、法官中立等司法理念是决定程序性裁判公正与否的重要因素。有学者研究审判对象与诉讼构造的关系后认为：诉讼模式的演变揭示了审判对象只有在趋于理性的诉讼结构之中才可能获得合理而有效的规定。② 正如有学者指出的：程序性辩护是一种在“控、辩、裁”三方司法结构下，探求法的规范目的并辅以个案权衡的基础上，以一种和平而理性的方式裁判程序性争议事项。③ 有效辩护等改革实际上都是围绕“审判中心主义”为目标的司法改革任务而展开。程序性裁判是程序性辩护存在的制度空间，在正当程序基础上建构的程序性裁判空间是有效的程序

① 管宇：《程序正义现代进路》，载《政法论坛》2008 年第 5 期。

② 谢进杰：《论审判对象的生成——基于刑事诉讼合理构造的诠释》，载《北方法学》2009 年第 2 期。

③ 詹建红：《我国程序性辩护制度之省思》，载《法商研究》2014 年第 3 期。

性辩护的空间，“庭前会议”“审判中的审判”均是国外刑事司法制度中存在的典型的程序性裁判空间。从某种意义上看，通过评判一个国家专门的独立于实体性裁判空间的程序性裁判空间发达程度，可以衡量一个国家程序法治的发达水平。

（三）刑事程序性辩护质量控制机制与衡量标准

在以往对辩护制度的研究中，学者更多的是研究现行制度中关于辩护制度的变迁与改进，重点研究被追诉人辩护权的制度保障或者研究辩护律师的权利与义务。对于从被追诉人的角度探讨辩护行为的质量是否符合有效性的标准，从被追诉人的角度探讨律师没有尽到合理称职义务的辩护行为，以及从实体上和程序上对被追诉人案件审理所产生的影响，探讨则阙如。①

事实上，近几年对有效辩护、程序性辩护、以庭审为中心的审判方式改革均涉及辩护有效性。但专门研究刑事程序性辩护有效性的成果并不多见。事实上，我国刑事司法制度中缺乏衡量刑事程序性辩护质量的有效标准与机制，刑事程序性辩护在刑事诉讼法律中的设定并不代表制度实效的实现，如何建构刑事程序性辩护质量控制标准与机制，对于提升辩护的有效性与可操作性有着较大的作用。越来越多的学者在研究这一问题时将建构辩护质量控制机制作为主要的研究重点。有人认为，广义上的有效辩护包括立法、司法、律师职业文化等；狭义上的有效辩护特指美国学者研究过程中所指称的对象，即律师辩护的质量。② 也有学者在研究死刑案件辩护质量时提出，实现死刑案件指定辩护的有效性需要实行死刑案件指定辩护律师资格认定制、设置辩护质量的底线标准、设置程序后果。③ 有学者提出应当借

---

① 彭江辉：《有效辩护与辩护质量——美国有效辩护制度窥探》，载《湘潭大学学报》（哲学社会科学版）2015 年第 7 期。

② 熊秋红：《有效辩护、无效辩护的国际标准和本土化思考》，载《中国刑事法杂志》2014 年第 6 期。

③ 杨春洪、付凌云：《论死刑案件指定辩护的有效性——兼谈构建死刑案件指定辩护质量标准》，载《政法学刊》2014 年第 5 期。

鉴有效辩护的制度条件，建构律师辩护质量控制体系。① 有学者从美国无效辩护角度着手发现，由于我国的法律文化背景、司法环境、诉讼制度、律师执业环境等条件与美国不同，不适合直接移植美国无效辩护制度，但可以借鉴美国无效辩护制度构建我国的辩护评价体系。从辩护范围、确立无效辩护的标准等方面推动辩护质量提高。② 有学者则提出辩护质量控制体系的重点在于辩护过程与效果的管控。③ 应注意从提高律师辩护率、加强律师辩护功能和提升律师辩护质量等方面促进律师有效辩护目标的全面实现。④ 在刑事司法场域中，律师自身的法律技能、专业知识与职业道德以及实质性保障制度是被追诉人能否获得高质量的辩护、维护合法权益的关键。⑤

刑事程序性辩护质量控制标准与衡量机制是事前的同步监控机制，可以防患于未然，有效提升程序性辩护的质量，对于节约司法资源也有较大的意义。除此之外，还存在事后无效辩护的救济机制，两者共同构成维系法治国家刑事程序性辩护有效性的机制。

二、刑事程序性辩护有效性的动态标准

对刑事程序性辩护有效性的考虑不能仅仅考虑静态的制度效力，还要考虑动态的制度实效。刑事程序性辩护有效性需要对司法实践中程序性辩护行为实际结果作分析，既能以当事人辩护主张的满足程度作为评价特定时期刑事程序性辩护效果的微观依据，也能以当事人提

---

① 陈瑞华：《刑事诉讼中的有效辩护问题》，载《苏州大学学报》2014 年第 5 期。

② 杜鸣晓：《无效辩护运行环境分析——兼论我国刑事诉讼辩护的有效性》，载《三峡大学学报》（人文社会科学版）2015 年第 5 期。

③ 欧明艳、黄晨：《从形式到实质：刑事辩护对裁判结果影响力研究——以 C 市 Y 中院近 3 年 198 名被告人的律师辩护为样本》，载《法律适用》2016 年第 1 期。

④ 熊秋红：《审判中心视野下的律师有效辩护》，载《当代法学》2017 年第 6 期。

⑤ 李麒：《工具理性和底限正义：刑事速裁程序辩护的价值》，载《山西大学学报》2018 年第 1 期。

出刑事程序性辩护后对国家机关的相关程序的否决效果或者相关证据的排除效力进行统计分析，从宏观上衡量一国刑事程序性辩护的整体有效性。这种评价侧重于事后对刑事程序性辩护结果的分析，既可以对已经发生的刑事程序性辩护起到事后监督的作用，更重要的是，也可以通过对先前程序性辩护真实数据的分析来掌握司法实践中刑事程序性辩护的真实情况，及时发现刑事程序性辩护中存在的问题，指导日后的刑事司法实践，完善相关的制度。例如：有学者研究特定时间内"中国裁判文书网"与非法证据排除相关的判决文书样本案件共995份，对非法证据排除规则的辩护效果进行实证分析。① 有学者对特定时间内北大法宝案例与裁判文书库95.4万件刑事判决书中与"非法证据"相关案件进行研究，分析其辩护效果。② 也有学者研究了557份提出非法证据排除案例在申请之后的实际排除效果。③ 有学者对特定时间某市中级人民法院判决的超期羁押的案件进行实证研究。④ 有学者对特定地方特定时期的强制措施及其实施效果进行实证研究。⑤ 有学者对特定地方在特定时间发回重审的案件及改判的案件发回重审率、改判率等进行实证研究后，分析案件质量评估与绩效考核挂钩的制度合理性。⑥ 以上学者对特定问题的研究提出了很有见地的观点，对于我们认识刑事程序性辩护制度真正的运作效果提供了重要的参考，但美中不足的是，学者们的研究均是侧重于某一个方面的

① 张健：《审判阶段非法证据排除规则的表达与实践——对995份刑事裁判文书的实证分析》，载《学习论坛》2016年第4期。

② 吴宏耀：《非法证据排除的规则与实效——兼论我国非法证据排除规则的完善进路》，载《现代法学》2014年第4期。

③ 林喜芬、董坤：《非法证据排除规则运行状况的实证研究——以557份律师调查问卷为样本》，载《交大法学》2016年第3期。

④ 江义知：《论个案正义与公民权利：超期羁押国家赔偿的实证分析与规则考量——以C市某中院国家赔偿案件为样本》，载《重庆城市管理职业学院学报》2012年第1期。

⑤ 苏喜民、张杰：《强化刑事拘留强制措施法律监督的实证分析及理性思考》，载《中国刑事法杂志》2010年第10期。

⑥ 郑肖肖：《案件质量评估的实证检视与功能回归以发回重审率、改判率等指标为切入点探讨》，载《法律适用》2014年第1期。

问题，将诸如回避、强制措施、超期羁押、非法证据排除、与程序问题相关的发回重审等问题，作为研究刑事程序性辩护有效性的对象，但必须注意的是，任何一个方面都不足以概括刑事程序性辩护的全貌。事实上，全面对刑事程序性辩护及其有效性进行综合实证的研究者并不多见。可以从宏观制度角度和微观个体满意度的角度，将之作为评价的标准，结合各个具体程序制度的实际运作状态进行综合研究。

其一，从微观角度考证当事人程序性辩护主张的满足程度，是对程序性辩护主观要件的满足，也可以呼应制度对可接受性的要求。

现代民主社会对制度的要求，不仅需要具备正当性、合理性，还需要符合可接受性的要求。刑事程序性辩护制度只是一种静态的制度设计，制度的可接受性的实现不可能仅仅依靠静态法律文本来实现，当事人对程序的最初感觉是法律文本，最终的感受则是提出程序性主张之后主张的实现程度，法律文本与实践之间虽然存在较远的距离，但这也并不是不可逾越的鸿沟，如何将文本中的程序法律变为程序现实，固然受制于主体所能提出的程序性事实与证据的数量与质量，但程序的运作效力对于刺激主体是否选择程序辩护也起着重要的作用。对特定时期的案例样本程序性辩护效果的分析，无疑是对这一过程最直接、最客观的反映，对程序性辩护主张的满足度的数据分析与评价是一种主观见诸客观的活动，能够大大增强公众对程序性辩护效果的信心。

其二，从宏观角度对国家机关相关程序的运作效果进行研究，是对程序性辩护客观要件的考量，可以呼应制度正当性要求。

从国家层面审视，法治社会的程序制度是一个结构完备的精巧系统，各种制度结构耦合，环环相扣，任何一个环节存在瑕疵均会影响制度整体的运作效果。从表面上看，程序性辩护是当事人的一种程序性权利主张，但在本质上，是权利对权力的制约，体现了权利与权力的交涉互动，这一过程本身能体现出制度的民主与文明程度。并不是每一次针对程序提出的程序性辩护主张均真实有效，程序性无效程度高对一国的程序制度建设来说，并不是一个好的数据结果，但开通程序性辩护的通道恰恰证明了制度的开放性与民主性。设立程序性辩护制度是对可能存在的程序性违法行为的程序性救济措施，程序本身是一个自组织系统，理论上的制度设计需要实践中的制度运行的数据支撑，并作为调整和完善制度的实践依据。

三、主体对刑事程序性辩护的主观评价

主体对制度的评价即主体对制度运作过程与结果的主观感受。法律知识的丰富程度与主体能否对制度进行客观准确的评价息息相关，案件的当事人及其律师对程序性辩护制度的评价则更多地依赖于通过参与辩护程序而获得直观感受，其他社会公众对程序性辩护的评价则通过特定阶段的程序公开获得，是程序波及效应所产生的结果。

(一)犯罪嫌疑人、被告人对刑事程序性辩护效果的评价

程序的参与性是程序正义的基本标准之一，可能受程序结果影响的主体正是通过参与程序运作过程影响程序的结果。刑事程序性辩护为主体提供了积极参与制度的机会，并且直指程序本身。现代法治国家刑事司法制度所设定的辩护权与程序参与权，不仅体现在形式意义上，更体现在实质意义上。公检法机关没有经过被告方同意的不恰当的、消极的程序克减或者所谓的“为办案需要”而进行的积极的超过程序法律所设定的限度，违反法律程序办案所产生的程序侵权，均不具有正当性，受侵害的主体可以通过自己对这一过程的感悟而对程序进行评价。刑事程序性辩护制度给予了主体诉诸法律解决程序本身问题的机会，这一过程也体现出作为自组织体系的程序运作逻辑，充分尊重了主体的程序地位，保障了其程序性权利。犯罪嫌疑人或者被告人是诉讼程序直接作用的对象，是默默地接受程序运作的结果，还是积极地通过自己或者所聘请的辩护律师，抓住包括程序性辩护在内的一切有利的机会进行抗辩，这一过程尽管受被告人的个性特征、经济状况等因素的影响，但不管是以何种方式进入到刑事诉讼程序中，其最终均会是程序作用力的最直接承载者，其自由、财产甚至生命可能会被剥夺。在程序运作的过程中，其主张主要通过辩护律师所提出的程序性辩护主张呈现出来，其受到尊重的程度、其要求最后是否被满足的结果，将直接影响其对国家法律程序的评价。事实上，如果其程

序性辩护主张受到尊重，说明国家对程序法律的重视，程序性辩护被满足甚至影响案件实体结果的现实将会大大提高主体的程序感受，这一过程是程序性辩护有效性的一个重要的侧面。

(二)律师对刑事程序性辩护效果的评价

律师是法律的践行者，个案中的辩点既需要有制度的保障，也需要有司法实践实效的支撑，辩护权的权利属性决定主体在如何选择辩点上具有选择的自由。相较于当事人自己选择辩点时，受主观影响较大而言，专业律师的辩点选择更多的是理性选择的结果，受制于案件的事实、证据及相关的法律。制度的保障只是提供了选择的前提，制度实效的发挥离不开主体的理性选择。辩点的选择既包括实体方面的辩点，也包括程序方面的辩点，我国传统的刑事司法实践以实体性辩护为主，法律职业者均习惯于选择实体方面的辩点。在辩护的过程中，律师提出的定罪量刑或者法律适用的辩点均是围绕实体展开，这种辩护也容易得到支持。

在我国审判制度改革的过程中，很长一段时间以来，对抗性体现得并不明显，法官往往通过裁判文书回应辩方提出的辩护主张，在此种辩护环境之下，刑事程序性辩护主张极难得到满足。辩护的成功与否不仅关系到被告人辩护权的实现，而且辩护成功与否对于律师执业声誉及其案源有着较大的影响，而律师能否抓到案源事关其生存危机，律师对刑事程序性辩护效果的感受与评价是影响其在办案实践中是否选择刑事程序性辩护的关键，而在大多数刑事辩护案件中，当事人皆以律师的辩护意见为准。在特定的历史时期，这一问题隐而不显，但随着经济的发展，程序法律制度的完善极大地推动了主体权利意识的觉醒，其中自然包括程序性权利意识。另一方面，近年来，法治与程序正义的观念逐步被人们所接受，人们不仅审视程序权利，而且享受程序权利带来的制度正义。2012 年《刑事诉讼法》的修改肯定了以非法证据排除规则为典型特征的程序权利保障制度，将《刑事诉讼法》所蕴含的程序正义理念与制度大大向前推进。刑事程序性辩护得到了空前的发展，理论界以程序性辩护为研究重心，实务界以“死磕”程序为特征的辩护，是对这一法律发展的回应，大大地丰富了刑事辩护制度的内涵，完善了刑事程序正义的生发机制。越来越多的律师在案件辩护中同时考虑实体性和程序性问题的辩护，其范围也正逐步扩展，以点带面，实现从形式意义的辩护到实质意义的辩护。毫无疑问，辩护的有效性是推动主体选择辩护内容的根本动因，刑事程序性辩护有效性的提高对于律师及其当事人积极选择程序性辩护有着重要的作用。

（三）其他社会成员对刑事程序性辩护有效性的感知与评价

除了被告人及其律师外，刑事诉讼的波及效应、示范效应也给其他主体感知案件的机会。包括案件中的其他参与人在内的其他社会成员对刑事程序性辩护有效性的感知和评价对刑事程序性辩护的有效运作起着非常重要的作用。其他社会成员对刑事程序性辩护有效性的感知来源于案件公开制度，是刑事司法波及效应所产生的结果。一般的主体可以通过直接参与法庭案件的审判或者通过新闻媒体感知生活世界中发生的刑事案件。西方法治社会从程序正义到程序救济的有效性，起源于古老的自然正义的理念，发展到自然权利再到自然法，再通过判例确立为程序性裁判措施，进而变为人们日常司法实践中遇到刑事案件时辩护行为的常规，这一过程经历了相当长的历史时期。我国从刑事程序正义的理念的推进到程序性辩护的积极主张及程序性裁判制度在司法制度上的确立，是一种自上而下政治推进的结果，缺乏主体通过自身的亲身经历体悟与感知的时间积淀。简而言之，我们缺乏西方法律程序正义制度从理论到实践之路中所经历的从对超验之维的神圣体验转变为信奉程序的演化过程，我们更多的是依赖于对实证规则的理性确信。① 借鉴学者关于法律信仰的论证逻辑，② 对实证规则的理性确信既然建立在理性的基础之上，那么其前提是具

① 许娟：《法律何以能被信仰？——兼与法律信仰不可能论者商榷》，载《法律科学》2009 年第 5 期。

② 许娟：《法律何以能被信仰？——兼与法律信仰不可能论者商榷》，载《法律科学》2009 年第 5 期。

备正当化的程序性规则，但普通的社会公众缺乏对法律专业知识的分辨能力，因而普通社会公众更多地依赖于通过对公开的程序的判决过程的感知来对程序性辩护有效性进行评价。这一事件的复杂性决定这一过程不可能通过简单的口口相传就将上述的感知与体悟传播开来，而是一个演进的理性选择结果，经过对程序性辩护案件及程序性辩护有效性批判性反思后进行认可，随后，借助刑事司法的波及效应不断强化这种程序有效感，普通公众的刑事程序性辩护有效性知识由此产生。

第四节　诉讼构造与刑事程序性辩护有效性

关于刑事诉讼的构造与模式，可能是基于两者的密切关联性，早期学者的研究并没有专门区分两者，有的学者称之为刑事诉讼形式，有的学者称之为刑事诉讼模式，有的学者称之为刑事诉讼结构。随着李心鉴《刑事诉讼构造论》的出版，国内的学者的研究才逐渐统一适用刑事诉讼构造这一概念，而汪海燕《刑事诉讼模式的演进》则是系统研究刑事诉讼模式的佳作。现在学者一般将两者分开使用，日本学者井户田侃认为：刑事诉讼中最基本的诉讼关系即为诉讼构造。① 李心鉴认为：刑事诉讼构造主要是设定刑事诉讼中控诉、辩护、裁判三方的法律地位和相互关系。② 因为诉讼模式是后世的学者以类型化的方法，对各国各种存在过的具体的诉讼制度与程序运作样态，依照一定的标准进行划分的结果，刑事诉讼构造及运行的基本特征是划分诉讼模式的基本标准，刑事诉讼构造的基本要素是由刑事诉讼的主体组成，表明主体地位及相互关系。③ 由此可知，刑事程序性辩护作为一种具体的诉讼制度，在不同的刑事诉讼模式之下主体所呈现的主体地

---

① 李心鉴：《刑事诉讼构造论》，中国政法大学出版社 1998 年版，第 3 页。

② 李心鉴：《刑事诉讼构造论》，中国政法大学出版社 1998 年版，第 7 页。

③ 王新清主编：《刑事诉讼法》，中国人民大学出版社 2015 年版，第 24 页。

位、主体相互之间的法律关系一定会有差异。事实上，启蒙思想家们所提出的理性与人性成为后世考虑和推动刑事司法改革的关键因素，在此思想的指导下，正当程序正是贯穿整个变革过程的主线，通过对诉讼模式及诉讼构造与程序性辩护的关系的研究，可以考察我国刑事司法改革对刑事诉讼模式主体关系结构改变之后，对我国的刑事程序性辩护的影响。

权利是行为的基础，程序性辩护权也是刑事程序性辩护行为的基础，而纸面上的规定要落到实处，则需要不同阶段的诉讼程序的架构符合法治社会刑事诉讼的基本结构，即符合控诉方、辩护方、裁判方三方的诉讼构造，才能出现刑事程序性控诉、程序性辩护、程序性裁判等诉讼行为。一般认为：刑事诉讼的发展，经历了从传统社会中的弹劾式、纠问式，到近现代社会中的职权主义、对抗制和混合式的诉讼模式的阶段。我们认为：刑事程序性辩护的有无及其效力取决于三个方面的核心因素，即程序流程的法定化、司法官员的专门化、法律帮助者的职业化程度。

一、古代刑事诉讼模式与刑事程序性辩护有效性

（一）弹劾式诉讼模式与刑事程序性辩护有效性

弹劾式的诉讼模式盛行于西方奴隶制国家和英国封建制时期，古埃及、古印度、古希腊也采用此种制度，古罗马在王政时期以及共和国早期实行弹劾式的诉讼模式。在人类历史的记载中，古希腊最早出现了关于对抗式辩论方式的记载。在古希腊雅典时期，采用全民民主的治理方式，不区分司法职能与政治职能，司法裁判由普通公民组成的陪审法庭民主决策，涉案公民通过自行演说的方式说服陪审团成员，这一时期虽然禁止辩护代理，但为了帮助诉讼当事人更好地进行演说，一些精通雅典城邦法律和程序的人专门提供演说词的写作服务，此时法律的专业化程度不高，也没有要求参与法律的主体必须具有法律专业知识；到了古罗马时期，法律得到了进一步的发展，诉讼保护人虽然没有成为如现代社会中律师一样的独立的职业形态，但其作为诉讼的助手介入诉讼也为当事人提供了较为有力的帮助。随后司

法权由王行使，之后又被赋予执政官行使，直到公元前367年，出现了解决各类纠纷的裁判官，但此时的裁判官并没有法律专业知识的要求，根据主流学者研究的结果，当时的诉讼形态大致上经历了法律诉讼、程序诉讼、特别诉讼三个阶段，法律诉讼分为法律审查与裁判阶段，诉讼必须依照事先规定的严格的形式进行，裁判的结果可能建立在脱离案件事实的偶然性因素之上；程序诉讼也可以分为法律审查与裁判两个阶段，此时的程序建立在事先进行的案件陈述与诉讼请求的基础之上，程序的设置具有了一定的针对性与科学性；到罗马帝国之后，程序诉讼又变为特别诉讼(非常诉讼)阶段，这一时期出现了专门的具有法律专业知识的司法裁判官员，相应的对法律帮助人也提出了专业化的要求，取消了上述两个阶段的划分，更加接近于现代的民事诉讼制度。① 与我国早期的刑民合一、诸法合体的法律特征相似，在《十二铜表法》中，也采用诸法合体的方式，民事法律与刑事法律、实体法律与程序法律合体。在弹劾式的诉讼模式下，控辩双方当事人地位平等，左右诉讼进程，裁判官的选择或者经过自己的事实陈述之后的程序选择均由当事人主导，选择的充分性使主体更加接受自我选择的结果，淡化主体对程序的不满。

不难看出，古希腊、古罗马社会中解决纠纷的需求促成了法律制度的专业化发展，进而对操作法律的人员提出了专业化的要求，而法律职业的出现又推动了包括程序法律在内的法律制度的完善。在当时法律诉讼、程序诉讼时期，没有专门的司法官员，由公民临时民主选举的陪审员解决纠纷，虽然法律具备了一定的形式化特征，但由于司法官员的临时性、非固定化与非法定化使程序性辩护中的回避制度不具备存在的空间，法律的形式化使不按法律所规定的形式进行诉讼的行为有可能被作为程序性辩护的对象，能否提出这一辩护对象与当事人及其诉讼帮助人知悉程序性法律的程度相关，当事人及其诉讼帮助人越了解法律，则专门针对程序性问题提出辩护的可能性越大。事实上，这一需求促成了程序诉讼向非常诉讼的转变，法律专业化程度大

① 黄美玲：《律师职业化如何可能——基于古希腊、古罗马历史文本的分析》，载《法学家》2017年第3期。

大提高，操作法律的人员逐渐变为法律的精英人士。正如有学者提出的：程序法在此时已经有了较高的权威，如《十二表法》第九表第6条规定："任何人未经审判，不得处以死刑"①，出现了程序性的制裁，蔑视程序法的人要承担丧失名誉甚至生命的后果，但必须注意的是，此时的裁判形态主要通过宣誓以及神明裁判的方式进行，因而基于对誓言的信任也不可能存在太过纠结于程序实际操作的情形，刑事程序性辩护不可能有太大的存在空间。

(二)纠问式诉讼模式与刑事程序性辩护有效性

随着国家统治力量的增强，特别是公犯与私犯的进一步区分，原有的神誓证据证明方式也不能适应人们认识能力提高之后，制度对通过诉讼发现案件真实的需求，以裁判官依职权办案、刑讯逼供、自证其罪、有罪推定为特征的纠问式诉讼模式逐渐出现在欧洲大陆的刑事司法中，最初在教会法中确立，随后扩展到世俗法律之中，1539年、1670年法国的刑事诉讼敕令中所体现的制度是纠问式诉讼制度的集大成者。

纠问式诉讼的本质特征在于法官依职权主动追究犯罪、控审不分、不告而理，原告、被告人没有诉讼主体地位，被告人作为诉讼的客体存在，诉讼秘密进行，采用法定的证据形式。虽然有了专门的司法官员及法定的程序，各种精巧的诉讼程序也被制定出来，但是由于被告人被作为诉讼客体对待，其人权无法得到有效的保障，因而在有罪推定的前提下，想通过程序性辩护否定程序事项及由此获得的其他证据，甚至推翻实体事实的可能性不大。当然，单从相关的法条内容中，也可以解读出程序性辩护的可能。敕令包括传唤听审令状、人身传讯令状以及逮捕令状，法官根据个案情况决定适用令状的各类。②法国当时的刑事诉讼法规定了证人的作证方式和法庭的保密义务，证

① 汪海燕：《刑事诉讼模式的演进》，中国人民公安大学出版社2004年版，第14~19页。

② A. Esmein, A History of Continental Criminal Procedure, (Trans. By John Simpson), Little Brown and Company, 1913, p. 221.

人作证必须要有法院的传唤令，不得对证人证言作出改动，否则证言无效，在必要的时候也可以签发逮捕令，也就是如果违反法律规定的程序要求证人作证了或者逮捕了被告人，理论上对方可以据此提出程序性辩护。但问题的关键在于，在有罪推定的情形下，司法官员只要有一定的证据均倾向于认定被告人有罪，而且敕令禁止被告人获得代理人的帮助，这就切断了被告人获得知悉相关法律条款的律师介入的路径，刑讯逼供的合法化使法官极易得到任何想获得的证据，所以在没有人权的制度中，任何的实体性辩护或者程序性辩护均不具备存在的空间。

二、近现代刑事诉讼模式与刑事程序性辩护有效性

体现法律正当程序的制度及保障程序制度运作的程序性辩护及制裁措施是程序性辩护得以有效运行的基本条件。必须注意的是，正如前述关于诉讼模式的划分主要是学者根据特定时期诉讼制度的典型特征进行类型化研究的结果，正是因为近现代两大法系职权主义与当事人主义的发展脱胎于纠问式与弹劾式的诉讼制度之下，只不过由于各国的传统观念、政治制度等一系列复杂因素的异同，才演变出不同的具体形态。如果改换角度审视，又会出现全新的视角，如我国民事诉讼法学者张卫平教授曾提出了一种不同以往的全新的关于诉讼模式的分类方法，将以往学者所认为的英美法系的当事人主义诉讼模式和大陆法系职权主义的诉讼模式归入他所提出的“当事人主导型诉讼模式”，他认为两大法系的诉讼模式均是以辩论式为特征，重视法治与人权，但是由当事人主导诉讼进程，具有自然演进特征；将苏联的民事诉讼体制归入他所提出的“法院干预型诉讼模式”，他认为在这种模式下，以法院为代表的国家机关占据主导地位，具有较强的建构特征。① 这一分类对于刑事诉讼模式的分类同样具有启发意义。

如果将两大法系中刑事诉讼发展的思想基础即启蒙运动所提出的

① 张卫平：《转换的逻辑——民事诉讼体制转型分析》，法律出版社 2004 年版，第 36~46 页。

理性、人性与人权作为考虑的标准，结合现代法治社会所倡导的权力制约的法治思想，现代社会两大法系不管是职权主义、当事人主义还是混合式的诉讼模式，均与正当程序思想密不可分。也有学者认为：在诉讼模式与具体制度的设计上，犯罪控制模式与正当程序模式学说过于强调二者之间的对抗，而没有注意其相互统一和兼容之处。事实上，两大法系正是在相互吸收和借鉴基础上，形成了在正当程序模式和犯罪控制模式之间折中的混合式诉讼。① 陈瑞华教授将两大法系主要法治国家在侦查阶段呈现出的普遍的共通特征概括为侦查行为的司法授权和审查机制；审前羁押的司法控制机制；被告人的沉默权和律师帮助权；辩护律师在侦查中的参与范围的扩大；程序性裁判对审前程序的约束等。② 这些程序机制的普遍确立无疑会为程序性辩护提供坚实的基础与保障。两大法系各法治国家均在侦查中采用了控、辩、裁的三方构造的司法型侦查体制。③

（一）职权主义诉讼模式与刑事程序性辩护有效性

随着资产阶级革命的兴起与发展，旧有的在专制集权政治制度之下的纠问式诉讼制度无法经受住启蒙思想所提出的理性与人性的考量，在法国首先出现了具有职权主义特征的诉讼制度，随后同为大陆法系国家的德国也以法国为蓝本设立了具有职权主义特征的刑事诉讼制度。在职权主义诉讼模式下，侧重于对犯罪的控制，国家机关依职权追诉犯罪，侦查权由专门机关垄断，限制侦查阶段的诉讼权利；采用起诉法定主义，起诉机关的自由裁量权较小；在控审的关系上，并不切断审前程序与审判程序之间的关系，采全案卷宗移送主义；在审判制度上，法官主导整个审判过程，法官具有调查权。传统职权主义模式追求犯罪控制，压缩程序性辩护的制度空间，相较于英美法系国

---

① 张泽涛：《反思帕卡的犯罪控制模式与正当程序模式》，载《法律科学》2005 年第 2 期。

② 陈瑞华：《刑事诉讼的前沿问题》中国人民大学出版社 2000 年版，第 316~321 页。

③ 谢佑平、万毅：《刑事侦查制度原理》，中国人民公安大学出版社 2003 年版，第 137 页。

家，程序性辩护的有效性并不理想。

（二）对抗制诉讼模式与刑事程序性辩护有效性

对抗制诉讼模式出现在英美法系国家，对抗式诉讼的特点在于强调控辩双方当事人占有主导地位，推动诉讼进程，注重被告人的人权保障，法律的正当程序是英美法系国家刑事司法的基本要求。法官消极被动判案，证据的提出与调查均由控辩双方主导，正当程序的原则在各个阶段都得到体现，试图平衡控辩双方的力量，做到控辩平等；控诉以检察机关的公诉为主，可以进行变更，采用多样化的起诉方式，检察官具有较大的自由裁量权；通过“起诉状一本主义”隔断审前阶段与审判阶段的联系，法官的判决真正建立在庭审的基础之上。对抗制诉讼模式以法律的正当程序为背景，在公正的程序中，程序性辩护有着广泛的制度空间，丰富的程序制度设计成为程序性辩护权的制度依据。

（三）混合式的诉讼模式与刑事程序性辩护有效性

除了传统两大法系的主要国家进化为职权主义与当事人主义诉讼模式之外，也有一些国家在刑事司法变革的过程中，吸收了两大法系诉讼制度的优点，既吸收职权主义的效率性制度因素，也注意吸收当事人主义注重人权保障的制度设计，将两大制度模式融会贯通，获得较好的发展，典型的如日本、意大利。为了提高效率，注重司法官员的客观义务，保留法官主动调查证据的权力，法官有极大的能动性；为了保证程序的公正，在庭审方式上，则采用了英美法系国家的对抗式模式，控辩平等，注重人权的保障。

法律正当程序所产生的三方构造是辩护效力产生的基本条件，缺乏任何一方，制度功能实现均会出现欠缺，正是因为有了以权力的分立与制衡为基础的角色分化，才促成制度设计时所追求的功能得以实现。有学者认为，在没有中立裁判者参与的“诉讼活动”中，被告方的辩护无论是否具备事实上和法律上的基础，也无论这种辩护是否具有说服力，都无法发挥直接的辩护效果。因为这种辩护活动缺乏一个客观的裁判者和倾听者，也势必缺少一种最基本的听证和裁判活动。① 随着两大法系诉讼制度的进一步借鉴与融合，一些体现法治文明的制度在两大法系各国的制度中均有所体现，各国在控辩平等对抗制度设计上均作出了相似的选择。不同模式下的诉讼构造对程序性权利有着不同的配置，也决定了侵害程序性权利之后的程序性辩护的有效性。

第五节　诉讼阶段与刑事程序性辩护有效性

根据前面的研究，不难看出，诉讼阶段的划分是根据刑事诉讼的不同阶段的职能作出的分类，以诉讼主体的权力(权利)及义务为基础，实质上是将刑事诉讼过程划分为不同的时空范围，在不同的时空范围中配置不同权力(权利)及义务。诉讼阶段的分化程度与权力(权利)及义务划分的精细程度呈正比，权利与权力界限分得越精细，则主体行为的范围与空间越明晰，就不会出现对相关法律理解与适用上的分歧，越有利于刑事程序性辩护的实现，侦查阶段难以提出程序性辩护，起诉阶段次之，审判阶段提出程序性辩护数量最多。通过对不同阶段的刑事程序性辩护权的行使状态的研究，可以考证刑事程序性辩护的运行情况。

一、诉讼阶段与辩护职能的内在关联

我国学者夏勤较早就研究了刑事诉讼阶段，将刑事诉讼阶段、刑事诉讼法律关系及刑事诉讼行为一起作为刑事诉讼的基本概念进行介绍，将刑事诉讼的阶段分为侦查程序、预审程序、公判程序、执行程序四个阶段。② 樊崇义教授认为：刑事诉讼程序是一种按照法定的顺

① 陈瑞华：《程序性辩护之初步考察》，载《燕山大学学报》2005 年第 1 期。

② 转引自陈瑞华：《刑事诉讼的前沿问题》，中国人民大学出版社 2000 年版，第 129 页。

序、程序、步骤对被告人的刑事责任作出权威性裁判的过程，这一过程可以包含若干相互独立而又相互联系的环节，即刑事诉讼阶段。① 没有学者孤立地研究刑事诉讼阶段，学者在研究刑事诉讼的阶段时均结合刑事诉讼职能，或者结合不同阶段的诉讼构造，权利与权力的配置关系以及司法中的人权状况等进行研究，将上述的因素作为划分不同阶段的标准，从而认识不同阶段的诉讼特征，使研究更加精细化。如果与诉讼价值、目的、职能相联系，合理地划分诉讼阶段是使诉讼目的得到实现的保障；一定的价值选择决定刑事诉讼阶段的设计与划分。② 以诉讼职能为例，有三职能说，即认为刑事诉讼的职能是控辩裁三种职能；③ 另外还有四职能说，包括侦查、控诉、辩护、审判职能；④ 五职能说，即侦查、控诉、辩护、审判、诉讼监督职能；七职能说，即侦查、控诉、辩护、审判、执行、协助诉讼、诉讼监督职能。⑤ 事实上，正如陈瑞华教授所认为的：从一定的意义上，现代各国将刑事诉讼划分为侦查、审查起诉与审判等一系列阶段，就直接建立在不同的诉讼职能的基础之上。⑥

事实上，对刑事诉讼阶段的划分不仅可以从宏观上对比研究，诸如，探析审判中心论与诉讼阶段论的意义与价值，也可以通过对诉讼阶段的研究将诉讼行为框定在特定的时空范围之中，分析不同阶段权力与权利的配置特征。在此意义上，研究不同阶段的刑事程序性辩护可以看出不同阶段与程序性辩护相关的制度供给与制度产出之间的相互关系，也可以看出制度之间的因果关系，也能够从辩护的角度审视

---

① 樊崇义：《刑事诉讼法学》，中国政法大学出版社 1999 年版，第 41 页。

② 陈瑞华：《刑事诉讼的前沿问题》，中国人民大学出版社 2000 年版，第 131~136 页。

③ 徐静村：《刑事诉讼法学》(上)，法律出版社 1997 年版，第 75~76 页。

④ 程荣斌：《中国刑事诉讼法教程》，中国人民大学出版社 1999 年版，第 30~31 页。

⑤ 樊崇义：《刑事诉讼法学》，中国政法大学出版社 1999 年版，第 38~40 页。

⑥ 陈瑞华：《刑事诉讼的前沿问题》，中国人民大学出版社 2000 年版，第 134 页。

不同阶段的正当程序架构，从而具有重要的意义。

二、不同阶段的诉讼条件与刑事程序性辩护有效性

刑事程序性辩护的有效性离不开公正的审判程序，对于因国家公权机关所实施的程序性违法行为，发生程序性争议之后，被告人提出程序性权利主张，以及对程序性争议的公正解决，都需要一个符合现代法治社会法律正当程序的裁判程序解决，否则极易出现以惩治犯罪为名义侵害公民的程序性权利及程序性利益的行为。程序性违法行为如果不能得到有效的遏制，则受程序性违法行为侵害的公民就会对程序、司法乃至整个法律制度产生怀疑。解决程序违法依赖法律正当程序，这是程序自治的体现。虽然法律的正当程序在各个国家存在差异，但两大法系法治国家融合的趋势逐渐归纳出一些公认的准则，有的已经体现在国际性条约中，成为衡量各国司法文明的准则，将不同阶段的诉讼构造结合正当程序的标准，对程序性辩护情况进行衡量，可以找出诉讼构造在不同阶段的不同情况下对程序性辩护的影响。

正如陈瑞华教授所研究的，程序性辩护有广义和狭义之分。广义的程序性辩护是指所有在程序层面上提出诉讼请求、诉诸司法裁判的辩护活动；狭义的程序性辩护是辩护方针对国家专门机关的程序性违法行为，申请司法机关宣告无效的辩护活动。① 也就是说，虽然陈瑞华教授的研究主要集中在狭义的程序性辩护范围之内，但不容忽视的问题是，刑事程序性辩护的最大价值体现在司法实践之中，其最终目的在于维护被告人的程序性权益。如果从国家公权运作的角度来考证程序性辩护，狭义的理解将国家机关的程序性违法作为研究的核心，无疑最有价值，也更有操作的可能性，但如果结合诉讼阶段进行研究，则适用广义的程序性辩护的范围也无不可，将所有的程序性主张纳入程序性辩护的范围，所有阶段被告人提出的程序性主张均可提出程序性辩护，结合程序性裁判理论向审前阶段的扩张趋势，这种控、辩、裁三方结构空间使研究更具有理论价值。如果将正当程序的诉讼构造所包含的程序性裁判扩展到审前阶段，则采用广义的程序性辩护

---

① 陈瑞华：《程序性辩护的理论反思》，载《法学家》2017 年第 1 期。

在审前阶段更有意义，更有利于推动被告方积极提出程序性辩护的主张。但是，若采用广义的程序性制裁概念，必须将所有程序法律规定的程序性权利及其引发的程序性主张作为考证的对象，在研究的方法上存在难以穷尽所有权利的困难。

一方面，可以将诉讼阶段看作一段时间范围。诉讼阶段是学者为了研究的方便所划分的特定的时空范围，在不同的时空范围内，刑事诉讼法律关系呈现出不同的样态。单从具体制度的角度审视，从理论上看，不同的诉讼阶段存在不同的程序性权利，对程序性权利的侵害成为程序性辩护的理由。为了落实国家的刑罚权，刑事诉讼不同阶段的进程，均依赖于不同国家机关运用国家公权力在特定阶段的推进，在不同的阶段公权力呈现出不同的特征，有时体现为强制力，有时体现为交涉力，程序的开始意味着国家权力运行的开始，就有了程序性违法的可能，也就存在程序性辩护的可能，但并不是每一个阶段均能提出程序性辩护，并不意味着提出程序性辩护之后，均能得到有效的处理。在某种意义上，权力的运用范围和强度，与侵权的可能性呈正相关的关系。从宏观上纵观刑事诉讼的不同阶段的权力状态：在立案阶段，主要是对立案条件的把握，所以，违背立案条件对不该立案的案件进行立案，使被告人受到不应有的侵害，从证明标准的角度可以认为是没有达到追诉的标准，但事实上，将被告人置于刑事追诉的风险之中，这是一种“从无到有”的程序性侵害，所以，被告人能够就此提起程序性辩护；在侦查阶段，为了实现国家的刑罚权，保护法益，查获犯罪嫌疑人，各个国家均赋予警察采取一系列强制措施的国家权力，这一阶段警察程序性违法是引起程序性辩护的重要原因；在起诉阶段，针对检察机关错误批准逮捕或者违法批准逮捕，错误适用起诉条件，使不符合起诉条件的案件起诉了，或者检察机关自行采用强制性措施侵害被告人权利的情形均可以提出程序性辩护；在审判阶段，法官错误运用裁判权的行为会引起程序性辩护，诸如审判组织不合法、违反公开、回避等侵害被告人其他权利的程序性错误均会引起程序性辩护。

另一方面，也可以抛开不同阶段的具体权利，结合学者关于诉讼阶段条件的学说，将阶段理解为是对特定条件的满足，满足条件则跨越一个阶段。我国台湾地区学者林山田认为，不同阶段的诉讼条件是指国家公权力机关启动并推动刑事诉讼，实施刑事诉讼行为必须具备的条件，具体包括程序启动要件、侦查要件、起诉要件和审判要件。①如果从程序的角度理解，不满足启动与推动的条件或者要件则不能启动或者推动程序时，错误的启动与推动程序则可能引发主体就程序问题提出辩护的可能。由于不同机关在不同阶段处理程序性违法的权威不同，不同阶段程序性违法的机会不同，因而提出程序性辩护的有效性也必然不同。

第六节　刑事政策与刑事程序性辩护有效性

政策虽然不是以国家正式的法律形式体现出来，但在国家的治理过程中，政策必须通过与法律结合实现其价值。作为特定阶段指引国家机关的司法行为的指导精神与行为准则，是惩罚还是教育，是以打击犯罪为主，还是以保障人权为主，不同的刑事政策对刑事程序性辩护的影响正是通过对权力、权利与义务的扩张与限缩得以实现。

从发生学的意义上理解，刑事政策源于人类稳定社会秩序的需要，也是同犯罪作斗争的一种手段；从语义上理解，国内传统的刑事政策观认为，刑事政策是指一国国家政策在刑事领域的体现，具有较大的政治性，政策是国家、政党在一定时期的社会治理目标，其价值取向对于司法理论与实践均具有较大的作用，现代法治意义上的刑事政策已经逐渐消减其政治性价值取向，自由、平等、博爱、人权、人道等观念的注入是其全新的注解。在西方，费尔巴哈认为："刑事政策是国家据以与犯罪作斗争的惩罚措施的总和。"②有学者研究了刑事

---

① 林山田：《刑事诉讼法》，兴丰印刷厂有限责任公司1981年版，第148页。

② 转引自[法]米海依尔·戴尔玛斯-马蒂：《刑事政策的主要体系论》，卢建平译，法律出版社2000年版，第1页。也可见邓永军、高逊：《试论如何在未成年人犯罪案件审判中贯彻宽严相济刑事政策》，载《青少年犯罪问题》2010年第7期。

政策的发展脉络之后，认为刑事政策分为四个阶段。具体来说，报应主义阶段是启蒙思想家在对中世纪刑罚的专制与暴力进行反思的基础上提出的一系列的观点，将犯罪的危害程度作为衡量刑罚轻重的标准。在刑罚处罚的理由上，有道义报应论、等量报应论、法律报应论、等价报应论等，现代刑事法律理论中的罪刑法定、罪刑相适应原则的思想渊源均是来源于此。实证主义阶段，人们将刑罚作用力的重点从行为转向了行为人，在方法上，侧重于运用实证研究的方法对犯罪人个体进行研究以调整刑罚的实际功效，探寻引起犯罪行为产生的社会环境与执行的效果。目的主义阶段的刑事政策运用社会学的研究方法，重点研究犯罪的社会性因素，以社会责任为研究的重点，将保卫社会、保卫国家作为目标，从先前的惩处犯罪为主转向预防犯罪为主，倡导通过除了刑罚以外的多种方法解决犯罪问题。人道主义刑事政策阶段，在进一步反思先前学说的基础上，将人道主义与人权保障作为刑事政策的理论基础。①

在近代国家产生之前，一方面，刑事政策是国家的政治意志与诉求在刑事领域的体现；另一方面，刑事政策本身又往往作为国家谋求特定政治秩序的策略性手段而被运用。② 刑事政策与政党政治有紧密的关系，在部分国家的政党竞选中，刑事政策的选择被用来作为获得民心的一种手段，为了兑现政治承诺，执政之后的刑事政策一般均会努力向竞选之时的承诺靠拢，同时也会遵循其参与的国际人权公约的标准。这就使各国的刑事政策及其指导下的刑事司法实践呈现出纷繁复杂的特征，打击犯罪与人道、人权保障为大多数国家追求的两个方向，打击犯罪需要扩充警察权力，人权保障则需赋予以犯罪嫌疑人为代表的当事人权利，各国均以国内的社会现状为基础，在二者之间寻求最佳的平衡。警察权力的扩充极易造成警察权力的滥用，从而程序性违法就容易出现，两种价值取向的均衡会重视以有效辩护权为中心的嫌疑人、被告人的人权保障，对经证实的程序性违法行为作出否定

---

① 李卫红：《刑事政策学》，北京大学出版社2009年版，第36页。

② 劳东燕：《刑事政策与刑法体系关系之考察》，载《比较法研究》2012年第2期。

的评价，甚至程序性制裁。

在国外，很多国家的政党在竞选中将打击犯罪、解决犯罪问题的根源即刑事政策作为获取民心的手段。在英国，自 1997 年工党上台执政始，将刑事政策与刑事司法政策作为重要的调控手段，在刑事司法方面的政策主要集中在实现有效辩护的政策上。① 在法国，由于右翼政府掌权之后刑事政策重心集中在安全与犯罪控制上，其结果也是警察权力的扩充，程序对诉讼行为的过程控制力逐步减弱，辩方被边缘化，法国进行刑事司法改革的目标在于保护个人自由与辩护权。② 可以想象，在控制犯罪的政策导向下，有效辩护举步维艰。在德国，国家将严厉打击犯罪以保证社会安全为重心，但民意调查表明德国刑事政策与民众对此问题的期求存在偏差，但从总体上看，德国法律在保障辩护权的大多数方面与《欧洲人权公约》一致，德国司法体制没有总体上的缺陷。③ 也就是说，德国打击犯罪的制度设计超出了人们因惧怕犯罪而要求权力机关控制犯罪的心理预期，也沿袭了大陆法系国家侧重控制犯罪而轻人权保障的传统特征。相较而言，在相似刑事政策的导引下，德国刑事政策比法国的刑事政策更接近《欧洲人权公约》的要求。可见，前述国家均运用刑事政策手段结合具体的司法制度调整维护政治统治。

---

① 丁鹏等编译：《欧洲四国有效刑事辩护研究——人权的视角》，法律出版社 2012 年版，第 90 页。

② 丁鹏等编译：《欧洲四国有效刑事辩护研究——人权的视角》，法律出版社 2012 年版，第 167~168 页。

③ 丁鹏等编译：《欧洲四国有效刑事辩护研究——人权的视角》，法律出版社 2012 年版，第 250~251 页。

第六章　我国刑事程序性辩护有效性的现状及问题

发现问题和解决问题是研究的起点与终点，对我国刑事程序性辩护有效性的研究正是建立在以发现并解决我国刑事程序性辩护中存在的问题为目的。从制度与权利、从理论与实践中探寻我国与刑事程序性辩护有效性相关的问题，以期提升我国刑事程序性辩护的有效性。

第一节　我国刑事程序性辩护有效性的背景

大体上看，刑事程序性辩护有效性的问题属于刑事司法制度实效的问题，但这一问题与程序性辩护制度的效力息息相关，所以，也涉及制度本身的正当性、合法性等。刑事程序性辩护的有效性是对刑事程序性辩护效果的衡量，既包括过程效果，也包括结果效果。我国学者对此问题的研究以程序价值的提升为前提，程序性违法不仅是对法律正当程序的悖反，而且会侵害人权，因而才有了建构维护正当程序的制度需求，刑事程序性辩护及其有效性的研究正是在此背景下应运而生。有效辩护从字面意义上看即辩护的有效化。① 但从前面的论述可以看出，实际的情况远不止于此，辩护的有效化是一个动态的理论与实践的深入推进的过程。

---

① 胡晴晴：《美国刑事诉讼中有效辩护制度的启示》，载《中国检察官》2017 年第 1 期。

一、我国刑事程序性辩护有效性的制度源流

很长一段时间以来，刑事司法中辩护权的实现不仅有着人权保障的意蕴，而且对于正当程序架构有着重要的意义，刑事辩护制度也一直是各法治国家理论界和实务界关注的焦点问题。在我国，中华人民共和国成立后，于1954年《宪法》中首次规定了自行辩护与律师辩护相关的内容。我国1979年的《刑事诉讼法》第26条规定了被告人的刑事辩护权，1982年《宪法》再次写明保障被告人辩护权的相关内容。1996年修正的《刑事诉讼法》细化了辩护权的相关内容，使之更具有可操作性，但这一时期辩护内容均是侧重实体性辩护，第35条规定："辩护人的责任是根据事实和法律，提出证明犯罪嫌疑人、被告人无罪、罪轻或者减轻、免除其刑事责任的材料和意见，维护犯罪嫌疑人、被告人的合法权益。"本条和1979年《刑事诉讼法》的规定相比，多了"嫌疑人"三字，对刑事辩护的规定并没有实质性的改变，其中有关程序性辩护的直接规定非常之少，如该法第191条关于二审法院发现一审法院的审理有违反法律规定的诉讼程序的情形的，应当裁定撤销原判，发回原审法院重新审判的规定。1998年最高人民法院《关于执行〈中华人民共和国刑事诉讼法〉若干问题的解释》中有关非法言词证据排除问题的规定也提供了进行程序性辩护的可能，但大部分能够作为程序性辩护的条款缺乏程序性制裁，因而缺乏进行程序性辩护的法律保障。总体来说，这一阶段的刑事司法制度和实践主要围绕实体性问题展开，刑事诉讼法律中关于程序性辩护的规定并不多见，程序性辩护并没有引起实务界和理论界的足够重视。

随着人权保障观念日益深入人心和程序正义理念在我国司法制度中被重视与程序价值被提升，刑事司法实践中出现了一种有别于传统的实体性辩护的辩护形态，即辩方不是从实体法律适用或案件事实认定的角度来寻求被追诉人无罪或罪轻之诉讼结果，而是直接以刑事诉讼程序规则为依据向裁判机关提出某种程序性申请，或者针对侦查机关、检察机关、审判机关的程序性违法行为展开辩护。有学者根据辩护理由和目的的不同，将刑事辩护区分为实体性辩护和程序性辩护，

从而提出了程序性辩护的概念。① 自此以后，程序性辩护逐渐成为刑事诉讼理论界、实务界及立法部门关注、研究的热点问题。2010 年“两高三部”联合发布的《关于办理刑事案件严格排除非法证据若干问题的规定》为程序性辩护制度的完善和实施提供了新的契机，而 2012 年修订的《刑事诉讼法》明确了侦查阶段律师的身份，对刑事辩护制度进行了改革与完善，初步确立了程序性辩护制度的基本框架。例如，该法第 35 条对辩护人责任的重新界定可视为是对程序性辩护的确认；第 54 条明确了非法证据排除规则；第 182 条建立了庭前会议制度；第 227 条重申了撤销原判、发回重审制度等。随后，2016 年、2017 年有关部门又发布了《关于推进以审判为中心的刑事诉讼制度改革的意见》《关于全面推进以审判为中心的刑事诉讼制度改革的实施意见》《人民法院办理刑事案件庭前会议规程（试行）》《人民法院办理刑事案件排除非法证据规程（试行）》《人民法院办理刑事案件第一审普通程序法庭调查规程（试行）》。2018 年《刑事诉讼法》及相应司法解释作了重新修订，从原则性的宣誓到具有可操作性条款的设定，为程序性争议的解决提供了较为完备的制度。庭审中心化是对侦查中心主义的悖反，在法庭审判的过程中，辩护权的有效实现有利于控辩平等对抗，要求法官的判决真正建立在庭审过程中，对事实、证据、法律适用自由心证的基础之上。只有真正实现有效辩护，提升辩护有效性，才能使辩方有力对抗公权违法运行，才能剔除法外因素对程序的干扰。

程序性辩护与实体性辩护互为补充，相互促进，其最终目的都是为了获取对被追诉人有利的实体性裁决结果，但实体性辩护只注重实体公正和实体正义，而程序性辩护更关注程序公正和程序正义，从而使正义得以用看得见的方式实现。简言之，程序性辩护制度能够带来潜在收益。可以说，从以实体性辩护为主发展到实体性辩护与程序性辩护并重的辩护格局是刑事辩护的深刻的制度变迁。由于较长时期存在的重实体、轻程序的传统，虽然刑事程序的价值已经被学者所认可，刑事程序性辩护制度也出现在我国的刑事诉讼相关法律中，但立法与法律的运行之间仍存在不小的差距。刑事程序性辩护有效性直接

① 陈瑞华：《程序性辩护之初步考察》，载《燕山大学学报》2005 年第 1 期。

决定主体选择刑事程序性辩护的动机，而刑事程序性辩护的有效性与程序制度本身、主体在辩护过程中的投入与产出之间的比率、主体在刑事司法中的主观感受等诸多因素相关。因而，从宏观上看，学者对上述相关问题的研究均可以纳入本节理论背景的内容。下面将探讨我国学者关于辩护有效性相关问题的研究路径。

二、我国学者研究刑事程序性辩护有效性的理论源流

从总体上看，我国学者对于刑事辩护制度的研究紧紧围绕《刑事诉讼法》制订和修改的几个关键时间节点进行，从最初论证制度价值，介绍国外相关制度入手，到对我国相关的制度革新的内容进行理论研究，再到近些年对有效辩护制度和辩护有效性的关注，层层推进，逐步深入。刑事程序性辩护有效性是辩护有效性的外延之一，从表面上看，是理论研究的结果，但实际上，对刑事程序性辩护有效性的研究是司法实践发展到一定阶段的必然产物。

在我国，虽然较早就有学者提出有效辩护和辩护的有效性的概念，但直到近几年才真正成为焦点问题。从2006年开始，陆续有学者重新对刑事有效辩护及辩护的有效性进行研究。① 有学者从辩护的种类及其特征对有效辩护进行研究。② 有学者借鉴国外的做法，提出在死刑案件中先确立无效辩护制度。③ 有学者将有效辩护分为形式辩护与实质辩护，从诉讼环境、诉讼构造、制度保障方面提出了实质辩护的要求，从律师辩护的“合理有能力”、自我辩护受重视等方面提出了形式辩护的要求。④ 申飞飞专门研究了美国无效辩护制度。⑤ 王

---

① 林劲松：《美国无效辩护制度及其借鉴意义》，载《华东政法学院学报》2006年第7期。

② 宋英辉：《刑事诉讼法原理》，法律出版社2007年版，第116~120页。

③ 林劲松：《对抗制国家的无效辩护制度》，载《环球法律评论》2006年第4期。

④ 樊崇义、叶肖华：《从有效辩护原则看我国的辩护制度改革》，载《中国律师》2007年第10期。

⑤ 申飞飞：《美国无效辩护制度及其启示》，载《环球法律评论》2011年第5期。

喆、闵春雷教授则从死刑有效辩护制度中探寻提升死刑辩护有效性的标准，认为我国辩护权从形式走向实质的关键在于关注辩护的有效性。① 有学者另辟蹊径，从研究、撰写、提出、表达辩护意见及辩护效果机制来论证有效性的问题。② 有学者研究了刑事辩护准入制度与有效辩护及普遍辩护的关系。③潘申明、刘宏武从宏观上评述了2012年《刑事诉讼法》修改进步之处及存在的问题。④ 有学者则反对贸然引入无效辩护制度，应当从律师制度入手，关注律师辩护行为的策略及效果，通过立法与司法提升律师素质和辩护能力。⑤ 有学者主张有效辩护理论的发展，为刑事辩护制度的改革提供了理论动力，应当借助国外有效辩护理论中所包含的律师高质量的法律帮助权的意蕴，推动我国未来司法制度改革。其中最为关键的就是律师辩护质量标准与质量控制体系。⑥ 有学者从公权与私权角度对辩护权进行研究，提出过度注重形式辩护，将辩护权绝对私权化的理解和设计，置于公权力的对立面去提防和控制，影响有效辩护权生存的法律环境，应当有针对性地提升刑事被追诉人及其辩护律师的辩护能力。⑦ 有学者对律师与法官意见反馈及接纳机制进行研究。⑧ 有学者

① 王喆、闵春雷：《美国死刑有效辩护制度及其启示》，载《东北师范大学学报》(哲学社会科学版)2012年第6期。

② 左卫民、马静华：《效果与悖论：中国刑事辩护作用机制实证研究》，载《政法论坛》2012年第2期。

③ 冀祥德：《刑事辩护准入制度与有效辩护及普遍辩护》，载《清华法学》2012年第4期。

④ 潘申明、刘宏武：《论刑事辩护制度的革新——以新〈刑事诉讼法〉为基点》，载《法学杂志》2013年第3期。

⑤ 顾永忠、李竺娉：《论刑事辩护的有效性及其实现条件——兼议无效辩护在我国的引入》，载《西部法学评论》2008年第1期。

⑥ 陈瑞华：《刑事诉讼中的有效辩护问题》，载《苏州大学学报》2014年第9期。

⑦ 汪家宝：《论刑事被追诉人的有效辩护权》，载《政治与法律》2016年第4期。

⑧ 林强、白春安：《刑事案件有效辩护制度的审视与完善》，载《人民检察》2016年第20期。

以审判为中心，强调广义的有效辩护应当成为建设的重点，应从保障被告人对质权与落实辩护律师的调查取证权着手。① 有学者则认为律师辩护的有效性难以得到充分保障，在庭审实质化改革中，需要落实律师的诸项权利，推动律师辩护质量的全面实现。②有学者以审判中心主义为基础，提出从权利要素、行为要素与结果要素三个方面及法律援助制度等方面进行改革。③ 有学者关注了有效辩护的基本内涵，其理论基础主要包括程序正义、无罪推定与人权保障、诉讼结构等方面。④ 也有学者关注了认罪认罚案件中值班律师的法律定位不明确、对案件的参与程度有限以及辩护质量问题，提出我国应结合认罪认罚案件中值班律师辩护的特殊性以及有效辩护的最低标准，制定以辩护的专业化、具体化、全面化、合意化和理性化等几点要素为核心的认罪认罚案件的有效辩护标准。⑤ 也有学者研究改革开放 40 年来我国刑事辩护制度的变革与发展，提出辩护制度的发展历程为从“有”辩护到实现“有效”辩护的制度。⑥ 有学者认为刑事辩护的质量包括有效性和实质性标准，应当建立无效辩护之诉解决无效辩护的问题。⑦ 也有学者通过考证非律师辩护制度立法背景，对非律师辩护人资格提

① 魏晓娜：《审判中心视角下的有效辩护问题》，载《当代法学》2017 年第 3 期。

② 熊秋红：《审判中心视野下的律师有效辩护》，载《当代法学》2017 年第 6 期。

③ 杨建广、李懿艺：《审判中心视域下有效辩护的构成与适用》，载《政法学刊》2017 年第 1 期。

④ 桂梦美、张蕾：《有效辩护理念的本体展开》，载《浙江工商大学学报》2018 年第 3 期。

⑤ 宋哲一：《论认罪认罚从宽案件中的有效辩护——以值班律师为视角的观察》，载《中国石油大学学报》（社会科学版）2018 年第 6 期。

⑥ 蒋志如、陈磊：《从“有”辩护到实现“有效”辩护的演进轨迹——改革开放 40 年来我国刑事辩护制度的变革与发展》，载《内蒙古师范大学学报》2018 年第 4 期。

⑦ 张佳华：《有效辩护的法命题解构》，载《甘肃社会科学》2018 年第 4 期。

出质疑，其本质在于有效辩护向普遍辩护的妥协，主张应当通过法律援助方式完全实现律师帮助辩护，解决有效辩护的问题。①有学者区分了“有效辩护”与“有效果辩护”，认为其他学者所研究的有效辩护实为尽职辩护，关注辩护行为的过程，但实际上我国应当同时关注“有效果辩护”即关注辩护权行使的结果，两者共同构成高品质辩护体系，应当肯定两者的效用，即肯定尽职辩护具有规范辩护过程作用的同时，也使用“有效果辩护”作为辩护权实质保障的话语，选择辩护方案。② 也有学者通过对 H 省 81 个死刑复核程序中法律援助律师辩护有效性的情况实证研究，探寻该类案件中律师辩护有效性的问题，提出法律援助辩护存在法律援助未覆盖、会见和阅卷权行使受阻、辩护补贴偏低和辩护意见采纳率低等情况。③

从以上学者的研究路径可以看出，我国学者对此问题的研究经历了从基本概念、种类特征、保障制度、比较考察讨论是否引进及如何引进，再到实践中的辩护效果的发展过程。辩护制度是衡量一个国家程序法治的晴雨表，我国学者对辩护制度及其有效性的研究紧扣我国宏观的政治经济变革的形势，顺应程序法治与司法制度改革的主题，有力地呼应了社会系统中正义对司法制度的呼唤，学界的研究无疑具有相当的价值，但缺乏对程序性辩护有效性问题的实证研究和对相关制度的整体考察，大多选择某个角度进行研究。程序法治的推进必然使人们更加重视程序性违法及其制裁，而这一切均源自程序性辩护，对程序性辩护效果的考量也有力地呼应了辩护效果有效性研究方向。对刑事程序性辩护有效性的实证研究是一个急需解决的关键问题。

① 傅兴华：《有效辩护向普遍辩护的妥协——非律师辩护人资格的思考》，载《辽宁工业大学学报》(社会科学版)2019 年第 2 期。

② 左卫民：《有效辩护还是有效果辩护》，载《法学评论》2019 年第 1 期。

③ 石贤平等：《死刑复核程序中法律援助律师辩护有效性的实证研究》，载《黑龙江省政法管理干部学院学报》2020 年第 5 期。

第二节　我国司法实践中的刑事程序性辩护有效性

对我国司法实践中刑事程序性辩护有效性的考察：其一，可以选取程序制度考察。研究其中是否存在保障刑事程序性辩护有效性的制度空间。其二，也可以从主体程序选择及效果的角度进行。如选取司法案例，考察在提出刑事程序性辩护的情形下，公安机关、检察机关、法院、辩护方、被害人等各主体的诉讼行为选择，考量我国刑事程序性辩护运作情况及其效果。其三，还可以选择某个具体的程序性事项进行。研究针对其提出的刑事程序性辩护的运行情况及有效性。从以上三个不同的角度对刑事程序性辩护进行研究之后，大致上能够确定我国刑事程序性辩护运作的实际情形，为进一步完善相关制度提供有针对性的依据。本部分考证了不同阶段的刑事程序性辩护的制度空间及我国刑事政策的改变对程序及刑事程序性辩护的影响。运用实证研究的方法对典型的违法扣押、回避、非法证据排除、超期羁押等进行了实证研究，在一定的范围内，研究我国司法实践中辩方提出刑事程序性辩护后的辩护有效性的情况，分析我国刑事司法中刑事程序性辩护有效性存在问题的原因。

一、不同阶段刑事程序性辩护的辩点选择

为了研究的方便，以诉讼阶段的纵向维度为基准，结合前面研究的内容及我国相关的法律规定，考证我国刑事司法制度中存在的程序性辩护的相关规定及实践的效果。除了诸如回避等在各个阶段均可能会出现的程序性辩点之外，结合诉讼阶段分类的相关学说，大致上，将我国的刑事诉讼分为立案、侦查、起诉、审判、执行阶段，这几个阶段通常出现的因程序原因可能引发的程序性辩护的情形有：对诉讼启动与推动条件的适用、对强制措施与强制性措施的适用等，这些均可能成为程序性辩护的辩点。

(一)立案阶段存在的与程序性辩护相关的问题

在程序的启动上，各国存在较大的差异，并不是每个国家都有独立的立案程序，我国 1979 年《刑事诉讼法》借鉴了苏联的诉讼制度的某些特点，设定了独立的立案阶段作为诉讼活动的起点，且一直沿用至今。既然将立案作为诉讼程序的起点，根据我国法律的规定及相关的理论，立案之前，国家的公权力机关不能介入，也不能进行相关的侦查工作，更不能采取强制措施，因而在立案之前，理论上不存在程序性辩护的问题，但是事实上，在司法实践中，公安机关在接到案件线索之后，在立案之前均会对现场进行现场勘查、勘验、搜查扣押、调查访问、布控警力围追堵截等活动，这些与侦查阶段的侦查手段相似的行为，有的学者将之解释为非侦查性质的调查活动。①《人民检察院刑事诉讼规则》将立案阶段的这种审查活动界定为初查活动。不管作何界定，虽然这一阶段的行为排除了限制人身自由和财产权利的强制性措施，但是采取这些行为之后，嫌疑人的权益不可能不受到影响。审查活动结束之后，警察会对材料进行审查，进而决定是否立案，错误的立案和立案之前的初步调查与审查程序，均会对嫌疑人的程序性权利造成侵害，因而也存在程序性辩护的空间。因为我国的刑事审前程序主要采用的是具有行政审批特征的模式，而没有采用具有程序性裁判特征的预审制度，在救济制度上，采用检察监督的方式进行。有学者指出，这种方法存在的问题是：案源少且渠道不通畅，立案监督案件压力大、纠正难，立案监督只重数量不重效果，立案监督不平衡。② 由于立法规定粗疏缺失而导致监督信息有限，监督手段乏力，监督效果差弱等困境，再加上检察机关自身的绩效考评机制和人员短缺等所带来的种种影响，导致立案监督的效果更是差强人意。③

① 张大群：《试拟刑事立案程序的一种方案》，载《政法论坛》1996 年第 2 期。

② 孙琴、邓勇：《刑事立案监督的问题及破解路径》，载《中国刑事法杂志》2013 年第 5 期。

③ 季美君、单民：《论刑事立案监督的困境与出路》，载《法学评论》2013 年第 2 期。

立案监督的线索来源有限，对象缺失范围模糊，而且程序不健全。① 有限的监督力量难以应对不断增长的刑事立案量，立案监督触角难以深入刑事受案至立案全过程。② 此外还有立案监督信息滞后，线索来源匮乏；两法衔接机制不畅。③ 刑事立案监督相关立法存在漏洞，难以发现立案阶段的案件信息，刑事立案监督启动的标准过高，监督过程中的调查权难以落实等问题。④

总结学者关于立案监督的上述问题，以及存在与程序性辩护相关的内容，分析得出典型的情况为：因错误的审查而导致的不该立案而立案，尽管在事后的程序中可能被纠正，但如果结合立案前的程序性调查，也会侵害嫌疑人的合法权益。学者提出的解决立案问题的方案可谓见仁见智，有学者结合国外的经验，直接对刑事立案独立性价值提出质疑，也有学者提出应当进行立案功能的转换，改立案审查制为立案登记制。⑤ 有学者提出从立案程序内部进行改变，采取刑事案件受理与立案分离和立案归口管理办法。⑥有学者提出应当扩大检察机关案件监督的信息来源，扩大检察机关监督的范围，并应当改变公安机关调查权，构建三元立体化立案监督体系，采取技术手段实现监督工作信息化，重点关注存在问题较多的立案行为，将立案监督触角向立案前后延伸。⑦ 更有学者提出，从短期来看，可以以现行法律为依

① 彭志刚、王贞会、许晓娟：《刑事立案监督中的问题与对策探析》，载《浙江师范大学学报》2010 年第 1 期。

② 雷鑫洪：《刑事立案监督实证研究》，载《国家检察官学院学报》2016 年第 6 期。

③ 张静雯、冷勇：《大数据助推刑事立案监督机制初探》，载《山西省政法管理干部学院学报》2017 年第 6 期。

④ 付强：《当前刑事立案监督工作机制之完善》，载《中国检察官》2015 年第 3 期。

⑤ 洪浩、罗晖：《刑事预审制论我国刑事预审制度的重构——以立案登记制的改革为视角》，载《学术论坛》2015 年第 4 期。

⑥ 王成林：《刑事案件受立案分离和立案归口管理制度改革探析》，载《广西警官高等专科学校学报》2015 年第 6 期。

⑦ 雷鑫洪：《刑事立案监督实证研究》，载《国家检察官学院学报》2016 年第 6 期。

据整合现有的公安、检察机关的资源，实现资源整合；从长远来看，从立案审查制到单纯的立案启动制，进行立案功能转化。① 值得注意的是，对于不立案的情形，极易想到的解决方法是设计方案以激发立案监督机制，但对于错误立案的情形，很少有学者从程序性辩护的角度来进行研究。

我国现行《刑事诉讼法》第 109 条规定：公安机关或者人民检察院发现犯罪事实或者犯罪嫌疑人，应当按照管辖范围立案侦查。第 110 条规定：公、检、法机关对于报案、控告、举报和自首的材料，应当按照管辖范围，迅速进行审查，认为有犯罪事实，需要追究刑事责任的时候，应当立案；认为没有犯罪事实，或者犯罪事实显著轻微，不需要追究刑事责任的时候，不予立案。不难看出，上述两个条文所涉及的立案条件存在差异，根据第 109 条的规定，是不需要审查是否需要追究刑事责任的，而第 110 条则规定要对是否需要追究刑事责任进行审查，这一规定使立案必须具备两个条件：有犯罪事实与需要追究刑事责任，使此阶段对刑事立案条件的审查从程序性审查变成了某种程度的实质性审查，无形中增加了立案环节的司法成本。为了达到这一标准，公安机关就会采用所谓的立案之前的调查手段，而这些都有可能造成对嫌疑人权益的侵害。从性质上看，公安机关并非裁判者，在此阶段即由其对是否需要追究刑事责任进行评判存在较大的难度，而且与其权力属性存在冲突。现行法律对于错误立案的情形采用公安机关自行撤案与检察机关监督之后撤销案件的方式予以解决。《刑事诉讼法》第 163 条规定，在侦查过程中，发现不应对犯罪嫌疑人追究刑事责任的，应当撤销案件。在我国现行的立案体制中，公安机关自行立案与撤案机制缺乏必要的监督；关于检察机关的立案监督，一方面，其同属于追诉方身份影响监督的效果；另一方面，外部的监督方式总会出现滞后性。

可以从两个维度解决上述的问题：其一，从审查机制上着手，将立案实质性审查机制变为形式审查，改立案审查制为立案登记制，让

① 季美君、单民：《论刑事立案监督的困境与出路》，载《法学评论》2013 年第 2 期。

立案只具有程序启动的意义，是否需要追究刑事责任实质性条件审查则留到立案之后的侦查阶段，通过公安机关的刑事侦查手段予以解决；其二，从程序性辩护权的角度着手，完善预审裁判机制，通过程序性裁判解决错误立案的问题，对于是否符合立案条件赋予嫌疑人程序性辩护权，将我国现行的立案所采用的行政审批的方式转化为司法裁判的方式进行，使之更符合法律正当程序的理念。

事实上，两大法系大部分法治国家均不存在独立的立案阶段，刑事审前程序关注的重点在于对侦查开始后所采用的讯问、搜查、扣押、窃听等可能侵害公民基本权益的强制措施，大致上，法、德、美、英均是由警察自主决定启动侦查程序，对于错误启动程序的救济，则直接通过预审程序的程序性制裁予以解决。各国由于诉讼传统与诉讼结构的不同，存在一些差异，大陆法系国家的预审程序体现了一定的职权性，但国家机关客观义务将其牢牢控制在法治的范围之内。法国1808年《重罪审理法典》确定了二级预审的模式，预审法官负责对法国刑法规定的轻罪、违警罪和重罪案件进行一级预审，上诉法院刑事审查庭则对重罪案件进行二级预审，预审采用合议庭的方式进行审理。① 联邦德国于1975年通过了新的《刑事诉讼法》，规定了专门的中间程序，由法官决定是否将案件交付审判。显然，这一程序涵括了包括错误立案在内的所有审前程序的程序性事项。② 英美法系的预审程序严格按照法律的正当程序予以构建，通过程序裁判来解决程序性争议。在英国和美国，警察是否启动刑事程序以及如何启动刑事程序，检察机关无权干涉，但必须注意的是，无论是侦查还是审查起诉活动，都要受到法院或者其他司法机构的授权和审查，因为英美国家普遍建立了审前程序的预审程序，英国的可诉罪由治安法官进行预审，美国的重罪案件在联邦和部分州则需要经过大陪审团审查公诉

---

① 洪浩、罗晖：《法国刑事预审制度的改革及其启示》，载《法商研究》2014年第6期。

② 何家弘：《外国犯罪侦查制度》，中国人民大学出版社1995年版，第3页。

程序，其实质就是针对程序性问题的一种司法审查程序。①

(二)侦查阶段存在的与程序性辩护相关的问题

1. 违法的侦查处置可能引起的程序性辩护

从理论上讲，一旦涉嫌刑事犯罪，嫌疑人的人身、财产均会受到影响，趋利避害的心理可能会使嫌疑人通过各种手段对追诉行为进行干扰或者寻租，公安人员则有可能经受不了诱惑而以权谋私，避重就轻地移送审查起诉、不移送审查起诉，或者非法撤销案件。这几种情形下，因为放纵了嫌疑人，一般情形下嫌疑人不会提出程序性辩护，但是也有可能因为没有达到嫌疑人预期的目标而提出程序性辩护，但如果利用刑事程序违法帮助处理民事纠纷，非法对不应当追究刑事责任或证据不足的案件予以移送，嫌疑人及其律师会针对公安机关作出的移送审查起诉，提出违反程序条件的程序性辩护主张。

2. 强制措施与强制性措施不当采用及刑事程序性辩护

强制措施与强制性措施的适用是权力与权利直面相向的场域，适用不当会严重侵害公民的权利，也是各国刑事司法制度规制的重点，因此，提出程序性辩护使公民获得了依法约束国家公权违法运作的权利与机会。

在司法实践中，可能的滥用拘传措施有：超过法定的期限持续拘传，拘传的过程中侵害犯罪嫌疑人的权利。可能的滥用取保候审措施有：对于不符合条件的人不经审核而滥用取保候审，应当依法撤销和解除取保候审的，不能及时撤案、返还保证金，错误采用羁押替代措施等。可能的滥用指定居所监视居住措施有：适用指定居所监视居住之后不在法定的期间内通知家属。可能的滥用拘留、逮捕措施有：对于可以适用取保候审、监视居住等措施，违法拘留；作为一种必不可少的恶，逮捕是一种最为严重的强制措施，其直接剥夺公民的人身自由，但是，设立逮捕制度的目的在于保证诉讼的顺利进行，其宪政定位为保障公民的人身自由不受不合理的侵犯。逮捕直接关系到公民的

① 陈瑞华：《刑事诉讼的前沿问题》，中国人民大学出版社2000年版，第263页。

基本权利，逮捕措施的实体化价值取向受到学者的广泛诟病，逮捕适用率高、超期羁押、错捕和不当逮捕比例过高等，一直是困扰司法实践的问题。有学者认为：审前未决羁押率偏高，全国刑事案件批捕率2016年为77.6%，审前羁押率59%左右，① 经过多次刑事司法制度的改革，虽然有了较大的进步，但还有完善的空间，欧盟曾对成员国的未决羁押率进行过统计，未决羁押率通常都在10%至30%之间。② 有学者通过定量分析与定性分析认为：逮捕率如果过高，对公正审判与有效辩护不利，根源在于检察机关追诉权与批捕权职能合一，以实体标准进行审查挤压了取保候审等羁押替代措施的适用空间。③ 毫无疑问，羁押措施的大量适用会增加错误适用的可能，超期羁押也如影随形，尽管在强制措施的适用条件上法律允许自由裁量，但实践中如果适用范围过大，则违背设置强制措施的目的。从权利救济的角度来看，嫌疑人对违反法定条件适用强制措施的情形，当然可以提起程序性辩护，强制措施的适用必须遵循比例原则的约束，在公权机关自由裁量的幅度内，辩方应该享有相应范围的程序性辩护的制度空间。

在我国的刑事诉讼中，强制性措施包括讯问犯罪嫌疑人、询问证人被害人、勘验、检查、搜查、查封、扣押物证、书证、鉴定、技术侦查措施、通缉等。各种强制性措施均有可能被违法适用，均有可能被提起刑事程序性辩护，和讯问犯罪嫌疑人相对应的是刑讯逼供。国外自资产阶级革命之后，刑讯逼供就被各法治国家严厉禁止，现代各国的司法制度均不排除自愿自白的口供，各国主要通过赋予嫌疑人沉默权和讯问时的律师在场权以及违反自白任意性规则之后的非法口供排除法则来实现自愿性，被告人被刑讯之后提起程序性辩护是一种基本程序性权利；根据《刑事诉讼法》的有关规定，勘验、检查必须由

① 孙谦：《司法改革背景下逮捕的若干问题研究》，载《中国法学》2017年第3期。

② 陈永生：《逮捕的中国问题与制度应对——以2012年刑事诉讼法对逮捕制度的修改为中心》，载《政法论坛》2013年第4期。

③ 刘计划：《逮捕审查制度的中国模式及其改革》，载《法学研究》2012年第2期。

侦查人员按照法定的批准程序进行，法律也规定了技术人员参与侦查的情形，应当以侦查人员为主，以技术人员为辅，如果技术人员喧宾夺主，两种职能无法做到有效的分离，也失去了聘请专家的意义，如果嫌疑人发现上述的情况，则可以依据《刑事诉讼法》的相关规定，提出程序性辩护主张；《刑事诉讼法》第132条规定了人身检查，提取生物样本的程序，但我国的法律并没有将人身检查与其他的检查区分开来，从文义上看，如果检查妇女身体没有由女工作人员或者医师进行，毫无疑问，可以从检查人员的资格上提出程序性辩护。本条中在是否适用人身检查的选择上，赋予公安机关侦查人员较大的自由裁量权，只要认为有必要就可以采用，没有采用第三方审查的方式适用人身检查，问题在于：当检查严重侵害公民的身体健康，若造成身体的完整性或者功能性障碍时，可否因为刑事司法行为违反比例性原则，严重侵害人权，而提出程序性侵权与相应的程序性辩护？第136~140条规定搜查制度，从相关法条的内容可以看出，我国的搜查制度也采用侦查人员自我决定的方式予以适用，除了拘留、逮捕等特殊情形之外，其他时候搜查均需出示搜查证，且特定情形下必须有特定的见证人在场，如搜查妇女身体的情形，搜查结束后应当写成笔录，由特定的见证人员签名、盖章。如果违反上述法定条件，就可以依照《刑事诉讼法》进行程序性辩护。第141~145条规定了查封、扣押制度，规定查封、扣押物证、书证时，扣押、查封的物品必须是与犯罪有关的物品，扣押邮件、电报时，需经特定机关批准始得进行，不得重复冻结存款、汇款、债券、股票、基金份额等。第146~149规定鉴定制度，由法定的具有鉴定资格的主体根据公安机关的指派、聘请依法作出鉴定。对于不具有鉴定资格或者不依法作出鉴定的情形，均可以提出刑事程序性辩护。2012年修订的《刑事诉讼法》规定了技术性侦查措施，对于特定案件的处置有着重要的意义，但如果运用不当则极易侵犯公民的隐私权。国外法治国家的技术性侦查手段的适用均需要进行必要性审查。作为最后的手段，我国刑事法律也规定适用技术性侦查手段需要根据案件的需要并经过严格的审批程序才能适用，对于采用技术性侦查手段获得的证据，严格控制适用的范围，否则可能侵犯公民的通信自由和隐私权，显然，针对技术侦查的侵权行为均可以提出刑事程序性辩护。

(三)起诉阶段存在的与程序性辩护相关的问题

刑事案件经过公安机关的侦查后，一般会移送检察机关审查起诉，出于司法成本的考量，各国刑事诉讼制度中均通过程序分流机制进行程序分流，这就意味着并不是所有侦查终结、移送审查起诉的案件经过审查起诉之后都会进入审判程序。审查起诉中的程序性辩护主要体现在对起诉条件的把握。我国刑事诉讼法从实体与程序方面规定了公诉案件起诉条件，既有实体形成也有程序形成过程。被告人犯罪事实已经查清，证据确实、充分，依法应当追究刑事责任是实体方面的条件；是否具有管辖权为程序性条件，也就是说，国家检察机关在提起诉讼时必须同时满足这两个方面的条件才具有合法性，否则即是违反了程序法律的规定，当事人能够提起程序性辩护。违反程序性条件起诉可以提出程序性辩护，违反实质性条件而错误起诉的情形，也能基于此提起程序性辩护，其本质在于对不符合起诉条件的案件错误起诉。我国的不起诉分为：绝对不起诉、相对不起诉、证据不足的不起诉、附条件的不起诉及其他特殊情形。绝对不起诉易于操作，如果属于绝对不起诉的案件，不符合起诉的条件而起诉了，可以提出程序性辩护主张，但这种情形在司法实践中并不多见，因为法律规定极为明确，不存在模糊的地方，直接根据法律的规定适用即可；而对于相对不起诉与附条件的不起诉则赋予检察机关自由裁量权。我国相对不起诉有两个条件：犯罪情节轻微、不需要判处刑罚或者免除处罚。“免除刑罚”在刑法上规定明确，但“犯罪情节轻微”和“不需要判处刑罚”在刑法条文上并无明确规定，这给检察机关留下了较大的自由裁量的空间。事实上，起诉裁量存在两难的境地，正如有学者认为的：不起诉率过低，不利于诉讼经济、效率的实现，如果扩大起诉裁量权则存在定罪权的转移、侵害当事人权利等危险。① 对于可以适用相对不起诉而起诉的

---

① 周长军：《检察起诉裁量权的国际发展趋势与中国改革》，载《东方法学》2009 年第 3 期。

情形，辩方提出程序性辩护的可能性不大，因为附条件不起诉与相对不起诉本身属于“两可”情形，检察机关在此问题上拥有自由裁量权，表明作出不起诉选择并没有错误；对于证据不足的不起诉则可以提出程序性辩护，因为证据本身的疑点决定“不能排除合理怀疑”，证据无法达到起诉的标准，根据无罪推定的基本要求，此种情形只能作出不起诉的决定，但如果起诉则属于违法起诉的情形，提出程序性辩护当属必然。

(四)审判阶段存在的与程序性辩护相关的问题

在大力倡导“审判中心主义”的司法环境下，针对审前程序中所有的程序性违法均可以在审判阶段依法提出程序性辩护主张，但是对于审判程序本身而言也存在程序性违法的可能，徇私枉法、枉法裁判、出入人罪，不仅可以从实体的证据方面进行考量，也可以从剥夺公正审判权的程序方面进行考量，此种辩护也可以纳入程序性辩护的范畴。根据我国《刑事诉讼法》第 238 条因程序违法发回重审的相关规定：对于违反公开审判规定、违反回避制度、剥夺或者限制了当事人的法定诉讼权利，可能影响公正审判的、审判组织的组成不合法等，均可以提出程序性辩护主张，以维护自己的程序性权利。

二、以违法扣押为对象的程序性辩护及有效性的实证研究

各法治国家的法律制度正是通过对财产权的规制以实现财产的稳定，财产权与生命权、自由权一并成为维系现代社会良性运作的基本权利。对权利的限制只能是为了维护更重要的权利，在刑事司法领域中，正是因为犯罪行为的出现，造成对法益的侵害，而产生了限制甚至剥夺嫌疑人与被告人相关财产的需要，搜查、扣押、查封、冻结、没收等在不同的阶段针对涉案财物的刑事司法权力才具备了合理性，但以维护法益的名义实施的刑事司法中的公权运作行为，无法消除其在客观上可能造成的对嫌疑人、被告人财产侵害这一根本事实，这一过程充满了冲突与矛盾。如何在因侵害法益而实施的对物的强制性措施与公民的财产权保护之间达到平衡，是摆在现代法治国家刑事司法

中惩罚犯罪与保障人权的根本任务之外的另一个挑战。现代法治国家无不设立了对物强制措施的权力运行程序框架与司法原则，将对物的强制性措施严格限制在一定的范围之内，以程序法定、正当程序、比例以及司法审查等程序原则为核心建构被追诉人财产权保障的基本程序框架。我国刑事司法实践中被追诉人财产权保障存在制度设计缺陷，在司法实践中，无法有效地保障被追诉人的财产权。① 这些缺陷主要在于采取搜查、查封、扣押、冻结等对财物的强制性措施时，缺乏事前司法化审批的方式、事中程序性辩护机制，对于错误的强制性措施主要靠事后申请国家赔偿予以救济，救济的滞后性不仅会造成对公民财产权的侵害，也会增加社会运行的成本，加剧国家赔偿的压力。

（一）研究思路

本部分研究运用实证研究的方法，通过对特定时期的研究对象即司法实践中与扣押相关的案例样本进行统计分析，重点研究存在扣押的案件，包括当事人提出违法扣押的程序性辩护及申请国家赔偿的救济申请及其处理结果，以考证其有效性。虽然根据我国的国家赔偿法的相关规定及解释，赔偿一般应以刑事诉讼程序终结作为提出赔偿请求的先决条件，申请国家赔偿的救济申请及其处理结果不能作为严格意义的针对非法扣押程序性辩护的研究对象，但在此类案件当事人申请国家赔偿的救济申请之前的正式审判程序中，一般会提出非法扣押的权利主张，对其救济结果的考核也从一个侧面反映了程序性辩护的效果。案例选择具有科学性与全面性，分为三个步骤进行研究：其一，精选关键词并选择案例数据库，搜索刑事案件中存在扣押财物的案例样本；其二，检索存在违法扣押程序性辩护的案件；其三，分析进行违法扣押程序性辩护后法院处理结果，以统计此类程序性辩护的有效性。

① 万毅：《刑事诉讼中被追诉人财产权保障问题研究》，载《政法论坛》2007年第7期。

(二)样本选择

以无讼案例网为基础数据库进行检索和研究，以“扣押”“刑事”“公安机关”为关键词，检索无讼案例网中与刑事扣押相关的案例，发现截至2021年4月6日22时50分(由于网站文书不断更新，选择样本案例的时间到此为止)，共搜索到1374094篇样本案例中涉及公安机关扣押财物的情形，因无讼案例数据库来源于中国法院裁判文书网，具有真实性。从法院层级上看，涉及最高人民法院85例，占总案例数的0.006%；各地高级人民法院20944例，占总案例数的1.52%；各地中级人民法院183059例，占总案例数的13.32%；各地基层人民法院1147107例，占总案例数的83.48%。见表6-1：

表6-1

类别＼法院层级	最高法院	高级法院	中级法院	基层法院
数量	85	20944	183059	1147107
占比	0.006%	1.52%	13.32%	83.48%

其中一审1209738例，占总案例数的88.04%；二审157673例，占总案例数的11.47%；再审2608例，占总案例数的0.19%；其他4075例，占总案例数的0.3%。案例具有全面性、多样性。见表6-2：

表6-2

类别＼法院审级	一审	二审	再审	其他
数量	1209738	157673	2608	4075
占比	88.04%	11.47%	0.19%	0.3%

以上数据统计来源于无讼案例网①；再在结果中检索“违法扣

① 无讼案例网. https//www.itslaw.com/home，2021年4月6日访问。

押”，检索出具有关键词违法扣押的案例共计 173 份，占数据库中扣押案例总数的 0.01%，通过对当事人提出违法扣押案例及处理的结果进行分析，可以论证违法扣押程序性辩护的有效性。

(三)扣押在司法实践中的总体状况

近年来，涉及财物的案件逐年上升，而在刑事诉讼中只要涉及财产案件，必然会涉及对物的强制性措施的使用，这些措施虽然存在侵害财产权的可能，但客观上也对受害主体的合法财产提供了有力的司法保障。截至 2021 年 4 月 6 日 22 时 50 分(由于网站文书不断更新，选择样本案例的时间到此为止)，共搜索到 1374094 篇样本案例中涉及公安机关扣押财物的情形，占能检索到的同时期中国法院裁判文书网刑事案件总数 10188013 件的 13.5%。①

我国较早就有学者通过案例实证研究将我国搜查扣押等对物的强制性措施存在的问题归纳为处分对象不明确、效力不明确、返还程序不明确、退还程序不明确、强制处分程序偏差、救济程序缺乏等九个方面的问题。② 2012 年、2018 年修订的《刑事诉讼法》对扣押制度在保留原有框架的前提下进行了细化，但适用程序及救济机制仍然采用原来的模式。随着法治进程的加快和人权观念的提升，必然相应推动刑事诉讼中对物的强制性措施规范化。

(四)以“违法扣押”为辩点的程序性辩护、申诉的有效性分析

在上述的案例库中，以“刑事”与“违法扣押”为关键词检索，共检索 173 篇司法文书，其中判决 71 份、裁定 32 份、决定 70 份，通过对案例进行分析，得出如下结论：

---

① 中国裁判文书网：https://wenshu.court.gov.cn/website/wenshu/181217BMTKHNT2W0/index.html? pageId = 28caec1ecc4e08a1d42f230b62a4b3b7&s8 = 02,2021 年 4 月 6 日访问。

② 朱拥政：《刑事诉讼中的财产权保障》，中国人民大学出版社 2009 年版，第 101~130 页。

以"违法扣押"为辩点的案例与同时期刑事案例总数10188013件相比，极为稀少。2013年涉及扣押的案例50352份，涉及违法扣押案例1份，约占当年扣押案例数的0.002%；2014年涉及扣押的案例181272份，涉及违法扣押案例5份，约占当年扣押案例数的0.003%；2015年涉及扣押的案例195122份，涉及违法扣押案例11份，约占当年扣押案例数的0.006%；2016年涉及扣押的案例190704份，涉及违法扣押案例11份，约占当年扣押案例数的0.006%；2017年涉及扣押的案例198087份，涉及违法扣押案例30份，约占当年扣押案例数的0.015%；2018年涉及扣押的案例197609份，涉及违法扣押案例53份，约占当年扣押案例数的0.027%；2019年涉及扣押的案例174057份，涉及违法扣押案例41份，约占当年扣押案例数的0.024%；2020年涉及扣押的案例91378份，涉及违法扣押案例18份，约占当年扣押案例数的0.02%。①从理论上看，当事人提出程序性辩护主张应当在庭审程序中才有辩护的意义，但由于这些案例均未能在终局判决前解决，且一直延伸到赔偿程序，虽然在赔偿程序中提出的申请不能算作严格意义上的程序性辩护申请，但通过分析其主张及处理结果，也可以看出程序性主张的有效性线索。通过对案例内容的分析发现，虽然特定时间违法查封、扣押占总案例数比例不高，但大多数案例均体现出解决问题的延后性，均是延续到判决生效最后的国家赔偿阶段予以解决。②

所以，有效研究对象只有160份，约占公安机关扣押总数1374094

---

① 上述数据库中按年份计算比总数少3份属于系统误差。

② 必须注意的是其中6份文书为其他主体违法扣押，不属于公安机关的程序性违法，无效案例，不属于本题研究对象，即某市人民法院案号为(2013)沁刑初字第00276号判决、某市中级人民法(2018)粤18刑终170号决定、某市中级人民法院(2018)赣11刑初号、某市人民法院(2019)豫1281刑初153号、某州中级人民法院(2020)云25刑终442号、某市中级人民法院（2020)川15法赔1号。另外，有四份文书属于公安机关行政行为，属于分类错误，不属于本题研究对象，即某市中级人民法院(2017)新01行赔初7号、某省高级人民法院(2018)粤委赔1号、某市中级人民法院(2018)浙10委赔2号、最高人民法院(2019)最高法委赔监132号。

件的0.012%。其中当事人主张权利后获得支持的有20份，占违法扣押案件数的12.5%，占扣押案件总数的0.001%，这也是当事人权利主张有效性的比率，其中11份当事人自己主动提出撤回请求而准许撤回，从有效性的角度审视，也符合当事人的处置意图。违法扣押的案例数占比极小表明，公权机关办案程序日益规范与完善。公权机关辩驳的观点主要有机关适用程序合法、申请超过时效、申请主体不合格等，几乎在所有的案例中，公权机关在辩驳时均提出程序合法，其中超过时效22份，占同一时期当事人提出违法扣押案例的13.8%。

上述的结果表明：

其一，提出违法扣押程序性辩护占总案件数的比率较低，制度运作总体良好。

从2009年到2017年涉及扣押的案件占同时期总案件数逐年递增，2012年、2013年增幅较大，2018年开始减少。但160件提出违法扣押案件数只占同时期涉及刑事扣押案件总数1374094件的0.01%，占同时期刑事案件总数10188013件的0.002%。相较而言，当事人以违法扣押为程序性主张的160件案件中则有20件获得支持，占比达12.5%，有效性相对较高。提出比率不高，有效性高的数据表明：我国的扣押制度良性发展，制度运作日趋合理。这些数据是在完善申诉、控告及非法证据排除的背景下产生，辩护有效率、成功率相对较高，这些因素均会刺激主体以此为依据提出程序性辩护。提出违法扣押的程序性辩护的比率反而较低，说明查封扣押制度的可接受性强，其中有11件案件当事人提出了违法扣押的主张之后自愿撤回，也说明程序被认可的程度较高。2018年新修订《刑事诉讼法》第141～145条规定了侦查过程中扣押物证、书证的基本程序，第117条、第177条、第245条规定了查封、扣押等强制性措施的救济渠道，第117条赋予当事人和辩护人、诉讼代理人、利害关系人对违法的查封、扣押、冻结措施的申诉或者控告权，第177条规定了检察机关对于不起诉案件解除查封、扣押、冻结的义务，第245条规定了公安机关、人民检察院和人民法院对查封、扣押、冻结的犯罪嫌疑人、被告人的财物及其孳息妥善保管义务。扣押财物的目的在于保全犯罪证据，保证公私财物不受损失，保证诉讼顺利进行。2012年《刑事诉讼法》(2018 年在此问题上没有改变)加入了查封措施，明确了查封、扣押的适用机关为侦查机关，将查封、扣押的对象限定在财物、文件之上，与其他措施所针对的物品相对应，使查封、扣押的对象更为明确，明确了检察机关在起诉阶段、法院在审判阶段对查封、扣押财物与文件的处置义务，这种义务既是职权也是职责，上述规定较好地设置了查封、扣押财物与文件的程序。

其二，少量案件存在解决违法扣押拖延，救济机制不健全。

同时期有 70 件案件的当事人通过国家赔偿的程序主张权利，体现了解决问题的延后性，延续到判决生效后的国家赔偿阶段才予以解决。因违法扣押提出的赔偿申请并不是严格意义上的程序性辩护，但对此问题的研究有利于推动救济机制的重心前移，通过程序性辩护的方式主张权利更具有合理性，尽管《国家赔偿法》赋予了当事人在刑事诉讼程序终结后提出赔偿请求的权利，但《刑事诉讼法》明确规定了在审查起诉的过程中，人民检察院在不起诉的案件中应当处理查封、扣押、冻结的财物及其孳息，人民法院在判决时，应当对查封、扣押、冻结的财物及其孳息作出处理，有关机关依判决的结果处置查封、扣押、冻结的财物及其孳息，否则将会被追究刑事责任。这些规定不可谓不严明，但研究违法扣押的样本案件的结果表明，不依法积极处理被违法扣押财物的情形仍然存在，不及时处理会侵害该主体的财产权益。根据其他国家的经验，主要通过两种方式处理扣押问题：(1)事前审查机制。一般通过中立的第三方主体签发令状的方式对扣押行为进行授权，而我国侦查机关有权通过内部领导审批的方式自行决定，监督主体与实施主体合二为一，难以有效规制违法的扣押行为。(2)事后高效的程序性制裁措施。有些国家通过非法证据排除规则等程序性制裁措施从程序上否定违法查封、扣押等获得的证据的证据能力。在我国刑事诉讼法的相关规定中，实体上，追究实施违法扣押的司法工作人员的刑事责任与行政处分；程序上，我国非法证据排除规则主要针对非法的言词证据，对于非法的实物证据则需要考证其是否严重影响司法公正，是否能够补正或者作出合理解释，也就是说只要不是严重影响司法公正或者能够补正或者作出合理解释，对于违法扣押的财物并不排除。这就使司法工作人员缺乏纠正程序性违法扣押行为的动机，当事人也缺乏提出这方面程序性辩护的动机。

三、以回避为对象的程序性辩护及有效性的实证研究

（一）研究思路

回避制度是法治国家正当程序的基本要求，也是司法公正的基本标准，在我国刑事诉讼中早就规定了回避制度，到庭审辩论终结前均可以提出回避，且二审程序与再审程序均将违反回避规定作为发回重审的法定理由之一。从总体上看，回避制度的关键问题在于回避的理由及证明责任的分配问题。具体来说，回避制度存在的问题主要包括准备回避理由的时间、回避的申请主体、回避的对象等问题。关于准备回避理由的时间过短的问题，例如在庭审之初，才告知合议庭的组成人员，由于我国实行的是有理由的回避制度，当事人在较短的时间内找出证据，证明存在回避理由具有较大的困难；另外，如回避的申请主体不够全面，回避的对象不能做到全面覆盖。这些问题导致司法实践中回避制度运行困难，但学者研究多侧重于基本理论及价值的推演与论证，缺乏对回避实际运作效果的实证研究。正是基于此种考虑，下面将选取样本，对回避制度进行研究，主要研究回避的有效性问题。

（二）样本选择

以无讼案例网为基础数据库进行检索和研究，以“申请回避”“刑事”为关键词检索无讼案例网中与申请回避相关的案例，发现截至2018年12月21日上午11时（由于网站文书不断更新，选择样本案例的时间到此为止），共搜索到2502篇样本案例中涉及申请回避的情形，时间跨度从2006年到2018年，因无讼案例数据库来源于中国法院裁判文书网，具有真实性；从法院层级上看，各地高级人民法院7例，占总案例数的0.28%，各地中级人民法院124例，占总案例数的4.96%，各地基层人民法院2360例，占总案例数的94.32%。见表6-3：

表 6-3

类别＼法院层级	高级	中级	基层
数量	7	124	2360
占比	0.28%	4.96%	94.32%

其中，一审 2370 例，占总案例数的 94.72%；二审 119 例，占总案例数的 4.76%；再审 13 例，占总案例数的 0.52%。案例具有全面性、多样性。未申请回避案例为 2273 例，占总案例数的 90.8%，其中直接驳回回避申请 6 例，占总案例数的 0.23%。见表 6-4：

表 6-4

类别＼审级	一审	二审	再审	其他
数量	2370	119	13	2273
占比	94.72%	4.76%	0.52%	90.8%

从年份来看，2018 年为 245 例，2017 年为 609 例，2016 年为 537 例，2015 年为 573 例，2014 年为 506 例，2013 年为 21 例，2012 年为 1 例，2011 年为 3 例，2007 年为 1 例，2006 年为 1 例。

以上数据来源于无讼案例网。①

为了研究的方便，随机抽取各年份 20%作为样本进行进一步分析。2018 年随机抽取 49 例，2017 年随机抽取 122 例，2016 年随机抽取 107 例，2015 年随机抽取 115 例，2014 年随机抽取 101 例，2013 年随机抽取 4 例。在 2018 年 49 例中，8 份文书中当事人提出回避申请，其中有 2 例因回避发回重审，有效率为 25%；在 2017 年 122 例中，12 份文书中当事人提出回避申请，其中有 1 例因回避发回重审，

① 无讼案例网：https://www.itslaw.com，2018 年 12 月 21 日访问。

有效率为8.3%；在2016年107例中，15份文书中当事人提出回避申请，其中有2例因回避发回重审，有效率为13.3%；在2015年115例中，14份文书中当事人提出回避申请，其中有1例因回避发回重审，有效率为7.1%；在2014年101例中，10份文书中当事人提出回避申请，其中有4例因回避发回重审，有效率为40%；在2013年21例中，5份文书中当事人提出回避申请，但均不予采纳或者被驳回。2012年1份文书没有申请回避。2011年3份文书中均提出回避申请，但均因不符合法定的回避条件而被驳回。2006年、2007年各1份文书，均没提出回避申请。见表6-5：

表6-5

年份 数量	2018	2017	2016	2015	2014	2013	2012	2011	2007	2006
案例数	49	122	107	115	101	21	1	3	1	1
申请回避数	8	12	15	14	10	5	0	3	0	0
发回重审数	2	1	2	1	4	0	0	0	0	0
有效率	25%	8.3%	13.3%	7.1%	40%	0	0	0	0	0

注：因2014年、2015年、2016年、2017年、2018年案例样本较多，随机抽取总数的20%案例作为分析样本，2006年、2007年、2011年、2012年、2013年总量较少，因而对检索到的案例全部进行分析。

虽然上述随机抽样的方式具备一定的合理性，由于考虑到以“申请回避”为检索词选择的样本案例，可能会受到审判过程中权利告知中关键词重合的影响，产生误差，于2021年4月11日16点51分（由于系统数据不断更新采用数据到此为止）再次以特定关键词检索以验证上述结果，补充2019年和2020年的数据，以“刑事”为关键词检索发现适时刑事案件共有9834579件，以“刑事”和“回避申请”为关键词检索，共检索到2075件案件与之相关，2019年为304例，2020年为138例。运用上述同样的方法，各随机选取20%样本进行研究：2019年选取61例，排除权利告知的无关联案例，其中有27

例提出回避申请的相关案例，发现其中有 4 例[（2019）晋 0825 刑初 12 号、（2019）藏 24 刑终 1 号、（2019）鲁 11 刑辖 9 号、（2019）藏 01 刑终 31 号]被回避、改变管辖或者发回重审，申请后程序性辩护有效率约为 14.8%；2020 年选择 28 例，排除权利告知的无关联案例，其中有 12 例提出回避申请的相关案例，发现其中有 4 例[（2019）鄂 0324 刑初 158 号、（2020）鲁 15 刑辖 6 号、（2019）鲁 1521 刑初 423 号、（2020）鲁 15 刑辖 8 号]被回避、改变管辖或者发回重审，申请后程序性辩护有效率约为 26.7%。以上数据来源于无讼案例网。①

（三）结论

其一，法律的变动与回避申请率息息相关。从上述统计数据可以看出，修法推动回避申请率提高。2013 年是一个重要的阶段，这一时期发生在刑事司法领域的重大事件为 2012 年修订《刑事诉讼法》，并于 2013 年 1 月 1 日开始实施，但必须注意的是，该次修订在回避制度上并没有太大的变动，但在申请回避的数量上，由 2012 年的 1 例增至 2013 年的 21 例，到 2014 年猛增至 506 例，随后 2015 年到 2017 年保持 500 例至 700 例之间缓慢波动，2018 年又有较大幅度的降低，截至 2018 年 12 月 21 日只有 245 例，2019 年为 304 例，2020 年为 138 例。导致刑事案件中申请回避数量波动的原因，主要是制度推进的结果，也与人们权利意识、程序意识的进一步觉醒相关。近年来的司法制度改革均以人权保障与法治为重要主线，2013 年十八届三中全会通过了《中共中央关于全面深化改革若干重大问题的决定》，其中对审判权、检察权的行使机制、司法权力运行机制及人权司法保障作出了重要指示。2014 年十八届四中全会通过了《中共中央关于全面推进依法治国若干重大问题的决定》，不仅有对依法治国法治体系的宏观方略，还有对司法制度的具体要求，司法独立、司法职权的优化配置、人权的司法保障、严格司法与司法监督等方面均体现出党和国家对公正司法及法律正当程序的重视，虽然从字面上看没有涉及回避制度，但这一指示所蕴含的精神，不仅成为之后很长一段时间内司

① 无讼案例网：https//www.itslaw.com/home，2021 年 4 月 11 日访问。

法工作人员办案的准则，而且成为公民在刑事司法活动中行为的指引。而2018年数量降低则体现在申请回避的问题上，从最初的低量到修法刺激之后的高量转变，再经过司法实践中的消化吸收，变为理性地自然演进而趋于均衡。但从提出回避申请的程序性辩护的有效性来看，从最初的0到2014年的40%，虽然有波动，但逐渐稳定，2018年有效率达到25%，2019年有效率约为14.8%，2020年有效率约为26.7%，这是一个较大的进步，说明制度良性运作，公民程序权利意识的觉醒，当事人能够较为精准地提出回避申请，也表明国家有关机关能够严格依法办案。

其二，对回避制度的重视不够。从发回重审案件的理由来看，提出回避申请的程序性辩护主张之后，法院作出撤销原判、发回重审的原因主要为以下几类：未告知当事人办案人员的情况、未告知当事人有申请回避的权利、在审前程序中参与过本案的其他程序、其他违背了回避制度的相关规定等。回避制度的重要性不言而喻，但实证资料表明，基于上述的几项原因，司法实践中仍然存在回避权不被重视的现象。

① 当事人难以知悉办案人员的情况，侵害了当事人的知情权。

我国刑事司法回避制度采用有理由的回避方式，当事人在提出回避申请时必须证明法定回避的理由的存在，才有可能申请成功，向当事人告知该阶段办案人员的基本情况，当事人才有可能进一步了解是否存在具有法定的回避理由的人员存在，如果不告知当事人办案人员的情况，后续的回避权的行使将较难实现，事实上，即使告知基本情况，要提供满足申请回避的理由也不容易。《刑事诉讼法》第190条规定了在审判程序中，开庭时才宣布合议庭的组成人员、书记员、公诉人、辩护人、诉讼代理人、鉴定人和翻译人员的名单，告知当事人有权对有关人员申请回避。一份简单的名单所含的信息量极为有限，在如此短暂的时间之内，想查清回避的理由难度极大。

② 存在未告知当事人有申请回避的权利情况，侵害了当事人申请回避权本身。

回避权是法治社会程序正义的基础，但并不是每个当事人均知悉该项权利，向当事人释明回避的权利是国家机关的一项义务，《刑事诉讼法》中虽然规定了当事人及其法定代理人有权要求审判人员、检察人员、侦查人员回避，第120条规定了侦查人员在讯问犯罪嫌疑人的时候，告知犯罪嫌疑人诉讼权利的义务，第190条规定了在开庭审判时法院告知当事人申请有关人员回避的权利。但在实践中，存在未告知申请回避的权利这一程序性辩护主张；在告知的方式上，既有口头告知，也有书面告知，这就造成实践中操作的随意性较大，而且知悉回避申请权与实现回避申请权存在较大的差距。

③ 存在办案人员在审前程序中参与过本案的其他程序情况。

自由心证的基本要求是法官凭借自己的良心与理性对证据的取舍与证明力的大小作出评判，而不受其他因素的干扰，办案人员如果在审前的其他阶段的程序中参与过本案的办理，法官因事先接触案件信息而容易形成先入为主的预断，将影响法官的心证形成，违背庭审中心化的实质内容，所以必须回避。办案人员最清楚回避制度相关的规定，实践中存在的有关办案人员本该自行回避而没有回避，只能说明对回避制度的价值认识不够，执行不充分。

其三，因无法提出回避理由而被直接驳回的案件数量较多。除了发回重审的案件之外，大量的案件被驳回，我国刑事回避制度采用“有理由”的回避申请方式，意味着当事人提出回避申请时，必须证明存在法律所规定的回避理由，但事实上，由于信息不对称，当事人很难在较短时间内成功证明存在回避理由，因而回避申请也难以产生实质的效果。

四、以非法证据排除为对象的程序性辩护及有效性的实证研究

（一）选择非法证据排除为程序性辩护辩点的制度基础

由于非法取证行为违反法律所规定的取证行为规则，侵害了公民的人身权利、财产权利或者隐私权等权利，各法治国家均通过非法证据排除制度予以调整，由于受较长时间的“重实体，轻程序”观念的困扰，我国传统的刑事司法制度重视打击犯罪，追求实质真实，忽视对取证行为合法性的审视。随着程序法治观念的深入，以及司法实践中因非法取证行为导致的冤假错案的存在，我国也逐步在刑事司法制

度中确立非法证据排除规则。

从辩护的性质上看，提出非法证据排除的辩护属于程序性辩护，如果从学者所指称的狭义的程序性辩护的概念来理解，非法证据排除直接针对国家公权机关的程序性违法行为，因而是程序性辩护最为核心的内容，也是刑事程序性辩护最为典型的样本，在一定的程度上，可以代表我国刑事程序性辩护的整体状况，这也是我国大多数学者在研究刑事程序性辩护的时候经常将非法证据排除作为研究对象的原因。国家公权机关在刑事司法过程中，遵循"法无授权即禁止"的公权运作规则，所以，程序性辩护辩点选择的依据来源于程序法律的规定。经过很长一段时间的完善和修改，我国相关法律最早出现于1979年《刑事诉讼法》第32条规定：严禁刑讯逼供和以威胁、引诱、欺骗以及其他非法的方法收集证据。之后一段时间的司法实践表明，这条规定并没能阻止刑事司法中部分案件刑讯逼供，一些冤假错案大部分均与刑讯逼供违法取证行为有关。但不容忽视的是，我国1979年《刑法》第136条就对刑讯逼供行为作了入罪处理，之后的几次刑法修改中，也坚持了这一原则，尽管从整体上看，刑罚对刑讯逼供罪的处置偏轻，但这种做法与当时的司法观念相符。从当时的社会背景来看，实体性的处置优于程序性的处置，但是这条规定也没能阻止刑讯逼供违法取证的行为产生。1988年我国加入了《禁止酷刑和其他残忍、不人道或有辱人格的待遇或处罚的公约》，国际公约为最低限度的正义准则，对缔约国在刑事司法中获取供证方式进行了限定，否定了刑讯逼供获得口供的证据资格，但却可以作为施用者违法的证据。加入公约之后，我国《刑事诉讼法》的相关规定不能与之相违背，实际上，公约规定的违法口供无效的方式，可以作为我国刑事司法完善的方向。遗憾的是，1996年《刑事诉讼法》对此没有进行修改，鉴于实践中出现的问题，1998年《最高人民法院关于执行〈中华人民共和国刑事诉讼法〉若干问题的解释》对之进行了完善。这一规定实质上借鉴了其他国家的程序性制裁规则的优点，吸收了前述公约的内容，排除违法取得的言词证据的证明力，是一种程序性制裁手段。2010年"二高三部"联合出台了《关于办理刑事案件排除非法证据若干问题的规定》，由于这一规定效力等次不高，2012年重新修订《刑事诉讼法》时，综合之前成果，将非法证据排除规则的内容上升到法律之中，第 54 条规定即为法律完善的结果，大大增强了我国非法证据排除规则的可操作性。随后，有关部门又通过司法解释予以完善，2013 年中共中央政法委员会通过《关于切实防止冤假错案的规定》进一步强调非法证据排除规则在实践中的重要性。最高人民法院通过《最高人民法院关于建立健全防范刑事冤假错案工作机制的意见》再次对刑事审判实践中的非法证据排除问题着重强调。党的第十八届中央委员会第三次、第四次全体会议又通过《中共中央关于全面深化改革若干重大问题的决定》《中共中央关于全面推进依法治国若干重大问题的决定》两个决定对禁止刑讯逼供、非法证据排除规则等内容进行强调。2018 年修改《刑事诉讼法》时也进行了完善。

这一系列法律文件的出台，代表党和国家打击非法取证行为的决心。从司法解释到刑事立法，效力越来越高，体现出党和国家对此问题的高度重视。从法律层面来看，形成了一个相对完整的保障体系，将整个刑事司法过程中公权机关的违法侵犯公民诉权的行为纳入这个体系，我国政府比以往任何时候都更重视刑事司法中的人权，禁止非法取证，非法证据排除规则比以往任何时候都更加完备，经过了时间的积淀，以及理论与实践的洗礼，制度的实效也在逐渐展现出来。坚持程序正义与实质真实并重，这种价值取向正是想通过非法证据排除规则的适用，以消除侵犯人权的违法的取证行为，真正实现司法公正。但司法实践中却不可避免地出现程序错误，这就使研究非法证据排除规则和程序性辩护的有效性成为必要。

(二)我国非法证据排除的程序性辩护有效性的实证研究

1. 研究思路

本研究以实证研究作为基本手段，采取普查式与抽样式相结合的方法，以“非法证据排除”与“刑事”作为检索对象检索无讼法网案例库。因为无讼案例网与中国裁判文书网的同步更新，能够代表反映国家法院系统关于非法证据排除规则的真实情况。抽样从 2013 年《刑事诉讼法》修订后的实施开始到 2018 年 11 月 22 日 23 时止，每年随机抽取 100 份，对之进行深入的分析。调研结果的可参考性来自数据的真实性、抽样的科学性、规模性以及覆盖性。

本部分研究内容以中国裁判文书网与无讼法网的内容为依据，因为非法证据排除是最重要的刑事程序性违法制裁措施，以裁判文书中的非法证据排除的适用为研究对象，主要从以下几个方面展开研究：提出排除非法证据的主体与理由、非法证据排除的依据、法院处理结果，继而研究非法证据排除的效果，以期发现非法证据排除规则在我国司法实践中运行的真实情况。

2. 样本选择

结合无讼案例网与中国裁判文书网的相关数据库，研究同时段的相关数据，进行对比分析，可知数据有真实性、广泛性、科学性。从年份来看，以"非法证据排除"与"刑事"为检索对象，检索了无讼案例网，呈现出从2010年1月1日到2018年11月22日23时止的所有包含相关内容的样本案例。

从审级来看，本样本包括一审文书2413份，二审文书1656份，再审文书39份，其他1份。由表6-6、表6-7、表6-8可知，剔除掉错误归类的误差，取案例总数4054份，这4054份研究样本涵盖31个省份三级人民法院司法文书样本，基本代表全国法院刑事判决非法证据排除的现状。时间跨度是从2010年1月1日至2018年11月22日23时10分。①

表6-6　地域分布情况

省份	非排数量与刑案数量	占比(%)	省份	非排数量与刑案数量	占比(%)	省份	非排数量与刑案数量	占比(%)	省份	非排数量与刑案数量	占比(%)
北京	188/95294	0.2	黑龙江	74/160754	0.046	山东	184/415299	0.044	重庆	88/179176	0.049
天津	18/119950	0.015	上海	21/157876	0.013	河南	287/474165	0.06	四川	364/346801	0.1

① 无讼案例网：https://www.itslaw.com，2018年11月22日访问。

省份	非排数量与刑案数量	占比（%）	省份	非排数量与刑案数量	占比（%）	省份	非排数量与刑案数量	占比（%）	省份	非排数量与刑案数量	占比（%）
河北	96/274050	0.035	江苏	231/440407	0.052	湖北	155/247352	0.062	贵州	109/168896	0.065
山西	112/153059	0.073	浙江	264/599120	0.044	湖南	249/321765	0.077	云南	276/299871	0.092
内蒙古	45/136508	0.033	安徽	202/290903	0.069	广东	293/560605	0.052	西藏	12/9073	0.13
辽宁	77/197813	0.039	福建	101/318661	0.031	广西	107/236678	0.045	陕西	75/179900	0.041
吉林	123/223691	0.055	江西	126/168193	0.074	海南	16/42277	0.038	甘肃	68/108056	0.063
青海	23/39350	0.058	宁夏	20/41660	0.048	新疆	50/57525	0.087			

注：非排数量指非法证据排除数量，刑事案件数量指同时期当地刑事案件数。

表 6-7　裁决书制作主体分布情况

裁决书制作主体	非排数量与刑案数量	占比（%）
高级法院	224/123829	0.2
中级法院	1785/2660639	0.067
基层法院	2045/4334706	0.047

注：非排指非法证据排除，刑事案件数量指同时期当地刑事案件总数。

上述案件采用不同的分类标准，可能存在交叉重复案例，造成不同分类标准总数之间存在误差，但数据均为数据库检索数据，真实有效。

从表 6-6 地域分布来看，各地提出非法证据排除数量占案件总数的比例不大，只有北京、四川、西藏占比超过 0.1%，其他地方介于 0.01%至 0.1%之间；从表 6-7 的审判法院来看，非法证据排除的重心有上移的倾向，级别越高，处理案件数量反而越多；从表 6-8 中的年份分布来看，2013年是一个重要的分水岭，2013年到2017年非法证据排除数量逐步提高，2018年大幅下降。

为了进一步深入研究非法证据排除的有效性，将随机抽取各年份检索到的案例中的10%作为样本，作进一步分析。因为2010年、2011年、2012年案件数较少，全部抽取作为样本，包括2010年2例，2011年4例，2012年12例，2013年随机抽取12例，2014年随机抽取55例，2015年随机抽取80例，2016年随机抽取97例，2017年随机抽取114例，2018年随机抽取48例，共424例。①

3. 结论

其一，申请非法证据排除的案例数受相关法律修改影响较大。总体来看，2010年到2012年申请非法证据排除案件数量较少，2010年《关于办理刑事案件排除非法证据若干问题的规定》的出台使非法证据排除有了法律依据，2010年到2012年因为司法解释本身限定在死刑案件上，范围相对较小，此时申请非法证据排除案件极少，只有16例，其中只有在2012年(2012)湘高法刑三终字第77号刑事裁定书中，上诉人提出原判认定事实不清，证据不足，公安人员有刑讯逼供的行为，对部分嫌疑人的口供没有启动非法证据排除，程序违法，建议发回重审，其他均没有排除。2013年是一个重要的分水岭，经过两年的积淀，正式确立非法证据排除规则，成为当年修订中的一个重要的亮点，公众对非法证据排除规则知悉程度大大提升，因而2013年非法证据排除相关的案件大幅上升，2018年前后波动幅度较大，新的法律可能会刺激辩方提出排除非法证据的申请，办案机关办

① 补充相关数据：2021年4月16日15点18分采用同样的方法对无讼案例网2019年、2020年的非法证据排除情况进行研究，2019年有1349份文书涉及非法证据排除，2020年有672份文书涉及非法证据排除。随机抽取10%作为样本，进行进一步分析，2019年随机抽取135例，提出申请后无法提出相关线索与材料不采纳、不启动24例，发回重审的1例，部分排除非法证据2例，驳回、不排除非法证据101例，其中召开庭前会议的有10例，7例撤回申请，申请有效率为2.2%；2020年随机抽取67例，提出申请后无法提出相关线索与材料不采纳、不启动1例，排除非法证据1例，不排除非法证据63例，其中召开庭前会议的有15例，4例撤回申请，申请有效率为1.4%。

案对新法有一个适应期，达到熟练运用后将会逐渐趋于稳定。

其二，申请非法证据排除成功率低。2013 年新的《刑事诉讼法》实施之后申请非法证据排除的案件大幅增加，但真正对案件定罪与量刑产生影响的案件并不多见。从表 6-8 中不难看出：2012 年将非法证据排除正式纳入《刑事诉讼法》中，因而以之为时间节点进行研究，即研究 2013 年 1 月 1 日开始实施以后非法证据排除程序 6 年的运作情况(数据截至统计时间)。刑事程序性辩护中，控辩双方平等对抗，建立在证据基础之上，根据法律的规定，当事人在提出非法证据排除的申请之后，应当提出相关线索与材料，但研究对象中，2013—2019 年有 41 件因无法提出相关线索与材料而不予采纳，占申请数的 10.1%；庭前会议是处理非法证据排除的重要程序，当事人提出排除非法证据的申请后，共计有 45 份案件中召开庭前会议，占 11.1%；排除或部分排除非法证据的总数为 26 件，占提出申请数的 6.4%，也就是说申请有效率为 6.4%。每一年的具体分布情况见表 6-8：

表 6-8　申请非法证据排除后的处理情况

年份 类别	2013	2014	2015	2016	2017	2018	五年总计
申请非法证据排除的数量	120	553	796	971	1148	478	4066
样本数量(随机取总数 10%)	12	55	80	97	114	48	406
提出申请后无法提出相关线索与材料不采纳	3	4	6	4	15	9	41
召开庭前会议	1	5	2	3	24	10	45
排除非法证据	1	2	2	1	8	2	16
部分排除非法证据	0	1	3	1	3	2	10
不排除所提非法证据申请	11	52	75	95	103	44	380
证据瑕疵于以补正	1	5	10	7	3	3	29
申请有效率	8.3%	5.4%	6.3%	2.1%	9.6%	8.3%	6.4%

说明：申请有效率取排除数与申请数的比值

其三，我国学者对相关问题的实证研究结论与本研究结论相似。左卫民教授在 2012 年 12 月 10 日到 2013 年 12 月 9 日选取一些样本案件，结合问卷、访谈内容，对此问题进行研究之后得出的结论为：法院依职权启动程序的情形缺乏、被告方申请启动非法证据排除程序的情形稀少、被告方提出非法证据排除申请的比例极低、被告方申请之后启动非法证据排除程序的情形更少，但法官依申请对证据合法性进行调查的比例尚可、合法性调查后证据被排除的比例较低、非法证据排除后对案件处理基本没有影响。左卫民教授提出应从技术层面，细化非法证据排除规则及其适用程序，创建以人权为本的制约侦控机关的机制。① 也有学者研究了 2011 年 1 月 1 日至 2015 年 12 月 31 日"中国裁判文书网"的判决文书，其中存在非法证据排除的样本案件共 995 份，最后得出结论认为：非法证据排除程序不仅开启难，而且排除效果在司法实践中"几近沉睡"。② 有学者对 2013 年北大法宝案例与裁判文书库 95.4 万件刑事判决书以"非法证据"为检索对象，其中有 45 件有关非法证据排除的案件，辩方提出排除非法证据申请的案件共 23 件，其中一件因"辩方不能提出相关线索或材料"而不启动排除程序，20 起案件决定不予排除，决定排除的 2 起。③ 有学者专门针对毒品案件作了实证研究后得出结论，排除比率整体呈下降趋势，法院决定排除某种非法证据的文书数量与辩方申请排除该种证据的文书数量之比，约为 10%，不包括法院依职权启动非法证据排除程序。④ 有学者选择了小范围的 46 件涉非法证据案件进行实证研究，发现有 14 件最终排除了相关证据，排除率为 30.4%，但从最终的结

---

① 左卫民：《热与冷：非法证据排除规则适用的实证研究》，载《法商研究》2015 年第 3 期。

② 张健：《审判阶段非法证据排除规则的表达与实践——对 995 份刑事裁判文书的实证分析》，载《学习论坛》2016 年第 4 期。

③ 吴宏耀：《非法证据排除的规则与实效——兼论我国非法证据排除规则的完善进路》，载《现代法学》2014 年第 4 期。

④ 侯晓焱、王业飞、李品优：《毒品犯罪中非法证据排除问题的实证研究——基于 1399 份公开判决书的大数据分析》，载《法治现代化研究》2019 年第 1 期。

果上看，有4件案件影响了定罪量刑，10件对案件结果没有影响，①对结果的影响率为8.6%。有学者选择了100件与非法证据排除相关的案件进行实证研究，得出结论为：90件案件决定不排除相关证据，3件决定排除非法证据(其中2件未对原判产生影响，改判1件)，被认定为不作定案根据的有1件，发回重审2件，4件没有回应。可以看出，申请非法证据排除之后，排除率仅为3%，对案件结果的影响率仅为1%。② 有学者对587个样本案例研究，其中7例作为非法证据被排除，占比1.19%；29例被部分排除，占比4.94%，14例不能作为定案根据，占比2.39%；3例被发回重审，占比0.51%。③ 从程序性辩护的有效性来看，上述案例均因程序性辩护而产生了效果。也有学者对557份判决进行研究发现，提出非法证据排除申请之后，虽然启动了排除程序，但对争议证据是否被排除，不作出结论性意见的，占15.7%；对公诉机关的“证据合法性”证明方式过于宽容，占21.3%；确认存在非法取证情形，占3.3%；不排除存在非法取证情形，占2.1%；有效实施程序性制裁比率为5.4%。④ 有人对486份案件的判决进行研究，其中有53起启动排除程序，启动率为10.9%；有8起排除了非法证据，比例为15.1%，占样本总量的1.9%，在具体的处理结果上，成功率极低。⑤ 有学者对100份涉及非法证据排除的裁判文书进行实证分析后发现，9例被排除或部分排除，对最终结果的影响为1个最终无罪、1个重罪改轻罪并减轻量刑，但其他案件中，均对最终结果无影响，可见，排除率占9%，对实际结果的影响

① 任素贤：《审判阶段非法证据排除规则适用的实证考察及困境突破》，载《政治与法律》2018年第6期。

② 姜金良、王艺霖：《非法证据排除认定中裁判思维误区及克服》，载《法律适用》2017年第14期。

③ 郝银钟、史达：《法院适用非法证据排除规则实证研究——基于587份裁判文书的分析》，载《贵州民族大学学报》(哲学社会科学版) 2018年第6期。

④ 林喜芬、董坤：《非法证据排除规则运行状况的实证研究——以557份律师调查问卷为样本》，载《交大法学》2016年第3期。

⑤ 张健：《审判中心改革背景下非法证据排除规则的落实与完善》，载《西安电子科技大学学报》(社会科学版)2016年第3期。

率为 2%。① 也有学者对某地 17213 件案件进行研究，发现申请排除非法证据的案件为 124 件，启动证据合法性调查程序的案件为 54 件，占全部案件的 0.31%，最终决定排除非法证据的案件为 14 件，占全部案件的 0.08%；提起申请后程序启动率为 43.55%；排除率为 25.93%。② 也有学者通过实证研究得出：非法证人证言的排除比例为 9.72%，非法被害人陈述的排除比例为 12.86%，非法被告人供述的排除比例为 8.98%。③

从以上学者近几年对非法证据排除的实证研究可以看出，因为学者选择的样本不同、时间不同，不同具体数据分析的结果存在较大的差异。但总体上看，提出申请排除非法证据之后成功排除率为 3%～25.93%，对定罪与量刑相关的案件结果影响率为 1%～8.6%，这说明我国司法实践中非法证据排除已经产生了一定的效果，但排除率并不高，真正影响案件定罪量刑的比率更低。

在短期内不可能对现有的法律作出大的变动的前提下，一味解构现有法律并提出修改法律的建议并不是一个好的现象。从前述非法证据排除规则确立的历程中，可以看出，国家立法机关高度重视这一问题，从内容上看，也不断接近部分其他法治国家的制度设计模式。但任何立法都不可能事无巨细地予以明确，法律的生命在于实施，只能在现有的法律框架下，通过对规范的合理解释与分析，推动非法证据排除规则在司法实践中的合理运用，推动程序性辩护制度的发展。在我国，与程序性制裁相关的制度的制定是从外到内、从上向下的，并不像其他国家自下而上、由内到外通过权利自然演进而产生，所以，当规则制度制定出来之后，关键的问题在于推动司法实践的运用。以审判为中心的司法制度改革，必定更加依赖法律的正当程序，以权利为中心，通过积极行使刑事程序性辩护权，推动的程序法治的完善，

① 高洁：《非法证据排除规则适用的实证研究——从“中国裁判文书网”的 100 份裁判文书谈起》，载《江苏警官学院学报》2016 年第 1 期。

② 孙长永、王彪：《审判阶段非法证据排除问题实证考察》，载《现代法学》2014 年第 1 期。

③ 侯晓焱、邢永杰：《我国证人证言排除的刑事司法实务观察》，载《国家检察官学院学报》2019 年第 7 期。

制止刑事司法中的程序性违法行为，故而为了保证程序法律的有效实施必须制定刚性排除法则。2012 年《刑事诉讼法》第 54 条、2018 年修订的《刑事诉讼法》则在第 56 条到第 60 条中更为细致地设定了非法证据排除规则。在程序性裁判中，应当选择一种适合我国国情的非法证据排除规则，可以预见，随着制度的日益完善，以及取证手段的科学化、合理化，非法证据排除成功率将会更低。

五、以超期羁押为对象的程序性辩护及有效性的实证研究

(一) 研究思路

为了实施国家的刑罚权，刑事诉讼被界定为一种必不可少的恶，采用羁押措施的目的是为了保证诉讼的顺利进行，但是作为一种针对当事人人身自由所采取的措施，其人权侵害性特征显而易见，羁押必须遵循法定性与比例性原则，法律所规定的羁押期限正是充分考虑办案的需要而设置，一旦超过期限则不具有合法性，当事人及其律师可以向有关机关提出解除超期羁押的程序性辩护主张。理论上，羁押的期限由法律明文规定，极易把握，公权机关在办案的过程中，必定会遵循法律所规定的期限，但事实并非如此，办案机关往往出于所谓的办案需要而延长或者变相延长羁押的期限，实践中广泛存在超期羁押的现象。

为了对羁押实际运作效果进行实证研究，下面将选取样本，以观察司法实践中的羁押问题。

(二)样本选择

以无讼案例网为基础数据库进行检索和研究，以“刑事诉讼”“超期羁押”为关键词检索无讼案例网中与羁押相关的案例，发现截至 2019 年 5 月 4 日 20 点整(由于网站文书不断更新，选择样本案例的时间到此为止)，共搜索到涉及超期羁押 324 例，因无讼案例数据库来源于中国法院裁判文书网，具有真实性。从法院层级上看，各地高级人民法院 26 例，占总案例数的 8.1%；各地中级人民法院 189

例，占总案例数的58.88%；各地基层人民法院106例，占总案例数的33.02%。见表6-9：

表 6-9

层级 数量	高级人民法院	中级人民法院	基层人民法院
数量	26	189	106
占比	8.1%	58.88%	33.02%

从法院审级上看，其中一审124例，占总案例数的38.27%；二审173例，占总案例数的53.4%；再审13例，占总案例数的4.01%；其他14例，占总案例数的4.32%。案例具有全面性、多样性。① 见表6-10：

表 6-10

审级 类别	一审	二审	再审	其他例
数量	124	173	13	14
占比	38.27%	53.4%	4.01%	4.32%

为了研究当事人提出超期羁押的程序性辩护的有效性，发现其中有246例提出了针对超期羁押的辩护，由于羁押决定机关能够证明其羁押符合法律规定，无超期羁押的问题，因而不予采纳，占超期羁押总数的75.9%；有31例因被提起超期羁押申请后发回重审，占超期羁押总数的9.6%；有11例因超期羁押获得国家赔偿，占超期羁押总数的3.4%；12例因超期羁押而获得减刑，占超期羁押总数的3.7%；3例因不属于赔偿范围或不符合赔偿条件而被驳回赔偿申请，占超期

① 以上数据来源于无讼案例：https://www.itslaw.com，2019年5月4日访问。

羁押总数的0.93%；1例被告人主动撤回提出的国家赔偿申请，占超期羁押总数的0.31%；1例因为向错误赔偿义务机关提出申请而被驳回，占超期羁押总数的0.31%；11例因提起超期羁押申请后对责任人追究玩忽职守罪的刑事责任，占超期羁押总数的3.4%；3例因提起超期羁押申请后，提请检察监督，占超期羁押总数的0.93%；1例因办案人员车祸导致超期羁押，提起超期羁押申请后，最终也予以折抵，占超期羁押总数的0.31%；1例提起超期羁押申请后，查明由于不可抗力导致，最终予以折抵，占超期羁押总数的0.31%，特殊情况折抵刑期共0.62%。

如果将折抵刑期、减刑、获得国家赔偿、发回重审、追究相关人员玩忽职守的责任、检察监督等算作程序性辩护有效，则其总和占超期羁押总数比为21.65%。提出超期羁押的程序性辩护有效性情况见表6-11：

表6-11

处理 类别	发回重审	获得国家赔偿	减刑	追究责任	引起检察监督	折抵刑期	总数
数量	31	11	12	11	3	2	70
占比	9.6%	3.4%	3.7%	3.4%	0.93%	0.62%	21.65

(三)结论

1. 解决超期羁押问题的法院重心偏向高级别法院

从解决超期羁押的法院的比率来看，集中在中级法院和二审程序之中。超期羁押违反了《刑事诉讼法》关于拘留与逮捕的规定，直接侵害公民的人身自由。事后通过国家赔偿的方式并不能完全弥补对公民造成的损失，错误超期羁押所带来的国家赔偿也人为地造成了司法资源的浪费，造成非必要的制度运行成本的增加。对于有罪的被羁押者来说，事后通过折抵刑期以减少损害，但基于程序目的适用短期限制或剥夺自由的措施与基于实体犯罪的刑罚所设定的刑期，两者有着不同的价值追求，将错误的羁押期限折抵刑期，只能作为不得已而为之的权宜之计，羁押场所难以实现刑罚执行场所的功能，对于羁押期限超出应当判处的刑期的情形，还可能会刺激审判机关提高刑种或者刑期，产生更不好的结果。超期羁押主要发生于审前侦查程序之中，如果一审程序不能及时解决超期羁押的问题，只能使可能的超期羁押的时间拖延，解决超期羁押问题的法院偏向二审与中级法院，最后产生的国家赔偿将会消耗更多的司法资源。

2. 超期羁押的救济渠道不通畅

《刑事诉讼法》第 95 条规定检察机关的羁押必要性审查的权利，第 96 条规定人民法院、人民检察院和公安机关应当及时撤销或者变更不当的羁押，第 98 条规定对犯罪嫌疑人、被告人被羁押的案件，不能在法定的期限内办结的，应当予以释放。如果严格按照上述《刑事诉讼法》规定操作，则不可能出现超期羁押的情况，但实践中还是存在超期羁押的现象，说明救济渠道不通畅。事实上，启动救济的方式有两种，即国家机关主动进行和依当事人申请启动，但这两种方式均由国家机关决定是否解除超期羁押，对超期羁押的救济无论是由公安、检察机关自行发现，还是被羁押者一方申请提出，实际上都采取了行政化的救济模式，负责对羁押期限合法性审查的机构仍然是作出原决定的刑事追诉机关，属于明显的“自我审查”“自我裁判”和“自我纠正”。① 这也是实践中上述导致解决超期羁押问题的法院偏向二审与中级法院的原因。

六、以管辖为对象的程序性辩护及有效性的实证研究

（一）研究思路

管辖是法律规定的法院处理案件的一种资格，管辖权的分配以追求案件的司法公正、准确及时、便利诉讼、维护合法权益为目标。管辖错误违背案件的配置原则，会造成诉讼的不经济，并违背法定的管

① 张达鸣、曹东：《实证视域内的超期羁押原因分析及反思》，载《中国检察官》2010 年第 7 期。

辖配置方案。无论是无权管辖机关受理了案件，还是有权管辖机关不予管辖案件，均是一种程序性违法，当事人可以依据《最高人民法院关于适用〈中华人民共和国刑事诉讼法〉的解释》(2021年修订)第228条的规定，在庭前会议中提出有关管辖问题的异议，《人民法院办理刑事案件庭前会议规程》第10条及第11条对此内容也有规定。对地域管辖与级别管辖，当事人均可以提出管辖异议，但当事人应该说明理由，法院则可以移送案件或者驳回。下面将选取样本对管辖问题的异议进行研究，以期借此观察程序性辩护的有效性问题。

(二)样本选择

以无讼案例网为基础数据库进行检索和研究，以“管辖异议”“刑事”为关键词检索无讼案例网中与之相关的案例，发现截至2019年4月2日22时整(由于网站文书不断更新，选择样本案例的时间到此为止)，共搜索到85篇样本案例中涉及管辖异议的情形，时间跨度从2007年到2018年，因无讼案例数据库来源于中国法院裁判文书网，具有真实性。从法院层级上看，各地高级人民法院4例，约占总案例数的4.71%；各地中级人民法院37例，约占总案例数的43.53%；各地基层人民法院43例，约占总案例数的50.59%。见表6-12：

表6-12

法院层级 / 类别	高级	中级	基层
数量	4	37	43
占比	4.71%	43.53%	50.59%

其中，一审48例，占总案例数的56.47%；二审35例，占总案例数的41.18%；再审1例，占总案例数的1.2%；其他1例，占总案例数的1.2%。见表6-13：

表 6-13

法院审级 类别	一审	二审	再审	其他
数量	48	35	1	1
占比	56.47%	41.18%	1.2%	1.2%

从年份来看，2018 年为 6 例，占总案例数的 7.06%；2017 年为 18 例，占总案例数的 21.18%；2016 年为 25 例，占总案例数的 29.41%；2015 年为 12 例，占总案例数的 14.12%；2014 年为 14 例，占总案例数的 16.47%；2013 年为 4 例，占总案例数的 4.71%；2012 年为 2 例，占总案例数的 2.35%；2011 年为 2 例，占总案例数的 2.35%；2010 年为 1 例，占总案例数的 1.2%；2007 年为 1 例，占总案例数的 1.2%。①

对 85 份样本案例进行分析之后发现：在当事人提出的管辖异议的辩护中有 9 例获得了成功，人民法院改变管辖，有效率为 10.58%。不予采纳或者驳回管辖异议的有 76 例，占总数的 89.4%。在不予采纳或者驳回的案例中，国家机关详细说明理由的有 25 例，占总数的 29.41%，其中有 3 例在当事人提出管辖异议后，法院说明指定管辖的情况，说明管辖的合法性，即(2015)蛟刑初字第 256 号被告人刘某寻衅滋事罪一案中，直接说明了该院与另一法院管辖争议，经层报后指定管辖的情形；(2014)通川刑初字第 260 号被告人易某非法持有毒品案一案中，被告人易某非法持有毒品案的辩护人提出管辖异议，说明某市中级人民法院指定管辖的情况；(2014)茂中法刑二终字第 71 号被告人梁某爆炸罪一案中，某市中级人民法院说明指定管辖的情况，并不存在管辖问题。在说理部分，其中 22 例通过援引《刑事诉讼法》关于管辖的规定之后，结合本案的基本情况，详细说明管辖错误问题的存在与否，占说理数的 88%；简单说明理由的 51 例，占总数的 60%。针对公安机关管辖提出管辖异议的有 5 例，占案

① 无讼案例网：https://www.itslaw.com，2019 年 4 月 2 日访问。

例数的5.88%，即(2013)宁刑终字第79号何某贩毒案，(2014)安顺市刑初字第7号被告人王某走私、贩卖、运输、制造毒品案，(2014)池刑再终字第00001号王某妨害作证案，(2016)湘0523刑初137号妨害公务案，(2016)内22刑初10号被告人黄某诈骗案。①

(三)结论

1. 实践中的管辖异议急需有更加完善的制度呼应。作为一种程序性事项，当事人有权基于管辖问题提出程序性辩护主张。我国现行《刑事诉讼法》虽然规定了管辖制度，但《刑事诉讼法》并没有明确规定管辖异议制度，司法实践中存在当事人针对管辖问题提出的异议，虽然相关司法解释对此问题有一定的规制，但对管辖异议的处理缺乏法律的约束，提出的时间、方式、理由以及处理措施均较为随意。当事人在不同的程序中均能自由地提出管辖权异议，但主要在一审与二审中提出，提出管辖异议的有效率不高，管辖制度运作的偏差在合理的限度之内。从性质上看，管辖属于程序问题，根据一定的标准与原则，程序法律配置不同机关刑事案件的管辖权，各机关分工越明确，越不易发生管辖争议和管辖异议，但刑事司法实践中存在多重管辖的情形，也会存在管辖模糊的地方。出于对程序公正及当事人人权的尊重，必须在设置管辖权的同时，尊重当事人的管辖权异议的权利，管辖不只是简单的案件分派制度和权力配置系统，制度的良性运作不仅需要合法性，还需要具备有效性。管辖权异议是从当事人权利的角度设置的救济性措施，有利于增强管辖制度的有效性。

① 2021年4月30日以上述方法和关键词检索无讼案例网，发现2019年有涉及刑事案件管辖异议的案例有28例，2020年有8例。2019年当事人提出的管辖异议的辩护中有2例获得成功，即(2019)京0105刑初565号和(2018)辽0211刑初169号文书，有效率为7.1%；5例涉及案件中民事事项的管辖异议，5例涉及关键词管辖异议实际为无效的例子，16例不予采纳或者驳回管辖异议。2020年当事人提出管辖异议的辩护中有2例获得成功，即(2019)晋0502刑初549号和(2020)冀0426刑决39号，有效率为25%；6例不予采纳或者驳回管辖异议。无讼案例网：https：//www.itslaw.com/home，2021年4月30日访问。

2. 管辖异议的处理方式需要依法予以固定和明确。管辖异议的处理方式多样，较为随意。其一，通过裁定的方式解决，直接裁定管辖权异议不能成立，驳回管辖权异议。其二，判决书附带解决方式，在判决书中，根据本案的事实与证据，结合刑事诉讼法管辖的规定，论证案件管辖的正确性。其三，通过庭前会议处理，现行《刑事诉讼法》规定了庭前会议对管辖、回避、非法证据排除等与审判相关的程序性问题的一定的处理权限，2012 年最高人民法院《关于适用〈中华人民共和国刑事诉讼法〉的解释》第 184 条规定了庭前会议中处理管辖异议的问题，但庭前会议处理只限于了解情况，听取意见，可见，当时的法律解释并没有规定人民法院在相关事项上的实质性的处理权限，与《刑事诉讼法》的相关规定有差异。2021 年修订的最高人民法院《关于适用〈中华人民共和国刑事诉讼法〉的解释》在此问题上有了进一步的解释，第 228 条第 3 款规定，对于可能导致庭审中断的程序性事项，人民法院可以在庭前会议后依法作出处理，并在庭审中说明处理决定和理由。

3. 处理管辖异议案件的说理性有待加强。总体上看，在处理管辖异议相关的案件中，欠缺说理性，但也有值得肯定的案件，部分涉及处理管辖异议的案件说理较为充分。上述案例中，在部分不予采纳或者驳回管辖异议的裁定中，有关机关能够根据法律管辖的规定充分说理，妥善解决管辖异议的问题，在判决书附带解决模式中，更是有部分案例能够运用事实与证据结合管辖的规定作出解释。当事人及其律师提出管辖权异议在本质上就是一种程序性辩护，对于纠正管辖错误，维护当事人的程序权利有着较为重要的意义，对于当事人的程序性辩护主张，国家公安、司法机关在处理案件的过程中，不管是支持或者反对其辩护主张，均应当进行交流与说理，体现出程序的交涉合理性，体现法律正当程序所蕴含的公正精神。管辖有着明确的法律规定，除了在多重管辖权的情形下，一般不存在太多的自由裁量或者争议的余地，当事人提出管辖权异议的主要是多重管辖以及某个单位被回避的情形，国家机关应当针对当事人所提出的管辖异议的理由，充分地说理，以展现权力运作的合法性。

第三节　我国刑事政策与刑事程序性辩护有效性

刑事政策在刑事司法中有着举足轻重的作用，刑事政策对刑事程序性辩护也有较大的影响，可以从不同的侧面对之进行诠释，在惩罚与教育之间、宽与严之间、惩罚犯罪与人权保障之间、追求实质真实与程序正义之间的偏移，有时正是刑事政策导向的结果。

一、刑事政策与刑事诉讼的关系

在我国学者的研究中，王牧教授认为，刑事政策分为古典的刑事政策与科学的刑事政策。古典的刑事政策本质上是一种单一的刑事惩罚政策，将其作为刑事立法和司法的技巧和技术，核心问题是如何使刑罚运用得更加合理而有效。科学的刑事政策观则超越了刑罚处罚的范畴，将其作为综合的社会治理手段。① 虽然我国学者对界定刑事政策的内涵与外延有较大争议，但同时也形成了较多共识。由于刑事诉讼法所追求的程序法治的立场与刑事政策所追求的控制犯罪立场之间存在矛盾，且刑事诉讼法学者对刑事政策持批判的态度，刑事政策在刑事诉讼中应有的功能没有得到发挥，而这一问题的原因在于对刑事政策片面化的理解与误读。随着刑事政策观的转变，刑事政策对刑事司法的引导作用也应回归到正常的状态中。在现代司法能动的语境下，人们已经认识到先前所恪守的刑法规范内在的自足性和体系的完整性，会导致封闭性与僵化性，已经无法应对因社会的巨变而引起的严峻的犯罪形势，刑事政策正通过司法中的论证技巧融入刑事司法过程，以纠正和弥补刑法规范可能存在的缺陷。刑事政策对刑事司法的任务与运行过程均具有导向功能，刑事政策反映了党和国家对犯罪治理的决策信息，具有宏观指导性。就运作机理来说，在传统的刑事司

① 王牧、赵宝成：《“刑事政策”应当是什么——刑事政策概念解析》，载《中国刑事法杂志》2006 年第 2 期。

法政策的指引下，犯罪人被作为权力支配的客体；在现代法治社会刑事司法政策的指引下，司法被当作理性对话的平台，犯罪人的角色从权力客体变为权利主体，获得了在法治程序的框架下与公权力平等对话的空间，以说理性为核心的论证格局正在成为现代刑事司法的显著特征。①

在我国，研究刑事政策的大多数学者是从刑事政策与刑罚、刑事实体法的关系的角度展开，鲜有学者从刑事程序法的角度专门对刑事政策进行研究，只是在研究某个刑事诉讼法的专门问题时偶有涉及，如研究沉默权时涉及坦白从宽、抗拒从严等。刑事政策是对国内的犯罪形势以及国际刑事政策基本理论的宏观把握，因而能够指明刑事诉讼法的发展方向。刑事政策从精神内核上决定了特定时期刑事诉讼结构的特征、结构决定功能，并呼应刑事司法政策。为了顺应特定时期的政策取向，诉讼结构会进行自我调整。刑事诉讼中的犯罪控制模式与维护国家统治秩序、打击犯罪的刑事政策相一致，这种模式下，国家公权机关权力被强化，职权主义色彩浓厚，公民程序性权利被压制；与社会防卫观中的人道、人权刑事政策相一致的刑事诉讼追求程序正义与人权保障，立基于刑事诉讼中的权利与权力的平衡配置，以正当程序为基准，这也是我国的刑事诉讼制度完善的方向。政策引导刑事诉讼，引起刑事程序内部结构的改变，刑事诉讼正是通过内部结构的改变，调整权利与权力的关系，以顺应政策的价值追求。主张惩罚犯罪为主则会压缩程序功能的发挥，“从重、从快、从严”打击即为特定时期刑事政策的真实写照，主张人权保障则会重视程序的价值与程序权利体系的构建。

应当用程序正义的原理推动政策与刑事程序的良性互动。刑事政策与刑事诉讼联系紧密，可以引导刑事诉讼法文本的创制与修订，引领刑事诉讼法的改进动力和前行方向。② 任何割裂两者的观念均会导

① 石聚航：《刑事政策司法化：历史叙事、功能阐释与风险防范》，载《当代法学》2015 年第 5 期。

② 陈实：《话语与实践：刑事政策影响下的刑事诉讼》，载《江西社会科学》2014 年第 11 期。

致失效，法律因脱离社会的需求而失去效果，就如无源之水，刑事政策的转变与刑事司法观念及刑事司法程序有着较为紧密的关联，会影响刑事司法价值的取向与具体制度的取舍与选择。刑事政策的话语变迁，不同程度地调整着刑事司法的策略与运作机理。现代刑事司法理念认为：刑事司法并不是对刑法规范的简单适用，刑事司法对于刑法规范适用的妥当性以及有效性有着重要的作用，刑事司法是刚柔相济的策略选择，与刑事政策息息相关，或者说这一作用的发挥依赖刑事政策的指引。刑事政策是国家运用科学的方法从宏观层面在对特定时期犯罪形势评估的基础上作出的评判，刑事司法与刑事政策相呼应，也是国家社会治理过程中的一个重要的环节。①

二、我国刑事政策对刑事程序性辩护有效性的影响

我国古代社会，在受儒家伦理浸润的古代刑事司法中，因受礼法合一传统的影响，刑事政策通过儒家伦理精神贯穿社会治理的法与德，在某些时候，甚至左右刑事司法过程。我国近现代刑事司法程序大致上经历了三个不同的阶段。

其一，刑事政策萌芽阶段。

在国内革命战争时期，我党制定了一系列刑事政策性质的文件，用于维护革命根据地的社会治安，但由于缺乏正式的法律，便临时沿用了革命战争时期对敌斗争的丰富经验与方法作为刑事政策。1940年12月，毛泽东同志在《论政策》一文中指出区别对待坚决的汉奸分子、坚决的反共分子、动摇分子、胁从分子，采取镇压与宽大相结合的方针处理上述四类不同的人。这一论断成为日后很长一段时间内惩处犯罪的指导思想与执法依据。1942年11月6日，为了准确地应对国际国内复杂的形势，中共中央针对当时的犯罪形势作出了《关于宽大政策的解释》，进一步提出了镇压与宽大两个政策。② 后来学者将

① 石聚航：《刑事政策司法化：历史叙事、功能阐释与风险防范》，载《当代法学》2015年第5期。

② 高铭暄、彭凤莲：《新中国刑事政策的演进》，载卢建平主编，《刑事政策评论》，中国方正出版社2007年版，第1~2页。

之概括为“镇压与宽大相结合”的刑事政策。这一时期由于缺乏专门惩治犯罪的法律，所以，沿袭了革命时期处理犯罪的方法，对于稳定新生的政权起到了重要的作用，奠定了后来制定法律的理论与实践基础。为了取得对敌斗争的胜利，以实体方面的敌我矛盾的划分为主，也为了团结一切可以团结的力量，对敌人严肃镇压，对人民宽大处理。而程序及程序性辩护在这一时期并没有被重视。

其二，刑事政策形成与发展阶段。

中华人民共和国成立后，基于对特定的国际国内形势的认识，我国实施了很长一段时间高度集中的政治经济体制，随之而来的改革开放对人们的思想造成了很大的冲击，新旧价值观念的更替、变革过程中出现的各种矛盾加剧，引发了许多严重危害社会秩序的犯罪行为，给犯罪控制带来了新的挑战。为了应对严峻的犯罪形势，1983 年 8 月，党中央作出了《关于严厉打击刑事犯罪活动的决定》，确立了严厉打击犯罪的方针。同年 9 月 2 日，全国人大通过了《关于严惩严重危害社会治安的犯罪分子的决定》《关于迅速审判严重危害社会治安的犯罪分子的程序的决定》，以立法的形式确立了对特定犯罪实行“从重、从快、从严”的“严打”方针，用于指引《刑法》与《刑事诉讼法》，对于符合严打打击对象的犯罪分子，压缩了刑事司法程序与犯罪嫌疑人、被告人人权保障方面的制度空间，国家刑事司法中的公权力在这一特定政策的指引下得到了较大的释放。随后，我国又于 1996 年进行了第二次严打，从 2001 年开始又发动了为期三年的第三次严打斗争。对于有组织犯罪、黑社会性质的犯罪、团伙性质的犯罪等暴力犯罪进行了有效的打击。基于对特定历史时期的社会治安形势的认识，认识到人民群众对稳定与秩序的期盼，我国对严重的犯罪分子采取了严打的政策，为了落实此时的刑事政策，程序性辩护权被相应地压缩，在司法实践中也没有得到重视。

其三，刑事政策成熟阶段。

毫无疑问，“严打”刑事政策对惩治重型犯罪具有较高的有效性，但如果使用不当，则极易扩大打击范围，最后的实施效果并不理想。“严打”的刑事政策，过于强调“打击”，轻人权保障，并没有获得理想的效果，在构建和谐社会的大环境下，“严打”刑事政策不适应时代发展。2004 年 12 月，在中央政法工作会议上，罗干同志在发言中最早提出了宽严相济的刑事政策，即“要坚持惩办与宽大相结合，才能取得更好的法律和社会效果”。“惩办与宽大相结合”有着重要的意义。2005 年 12 月中央政法工作会议上，罗干同志进一步将这一政策概括为“宽严相济”的刑事政策。随后，最高人民法院、最高人民检察院发布文件指导司法实践中对此政策的具体适用。

2006 年党的十六届六中全会通过的《关于构建社会主义和谐社会若干重大问题的决定》正式提出要实施宽严相济的刑事司法政策。2011 年，随着政治经济形势的发展，我国对《刑法》作出修正，通过了《刑法修正案(八)》，在此次刑法的修正中，充分体现了宽严相济的刑事政策，是刑事政策在刑事实体法中的具体展现。事实上，直到今天，宽严相济的刑事政策到底是刑事司法政策还是基本的刑事政策？学者们可谓见仁见智，没有形成统一的观点。高铭暄先生曾指出：宽严相济刑事政策是中央文件正式提出的概念，将之作为刑事司法政策，没有将之作为基本的刑事政策。所以，应当从权威文件的文义进行理解，而不能随意解释。也就是说中央文件只说它是司法政策，并没说是基本刑事政策。① 马克昌先生则认为：刑事司法政策和刑事立法政策，应当从体系上进行理解，将之作为一项基本的刑事政策。② 也有学者在研究刑事政策时认为应当将刑事政策作为规范刑法外的顶层设计，并将规范刑法视为刑事政策外的微观治理。由此，刑事司法解释成为规范刑法工具理性延伸的领域，成为刑法立法与司法过程中能动发挥目的理性的通道，能够化解体系性困境，是联系理论与实践的桥梁。③

---

① 转引自孙万怀：《宽严相济刑事政策应回归为司法政策》，载《法学研究》2014 年第 4 期。

② 转引自孙万怀：《宽严相济刑事政策应回归为司法政策》，载《法学研究》2014 年第 4 期。

③ 卫磊：《当代刑事政策发展的实践路径——以刑法司法解释为视角》，载《华东政法大学学报》2013 年第 4 期。

从这种观点来看，“宽严相济”的刑事政策不能被狭隘地理解，不能孤立地局限于某一方面，我们认为不能简单地从文义上机械地解读中央的文件精神。作为刑事司法领域的权威文件，对宽严相济的刑事政策的理解应当从其产生的制度背景与价值追求进行分析，进行系统性的解释，“宽严相济”的刑事政策脱胎于我国以往的“轻轻重重”“惩办与宽大相结合”和“严打”等政策，也吸收了国外的“人道主义”“社会防卫”等思想，因而“宽严相济”的刑事政策应当包括刑事立法、刑事司法、刑事执行等各阶段的基本刑事政策。权威的文件与领导的讲话表明，“要实施宽严相济的刑事司法政策”的本义是对刑事司法行为的强调，并不能因此就否定其作为基本刑事政策的本质。

在刑事司法中，“宽严相济”的刑事政策对各个诉讼程序均起着不可替代的作用。随着程序价值的提升，我国“宽严相济”的刑事政策在融合其他法治国家的政策技巧后，更激发了刑事政策在刑事司法中的活力，尤其是程序正义的思想注入刑事政策中后，使我国现行的刑事司法比以往任何时候都更加具有适应力与可操作性，最直接的制度实践就是非法证据排除规则，为了保障刑事司法中的人权，通过一系列的文件强化非法证据排除规则，使之具有更强的可操作性，与刑事程序性辩护相关的制度在我国刑事诉讼中也逐步确立和完善。事实上，不管从哪一方面界定刑事政策的属性，刑事政策在刑事司法活动中都发挥着重要的作用，这一点不可否认，出于对社会治安形势的考量，我国在特定时期的“严打”是最好的证明。一方面，可以通过司法解释将刑法的工具理性演变为目的理性；另一方面，宏观的刑事政策在刑事司法中的微观体现也变为现实，即刑事政策作用于刑事司法的具体方式为在特定时期的具体案件中，同时重视惩罚犯罪与保障人权，在操作技巧上，正是通过对程序性权利的扩张与限缩，实现在两种价值取向之间的偏移与平衡。在治安形势不好时，采取侧重于惩罚的刑事政策，对于程序性权利则可以进行缩减；在治安形势较好时，侧重于教育与保障人权，程序正义则会被大力提倡，程序性权利得以张扬，程序性权利制约国家公权力的作用得以展现，其中程序性辩护主张成为更为具体的制度呼应方法，其有效性可以作为调整结果的晴雨表。

第四节　我国刑事程序性辩护有效性存在问题的原因

刑事司法制度和辩护制度发展的历程表明：辩护制度是法治社会刑事诉讼中最为重要的一项制度。刑事程序性辩护有效性既受制于宏观的社会法治观念、法律制度，也关系到微观的诉讼观念、相关刑事配套措施。

一、刑事司法实践与程序法治理想存在差距

其一，法治国家目标对刑事司法提出了新的要求。程序性辩护的有效性与一个国家政治经济环境、对程序价值的重视程度以及具体的辩护制度息息相关。我国传统社会中缺乏孕育程序法治的基因与成长的土壤。在现代社会中，程序化与现代化呈正相关关系，法治程序的现代性伴随着国家现代化的发展而发展。① 我国的政治经济形势发生了翻天覆地的变化，有力地推动了程序法治的发展，对制度及制度实效均提出了更深层次的要求，但司法实践固有的观念滞后于经济形势与程序法治的要求，成为阻碍程序性辩护有效性的主要原因。从1978年十一届三中全会以来，我国政治经济体制发生了巨大的变革，社会发展日新月异。1997年，党的十五大提出了依法治国，建设社会主义法治国家的治国方略。2014年，党的十八届四中全会通过的《中共中央关于全面推进依法治国若干重大问题的决定》指出社会主义市场经济本质上是法治经济。习近平总书记提出了建设中国特色社会主义法治体系、建设社会主义法治国家的总目标。2021年，

① 涂明君：《通往程序之治——国家治理现代化视阈下中国程序观念百年演变概览》，载《理论与现代化》2018年第4期。

中共中央印发了《法治中国建设规划(2020—2025年)》，并设定法治中国的总体目标，设定中国特色社会主义法治体系初步形成时间以及普遍确立法治信仰，全面建成法治国家、法治政府、法治社会的时间表。

其二，刑事司法实践滞后于程序法治理念要求。程序法治的现代化对社会的发展不言而喻，从某种意义上，中国法治现代化关键要看程序法治的现代化。由于法治国家的建设需要，司法体制改革从宏观上对司法制度提出了较高的要求，但司法实践中的某些做法与程序法治的要求还存在差距。有些办案人员仍然存在"重实体、轻程序"的观念，在这类观念的指引下，极易产生违背程序法律的公权运作的方式，一旦出现程序性违法，则办案机关极易演变为阻碍程序性辩护影响程序性辩护有效性的力量。正如前述的内容，立案阶段，"不该立案的立案""先破后立""不破不立"等错误立案方式均会侵害嫌疑人的权利；侦查阶段，非法处置、违法采用强制措施及强制性措施，过度依赖口供，采用刑讯逼供，滥用拘留、逮捕等强制措施，错拘、错捕，非法取证现象也或多或少存在；起诉阶段，检察机关对于酌定不起诉选择起诉、存疑不起诉选择"疑罪从挂"；审判中的重刑主义思想仍然存在，疑罪从无难以得到有效的贯彻等司法实践会阻碍实现程序法治。

二、实效不高使程序性辩护流于形式

从短期来看，刑事程序性辩护有效性高可能使程序性违法辩护的提出率及有效率均得到提高，呈现"双高"的现象。但从长期来着，并不意味着程序违法相对数量高，能够表明一个国家在特定时期重视程序价值，程序系统能够通过自我纠错机制及时制止程序性违法，程序运作相当高效，其结果必然是程序价值被尊重，程序违法数量逐渐缩小，静态的规定与动态的制度实践良性循环；刑事程序性辩护有效性低，并不意味着程序违法行为数量小，因为程序违法不能得到及时有效制止，程序恶性循环，程序价值会被贬损。但也不能绝对化看待两者之间的关系。还有一种可能是，在司法实践中，真实的程序性违法行为数量少，公权机关严守程序法律，依法办案，这也可能会使程序性辩护提出率及有效率均较低，但这只是一种理想的状态。只要诉讼程序由“理性人”运作，就不可避免地会出现运作过程中的行为瑕疵，会触犯法定的程序规则。

从前述的实证资料不难看出，我国程序性辩护的提出率及有效率均不高，这并不意味着我国在司法实践中已经杜绝了程序性违法行为，这与我国国民对于程序性辩护重视不够有着直接的关系，包括司法官员与普通公民个人均以实体为重，总是有意或者无意地忽视了程序的价值，这一点与我国飞速增长的经济形势极不相称，也与依法治国、程序法治的治国理念不相匹配。市场经济在某种意义上即是程序经济、法治经济。很长一段时间以来，我国理论界积极呼应国家层面的法治改革，大量的研究论文、论著也不断涌现。在刑事司法制度变革中，也体现出重视程度，大力借鉴与改进突出程序价值的相关制度，在很多问题上均实现了技术性转变。但在司法实践中，公权机关总是会出现程序性违法与瑕疵，这就表明公权机关办案人员对程序的重视程度还有待提高。对于普通的公民个人来说，在遇到程序性违法行为时自己不愿意或者通过律师勇敢地提出程序性辩护，向程序性违法说“不”，这也是不信任程序的结果。人们对“死磕”程序的律师从最初的正面评价到后来的负面评价，说明了人们在程序问题上复杂多变的态度。

作为理性的经济人，利益是主体行为的重要依据，在刑事诉讼的过程中，包括实体性利益与程序性利益，主体进行行为选择时均会对投入与产出进行衡量，程序性违法行为破坏程序法治，程序性辩护则通过提出程序性违法的辩护主张，促成对程序性违法行为进行调整和治理，恢复因此而受损的程序法治，获得自己应该得到的程序利益，间接影响自己的实体利益。在追求程序利益的过程中，需要一定的时间、精力、金钱等司法成本的投入，主体在作出这种投入时，必然会想到投入产生的实效。从当事人的角度看，如果程序性辩护投入大于产出，则主体不会选择提出刑事程序性辩护主张；若程序性辩护投入小于产出，提出程序性辩护后，能够成功阻止程序性违法的继续侵害、恢复被程序性违法侵害的法律关系或者因此直接获得案件的胜诉，则主体会选择提出程序辩护主张，积极地寻找主张的证据基础与法律依据，证明程序性辩护主张的正确。从国家机关的角度看，一方面，追诉机关的客观义务，会将其行为约束在法律的限度之内，裁判者的中立性也决定其必须与审判的对象保持无利害关系和利益无涉；另一方面，职业所带来的办案压力与办案效果的考评机制造成程序违法偶尔出现，办案人员对当事人针对办案机关的程序行为提出的程序性违法辩护，天然存在抵触的情绪，因而就消极应对，漠视当事人提出的程序性违法与程序性辩护主张，故而程序性辩护主张的提出率及有效率不高就不难理解了。

三、证明力量不平衡影响辩护效果

无论是在实体性辩护还是在程序性辩护中，证据是案件胜败的关键，缺乏证据的程序性辩护主张如“巧妇难为无米之炊”。为了实现国家刑罚权，维护法益，现代法治国家的刑事司法均规定公诉案件由控方承担举证责任，同时配置给追诉机关相应的调查取证能力，调查取证能力与举证责任相匹配才符合科学的程序权利与权力的配置规律。

在调查取证能力上，从侦查阶段开始，由于我国刑事司法在侦查模式上秉承大陆法系传统，在侦查阶段采用“单线”侦查模式，侦查机关主导诉讼进程，有权依职权采取各种法定的侦查手段获取证据，被告人有义务被动承受法定的侦查行为，这种规定符合取证能力与举证责任分配规律，对于高效办理刑事案件，维护社会秩序起到了极大的作用，但这种调查取证权力的制度配置却给程序性辩护带来困难，在多项程序性事项中，辩方需要承担一定的证明责任才能向前推进相关程序。根据法律规定，在程序性辩护的基础权利事项上，由辩方承担一定的证明责任，否则难以推进程序进行。例如，在前述实证研究中，我国提出回避申请比率较低，在申请回避后被驳回的案例中，主要原因在于当事人无法依法证明回避所需的理由，因为我国的回避制度的设计采用“有理由”的回避方式，即当事人在提出回避申请时，必须同时提出法定的理由，否则可能会被当庭驳回，受制于调查取证能力的局限，辩方很难证明回避理由的存在；在提出非法证据排除的程序性辩护主张中，根据相关法律的规定，辩方必须提供涉嫌非法取证的相关线索或者材料，才有可能使法院启动裁判程序。辩护主张主要针对国家公权机关的程序性违法行为，警察作为法律专业人士，在执行职务的过程中，不管出于何种目的，如果有意违反法律程序办案，辩方往往难以收集其程序违法的证据，即使在有辩方律师提供帮助的情形下，由于律师调查取证权在不同的阶段仍受到不同程度的限制。在某种意义上，收集公权机关程序性违法的证据比一般的证据收集更难。讯问时同步录音录像能够提供刑讯逼供的最有力的证据，但在我国的刑事司法中，同步录音录像只是限定在特定的案件中；在提出违法扣押程序性辩护中，现行《刑事诉讼法》第 141～145 条专门针对警察扣押的条件与程序作了规定，其中，第 141 条规定了实质性适用条件，即必须是可用以证明犯罪嫌疑人有罪或者无罪的各种财物、文件，才能扣押。第 145 条规定了解除扣押的条件，必须经查明确实与案件无关的才解除查封、扣押、冻结，予以退还。第 177 条规定人民检察院决定不起诉过程中，应当解除侦查中查封、扣押、冻结的财物。第 196 条规定法院在庭审过程中的扣押权。第 245 条规定了各机关对扣押财物的保管义务及法院在判决中对扣押财物的最终处置权。第 298～300 条规定违法所得的财物没收程序及法院的扣押及救济程序。

可以看出，《刑事诉讼法》侧重于从国家机关职权的角度对扣押行为进行规定，扣押和解除扣押均由国家机关依职权实施，虽然第 117 条规定了当事人和辩护人、诉讼代理人、利害关系人对于司法机关及其工作人员违法扣押的申诉、控告权，但将条件限定在与案件无关和应当解除但不解除的情形之下。当事人欲在扣押问题上有效提出程序性辩护必须证明与案件无关或者案件终结应当解除而不解除的情形存在，要证明与案件有无关系，需要进行实质性评判，证明存在一定的难度。根据我国与之相关的非法实物证据排除规则的规定，当事人提出非法扣押的程序性辩护主张时，当事人需要提出初步证据或者线索。但此类情形，国家有关机关只需进行补正或者作出合理解释即不用排除。事实上，在国外还存在一种针对非法扣押的程序性辩护方案，即针对案件没有终结、没有必要扣押的情形，对于案件有关的物品如果没有必要再扣押是否需要一直等到最终的判决才能处理扣押，对此我国现行法律没有明确规定。但德国和日本刑事司法均规定，在没有必要扣押时，即使不等刑事诉讼终结也应当解除扣押。① 对此类情形进行程序性辩护需要证明扣押的必要性，是否具有扣押必要性证据更依赖主体的取证能力。

四、庭前会议的处置权不足造成的诉讼拖延

(一)庭前会议的制度依据

在公正、高效的刑事审判方式改革的推动下，为了在正式的法庭审理中确定法庭审理的重点，应尽快地明确控辩双方争议焦点，妥善安排庭审过程，高效解决案件。② 2012 年修订《刑事诉讼法》时，我国立法机关在 1979 年和 1996 年《刑事诉讼法》开庭审判前技术性准备工作条文的基础之上，在第 182 条(2018 年《刑事诉讼法》修订后为 187 条)中增加了“庭前会议程序”的相关规定，规定了庭前审查程序的启动主体及适用的情形，即审判人员可以在庭前召集公诉人、当事人和辩护人、诉讼代理人，对回避、出庭证人名单、非法证据排除等与审判相关的问题，了解情况，听取意见。随后，最高人民法院、最高人民检察院均作了相应的司法解释，对上述条文进行了进一步的解释和操作方面的细化。各国的司法实践经验表明：审前程序中的程序性违法主要发生在警察、检察机关的侦查，起诉阶段的调查取证以及采取强制措施等行为过程中，审前程序中的程序性违法也主要是通过庭前会议解决。庭前会议在司法实践中起着重要的作用，我国有学者认为：庭前会议功能具体表现为证据开示、非法证据排除、争点整理、沟通说服、程序分流、调解与和解等六项直接功能，作为对公诉审查“形式审”的补充。③

① 万毅：《刑事诉讼中的扣押：规范分析与法律解释》，载《法学》2008 年第 7 期。

② 全国人大常委会法制工作委员会刑法室编：《〈关于修改中华人民共和国刑事诉讼法的决定〉条文说明、立法理由及相关规定》，北京大学出版社 2012 年版，第 215~216 页。

③ 莫湘益：《庭前会议：从法理到实证的考察》，载《法学研究》2014 年第 3 期。

(二)庭前会议存在的问题

虽然法律规定了庭前会议，但庭前会议制度的实践与理想结果之间还存在差距。有学者通过实证研究认为：庭前会议的适用率低、有效提高庭审效率存疑、人权保障形式化、控辩对抗效果并没得到增强，其原因在于对抗式的制度设计遭遇到了职权式的制度逻辑，造成庭前会议在中国刑事诉讼实践中适用率低甚至功能异化、庭前会议既有效果设置“非完整性”、法官对庭前会议运用“策略化”、庭审中心主义诉讼理念缺失，造成庭前会议效果不彰显。① 也有学者通过实证研究认为：庭前会议适用率低、启动方式不统一、适用范围不统一、主体范围不统一、法律效力不明确。② 可以看出，尽管根据我国现行刑事庭前会议的相关规定，从法律到司法解释的体系不可谓不完备，但适用的效果却不容乐观，学者们认为庭前会议的主要问题集中在启动的主体与方式、适用范围、适用效力上。在无讼案例网上，以“庭前会议”和“刑事”为检索内容，时间范围限定在2019年，共有972份案件涉及庭前会议。其中，基层人民法院处理案件占比82.68%，中级人民法院处理案件占比15.58%，高级人民法院处理案件占比1.62%，基层人民法院处理案件占比0.11%。其中，一审案件占比87.96%，二审案件占比11.11%，再审案件占比0.93%，③ 从中随机抽100份样本案例进行研究的后发现以下问题。

其一，庭前会议的启动，由法院依职权启动为主。作为程序性裁判的制度空间，庭前会议对于解决程序性问题起着重要的作用，程序性裁判制度必须符合正当程序的法律标准。在庭前会议的启动上，2012年《最高人民法院关于适用〈中华人民共和国刑事诉讼法〉的解释》第183条(2021年新解释修订为第226条)规定审判人员在符合特

① 左卫民：《未完成的变革刑事庭前会议实证研究》，载《中外法学》2015年第2期。

② 田维武、阮能文：《庭前会议制度的实践难题及完善路径》，载《中国检察官》2018年第1期。

③ 无讼案例网：https://www.itslaw.com，2019年12月18日访问。

定情形下有权召开庭前会议，即庭前会议的启动权主体为审判人员，注重了国家公权机关的职权，没有重视当事人的程序选择权。2021年《最高人民法院关于适用〈中华人民共和国刑事诉讼法〉的解释》第227条规定控辩双方在说明理由后，可以申请人民法院召开庭前会议，虽然最终的决定权归属于人民法院，但明确了当事人的申请权，在一定程度上尊重了当事人的程序选择权。但实践中主要由公权机关决定适用，也有部分案例当事人通过上诉方式对不召开庭前会议提出程序性辩护，因申请排除非法证据提出召开庭前会议不被许可。2019年《人民检察院刑事诉讼规则》第395条规定了人民检察院在庭前会议中的任务。样本案例中存在1例，即温某强迫交易罪[(2019)新21刑终194号]一案，辩方针对一审不召开庭前会议提出上诉，有14份案例中的当事人因非法证据排除申请提出召开庭前会议，占比14%，86份案件均由法院依职权启动庭前会议，占比86%。

其二，功能与适用范围不清晰，导致适用不均衡。从适用的范围来看，司法解释逐步扩大范围，但在实践中主要集中在非法证据排除的问题上。从刑事程序性辩护的角度衡量，在我国立法机关对庭前会议的适用范围的设计中，《刑事诉讼法》明确规定对回避、非法证据的排除等与审判相关问题的处理，涉及程序性辩护的可能。2021年《最高人民法院关于适用〈中华人民共和国刑事诉讼法〉的解释》第228条也将庭前会议适用的范围明确为管辖权异议、是否申请回避、是否申请非法证据排除、是否申请不公开审理等程序性事项上。2019年《人民检察院刑事诉讼规则》第394条、第395条规定了人民检察院参与庭前会议的方式，明确了在庭前会议的启动上检察院的建议权，以及公诉人在庭前会议中解决事项的范围，即对案件管辖、回避、出庭证人、鉴定人、有专门知识的人的名单、辩护人提供的无罪证据、非法证据排除、不公开审理、延期审理、适用简易程序或者速裁程序、庭审方案等与审判相关的问题提出和交换意见，了解辩护人收集的证据等情况，这一范围相对广泛，涵括了重要的程序性事项。但在第396条针对辩方提出的程序性辩护的处置程序中，将范围限定在非法取证行为之上，即经辩护人提出证据系非法取得，人民法院认为可能存在以非法方法收集证据情形的，人民检察院应当对证据收集的合法性进行说明，可能压缩因其他种类程序性事项要求召开庭前会议的制度空间。

其三，庭前会议缺乏处置权。《刑事诉讼法》第 187 条规定庭前会议的目的是“了解情况，听取意见”，旧的司法解释并没有对此作进一步解释，全凭法官在办案的过程中自由裁量。但在刑事司法中，由于法官对自由裁量持谨慎的态度，法官通常不会作出扩张的解释，只是限定在一般意义上的了解相关情况与听取控辩双方的意见，并不会发生实质意义上对程序问题的处理，所以，控辩双方适用庭前会议的积极性均不高，即使在庭前会议中了解过的问题，由于法定的效力性的规定，在正式的庭审过程中仍然需要被提出重新处理，所以，法官适用庭前会议的积极性也不高。2021 年《最高人民法院关于适用〈中华人民共和国刑事诉讼法〉的解释》出于对程序性事项处理的需要及审判中心主义的考量，第 228 条第 2 款规定法院在庭前会议中对程序性事项的一定范围的处置权，即对于可能导致庭审中断的程序性事项，人民法院可以在庭前会议后依法作出处理，并在庭审中说明处理决定和理由，但这一处置程序在多大程度上具备程序性制裁的效果还有待时间的检验。

其四，缺乏论证与说理。前述的样本案例中，有 83 例只在判决书的审理经过部分的内容中，说明了法院组织召开庭前会议的情况，但判决书后面部分没有写明对庭前会议中提出的问题的处置情况，这部分占比 83%。只有 1 例在庭前会议中较好地进行了说理与论证，即肖某交通肇事罪[（2019）川 0683 刑初 181 号]一案在庭前会议解决程序问题与部分实体问题，在判决书的本院查明部分，提到通过庭前会议出示了电动车照片、摩托车照片、监控视频等证据情况，在判决书本院认为部分，举出事实与证据解决庭前程序中提出的问题。论证与说理是刑事诉讼的一个重要功能，不管是实体性判决结果，还是程序性判决结果，均建立在事实与证据的基础之上，均是依法进行论证与说理的结果，对刑事程序性违法的程序性辩护主张，更需要国家的公权机关证明自身办案过程的合法性、正当性。

五、刑事程序性制裁不足引起刑事程序性辩护落空

在我国的刑事诉讼法律制度中，并无明确的程序性制裁的术语，刑事程序性制裁理论是我国学者在研究国外相关制度的基础之上进行理论总结的结果。程序性制裁的有效性在一定程度上决定程序性辩护选择及有效性。

国内部分学者通过比较国内外的程序性制裁的制度差异，认识到程序性制裁的价值、局限性及我国相关制度存在的问题。陈永生教授认为：由于我国缺乏严密的程序性制裁机制，在我国刑事诉讼实务中，刑讯逼供、超期羁押、侵犯被追诉方辩护权等违反程序的现象屡禁不止，需要进行全面的制度改革与制度建构。① 程序性制裁针对的是警察、检察人员和审判人员的程序性违法行为，即公权力的违法运作，成为程序正义价值得以实现的现实保障。程序性制裁也有其内在的局限性，如程序性制裁并不对程序性违法的实施者加以惩罚；付出的代价过于高昂；使被告人获得了额外的收益，而这并不具有正当性；使得犯罪的被害人因为诉讼程序违法就失去获得正义的机会；使得整个社会为诉讼程序的违法而承受巨大的代价。② 有学者对程序性违法的样式进行分类，根据其特征总结出程序性制裁的方式及程序性违法四项要素，四要素包括违法样式、程序性后果、制裁时所享有的自由裁量权以及所能采取的裁量方式，运用上述要素分析模式可以将两大法系程序性制裁分为非法证据排除、程序无效和解除羁押等五种程序性制裁形式。③ 与实体性制裁不同，在正式的判决作出之前，各类主体的程序性违法阻碍了案件的程序性形成与实体性形成过程，产生了进行程序性制裁的需要。但运用这一理论研究我国程序性辩护的有效性时，不得不面对以下两个问题。

---

① 陈永生：《刑事诉讼的程序性制裁》，载《现代法学》2004 年第 1 期。

② 陈瑞华：《程序性制裁制度的法理学分析》，载《中国法学》2005 年第 6 期。

③ 陈瑞华：《程序性制裁理论》(第二版)，中国法制出版社 2010 年版，第 110~130 页。

其一，程序性制裁对象无法涵括对律师制裁导致无效辩护的情形。在我国程序性制裁理论产生之初，出于对其理论价值的考虑，学者从制裁主体的角度将程序性制裁理论的重心集中于国家公权力机关的程序性违法之上，由此造成了对其他主体程序性违法制裁方式的忽略，也就是说现行的程序性制裁理论无法涵括对除了代表国家的公权力机关之外的主体的程序性违法行为的制裁，产生了现行程序性制裁理论解释力不足的弊端。律师的无效辩护作为一种不同于国家公权机关因程序性违法而产生的无效辩护，律师只是没有尽职而并不是违法，对律师的程序性违法的制裁突破了单纯的行为主体承担责任的方式与范围，附带了一种更加严厉的诸如发回重审等程序性制裁方式。对律师无效辩护进行程序性制裁是完整的程序性辩护权利规范的必备要素，也就是说，针对律师不尽职导致辩护失效的情形，将会采取两种方式进行制裁，即既实施程序性制裁，也对律师进行纪律惩戒。我国的司法实践已经出现了此种处理方式。作为一项来自域外的制度，在引入我国司法制度的过程中，必须做到理论融通，其中关键性的问题是解释力不足的问题。根据主流学者的观点，程序性制裁的对象是国家机关的程序性违法行为，显然律师及在我国法律中存在的其他辩护人不是国家公权力机关，而贸然将辩护人有缺陷的辩护行为纳入程序性制裁的体系会产生理论上的冲突，由于辩护人的原因所引起辩护缺陷侵害辩护权的情形能否导入传统的程序性制裁理论中，是一个亟须重新诠释的问题。

辩护行为是一种诉讼行为，相应的，无效辩护行为也可以归结为诉讼行为的无效，这一制度形式主要存在于大陆法系的刑事司法中。《法国刑事诉讼法》直接将刑事诉讼中的无效界定为一种程序性制裁，其中“法定的无效”规定无效必须有法律依据；“实质无效”没有法律的明确规定，而由法官以诉讼行为是否侵害当事人的权益为考虑的基础，通过自由裁量的方式予以决定。①法庭对律师无效辩护行为的裁断是否属于程序性制裁方式？如何将其纳入程序性制裁的体系？将律

① 陈瑞华：《大陆法中的诉讼行为无效制度——三个法律文本的考察》，载《政法论坛》2003年第5期。

师无效辩护纳入程序性制裁范围的理论困境在于：程序性制裁理论的提出是我国学者为了应对司法实践中出现的刑讯逼供、非法的搜查、扣押等程序性违法情形，我国1996年修订的《刑事诉讼法》规定："严禁刑讯逼供和以威胁、引诱、欺骗以及其他非法的方法收集证据。"只是设定了一些原则性的规定，缺乏法律规定中的制裁因素，因而无法达到规则设定的目标。为了应对这一问题，我国最高人民法院与最高人民检察院设置了一系列针对此问题的司法解释，通过借鉴国外的非法证据排除规则，对非法取证行为予以制裁，国内部分学者据此将警察的刑讯逼供等非法取证行为、检察官的非法起诉行为、法院的侵害公正审判权的行为的制裁措施，统一归纳为程序性制裁。从该理论产生之初，学者就将程序性制裁的适用对象限定为代表国家的公权力机关，即警察、检察官、法官的程序性违法行为。我国学者陈永生较早研究了程序性制裁，将之界定为公权机关违反程序而承担的不利后果。① 其他学者也作出了大致相同的认识。② 也有学者在此基础上着重研究诉讼行为无效，认为排除非法证据、撤销违法的起诉以及撤销违法裁判是最为典型的宣告诉讼行为无效的制裁方式。③ 可见，我国大多数学者的观点认为程序性制裁是以国家公、检、法公权力机关的程序性违法为对象的制裁。随着司法实践的推进和理论的发展，司法实践中会出现辩护律师与其当事人的辩护意见冲突、辩护律师不恰当的行使辩护权等行为侵害被告人辩护权的行为。律师不恰当的辩护行为造成对其当事人辩护权的侵害，与法院并无直接关系。如果从侵害行为的实施主体来看，律师并不属于传统的程序性制裁适用的对象即国家的公权力机关，但我国在司法实践中已经有法院对之进行程序性制裁。陈瑞华教授从归责原则的角度将这一现象解释为法律为一审法院确立了一种无过错责任或者严格责任。④

---

① 陈永生：《刑事诉讼的程序性制裁》，载《现代法学》2004年第1期。

② 蒋庆红：《刑事诉讼中的程序性制裁问题探讨》，载《广西政法管理干部学院学报》2005年第1期。

③ 陈瑞华：《程序性制裁制度的法理学分析》，载《中国法学》2005年第6期。

④ 陈瑞华：《有效辩护问题的再思考》，载《当代法学》2017年第6期。

笔者深以为然。陈瑞华教授从归责原则上对此问题进行了解释，他认为《刑事诉讼法》中一审法院违反回避制度、违反公开审判制度、违反审判组织制度、剥夺或限制当事人诉讼权利的程序性违法行为，对此所实施的发回重审的制裁措施所采用的归责原则为过错责任。但值得深入思考的问题是：制裁非法强制侦查行为及违法取证行为、撤销违反法律程序的起诉，以及撤销下级法院的违法裁判等几种针对不同的公权力主体实施的侵害被告人程序性权利的行为，均采用过错责任原则，为什么律师的无效辩护行为采用了无过错责任或者严格责任原则？无过错责任或者严格责任原则如何导致无效辩护中承担责任的主体由律师向法院转移？一般法律责任的构成要件包括主体、过错、违法行为、损害事实和因果关系。在正常的情形之下，过错的状态或者归责原则只是决定该主体是否承担责任，而不是导致责任转移给其他主体的原因。但在律师无效辩护的程序性制裁中，却将本应由律师承担的责任转由法院承担了，而无效辩护行为并不是由法院引起，所以必须继续探寻法院承担责任的基础。

其二，缺乏程序制裁的程序性裁判空间。程序性制裁只是国外处理程序问题的结果，但缺乏程序性制裁所赖以生存的程序性裁判空间。在我国学者的研究中并没有认真区分二者，但程序性制裁与程序性裁判是两个不同的概念，程序性裁判是与实体性裁判相对应的一个概念，共同隶属于审判权，只不过一个是对程序性争议的审判，一个是对实体性争议的审判。在程序法治发达的国家，程序性裁判从审前程序到审判程序有着广阔的制度空间，给予当事人充分的通过程序性裁判解决程序性争议的程序性救济权，庭前会议程序就是一个较为集中的程序性裁判空间，当事人基于不同的程序性事项提出程序性动议引发程序性裁判，程序性制裁只是一种可能的最终结果。独立的程序性裁判空间有利于唤醒公民心中的程序意识，推动司法官员认真对待公民提出的程序性动议，而不是将程序争议依附于处理实体问题的其他程序之中，忽略程序的价值。

不难看出，前述对刑事司法实践中违法扣押、回避、非法证据排除、超期羁押、管辖样本案例的实证分析中，既有社会环境的原因，也有制度的原因，既有宏观政策的原因，也有微观个人观念的原因。

从程序制度上看，庭前会议的处置权不够，压缩了专门处理程序争议的制度空间，程序性辩护中控辩证明力量不平衡则影响了双方攻防的效果，程序性问题的救济机制不健全，而救济机制中缺乏最为重要的程序性制裁机制是问题的主要原因。回避申请中证明责任的分配，非法证据排除的范围，能否及时解除超期羁押，管辖异议由于缺乏制度明确规定而导致处置的随意化倾向等，均是司法实务中呈现出来的影响刑事程序性辩护有效性的因素。

第七章　提升我国刑事程序性辩护有效性的措施

刑事程序性辩护质量的提高需要刑事程序性辩护处理机制的高效运作，从客观方面正确处理程序性辩护，从主观方面保证当事人的满意度，以有效实现司法公正与效率。刑事程序价值的提升应该体现在具体的程序制度中，需要社会整体的司法环境对刑事程序性辩护较大程度的认可与包容。刑事程序性辩护处理机制的高效运作依赖程序观念的转变与诉讼机制的完善与革新。从生发机制来看，程序观念的革新依赖于国家政治经济发展而促成的内生的程序观念的演进；对于司法制度的革新，依赖于科学合理的制度架构，刑事政策也在其中起着较为关键的作用。具体来说包括程序价值观念的进一步提升，各方主体对程序性辩护的容忍与支持；诉讼机制的完善与革新，作为制度基础的权力与权利的配置与完善；裁判结构、证明机制、庭前程序处置权、制裁措施等的完善；相关律师制度的完善，等等。

第一节　程序价值观的嬗变与刑事政策的引导

一、转变程序价值观念，推动程序制度建设

根据马克思主义哲学原理，物质决定意识，意识反作用于物质。通过前面的研究发现，在刑事司法过程中，提出刑事程序性辩护的比率及获得支持的有效率均不理想，从两者的内在关系来看，有效率高会激励更多的当事人及律师提出程序性辩护，有效率低则会压制当事

人及律师提出程序性辩护，两者具有相关性。但在具体的个案中，主体是否提出程序性辩护，更多地受制于主体及其律师对程序价值的认可程度及对程序法律的运用程度，而不是简单地从结果上对程序性辩护成功率的总体计量。程序性辩护行为是在程序价值观念的主导下作出的选择，而程序价值观念的产生是在一定程序性辩护事实的基础之上产生的，不管程序性辩护成功与否，这就是程序性辩护事实与程序性价值观念之间的辩证关系，两者不能绝然地分开。

价值概念源于哲学，在法律体系中对价值的讨论源于19世纪末20世纪初，不同的流派对价值问题从不同的角度作出诠释。新康德主义将价值解释为存在的意义；实用主义者则将价值解释为有用性；马克思主义哲学则从主体与客体的关系诠释价值的意义，将之作为一个关系性的概念，即价值体现于客体对主体需要的满足程度。从程序价值内容上看，早期的学者直接将法律价值内容嫁接到对刑事程序价值的诠释中，刑事程序法律作为一种法律形态，其为实现法律的价值无可非议，但这种泛化的研究并不利于研究刑事程序价值的特殊性。有学者早就主张刑事程序的价值基础，应当实现从哲学认识论向哲学伦理学的转型，刑事程序的价值不能仅仅站在哲学认识论的立场，其除了蕴含法律的秩序、安全、正义、自由等实用性、功利性的外在价值之外，从哲学伦理学的角度来说，刑事程序本身具有存在的合理性、正当性。

具体来说，刑事诉讼不仅是一种认识活动，还包括一系列诉讼价值的实现与选择过程。从利益关系上看，其不仅应当维护国家与社会整体的利益，而且应当是使国家、社会整体利益与嫌疑人、被告人达到平衡，并为此保证诉讼过程的公正性、人道性与合理性。① 欲研究程序的价值，实体与程序的关系是一个绕不开的话题。在实体法与程序法的关系问题上，尽管我国有着几千年的法律传统，但程序法律并不丰富，以实体性法律为主。我国对程序价值的研究始于20世纪90年代，当时部分学者将价值概念引入刑事诉讼理论，不仅推动了法律

① 陈瑞华：《刑事诉讼前沿问题》，中国人民大学出版社2000年版，第85页。

价值的内涵，也扩展了刑事诉讼法学的研究内容，在一定程度上推动了刑事诉讼具体制度的完善与发展。我国学者也存在程序工具论、并重论、价值层次论、内在价值论的不同观点，① 经过较长时间的争论与沉淀之后，程序价值逐渐被理论界认可，实体与程序并重论已经成为主流的观念。

《刑事诉讼法》的制定与几次修改也沿着程序法治的路径展开，1979 年《刑事诉讼法》不仅借鉴大陆法系职权主义的诉讼结构，也结合中华人民共和国成立初期解决刑事案件的原则与制度，确立了我国现代刑事诉讼法律体系的基本框架，对于惩处犯罪、维护社会的长治久安起到了至关重要的作用。随着政治经济形势的发展，《刑事诉讼法》也经历了三次修正，从三次《刑事诉讼法》修正的内容来看，均是以程序法治为蓝图，围绕人权保障展开，刑事司法制度日益科学、合理与完善。1996 年《刑事诉讼法》第一次修正，针对 1979 年《刑事诉讼法》中存在的缺陷及司法实践中出现的问题，弱化了片面打击犯罪，以及重打击、轻保护的倾向，强调惩罚犯罪与人权保障相结合，关注被告人与被害人的权益保护，以此为根据，吸收法治发达国家的一些法治文明成果，确立了一系列旨在保障人权的诉讼制度。2012 年第二次修正中，为了呼应《宪法》中的人权保障，明确将尊重与保障人权写进《刑事诉讼法》，这是刑事司法迈向程序法治的重大事件，在证据制度的改革中，吸收其他国家非法证据排除制度，确立了非法证据排除规则的制度框架，进一步对侦查措施与强制措施的适用条件与程序作出限定与规范，对审判程序的重塑与完善、促进法律援助与律师帮助权的细化及建立中国特色的刑事特别程序都有很大的推动作用，大大加快了刑事程序法治的进程。2018 年《刑事诉讼法》修正是在新时代以习总书记为首的党中央高度重视程序法治的作用这一大背景下进行，国家重要文件中也将程序法治作为推动法治中国的重要方面，党和国家在各类型的重大会议中均多次提出建设法治中国，深化改革司法体制，加强司法中的人权保障。

① 宋英辉：《刑事诉讼研究述评》，北京师范大学出版社 2009 年版，第 5~9 页。

刑事司法改革的方式在于对权力与权利的重新配置，以实现国家公权力机关之间权力的分立与制约，实现公民个人权利对公权力违法越权行为的有效制约，这一过程既关系到公民个人的诉讼权利，也关系到国家机关的相关权力的配置，更关系到宏观制度的建构。为了贯彻中央的文件精神和法律的制度精神，必须关注司法公信力，司法的公信力也就是人们真心拥护和信仰司法，司法信仰既依靠制度公正实现，也需要关注个体的内心体验。刑事程序性辩护的有效实现，使公民个人有机会与实施程序性违法的行为者对簿公堂，通过积极的程序性权利主张表达自己的不满或者疑惑，通过这一过程，程序性违法可能被制裁，公权机关也向外界昭示了司法公正，裁决的结果真正建立在交涉互动的基础之上，当事人的主体地位得以彰显，司法信仰得以产生。

不难看出，倡导程序价值为基础的程序法治，一方面会推动程序制度建设；另一方面会促使司法实践中各种诉讼主体积极地将程序法律作为维护权利的依据与行为的边界。与之形成反差的是，司法实践中程序性辩护现状不容乐观，所以应当继续在比较与借鉴中吸收国外程序法治的文明成果，注意推动从内部孕育程序法治观念。只有当诉讼主体从内心真正相信乃至信仰程序法治时，才能自觉维护程序法治，才会践行程序法治，对违反程序法律的行为积极提出程序性辩护主张，及时维护程序性权利，同时也会强化诉讼主体的程序法治观念，这是一个相互影响的良性循环过程，这一过程本身正是程序法治的应有之义。反之，如果程序性主张不能得到有效维护，将会导致程序制度运作实践与程序价值背离，各诉讼法律关系主体将会在内心形成一种错误的感观，即程序理论与司法实践中程序的运作效果相反的内心感观。当然这只是浅层次的不良影响，如果这种观念弥漫下去，将会在社会中形成程序无用的不良印象，人们甚至会对法律信仰本身产生怀疑。所以，经过长时间的理论积淀，伴随着政治经济的飞速发展，我国已经在肯认程序价值的基础之上建立了系统的程序法律体系。对于程序法治的追求毋庸置疑，不管是作为当事人，还是作为国家机关的公安、司法机关的办案人员、律师，都应该坚持程序法治的信仰，在日常的生活中践行程序法律，维护程序法律，这一观念必须确立。熊秋红教授在研究有效辩护的问题时，从保障机制、律师职业文化、国际标准、评估标准等方面进行了考证，提出了以此为基础系统推进、提升辩护质量的方案。具体来说，主张确立律师有效辩护的行为标准和无效辩护的认定标准；确立有效辩护的理念；参照国际标准和有效辩护的评估标准；对律师有效辩护的行为标准进行规范，等等。①

二、运用刑事政策推进刑事司法中人权保障

在研究刑事政策与刑事司法的关系时，有部分学者从立法的角度理解刑事政策，认为由于刑事政策所依赖的司法解释者与具体的办案人员分离，法治原则也禁止直接将政策作为办案的依据，导致刑事政策很难作为刑事司法中的直接标准由司法者加以应用。② 刑事政策对于刑事司法制度有着重要的影响，刑事政策为刑事司法提供指引，我国的公安、司法人员作为国家机关工作人员对于党和国家的大政方针、法律政策与制度均有较为强烈的政治敏锐性。刑事政策通过自上而下的不同层级的部署对于制度的实施具有较高的效率，对于推进程序法治化进程具有较大的作用，从"镇压与宽大相结合"到"从重、从快、从严"的"严打整治"斗争，再到"惩办与宽大相结合"的"宽严相济"的刑事政策，无不是为了顺应社会特定时期治安形势的需要，其制定目的与社会发展的脉络具有较高的契合性。有学者在研究刑事政策时提出应当将刑事政策作为规范刑法外的顶层设计，并将规范刑法视为刑事政策外的微观治理看待。③ 遵循这一理路，刑事司法领域可以被视为规范刑法工具理性延伸的领域。在刑事司法过程中，诉讼主体所持的刑事政策观念与刑事价值观念以及刑事诉讼目的观相融合，在国家大政方针、法律、刑事政策取向及人权保障理念中进行取舍与

① 熊秋红：《有效辩护、无效辩护的国际标准和本土化思考》，载《中国刑事法杂志》2014 年第 6 期。

② 夏勇：《刑事政策的司法应用》，载《杭州师范大学学报》2013 年第 2 期。

③ 卫磊：《当代刑事政策发展的实践路径——以刑法司法解释为视角》，载《华东政法大学学报》2013 年第 4 期。

能动地选择解决问题的方案。

从世界范围来看，刑事政策呈现两极化的发展趋势，即对严重侵害国家利益、社会公共利益、公民人身权利的暴力性犯罪处理得相对较为严厉，而对轻微的刑事案件则采用较轻刑罚甚至非监禁性刑罚措施，以有利于犯罪人重新回归社会。宽严相济的刑事政策主要体现了刑法的谦抑思想及人道主义精神，这一思想代表着世界范围内刑事政策的发展潮流，这一思想在刑事诉讼中的具体体现即人权保障，倡导公权不能过度的扩张与干预私权，当公权违反法律的规定运作时，私权主体有权运用程序性法律武器进行对抗，刑事程序性辩护应运而生，其中折射出刑事司法中人性的光辉。其原理在于，人是法的最高本质、终极目标和价值追求，任何时候人都不能被作为工具对待。在刑事司法过程中，代表国家的公安、司法机关也不能在立案、侦查、起诉、审判、执行等各个环节践踏和侵害人权。宽严相济刑事政策下的刑事司法适用不仅体现在对实体法的定罪与量刑上，还体现在刑事司法的程序之中，公安、司法机关在任何时候都不能一味追求社会秩序而简单地打击犯罪，而应将犯罪人等案件中的主体作为社会的一分子，其人权同样值得保障。追诉机关要站在客观的立场上进行衡量，法院要站在中立的立场上进行评判，必须保证在此过程中自身不能僭越程序法律所划定的界限。也有学者认为：为了实现刑事诉讼的诸多功能，刑事诉讼必须与刑事政策形成良好的双向互动关系，刑事政策引导刑事诉讼法律文本的制定与修改，推动刑事诉讼基本理论的完善，指引刑事司法实践对问题的处置，为了避免“刑事诉讼政策化”，刑事诉讼必须对刑事政策进行反制，必须关注刑事司法中的人道主义和人文关怀以实现人权保障，以此为基准配置权力运行的空间。①

三、运用刑事程序价值观嬗变引导程序性辩护行为选择

观念是行为的基础，各诉讼法律关系主体的程序性辩护观念共同构成选择辩护行为的基础，而诉讼法律关系主体程序观念的产生，既

① 陈实：《话语与实践：刑事政策影响下的刑事诉讼》，载《江西社会科学》2014 年第 11 期。

有对传统观念印迹的被动承受，也有对现实的程序性辩护现状的主动感知；既有自身内在的感悟，也有外部偏见的强加影响的因素。

一般认为，我国有着“重实体，轻程序”的传统，而以普通法系为代表的西方国家则有着“程序优先”的传统。这一根深蒂固的传统观念在多大程度上以及如何影响现实的刑事程序性辩护行为选择并不是一个容易考证的问题，但在对待实体与程序的关系上，理论界与实务界均存在不同的观念却是不争的事实。其一，将刑事诉讼法与刑法的关系归于内容与形式的关系。马克思将审判程序与法二者的关系比喻为植物的外形与植物的关系、动物的外形与动物的关系。① 后来部分学者对此观点有一定的继承与发展，但并没有超出这一观点的核心内容，但这种观点极易产生实体重于程序，否定程序独立价值的态度。其二，绝对工具主义程序理论，认为作为形式的程序应当服务于作为内容的实体，并以实现内容为目标，作为第一种观点的极端形式，这种观点导致程序虚无主义及“重实体轻程序”现象盛行。② 其三，独立价值论，这种观点从程序自身的内容中寻找程序的价值，而不是从实体结果的实现中论证程序的价值，这种观点对于我国刑事程序法治化发展起到了重要的作用。其四，程序优先论，以日本学者谷口安平为代表的学者考证了两大法系法律发展历程，特别是对英国与古罗马早期诉讼制度的起源进行研究之后，得出程序产生实体的结论，认为在当今社会中，“作为新的实体法或新的权利形成的母体，诉讼以及诉讼法的创造性功能在今天仍不会丧失，只是变得不可视了，这一功能甚至更为活跃”。③ 其五，“刑事一体化”与“并重论”思想，随着西方整体刑法学观点的产生，也有学者表达出了刑法与刑事诉讼法相交融的综合思想，两者的相互协调才能产生出两者的最大效益。④ 刑事诉讼领域的学者则将这种观点概括为“并重论”，这种观

① 《马克思恩格斯全集》(第1卷)，人民出版社1995年版，第178页。

② 陈瑞华：《程序价值理念的四个模式》，载《中外法学》1996年第2期。

③ [日]谷口安平：《程序的正义与诉讼》，王亚新、刘荣军译，中国政法大学出版社2002年版，第65页。

④ 储槐植：《建立刑事一体化思想》，载《中外法学》1989年第1期。

点抛开实体法与程序法先后问题，一改其他观点着力于对两者对立的矛盾分析方法，将研究的视角置于两者的统一融合方面，对于提升人们对于程序价值的认识及对两者关系的认识提供了一种新的解决方案。

“内容与形式论”“程序工具论”“独立价值论”“程序优先论”“并重论”，是学界对两者关系的不同观点的反思与总结，而不同的观点与态度均会影响实践中主体诉讼行为的选择，但不容否认的是，“重实体，轻程序”仍然是理论与实践中较为普遍存在的一种态度。必须转变这一观念，弘扬程序法治，对司法官员提出了尊重程序法律的更高的要求，即义务，对其违反程序法的行为进行制裁理所当然，相应的，赋予嫌疑人、被告人对程序性违法行为的程序性辩护权及保障正常的程序性辩护的效果是这一权利真正实现的基础性制度保障。对于嫌疑人、被告人的辩护选择来说，在行为的选择之前可能受到实体与程序观念的“先见”的影响，但一旦介入司法实践，则更多的是出于对实践效果的考虑，主体才会实施程序性辩护行为选择。必须注意的是，这里对实践效果的考虑并不是简单的个体对个案的考虑，即使是不可视的，也必须符合整体的制度性伦理与正义标准的制度，才能满足主体行为选择的要求。在诸多对程序正义问题的讨论中，分歧的一个主要方面就是各个理论所预设的对“人”本身的理解不同。①

不管是方法论的个人主义还是集体主义，主体在作出一种选择时，作为追求自身利益最大化者，其选择的意图产生于对行动效果的预计，结果导向功利化追求促成其先前的行为选择。这是一个目标或者观念外化、显化的过程，但是我们必须注意的另一个重大的前提是必须存在允许此种选择的宏大的制度空间，所以，程序的价值既与主体自身的功利化追求即主观性有关，也与置身于其中的具有规范性标准的正当程序即客观性相关，而程序价值的呈现离不开解决纠纷或者落实国家刑罚权，与事实和证据构成的解决纠纷的场域相关。基于此，有学者提出跳出“重实体，轻程序”的描述上与判断上的难题，

① 邹立君：《“重实体，轻程序”命题的语境分析——兼论程序正义问题》，载《法制与社会发展》2008 年第 4 期。

运用极性原则，参照它所服务的理论目的进行论证，找寻程序与实体契合的基础，并不断定二者孰优孰劣、孰主孰次的关系，因为制度设计的结果必然是一种交互循环复杂互动的活动。透过它们在理论上与实践中的不同关联，在不同的关系中考察它们发生作用的恰当方式。① 在我国，以往学者在分析两者关系时所采用的历史的纵向研究只能说明过去，文化研究所根植的和合文化基础已经受经济形势的影响，发生了较大的变化。司法制度中的权力结构随着政治司法体制改革已经发生了翻天覆地的变化，实体与程序是发生在当今社会中同一维度的问题，应当在实体法与程序法并存的情况下，分析人们对二者的心理状态、二者各自的功能及彼此相互作用的过程。② 也就是说，需要在新的言说空间中、在两者的并存中找寻各自存在的理论依据。

吉尔兹将文化研究与意识共同体研究结合，反映意识的命题并非一个独立的领域，而是在世界之中的存在方式。③ 程序的价值已经超出程序本身，既包含根植于制度之中的对整体的制度伦理的评价，也包括对个体主观的评价，无数个体的程序观念构成意识共同体，形成程序文化，反过来影响个体的程序观念。个体的观念与整体的意识均是重要的存在方式。如果重实体、轻程序的观念影响公权机关的司法人员，忽视程序的结果是违反程序法的权力运作从而产生司法不公正。但随着政治经济形势的发展，人们越来越多地关注程序公正，国家在肯认程序价值的前提下，以正当程序为导向的司法制度改革自上而下地推动了诉讼法治文明。对于适用程序法律的个体，则应该主动地顺应这一形势的发展，对于侵害己方程序性权利的行为积极提出程序性主张乃至进行程序性辩护。从个案来看，这一行为维护了自己的程序性权利，但从社会治理的整体来看，则是个体运用法律赋予的权利维护程序法治，促成程序法治文明。刑事程序辩护行为是程序价值

---

① 邹立君：《“重实体，轻程序”命题的语境分析——兼论程序正义问题》，载《法制与社会发展》2008 年第 4 期。

② 梁平、陈焘：《论实体法与程序法的关系——兼谈“重实体轻程序”问题》，载《武汉理工大学学报》2014 年第 6 期。

③ 邹立君：《“重实体，轻程序”命题的语境分析——兼论程序正义问题》，载《法制与社会发展》2008 年第 4 期。

观念主导下的理性选择，对于型构法治文明与实体性辩护行为具有同样重要的作用。

第二节　提升刑事程序性辩护有效性的制度保障

刑事程序性辩护因其被理论与实践证明具有积极价值和功能而得到立法的认可，刑事诉讼法律及相关的司法解释均进行了设定，但存在较大的自由裁量空间。我国程序制度主要由外力推动，而内生性不足，因而在制度成长的过程中，需要实务部门在相关法律规定的限度内给以最大限度的容忍，而不是忽视甚至否定，应该根据刑事程序性辩护的司法实践的运行情况，不断对制度进行修正与优化。刑事程序性辩护有效性的提高是一个需要多方面协力的系统工程，前述的各方主体的程序观念即对程序性辩护的容忍程度、程序性辩护权的实现情况、律师制度的完善情况均与之相关。其中，最具操作性的技术因素当属辩护权的保障程度，可以将程序性辩护权作为法律逻辑的起点，辩护行为则是辩护权的积极实施过程，程序性辩护的有效性则是对程序性辩护结果的衡量，故而辩护权实现的结果必然影响着辩护的有效性。

我国台湾地区学者黄东熊曾指出："刑事辩护权之发展，有几个因素具有不可忽略的影响力，主要包括：律师制度之发展、刑事诉讼制度之复杂化、人类理性之发达。"①其中就涉及了律师制度与诉讼制度的架构问题，至于人类理性则因过于抽象不易论述。在现代法治社会中，当法律成为一种专业化知识后，辩护权的实现必然与律师援助制度息息相关。

一、刑事程序性辩护有效性的权利内容体系的完善

权利是主体行为的基础，刑事程序性辩护权也是程序性辩护行为

① 转引自熊秋红：《论刑事辩护制度之理论基础》，载《政法论坛》1997 年第 2 期。

的基础。程序性辩护行为的有效性提升，从法律技术的层面讲，正是通过丰富程序性辩护行为的权利内容与相关配套制度实现。程序性辩护有效性的提升的首要任务是完善有助于实现程序性辩护有效性的权利内容体系。

(一)当事人刑事程序性辩护选择权的确立

权利是行为的基础，辩护权是辩护行为的基础，辩护与控诉相对应。从形式上看，控诉机关所指控的内容与辩护的内容具有重合性，这一点从实体层面看体现得特别明显。由于控诉机关的指控中事实上并无程序性控诉之说，所以，从指控的对应性关系来看，程序性辩护找不到相对应的内容。事实上，程序性辩护的内容来源于程序性法律对国家公权机关所配置的程序性权力及其界限，权利本身所具有的可选择性、可放弃性只能指向该权利自身，至于超越单个权利的范围选择某个事实进行实体性辩护或者某种程序性违法事实进行程序性辩护则不是任何一种具体的程序性权利所能涵括的对象，所以，刑事程序性辩护选择权的重要作用因此体现出来。但是，必须注意的是，由于程序选择权作为一种相对抽象的类权利，并没有明确写在我国的刑事诉讼法中。随着程序价值的提升、程序制度的精细化以及刑事诉讼基本理论研究的深入，有必要明确刑事程序选择权，在刑事司法制度中建构完整的刑事程序权利体系，刑事程序性辩护选择权只是刑事程序选择权的一项内容。

第二章相关内容已经论证了刑事程序性辩护选择权的重要意义，对有着大陆法系传统的我国尤为重要，因而有必要建构刑事程序性辩护选择权的制度体系。刑事诉讼中来源于宪法的人权属于人之为人的基本权利，应当作为第一层次的权利；抽象的刑事程序性权利应当作为第二层次的权利；刑事程序性选择权应当作为第三层次的权利；具体的刑事程序性权利应当作为第四层次的权利；刑事程序性辩护选择权应当作为第五层次的权利。如下图所示：

人权（一层次）——抽象的刑事程序性权利（二层次）——刑事程序性选择权（三层次）——具体的刑事程序性权利（四层次）——刑事程序性辩护选择权（五层次）

2004年我国将人权保障写入《宪法》之中，使之在我国具备了基本法律的保障依据，但人权保障永远不能只是停留在抽象的层面上，在国家刑罚权与公民权利直面相向的场域，人权保障显得更为重要，现行《刑事诉讼法》早已将《宪法》所设立的尊重和保障人权规定贯彻于《刑事诉讼法》之中，应该协调好《宪法》与《刑事诉讼法》中程序性权利的相关规定，推进刑事司法人权保障，必须厘清各种权利之间的关系。

其一，《刑事诉讼法》中的人权保障源于《宪法》中的人权保障，因而属于第一层次的基本性的权利。其二，刑事诉讼的基本原理就是通过赋权与限权实现国家的刑罚权，不过分侵害人权，保障人权。在配置国家公权机关权力的同时也为权力划定范围，将之限定在程序法律制度的笼子里，在赋予公民权利的同时也施之以接受国家正当程序下的司法追诉与审判的义务，在权利与权力的角力中，抽象的程序性权利作为一种类权利囊括了所有程序性质的权利，所以其作为人权概念之下的第二层次的权利。其三，刑事程序性选择权属于程序选择权之一种，而程序选择权最初是从处分权的角度论述程序选择权的主体性价值与人权保障价值。① 所以，这一概念直接渊源于宪法中的财产权与自由权，在此意义上，将之作为基本的权利也不为过，但必须注意的是刑事诉讼中的程序选择权与民事诉讼中的程序选择权有着较大的区别，只有在民事诉讼中公民才有充分的处分权，刑事诉讼中的程序选择权不具有处分性的特征，将之作为一种请求权更为恰当，因为刑事司法行为主要目标在于追诉犯罪、实施刑罚权，保障人权，但现

① 邱联恭：《程序选择权的法理》，台湾三民书局2000年版，第35页。

代法治意义上的刑事程序所获得的结果均是建立在正当程序的基础之上，是交涉合理的结果，不是暴力强制压迫的结果，公平对抗平衡控辩双方力量的需要决定在制度设计上不可能赋予任何一方绝对的权力或者权利。所以，程序选择权也只能是一种请求权、一种动议，使一件事项处于悬而未决的状态之中，将一种难以调和的对抗与冲突交由中立的程序性裁判者进行裁判，处分权应当属于中立的第三方，程序选择权在本质上应当是一种请求权，这种请求本身包含着当事人对于程序事项的选择意愿，当事人选择一种程序主张并通过自己及其辩护人的努力运用程序性权利推动主张的实现，获得一个有利于自己一方的结果。刑事程序性选择权应当作为第三层次的权利，介于抽象的程序性权利与具体的程序性权利之间，既有具体权利所不具备的抽象性，也有抽象权利的具体性，这种特征为其沟通抽象的权利与具体的程序权利留下了理论的空间。其四，刑事程序性选择权必须借助于具体权利，在具体的权利之间完成选择需要突破具体程序性权利的藩篱，变消极被动为积极主动，推动主体在不同的程序性权利之间进行选择，以实现具体的程序性权利。具体的程序性权利是公民在刑事司法的过程中实施诉讼行为的直接依据，型构了各项具体刑事诉讼的制度空间，所以，具体的程序性权利属于第四层次的权利。其五，刑事程序性辩护选择权则属于第五层次的权利，是程序选择权与具体的辩护权结合之后在辩护权上的具体的实现。

(二)丰富律师的权利内涵

加强法律援助制度建设，全面保障刑事案件中辩护权与律师帮助权。在本书的论域中，辩护的有效性是一个相异于国外学者所提出的有效辩护的概念，在某种程度上，超越了国外学者所提出的有效辩护的范围，虽然我国的司法改革正在积极地推进律师帮助辩护的全覆盖，但到完全实现律师帮助辩护还存在一段距离。因为在我国的刑事司法中，辩护主体包括当事人自己、辩护律师、其他的辩护人，这些主体的辩护行为均会涉及辩护有效性的问题，这是我国应对有限司法资源的情形所作出的一种不得已的选择。从世界范围法治国家辩护制度的发展趋势来看，保障刑事案件中律师帮助权与律师帮助辩护是辩护制度的核心和发展方向，在国外以美国为代表的刑事司法实践中，将有效辩护的研究对象直接限定在研究律师的有效辩护之上，不论是衡量有效辩护的主观标准还是客观标准，均是围绕律师的辩护行为展开，因而有效辩护的研究对象直指律师的辩护行为，无效辩护的责任主体主要为律师，但由于无效辩护也存在程序性制度性缺陷，因而程序性无效也随之产生。

本书将辩护的有效性作为研究对象的目的并不在于否定作为辩护主体的律师帮助辩护的积极意义，而在于试图通过对辩护主体实施程序性辩护的辩护效果的考查，研究我国刑事司法中程序性辩护制度运作的真实图景。必须明确的是，并不能简单地将辩护有效性的高低作为对一国辩护制度好坏的价值评判标准，但可以从两个不同的视角对辩护有效性的高低作出不同的诠释。一方面，程序性辩护有效性高说明提出程序性辩护的主体的程序性主张得到了尊重，但也从一个侧面说明公权机关存在程序性违法现象，程序没有得到较好的遵守，但由于缺少合理的参照标准，所以，很难依照一定的比率对程序制度本身作出好与坏的评价；另一方面，程序性辩护有效性低说明辩方提出程序性主张后没有取得好的效果，主张没有得到尊重，对公权机关程序性违法的质疑被否定，但从另一角度看，则说明程序合法。所以，必须辩证地看待这一现象，在此过程中，最为关键的问题在于能否遵循程序法治，依法办案，只有如此才能最终让公众接受程序的结果。

律师帮助权是辩护权的延伸，是现代法治社会中实现嫌疑人、被告人辩护权的根本保障，两者密不可分。从长远来看，当辩护制度发展到了一定阶段司法资源充足之后，全面保障所有刑事案件中的律师帮助权是一个不可回避的问题。自从1979年制定我国首部《刑事诉讼法》以来，经过三次修改，刑事诉讼中辩护制度及相关制度均有了长足的发展，日益完善，这一历程体现了我国从程序法制到程序法治的决心。具体来说，在这一问题上，1979年《刑事诉讼法》第8条明确规定："被告人有权获得辩护，人民法院有义务保证被告人获得辩护。"与之相应，还专门设辩护一章对辩护人的权利与义务作了一系列的规定，在第27条又规定了指定辩护制度，区分必须指定和可以指定两种情形。但严格意义上的法律援助制度直到20世纪90年代才开始建立。《律师法》第 42 条是法律援助制度的重要渊源。1996 年《刑事诉讼法》的修改将律师介入时间大大提前，但并没有明确律师在侦查阶段的地位。2003 年通过的《法律援助条例》为我国司法实践中因特殊原因而缺乏律师的情形提供法律援助方案，使司法的公正性体现得更加明显。2012 年《刑事诉讼法》进一步改革完善辩护制度，明确侦查过程中律师的身份与地位，使律师权利大大加强，强调实体辩护与程序辩护并重，扩大了法律援助适用的阶段与范围。从我国法律中法律援助制度发展的历程来看，2018 年《刑事诉讼法》修正案迈出了重要的一步，结合近几年刑事速裁程序与认罪从宽制度的经验，设立了值班律师制度，在《刑事诉讼法》中增加一条，作为第 36 条，规定由法律援助机构在人民法院、看守所等场所派驻值班律师，对于没有委托或者没有指定辩护的情形提供法律咨询、程序选择建议、申请变更强制措施、对案件处理提出意见等法律帮助。①

从我国《刑事诉讼法》的建立及修订的历程来看，辩护权与律师帮助辩护的实现是一条重要的主线，但是仍有值得继续完善与发展的地方，例如律师调查取证权、值班律师介入后的身份与资格、刑事案件律师帮助全覆盖的问题、律师辩护有效性的问题等。事实上，在法治发达国家，刑事案件中的律师辩护全覆盖早就已经实现，但律师程序性辩护有效性的问题仍然是世界范围内各法治国家关注的焦点问题，应当借鉴成熟的辩护制度发展经验，提升刑事程序性辩护的有效性必须注意以下几个方面的问题。

其一，进一步明确刑事程序性辩护权的基本属性及其重要意义。2012 年修改的《刑事诉讼法》的一个重大的进步就是强调实体辩护与程序辩护并重，将保障人权正式写入《刑事诉讼法》，在律师的任务中则明确提出应当维护当事人的诉讼权利和其他合法权益。毫无疑问，犯罪嫌疑人、被告人的人权中所蕴含的程序性权益是重要的保护对象。换言之，作为《刑事诉讼法》保护对象的诉讼权利或者程序性

① 《全国人民代表大会常务委员会关于修改〈中华人民共和国刑事诉讼法〉的决定》，载《中华人民共和国全国人民代表大会常务委员会公报》2018 年第 11 期。

权利一旦遭到侵害，则会被作为程序性辩护的直接法律依据。刑事程序性辩护权与刑事实体性辩护权一样属于辩护权的具体指向，两者是辩护权的一体两翼，缺一不可，共同作为刑事司法中主体进行主张与动议的权利基础，推动了具体的程序性辩护与实体性辩护行为，法治国家在刑事司法中允许程序性辩护是程序价值提升之后肯定程序法治的必然结果。从前述的研究不难看出，司法实践中对刑事程序性辩护的态度与我国理论界重视程序性辩护存在差距，所以，必须重新审视程序性辩护的基本属性及意义。

陈瑞华教授认为：刑事程序性辩护权是一种“法律意义上的辩护”和“攻击性辩护”。根据其界定，法律意义上的辩护是指辩护方只能在作为第三方的裁判者面前才能从事的辩护活动，在没有第三方参与的活动中，程序性辩护最多只能算作辩护方与检控方所进行的秘密协商与交涉，一般不会有任何实质性的法律效果；将其作为攻击性辩护是将之与实体性辩护针对控方指控的被动性特征对比而言，从积极主动寻求对程序性违法的制裁的角度诠释。① 随着2012年《刑事诉讼法》的修订，刑事诉讼中通过庭前程序对程序性裁判的设置使法律对程序性违法的处置程序更加合理与完善，还可以从另一个侧面理解作为法律意义上的辩护与实体性辩护相异。实体性辩护对象来源于追诉机关对先前可能发生的犯罪事实与证据的指控，行为的基础在于实体性事实证据与法律，以查寻先前的犯罪事实为主。程序性辩护对象则是对办案机关办理案件的过程中的程序性违法，行为的基础在于程序性法律及程序性违法事实。狭义的程序性违法主要规制国家公权机关的程序行为，“法无明文即禁止”，以探寻程序性法律为主。攻击性辩护的属性则体现在，相较于实体性辩护中被动对自己被指控的涉嫌犯罪的实体事实的辩护而言，程序性辩护则绕开指控的事实，主动依据程序法律攻击国家公权机关程序违法行为或者其他的程序不当行为，这一过程正是程序“自我作茧”效应的体现，也是维护程序法治的体现。

① 陈瑞华：《刑事程序性辩护之初步研究》，载《现代法学》2005年第2期。

从基本属性来看，刑事程序性辩护权是一种来源于宪法人权保障的基本权利，有学者将获得辩护权作为司法原则的渊源，从国外的经验等方面论证宪法中“被告人有权获得辩护”意味着获得辩护权，获得辩护权不仅是司法原则也是基本权利；结合人权保障的基本内容论证获得辩护权是人权保障原则的内在要求，同时提出区分获得辩护与辩护权，辩护权的主体属于被告人，包括自行辩护与帮助辩护，辩护权源自人之为人的自然权利，获得辩护权则是由辩护权延伸出来的权利，特指获得其他主体(特别是律师)帮助辩护的权利，是对自行辩护不足的补充。① 从刑事程序性辩护的意义看，刑事程序性辩护是程序主体性地位的具体体现，根据无罪推定的基本原则，在最终的判决作出之前的嫌疑人、被告人应当被假定无罪，只有法官有权作出决定，除此以外，即便是有罪的被告人，在刑事司法的过程中，也应当被作为有尊严的诉讼主体，而不能将之作为被追诉的客体，这是人权保障的基本需要，也是正当程序中型构控、辩、裁三方主体结构的需要，即行使追诉权的国家公安与检察机关、行使审判权的法院，与嫌疑人和被告人在刑事诉讼中地位相同，只是角色不同。②

刑事程序性辩护是维护程序法治与程序公正的需要。首先，从诉讼法律本身来说，《刑事诉讼法》在我国属于基本法律，无论是采用广义的程序性辩护的概念，还是采用狭义的程序性辩护的概念，其所针对对象辩点指向的正是国家事先公布的程序性法律，程序法治暗含着所有主体均有义务遵守程序法律制度，并不能基于法定理由之外的任何借口对公民的人身、自由或者财产施加不良的影响甚至强制力，由于国家机关办案的需要而无视程序法律，不是程序法治国家司法制度的应有表现。其次，从法治国家程序公正的基本架构来说，解决程序性争议事项采用程序性裁判的三角形架构是法治国家的基本结构。辩护职能的发挥程度、所起的作用、方式与刑事诉讼的结构有着密切

① 尹晓红：《获得辩护权是被追诉人的基本权利》，载《法学》2012年第3期。

② 熊秋红：《论刑事辩护制度之理论基础》，载《政法论坛》1997年第2期。

的关系。①

刑事程序性辩护有效性的提升是司法实践的需要。目前在我国的司法理论中，学者基本承认了程序的价值及程序性辩护的价值。但从前述实证研究的内容中可以看出，2012 年之后，在我国刑事司法中，嫌疑人、被告人及其辩护律师提出刑事程序性辩护的案件数量大大增多，但当事人提出程序性辩护主张之后，获得辩护成功的案件比率并不高。从国家层面看，可能意味着国家的公权机关不存在程序性违法现象；从辩方的角度来看，意味着程序性辩护的失败。所以，程序性辩护有效性考查是一把“双刃剑”，运用得当能够推动国家程序法治化的进程，增强辩方为主的当事人的程序法治信仰，相反，如果运用不当则会阻断程序的正常运作，掩盖程序性违法行为，错误处置当事人提出的程序性辩护主张，其结果只能给公民留下公权机关违法不受制裁的不良印象，最终将会毁坏公民的程序法律信仰。

其二，将《宪法》中获得辩护权进一步明确为获得律师帮助辩护权。辩护权是一项基本人权，律师帮助权是有效实现辩护权的基本形式，现代法治国家均将获得律师帮助权作为国家对处于困境中的被告人的一种义务。我国《宪法》将有关辩护的规定设置于国家机构一章中，这种制度安排容易产生误解，到底表明辩护权是一项宪法规定的被告人的基本人权，还是司法机关的司法原则？从形式上看，该条文放置在人民法院与人民检察院一节；从文字表述上看，使用“有权获得辩护”，而不是直接写明“有辩护权”，必须结合该法律条文的立法背景，认识该条文的意义与价值。事实上，我国 1954 年《宪法》初稿中关于辩护权的规定是“被告人有辩护权”，但后来改为“被告人有权获得辩护”，刘少奇同志关于这一问题的发言表明当时的立法原意就是要保障被告人能够获得以律师为主的其他主体的辩护帮助，这对当时来说，对被告人是一项超前的《宪法》保护。② 如果说辩护权是一

① 陈光中：《刑事诉讼法学》，北京大学出版社、高等教育出版社 2012 年版，第 136 页。

② 尹晓红：《获得辩护权是被追诉人的基本权利》，载《法学》2012 年第 3 期。

项来源于自然权利的人的内在权利，获得辩护权则是一项需要其他主体予以保障的权利，是一项外在的权利，依靠一国丰富的司法资源及完善的律师制度才能真正落实。将之设置在国家机构一节中，也意味着对国家机关提出了一项要求，作为国家机关的义务显然更有利于该权利的实现。有学者提出：应当通过宪法解释明确其规范含义，为刑事诉讼中的辩护权提供宪法的科学依据。① 笔者深以为然，包括刑事程序性辩护在内的辩护权的重要意义不言而喻，但在司法实践中，特别是程序性辩护总是受到不应有的忽视，辩护权与律师帮助辩护权对司法实践的影响力还有待提高。

其三，提升律师程序性辩护有效性必须充分保障律师正常执业的基本权利。前述的内容只是论证了律师介入的宪法依据，以及律师的介入是辩护权有效实现至关重要的一步，但权利的落实最终要看具体的可操作性的保障权利实现的措施，不管是国外制度中所采用的“客观标准”“主观标准”还是“荒诞剧”的标准，在选择有效辩护的标准时，均是对律师辩护行为的衡量，是对律师“权利过度”使用的限制。如果律师在刑事诉讼中的主要权利受到限制，则包括程序性辩护在内的辩护有效性问题可能是由于保障制度不健全所致，即因“权利不足”造成，相对而言，权利保障的不足可以通过制度的完善予以解决。事实上，也只有充分保障律师执业所需的基本权利之后，对律师无效辩护进行追责才有合理性。对除律师以外的其他主体帮助进行程序性辩护行为可以作有效性评价，但不能强制提出有效性要求，因为其他主体作为辩护人时，是在司法资源有限的情形下对律师辩护不足的弥补，一般为亲友等人，由于其本身并非专业人员的身份，与被告人之间也没有契约关系，所以不宜对其无效辩护进行追责。由于其他主体作为辩护人在刑事诉讼中权利受到更大地限制，除了知识不足可能会影响辩护的效果外，其亲友身份也决定其一般不会侵害被告人的辩护权，但在法律作出这种规定时，已经进行了价值选择。在我国目前的司法实践下，律师辩护有效性问题的原因主要为保障制度不充分

① 尹晓红：《获得辩护权是被追诉人的基本权利》，载《法学》2012 年第 3 期。

造成权利落空，而不是如同其他国家那样律师无效辩护是由于消极懈怠造成对辩护权的损害或者积极侵害被告人的辩护权而造成无效辩护。

在我国《刑事诉讼法》中，不同的阶段律师享有不同的权利，大致上包括：接受委托担任辩护人的权利、阅卷权、会见和通信权、调查取证权、发表意见权、申请取保候审权、对超过法定期限的强制措施要求解除权、质证权、申请权、辩论权、经过被告人同意后提出上诉权等。在所有这些权利中，最为重要的是律师的调查取证权。有学者认为："以审判为中心的司法制度改革，有效辩护为最终落脚点，因为只有实现有效辩护，审判才能真正成为中心，而有效辩护的实现则需要落实律师调查取证权及被告人庭审对质权。"①从有效辩护的构成来看，判断律师辩护行为是否有效可从权利要素、行为要素与结果要素三方面进行考察。从有权获得辩护到获得有效的律师辩护，是一个量变到质变的飞跃，需要进一步完善我国法律援助制度、扩大法律援助范围，完善律师审前取证、庭上质证的律师辩护保障机制，建立律师分专业、分级制度，不断提升律师的职业水准与专业水平。② 有学者则认为：律师辩护的有效性难以得到充分保障，在庭审实质化改革中，需要保障辩护律师申请证人出庭的权利、调取新证据的权利、在必要时申请重新鉴定、制定基本证据标准指引的权利，从提高律师辩护率、加强律师辩护功能和提升律师辩护质量等方面促进律师有效辩护目标的全面实现。③

针对我国律师程序性辩护权利不足的情况，学者们从宏观的庭审改革、具体的权利、保障制度等不同的侧面进行了深入细致的研究，提出了很多真知灼见，认为提升律师程序性辩护的有效性必须充分保障律师正常执业的基本权利。其中较为核心的权利包括：其一，职务

① 魏晓娜：《审判中心视角下的有效辩护问题》，载《当代法学》2017年第3期。

② 杨建广、李懿艺：《审判中心视域下有效辩护的构成与适用》，载《政法学刊》2017年第1期。

③ 熊秋红：《审判中心视野下的律师有效辩护》，载《当代法学》2017年第6期。

保障权。不管在何种案件中，对于律师依法履行辩护职务的行为，任何机关不得对律师的辩护行为进行干涉。其二，会见权与通信权。疏通律师与其当事人的沟通渠道，不能因独立辩护权而忽视被告人对程序性辩护的意见，如果被告人的辩护要求不合理、不合法，需要律师向当事人耐心细致地解释辩护选择的依据。其三，阅卷权与调查取证权。诉讼活动围绕证据展开，证据是胜诉与败诉的关键，律师程序性辩护能否成功也取决于能够获取证据的程度。在侦查阶段，我国采用单线的侦查模式，律师调查取证权还有较多的限制，阅卷权和调查取证缺乏相关的程序性保障，律师的伪证罪等如利剑一般悬于律师头顶，需要进一步完善律师申请调查取证权，法院授权律师调查制度存在完善与扩展的制度空间。其四，辩护权。律师最直接的作用正是通过辩护行为得以展现，应当充分保障律师在不同阶段提出辩护意见的权利，对律师的辩护意见必须给予足够的重视，并能在最终的司法文书中体现出来。除履行职责的基本权利保障以外，保证律师职务能力的行业准入规范、行业行为准则及行业伦理规范配套完善。

二、庭前会议的诉讼化改造与处置权的落实

我国的庭前会议是借鉴国外相关制度的结果，但我国立法机关在设置制度时侧重于庭审准备工作和庭前证据信息交流，目的是了解相关情况，导致制度改造后并没有达到预期的效果，庭前会议的功能并没有得到应有的发挥。国外庭前会议的主要功能是在正式的开庭前解决程序性问题，排除非法证据是庭前会议的重要功能。庭前会议的诉讼化改造就是按照法律的正当程序所设定的“三角形”结构进行权力与权利的配置，赋予庭前会议中程序性法官对程序性问题的处置权，提升庭前会议决策的效力，使庭前会议制度落到实处。

《美国联邦刑事诉讼规则》规定：控辩双方均能够通过“动议”(motion)的方式在审前程序或者审判程序中向法官提出诉讼请求，请求法官维护其可能被侵害的诉讼权利或者宪法性权利，进行司法救济，对通过非法搜查、扣押、监听、讯问等违法侦查行为获得或受非法侦查行为污染的证据，宣告并不具有可采性。除此以外，联邦以及多数州的法院均规定了审前动议中只有被告方提出非法证据排除动议

时，法官才有权决定启动非法证据排除的听证程序，并作出是否排除证据的裁定，即在审前听证程序(Arraignment)之后进行非法排除听审(suppression hearing)。在法官主持下，控辩双方对于是否排除非法证据进行举证、质证与抗辩，法官必须运用程序性裁判的逻辑作出排除或不排除的决定。① 为了保障完整意义上的辩护权，联邦最高法院于1986年通过克雷恩诉肯塔基州一案[Crane v. Kentucky, 476 U.S. 683 (1986).]判例将排除非法证据动议权扩展到正式的审判程序中，除此以外，对于程序性裁决还可以通过上诉程序获得进一步的救济。

为了公正高效地解决案件，英国刑事司法制度中设置了较为丰富的庭前程序，包括预审程序、证据开示、答辩和指导性庭审、预备听审程序等，这些程序较好地实现了庭前审查与庭前准备的功能。证据可采性、非法证据的排除等程序性争议通过答辩和指导性庭审、预备听审程序等程序解决，除了严重的诈骗罪之外，其他的案件均可以适用，当被告人提出无罪辩护之后，辩方能够申请排除非法证据，对于案情复杂、审理时间较长的案件，法官可以举行预备听审程序以解决特定的程序性事项。除了庭前程序之外，《1984年警察与刑事证据法》规定，在正式的庭审程序中，通过审判之中的审判对证据可采性进行裁判，确立了非法证据的排除规则。该法第76条第2款规定了控诉方对被告人采取压迫性手段等导致存在供述不可靠的可能，不得就此指控，但是如果其能够排除合理怀疑地证明非依上述方式获得该证据的除外。第78条第1款规定，法庭在综合考虑采证情况之后，将拒绝采纳会对诉讼的公正性产生不利影响的证据。② 在庭审开始之后，若被告方对控方证据的可采性产生怀疑，欲提出非法证据排除申请，且此种情形受到限制，辩方必须向法院申请陪审团退庭，并通知控方就此事项进行答辩，法官就控辩双方的答辩情况进行裁决；若排

① 杨宇冠：《非法证据排除规则研究》，中国人民公安大学出版社2002年版，第110~116页。

② Michael Zander, The Police and Criminal Evidence Act 1984, revised second edition, London: Sweet & Maxwell, 1990, p. 196.

除该证据，在随后的程序中，双方均不得提及被排除的陈述。对于初审法院所作的证据可采性争议裁决能够通过上诉解决。对于初审法院的裁决，程序存在法律错误或超越司法管辖权的情形，可以通过案件陈述的方式向高等法院提出上诉；对于拒绝排除非法证据不服时，不管是事实争议或者法律争议，都有权向上诉法院提出上诉，若还有不服，有权就此上诉到最高法院。①

在德国，中间程序是《德国刑事诉讼法典》所设定的在开庭前的审查程序，其提出时间为起诉后还没有决定是否启动审判程序前的一段时间，内容包括：通知被告起诉书内容，被告对程序启动的异议、声明调查证据或提出证据，证据合法性证明、非法证据的排除均在中间程序之中处理。在程序的启动上，它体现出了浓厚的职权主义的特征，除了控辩双方向法官提出程序性动议以启动中间程序之外，法官可以依职权调查案件的事实与证据。在德国的刑事司法中并没有区分审前程序法官与审判程序法官，这一点与英美法系国家的庭前程序性法官有较大的差异，法官对证据可采性裁断会进行多重的价值判断，对言辞证据及实物证据均会审查其对个人的人格尊严和人身自由的侵害程度，对不同主体的利益进行综合衡量之后，作出决定。除此以外，为了限制追诉方的违法取证行为，德国法律还设置了证据禁止制度，对非法取证行为进行制裁，包括证据取得禁止与证据使用禁止，将公权机关的行为纳入制度调控的范围。证据取得禁止限定了警察、检察官、法官等人员进行证据调查时的行为；证据使用禁止则对法官使用证据进行了限定，自主性证据使用禁止以是否侵害人权与自由为标准；非自主性证据使用则否认严重违反法定禁止性规范的方式所取得证据的证据能力，证据禁止制度有力地阻碍了违法证据进入正式的庭审程序后造成对法官的干扰。如果辩方不服证据禁止，还可以通过上诉机制维护权利，程序性救济体现得非常充分。程序性违法的上诉属于第三审上诉，如果涉及重大的程序性违法可以作为绝对的上诉理

① John Sprack, Emmins on Criminal Procedure, ninth edition, London: Blackstone Press Limited, 2002, p. 427. 转引自［英］麦高伟、杰弗里·威尔逊主编：《英国刑事司法程序》，姚永吉等译，法律出版社2003年版，第295页。

由进行上诉，“违背法令”使被告人受到了实质性侵害也是上诉的理由。① 德国程序最重要的特点就是《德意志联邦共和国基本法》将人权标准作为衡量标准，注入德国的刑事司法实践。

在法国，预审是追诉、预审、审判三大基本职能之一，广义的预审是指查找收集向法官提出的证据；狭义的预审则专指《法国刑事诉讼法》中所规定的预审一编。法国的预审制度有着典型的大陆法系的职权主义特征，与英美法系存在较大差异，预审法官在司法警察初步侦查的基础上行使正式侦查权，由于侦查权与司法权矛盾，法国的预审法官被批评者指责为滥用权力的“超级警察”。预审程序采用以书面审理方式为主，秘密进行，初级预审原则上不对席审判，二级预审采用对席审判方式。在适用范围上，除了重罪案件必须适用二级预审外，轻罪案件、违警罪案件均可以选择适用，由于司法审查机制的缺乏，犯罪嫌疑人、被告人的诉讼权利得不到有效的维护。显然，法国的预审制度定位为进一步侦查程序，可以完全自由地进行为查明事实真相所必要的一切侦查行动，如果进行功能比较研究，则通过诉讼行为无效制度实施程序性制裁，法官有权对非法收集证据的警察、滥用刑事追诉权的检察官的程序性违法行为宣告行为无效。在预审阶段如果出现了违反程序法律的情形，适用诉讼行为无效制度解决。法国的诉讼行为无效制度主要是一种针对警察、检察官和法官程序性违法的程序性制裁制度。② 由于法国刑事诉讼法律将预审程序定位为侦查程序，因而没有在此阶段建立如英美法系国家那样的司法审查机制，预审法官的程序性违法行为只能通过一系列的行为无效制度处理。上诉法院预审庭具有司法裁判性质的职能，进行二级预审并对刑事司法警察人员进行监督。重罪案件必须进行二级预审，轻罪与违警罪根据具体情形的不同决定是否适用预审程序，预审法官依职权对案件进行监督与审查。也就是说，法国的程序性违法也通过预审制度运用宣告无

① 《德国刑事诉讼法典》，宗玉琨译，知识产权出版社 2013 年版，第 212~238 页。

② 陈瑞华：《大陆法中的诉讼行为无效制度——三个法律文本的考察》，载《政法论坛》2003 年第 5 期。

效的方式得以解决，如果预审法官的诉讼行为违反了程序法的规定而造成对法益的侵害，诸如警察搜查、扣押、检查、讯问、窃听等侦查行为违反法定诉讼程序的情况，均通过预审程序撤销使之无效。《法国刑事诉讼法典》确立了双重司法监督机制：对于预审法官所作的带有司法裁判权性质的决定，检察官和当事人都可以向上诉法院预审庭提起上诉。对于预审法官、检察官或警察在预审过程中所实施的不具有司法裁判权性质的行为，各主体也可以提出无效宣告申请，理由包括法律条文明文规定的无效、实质性无效。① 可以看出，在程序启动方式上，预审法官可以主动提出申请；上诉法院预审庭可以依职权作出无效宣告；预审法官、检察官以及当事人可向上诉法院预审庭提出申请。法国的刑事诉讼法典明文规定的警察、检察官或者预审法官的违法行为以无效论处即为“法定的无效”，虽然法典没有明文规定，但该违法侵犯了当事人的权利或者损害了当事人的利益的为“实质性无效”。具体来说主要包括：第30条、第56条、第57条、第59条、第78条、第95条、第96条、第100—2条、第100—7条、第107条、第116—1条、第171条、第393条、第802条。② 该系列条款规定了侦查阶段的移送程序、搜查、扣押、封存等侦查行为的程序、截留电讯信息程序、保障律师帮助权等规定，当危害辩护权利及危害与诉讼有关的当事人的利益时则为法定无效，在庭审阶段如果出现了违反法律的行为，也可以宣告行为无效。具体来说，又可以分为因为程序性问题的无效、因裁判理由不充分的无效与因法律适用错误宣告无效。其一，因程序性问题的无效。《法国刑事诉讼法》第592条规定，对审判组织法定人数、未参与全部庭审、未听取检察院意见的裁决应宣告撤销。其二，因涉及判决理由不充分而导致的无效。第593条规定，裁判理由不充分使监督权落空应宣告撤销。其三，因错误的法律适用而导致的无效。第596条规定，重罪案件已经被错误适用刑

① ［法］卡斯东·斯特法尼、乔治·勒瓦索、贝尔纳·布洛克：《法国刑事诉讼法精义》（下），罗结珍译，中国政法大学出版社1999年版，第660~665页。

② 转引自许乐：《非法证据排除程序研究》，西南政法大学博士论文，2016年3月。

罚，检察院及被判刑的当事人均可提出撤销判决。第 597 条规定，检察院有权提出撤销基于法律的认识错误而错误作出的无罪判决。①

俄罗斯的庭前听证程序是准备开庭的一个阶段，控辩双方的申请或法院依职权可以对排除证据的请求、发现可能将刑事案件退回检察机关的情况、发现中止或终止刑事案件的根据、被告人请求适用陪审法庭审判的情形出现时适用庭前听证程序。《俄罗斯联邦刑事诉讼法典》第 7 条规定："法院、检察长、侦查员、调查机关或者调查人员在刑事诉讼过程中违反本法典的规范所取得的证据不具有可采性。"不允许采信的证据范围包括：没有保障律师在场权的供述；无法指明其信息来源的证人证言、被害人陈述；违反本法典的其他证据。通过庭前听证程序以裁决争议的非法证据的可采性问题。《俄罗斯联邦刑事诉讼法》第 227 条、第 229 条规定了庭前听证程序，申请方必须提供申请理由与法律依据，承担证明责任，在庭前听审中被排除的非法证据不具有证据能力，控辩双方均不能再提出上诉。俄罗斯庭前听证程序对保障审前程序中获得有效的律师帮助、有效遏止违法行为的发生、保障取证行为的合法性起着重大的作用。②

《日本刑事诉讼法》集合了两大法系庭前程序的优点。由于日本实施起诉状一本主义，旧刑事诉讼法规定"辩护人在案件交付审判后，可以阅览与摘抄有关诉讼文书"，依此规定辩方难以获得防御资料。在 2004 年进行的刑事司法改革中，为了提高庭审的效率，节约司法资源，设立了庭前会议制度以明确案件争点及进行证据整理，同时设立了以明确案件争点的证据开示制度，以作为辩护方行使防御权的保障。《日本刑事诉讼法》规定了在当事人提出调取书证与物证的请求时，必须给对方阅览的机会。③ 但必须注意的是，证据开示制度只适用于审前整理程序与公审期日之间的整理程序中，而只有适用裁判员

① 《法国刑事诉讼法典》，罗结珍译，国际文化出版公司 1997 年版，第 547 页。

② 尹丽华：《俄罗斯联邦刑事诉讼法的创新发展》，载《当代法学》2004 年第 4 期。

③ ［日］田口守一：《刑事诉讼法》，刘迪、张凌等译，法律出版社 2000 年版，第 201 页。

制度裁判的案件才必定会有审前整理程序，其他案件是否进行证据开示由法官的自由裁量。以非法证据排除为例，日本在二战后就采纳了非法证据排除原则，其主要排除对象包括：对于违反令状制度的搜查、扣押获得的证据；依犯罪行为获得的证据；依法认定无效的搜查、扣押获得的证据；非法自白等。《日本刑事诉讼法》规定了二次庭前准备程序：其一，第一次庭前准备活动称为“事前准备”，针对自白案件、否认有罪案件等，一般均会进行准备程序，当事人的事前准备程序可以分为：(1)适用于控辩双方的准备程序，其目的在于明确诉因与案件的争点等，控辩双方应当根据审判预定时间、开庭次数，把必要的事项通知法院；(2)检察官的准备程序，其目的在于收集整理证据，进行证据开示，制作证据卡片，退还扣押物品；(3)辩护人的准备程序，其目的在于通过会见确认事实关系，阅览了解证据并表达对证据的意见；(4)法院的事前准备，其目的在于送达起诉书副本，告知辩护人委托权，通知检察官与辩护人相互的姓名，事先与控辩双方协商，综合考虑诉讼关系人诉讼准备进展，指定第一次开庭日期。其二，第一次开庭后的法院准备程序，法院需发出照会处理程序部分问题，指定或者变更开庭日期，调查证据，法院主持准备程序，对于复杂的案件应当整理案件的争点与证据，进行证据保全。①庭审准备程序通常在控辩双方均在场的情形下，整理案件的争点与相关证据，在此过程中，控辩双方均有对非法证据进行质疑的权利。《日本刑事诉讼法》第292条、第319条对此作了详细的规定。日本的庭前会议制度与我国的庭前会议制度类似，主要区别在于通过控辩双方的意见交换之后，日本的法官具有实质性处理程序性问题的权力，即可以作出不予受理、停止、撤回、撤销或者变更的裁定。

综观上述国家庭前会议制度不难发现，国外庭前会议制度中对于程序性问题有实质意义上的处置权，能够真正发挥该制度的功能。针对前述对我国司法实践中的违法扣押、回避、非法证据排除、超期羁押、管辖问题的实证研究结果表明，我国庭前会议司法实践中存在的

---

① ［日］田口守一：《刑事诉讼法》，刘迪、张凌等译，法律出版社2000年版，第195~199页。

一些问题，还有进一步完善的空间。

其一，进一步明确庭前会议的功能与范围。尽管我国《刑事诉讼法》《最高人民法院关于适用〈中华人民共和国刑事诉讼法〉的解释》《人民检察院刑事诉讼规则》明确规定，在庭前会议中可以解决管辖、回避、调查新证据、出庭证人名单、非法证据排除等事项。从范围上看，庭前会议似乎大有可为，但《刑事诉讼法》规定了庭前会议的功能为“了解情况，听取意见”，法官在此阶段只有获取相关信息的权力。《人民法院办理刑事案件庭前会议规程》第1条、第2条规定了庭前会议的适用范围：第1条规定处理实体问题的范围，即对于证据材料较多、案情疑难复杂、社会影响重大或者控辩双方对事实证据存在较大争议等情形；第2条涵括了对程序问题的处理，即回避、出庭证人名单、非法证据排除等可能导致庭审中断的事项，组织控辩双方展示证据，归纳争议焦点，开展附带民事调解。这种规定直接导致庭前会议的实体化倾向，大大限定了庭前处置程序性问题的功能的发挥，应当进一步明确我国庭前程序的适用范围及功能，明确庭前会议处理程序性问题的重心。尽管庭审实质化改革赋予庭前程序更多的目标，但庭前会议程序无法承载过多，实体方面应当严格明确限定于类似其他国家的证据开示的范围，其目的也只能是归纳案件争点。

其二，以正当程序为标准的诉讼化改造。在程序的启动上，刑事诉讼法和相关的司法解释均规定了人民法院依职权决定是否召开庭前会议，法官衡量的依据包括：证据材料、案件复杂程度、社会影响的大小、控辩双方对证据的争议程度决定等。根据正当程序的基本要求，至少应当重视控辩双方在是否启动庭前会议上的选择权，在实证研究部分的程序性问题的提出率不高也与此相关。当事人提出程序性辩护后，不能引发相关的救济性程序，大大打击了当事人的积极性与主动性。在庭前会议中，由法官主持庭前程序，居中裁决，形成程序性原告、程序性被告、程序性裁判者的三方结构。法官在庭前会议中应当平衡控辩双方的力量，给予双方充分的机会，提出程序性事实与证据，充分保障证据信息的交流，明确争点，形成共识，决定庭审焦点，以防止日后程序倒流。对于在此阶段有权处理的程序问题要及时处理，最好形成共识性的结论。检察机关在庭前会议对程序性事项争议的处理中，也是以控方身份出庭，但其职能显然不同于普通程序之下的控诉职能。对于专门处理程序问题的庭前会议来说，检察机关监督程序性违法的职责应得到更多的彰显，其主要的作用还在于作为追诉方的程序性被告的身份，完成程序性裁判“控、辩、裁”三角形的诉讼构造。

其三，加强庭前会议对程序事项的处置权。我国现行《刑事诉讼法》第187条规定了庭前会议的目的是了解情况，听取意见。《人民法院办理刑事案件庭前会议规程》第25条规定了对庭前会议结果的处理方式，即确认庭前会议中达成一致意见的事项，对于庭前会议中未达成一致意见的事项依法作出处理。本条也规定了可以在庭审中再次就已达成合意的问题提出异议，这种程序的处置方式将降低人们对庭前会议的期望值，可以看出，在庭前会议中并没有实质的处置权，而是留待庭审程序确认和处理。庭前会议作为一项准备性程序，与庭前准备程序的最大差别在于其对程序事项的处置权，而不能只限定在对事实与证据信息的一般了解之上。美国在庭前程序中对被告方提出非法证据排除动议，可以宣告证据不具有可采性，而处置违法获得之证据；英国通过“答辩和指导性庭审”“预备听审程序”等程序解决证据可采性、非法证据的排除等程序性争议；德国通过中间程序处理证据合法性、非法证据的排除问题；法国在预审阶段适用诉讼行为无效制度，解决违反程序法律的情形；俄罗斯的庭前听证程序可以对排除证据的请求等程序性事项进行处理。法官在庭前会议中程序性问题处置权的缺乏，直接导致这些事项延伸到后来的审判程序之中，辩方反复提出在庭前程序中提出过的程序性问题，会使诉讼拖延，使庭审重心不能集中在案件的焦点问题上，有违庭审中心化的精神。应当明确庭前程序法官程序性事项的处置权，使庭前程序的法官能够高效解决程序性问题。

其四，增强判决书中处理庭前会议问题的说理性。从前面实证研究部分的内容可以看出，大量案件判决书对庭前会议的处理过程与方案只是简单提及，理由严重不足，缺乏说理性。庭前会议关涉国家机关的程序性违法，对程序性辩护的处理不加以说理而直接给出结果，极易让人产生误解，所以应当允许当事人对处理结果进行质疑。对于当事人意见一致的程序性问题，可以直接简单予以说明，但对于当事人对程序性问题有争议部分，应当在合议庭评议中对程序性事项进行评议；在判决书中，应当展示处理的理由，争议较大的，还应当详细地论证与说理。

三、刑事程序性裁判制度的完善

“司法是正义的最后守护神”代表国家的公权力机关的程序性违法不仅毁坏了程序法律，也玷污了司法。公正高效的程序性裁判制度，能够有效回应犯罪嫌疑人、辩护人提出的程序性辩护主张，及时处理程序性违法行为。公正高效的程序性裁判制度包括以“三角形”结构为特征的正当程序架构、科学合理的权力配置机制、有力的程序性制裁措施等，这些均为当事人的程序性辩护提供了有力的保障。

(一)程序性裁判的结构选择

司法公正包括实体公正与程序公正，程序公正要求从架构上建设正当的法律程序，遵守法律程序规定，在价值取向上追求人权保障，反对违法取证行为，还包括司法独立；审判公开透明；控审分离、控辩平等对抗、法官居中裁判；严格遵守法定的办案期限等。① 程序公正的实现依赖于法律的正当程序，法律的正当程序已经成为民主法治国家建构刑事司法制度的基础，法律的正当程序蕴含了权力的分离与制衡的思想，从诉讼架构的角度来说，其中最为关键的就是控审分离、控辩平等、法官中立。要求不管是在实体性裁判还是在程序性裁判中，不管是在审判程序还是在审前程序中，只要是纳入裁判的范畴就应当遵循这一结构、原则与理念。与实体性裁判集中体现于审判阶段不同，程序性裁判贯穿于程序运作始终，在审前阶段只要出现了程序性争议，就可以因当事人提出的程序性动议引发程序性裁判，程序性裁判对于维护程序法律与程序法治有着重要的作用。

刑事程序性裁判是指法院程序性法官根据当事人提出的程序性请

① 陈光中：《刑事诉讼法》，北京大学出版社、高等教育出版社 2016 年版，第 12 页。

求，依法适用程序性规则，对主体的诉讼行为施加一定的程序性法律后果的行为。程序性裁判的结构按照正当程序中控、辩、裁三方结构设计。其一，发生程序性争议的当事人与可能实施程序性违法行为的国家公权机关为程序性裁判的原告、被告方；其二，中立的程序性裁判者作为第三方。审前程序或者审判程序均会出现程序性裁判。在理论界，李心鉴在研究诉讼构造时，较早就从诉讼构造的角度，研究过审前程序的诉讼构造问题，将控诉、辩护、裁判三方的法律关系作为诉讼构造的基本内容，如果换个角度，即是审前程序性问题的程序性裁判的构造问题。李心鉴认为：侦查和起诉程序中是否有裁方以及裁方是谁的问题是构造论中的重要的问题。① 受制于特定制度的限制，他将具有准司法性质的享有国家法律监督权的检察官视为我国刑事审前程序中的程序性裁判者，将司法警察作为控方，犯罪嫌疑人及其辩护律师作为辩方。显然，这一观点是站在实体性问题，即是否构成犯罪的刑事追诉的语境上进行讨论。但这一观点对于认识审前程序裁判构造具有较大的启发的意义，在审前程序性裁判的构造中，在我国现行的制度模式下，可以将具有国家监督职能的检察机关的检察官作为中立裁判者，提出程序性动议的嫌疑人、被告人及其律师作为程序性原告，可能存在程序性违法的警察、检察官则为程序性被告。在审判阶段，一般的情形下，因为我国不存在独立的程序性法官，所以，审理案件的法官就是程序性裁判者，可能存在程序性违法的法官也可能成为程序性被告，在此种情形下，则由其他法官进行程序性裁判。

在我国程序制度的设计中，为了保证刑事诉讼追诉行为顺利地进行，对于审前程序中的公权力的运作，在事前，除了逮捕需由检察机关批准外，其他的强制性措施均由公安机关作出决定。在检察机关自侦案件中，对于各项措施均有权决定，事后，主要通过检察监督权，对可能的程序性违法行为进行规制。通过这种公权运作的模式不难看出，我国对可能侵害公民权利的强制措施与强制性措施主要采用“行

① 李心鉴：《刑事诉讼构造论》，中国政法大学出版社 1998 年版，第 10 页。

政化”的决定方式，除了逮捕外，在事前缺乏中立的第三方的制约，刑事审前程序性权力运作具有行政化倾向。程序的设计与运行通过行政化的方式，可能会强化权力，弱化权利，国家机关垄断了对于程序问题的决定权，排斥相对方的参与，弱化了主体的对抗与交涉，使程序性争议建立在单方决定的基础之上，极易造成与程序法治化进程相背离的结果。这种方式难以对刑事诉讼中的侦查权、追诉权等公权力进行有效的控制，难以有效地维护被裁判者应该拥有的程序参与权、公正审判权，这种现象可能会使程序性证明中的双方当事人的力量失衡。如果程序本身的合法性问题不能得到有效的解决，则必然会波及并影响案件实体判决结果的合法性、正确性及可接受性，甚至可能会毁坏司法系统的法治化根基。①

综上所述，从短期来看，在我国现行的诉讼制度框架之下，在公安机关侦办的普通刑事案件中，对于当事人在审前程序中提出的警察的程序性违法主张，由具有监督职能的检察机关作为程序性裁判的裁判者。这种方式虽然有利于高效实现国家的追诉权，但由于检察机关同属于追诉方，对于程序性违法的限制略显乏力，而在检察机关自侦案件中，这一理论上的三方架构则更难以实现。随着国家监察体制改革的推进，原属检察机关的大量案件划归监察部门，检察机关自侦案件的范围大大缩小，在一定程度上缓解了这一问题；而在法官可能实施程序性违法的场合，则需要根据程序性争议的内容，划分不同的情形，分别由不同的法官作出程序性裁判。如果程序性争议发生在控辩双方主体之间，而不涉及审理案件的法官，发生于当事人与警察、检察官之间，程序性裁判可以由审理案件的法官作出；如果程序性争议涉及审理案件的法官，则法官不得参与对该程序性争议事项的处理，如对于当事人提出的法官回避申请、管辖权异议、违反公开原则、原审合议庭组成不合法等，则不能由原审法官自己作出程序性裁判。② 从长期来看，借鉴其他国家的模式设立专门的

① 石浩旭：《刑事程序性证明理论系统研究》，知识产权出版社 2013 年版，第 189 页。

② 高新华：《论司法程序性裁判》，载《国家检察官学院学报》2008 年第 2 期。

程序性法官，以“三角形”的正当程序结构为蓝本，在刑事程序性裁判上架构真正意义的事前审查机制与事后的裁判机制，才是长久之计。

(二)程序性裁判机制选择

1. 程序性裁判的启动机制

刑事程序性裁判主要包括非法证据排除规则、撤销起诉制度、宣告判决无效制度、诉讼行为无效制度以及解除羁押制度等。① 毫无疑问，在所有的程序性制裁制度中，非法证据排除规则为重点关注对象。非法证据排除规则适用于整个诉讼阶段。根据《刑事诉讼法》第56条规定：“在侦查、审查起诉、审判时发现有应当排除的证据的，应当依法予以排除，不得作为起诉意见、起诉决定和判决的依据。”本条规定了审前程序中国家机关依职权排除非法证据。第57条规定了检察机关在审前程序中，对于非法取证的程序性违法的启动及处置程序。第58条规定了当事人及其辩护人、诉讼代理人对上述非法证据申请排除的权利。

事实上，司法机关主动提起非法证据排除程序的情形并不多见，前述的研究结果也表明，当事人在审前阶段提出非法证据排除的比例也不高，尽管法律和司法解释规定当事人可以在审前程序的侦查阶段向检察机关提出，也可以在审理阶段的开庭前提出非法证据排除，在特殊的情况下，说明理由之后，也可以在庭审中提出。如果在一审中没有提出非法证据排除申请，一审法院剥夺了被告人的排除非法证据权利的知悉权或者辩方在第一审庭审后发现相关线索或者材料，还可以在第二审程序中提出申请，由二审法院对非法取证的问题进行调查，上述规定较为完整地设置了主张权利的方式。有学者认为：程序性裁判属于司法权的职能，为了保持法官公正、中立的立场，程序性裁判的启动应当坚持“不告不理”的被动性特征，程序性裁判同样需要当事人或者负责侦查起诉的警察和检察官提起程序之诉，像实体性

① 林喜芬：《“程序性制裁理论”的理论反思——以非法证据排除规则为分析焦点》，载《南京师范大学学报》(社会科学版)2010年第2期。

裁判一样，法官一般不能主动对程序性纠纷进行裁判。① 有学者认为：审前程序的裁判应当与审判程序保持一致，即实行不告不理原则。裁判权的启动，必须基于提出主张的主体的申请，也就是说，原则上应当以追诉一方或者辩护一方的请求为前提。② 但也有学者认为：应当允许司法机关主动发起程序制裁，主动对本身的程序违法行为进行纠正和制裁，恢复正当程序的价值，这也是程序性制裁的一个重要实现途径。③ 事实上，从司法权的被动性与审判公正的角度来看，在刑事程序性裁判中，应当遵循不告不理的原则，程序性裁判者不得主动进行程序性裁判，所以，大多数其他国家的程序中均是在审前由当事人提出程序性动议之后，再由中立的第三方进行"审查"，然后进行程序性裁判。而我国审前对程序性问题的司法审查主要由具有监督职能的检察机关完成，但是检察机关的追诉职能与监督职能存在抵牾，所以，虽然保留国家机关在纠正程序性问题上的权力具有现实的意义，但不可否认的是由于追诉职能的限制，以及"自我归责"的局限性，单纯依靠权力机关主动的自我纠正很难真正实现程序性制裁。但与实体性裁判所贯彻的"不告不理"原则不同，在程序性违法的处理上，各国均给予国家机关较大的主动权，在几乎所有针对审前羁押建立司法审查机制的国家，法院一旦发现某种未决羁押不具有合法性，还可以直接宣告终止该羁押措施的适用，这也意味着未决羁押措施的无效。④

完善嫌疑人、被告人及其辩护律师针对追诉者实施的程序性违法提出程序性辩护的动议权，通过程序动议的方式启动程序性裁判机制，由于程序性违法由国家机关实施，基于国家机关的客观义务，程

① 葛琳：《论刑事中的程序性裁判机制》，中国政法大学硕士学位论文，2003年10月。

② 靳建丽、赵贝贝：《我国刑事审前程序性裁判制度之构建》，载《中州大学学报》2018年第6期。

③ 赵婧、艾丽燕：《程序性制裁解构——以刑事程序为范例》，载《黑龙江省政法管理干部学院学报》2006年第3期。

④ 陈瑞华：《程序性制裁理论》(第二版)，中国法制出版社2010年版，第61页。

序性裁判者如果发现程序性违法行为，有关机关也可以主动发起程序制裁，以便及时纠正程序性违法问题。

2. 程序性裁判的裁决机制

在其他国家的相关制度中，裁判程序一般均遵循正当程序所蕴含的三方结构，程序性原告与程序性被告将程序性争议诉诸程序性裁判者，作为程序性裁判者的程序性法官居中裁判。庭前程序中的程序性裁判机制在有的国家被称作“审判中的审判”，一般均设有预审法官专门解决程序性问题，按照法律正当程序建构程序性裁判的裁决机制，也就是说原被告人作为程序性原告，警察等公权实施者成为程序性被告，由中立的程序性法官进行裁判，这一结构呈现出司法化的特征，我国的刑事程序性裁判也应当遵循“三角形”的司法结构。从短期来看，由于我国不存在预审法官的设置，在程序的处理机制中，必须保证可能的程序性违法的实施者只能作为程序性被告参与程序性裁判，由具有监督职能的检察官或者中立的法官作为第三方进行裁断；从长期来看，有必要设立专门处理程序性问题的预审法官。

3. 程序性裁判的救济机制

应当设置多层次的救济制度。无救济即无权利。当事人如果不服一审法院裁判结果，可以通过上诉的方式对未生效的判决申请救济，其中就包括对于因不服程序性裁判结果而提起的上诉。《刑事诉讼法》第238条规定了第二审法院发现违反了本法条有关公开、回避、剥夺或者限制法定权利、审判组织不合法等情形之下，应当裁定撤销原判，采取发回重审的程序性处置措施，相关的司法解释相应地进行了完善，也可以通过申诉的方式对于已经生效的判决提出再审申请。第253条规定了违反法律规定的诉讼程序，发回重新审判的特定情形。“二高三部”《关于办理刑事案件严格排除非法证据若干问题的规定》对之进一步细化，当事人在侦查阶段需向检察机关提出程序性辩护主张，此阶段的程序性问题由检察机关依法解决，检察机关具有直接的处置权，如果程序性违法属实，需向警察提出排除的建议，随后不得作为提请批准逮捕、移送审查起诉的根据。

不难看出，审前侦查阶段程序性裁判并不具备严格意义上的程序性裁判的结构，检察机关也只有提出意见的权利，由检察机关监督，以侦查机关自行纠正为主。但该条文并没有规定在此种情形下，若当事人对于检察机关经调查核实认为不属于非法证据，不提出纠正意见，或者检察机关虽然提出了纠正意见，但公安机关认为不是非法证据，而不予排除的情形下如何救济的问题。虽然随着案件向前推进，辩方可以在庭审前阶段再次针对侦查机关的程序性违法行为，向法院提出排除非法证据的申请，通过法院的庭前会议进行程序性裁判解决程序性违法的问题。但在二审程序中，二审法院除了解决一审法院的程序性违法外，对于一审法院应当解决但没有解决的，属于追诉机关在侦查起诉过程中的程序性违法，最高人民法院《人民法院办理刑事案件排除非法证据规程》中规定了虽在第一审程序中未提出排除非法证据申请，但在第二审中提出申请，法院应当予以审查的两种情形，即一审法院没有告知被告人排除非法证据的申请或者非法取证的线索与材料是一审庭审后发现，除了此两种情况外没有提出申请的情形，则不予审查。需要注意的是，辩方在一审审前程序或者一审审判程序中，一次或者多次提出申请主张程序性权利，有关机关没有处理或者对于处理结果不满意时，二审法院的处理更能反映出二审程序的意义与价值。如果法院受理当事人在二审中提出此种主张，有学者认为此类情形违反法律程序，拒绝受理排除非法证据申请的行为，不能受到程序性制裁。① 但是对于当事人提出的程序性违法辩护主张，必须具备法定的条件，检察机关与法院有依法裁量并处理的权力，除非辩方有证据证明驳回或者拒绝受理违法，否则应当尊重一审法院的程序性处理方案。辩方向二审法院提出申请时必须具备两个条件：其一，必须证明提出过申请并被拒绝；其二，必须提出程序性违法的初步证明责任，即提出程序性违法的相关线索与材料。因为案件已经经过了一审程序处理，所以，二审法院直接受理并审查相关证据没有侵害此部分的“上诉权”。事实上，一审法院本应当受理而不受理，消极不作为，属于一审法院适用程序错误的范畴，应当适用《刑事诉讼法》第238条第二审法院发现第一审法院违反诉讼程序的情形之下，应当裁

① 高咏：《非法证据排除问题的上诉程序》，载《中国检察官》2013年第21期。

定撤销原判，发回重审的相关规定。有学者在论及我国程序性制裁的救济机制时认为：制裁范围过于狭窄，制裁方式也过于单一，配套制度缺乏。① 虽然该文发表于2010年，其中所提出的问题大部分已经得到解决，但在制裁的范围中，包括审前程序中的程序性违法及救济，仍存在制裁方式单一的问题。

在救济程序的设置上，可以借鉴域外经验进行完善。大陆法国家救济程序的特点是：一般采用三审制，分为事实审与法律审，第二审进行事实审，第三审则为法律审。在法国，裁判的救济分为普通上诉与非常上诉，对于实体性问题及程序性问题均可以提出上诉，但对提出的对象及理由有着较为严格的限定。例如非常上诉针对裁判法庭组成不符合规定、审判违反公开性原则、法院无管辖权或者越权的情形下作出判决、违反法律或者判例的强行规定的形式要件即“如不遵守，以无效论处”，可以向最高法院上诉。② 在德国，当事人可以采用上告、上诉和抗告的方式对一审判决申请救济，上告范围较广，没有特定的限定，针对不服法院的初审判决，对事实和证据“复审”，基于“法律上之不利益”当事人，可以上诉至地方法院或者高等法院，由上诉法院进行法律审，解决因法律适用的问题产生的争议，上诉的提起只能依据原判决是建立在违背法令的情况下。对于特别重大的程序违反则不论原因，明确规定还可以继续上诉。③ 英美法系国家的程序性裁判的救济程序的特点是：一般将第一救济程序的第二审作为事实审，第二救济程序的第三审作为法律审，主要解决法律问题、程序违法问题、侵犯了当事人的宪法性权利的问题等。在英国，因初审法院的不同而设置了不同的上诉程序，治安法院初审案件可以进行二次上诉，就法律适用和管辖问题向高等法院和上议院上诉，其中自然包括程序问题；刑事法院为初审法院，则只能就法律适用问题，先向上

① 林喜芬：《“程序性制裁理论”的理论反思——以非法证据排除规则为分析焦点》，载《南京师范大学学报》2010年第2期。

② 《法国刑事诉讼法典》，余叔通等译，中国政法大学出版社1997年版，第227页。

③ ［德］托马斯·魏特根：《德国刑事诉讼程序》，岳礼玲等译，中国政法大学出版社1995年版，第214~217页。

诉法院，然后向上议院进行上诉。英国《1995 年刑事上诉法》进行了一定的限制，设定了上诉需许可的方式，对上诉权进行限定，即要经过特定的上诉法院、由初审法官出具书面证明或者由高等法院或者上诉法院作出司法证明书和适宜上诉的许可。对于无罪裁断，控方不能再次上诉，但总检察长可以采用向上诉法院征询意见的方式，针对先前的判决中存在的适用法律问题提出意见。① 在美国，联邦与州均是三级结构，当事人不服一审判决，可以向联邦或者州上诉法院提起第一次上诉，但法律规定必须逐级上诉。② 美国的上诉法院只审理法律问题。控辩双方均可以就程序性问题提出上诉。③ 当事人申请程序违法的主张是基本条件，否则被视为放弃该项权利，但法律同时规定了例外情形下也可以提起，主要包括明显错误（证据的准许和违反宪法）、审判权的错误、诉讼经济和社会公共政策的考虑等。在日本，裁判的救济程序相当发达，日本的上诉程序由控诉、上告和抗告组成。日本的上诉范围非常广泛，对程序违法的上诉只是其中较小的一部分，大多通过控诉和抗告进行。上告程序针对普通判决，抗告针对各种裁定或命令，检察官与当事人均可提出，从刑事程序性辩护的角度来说，当存在上诉利益的情形下，被告人对于先前的判决基于法律适用方面的错误，可以通过针对不同情形之下可能的错误，向特定的上级法院进行上告、上诉、准抗告、抗告。④

不难看出，在国外的救济程序中，对于程序性问题大多国家设置了多层次的救济制度。完善我国刑事诉讼法的程序性制裁规则，推动刑事程序法治的发展，提升刑事程序的价值是主流观点。随着实体正

---

① 中国政法大学刑事法律研究中心组织编译：《英国刑事诉讼法》（选编），中国政法大学出版社 2001 年版，第 64~65 页。

② 程味秋主编：《外国刑事诉讼法概论》，中国政法大学出版社 1994 年版，第 76 页。

③ ［美］伟恩·R. 拉费弗、杰罗德·H. 伊斯雷尔、南西·J. 金：《刑事诉讼法》（下册），卞建林等译，中国政法大学出版社 2003 年版，第 1394、1397 页。

④ ［日］松尾浩也：《刑事诉讼法》，张凌译，中国人民大学出版社 2005 年版，第 190~277 页。

义到程序正义的流变，程序正义逐渐与实体正义分庭抗礼，但程序正义却在实践中失范，主要是因为缺乏有效的程序性制裁制度，所以，制度完善除了立法上对程序性制裁规则进行完善外，更重要的是司法实践中能够真正落实程序性制裁。① 事实上，程序违法的制裁结果可以作为衡量程序性辩护效果的标准。需要根据程序性违法的不同程度对程序性制裁进行分类，设置多元的程序性制裁体系，使程序性制裁更有针对性和合理性。如果不设置相应制度保障充分的主张程序性权利的机会，被告人极易对公权机关的权力运作甚至司法制度产生怀疑。

(三)刑事程序性制裁机制的完善

其一，无效辩护的责任承担方式从单一责任到多元责任的转变。自程序性制裁理论在我国提出以来，就有学者注意到了该理论的不足，由于其采用责任形式的弊端，不可避免会出现“过度威慑”和“威慑不足”的矛盾，同时无法发挥制裁的救济功能。② 程序性制裁机制无力制止程序性违法，将会陷入所谓的效益困局。另外，程序性制裁机制有着反实质正义的天然倾向，具有很强的功利性，会产生相当程度的道德风险，③ 也表现出治理效果欠佳的实践局限。所以，不论是民事责任，还是刑事责任，均显现出不足之处，因而必须重整刑事案件中的律师责任机制，变单一的制裁方式为多元的制裁方式，以弥补程序性制裁之不足。

(1)程序性制裁辅助律师的纪律惩戒双重解决方案。通过司法行政机关对律师所实施的纪律惩戒的法理依据在于律师地位的独立性。现代法治国家刑事诉讼程序几乎都是建立在控辩平等对抗的基础之上，而法治的精密化使普通的民众法律知识的欠缺问题更加严重，这

① 赵婧、艾丽燕：《程序性制裁解构——以刑事程序为范例》，载《黑龙江省政法管理干部学院学报》2006 年第 3 期。

② 陈虎：《程序性制裁之局限性——以非法证据排除规则为例的分析》，载《当代法学》2010 年第 2 期。

③ 蒋鹏飞：《刑事诉讼程序性制裁机制之弊端及其应对》，载《中国刑事法杂志》2010 年第 12 期。

就从根源上产生了帮助实施辩护权的需要，也使辩护权具有独立性的价值取向。虽然从表面上看，除了法律援助辩护之外，在一般的委托辩护中，刑事案件中律师是基于当事人的委托而产生，而事实上，辩护权的独立性也决定了介入案件中律师地位的独立性，法律援助制度中的律师正是律师具有独立性地位的最好的证明，是基于程序正义和社会正义的价值取向，由法律所设定。辩护权与律师地位的独立性决定了律师在刑事案件中的必要性，同时也决定了律师的无效辩护将会受到国家有关司法行政管理机关进行纪律惩戒的合理性。

(2)基于私法授权委托关系产生的民事责任及律师职业伦理行为规范。辩护律师的产生，也基于当事人的委托而产生，存在一种委托代理关系，正是因为委托代理关系，形成了律师履行合约的基本义务，律师应当全力维护委托人的合法权益，① 否则应当承担民事责任。这是律师对当事人忠诚义务与伦理规范的基础。在各国的司法制度中，刑事辩护律师民事责任的豁免是一个较有争议的问题，但对不称职的辩护律师(包括指定辩护律师)施加民事责任则是大势所趋，可以通过对失职行为处以经济赔偿与精神损害赔偿维护被告人的权益。相较于其他制裁方式，民事制裁的独特优势在于既可以补偿被告人所受的损害，又可以对辩护律师进行威慑，而程序性制裁所设定的诸如撤销原判、发回重审，只是对其本应享有的权利的补救，他无法从中获得任何额外补偿。② 因此，必须重视基于私法关系产生的律师义务，将之作为辅助程序性制裁措施，对律师辩护有效性的提高有着重要的意义。

其二，适当扩展程序性制裁的调整对象。虽然我国学者在研究程序性制裁时，将研究对象集中在国家公权力主体的程序性违法行为之上，但其他主体也可能违反程序。虽然由程序性违法导致诉讼行为无效主要针对国家的公权力机关，但当事人与其他的参与人也有可能实施程序性违法行为，学者对程序性违法实施对象的限缩解释的目的也

① 陈瑞华：《有效辩护问题的再思考》，载《当代法学》2017年第6期。

② 吴纪奎：《论辩护律师的民事责任》，载《环球法律评论》2012年第6期。

是设置该制度的最初目的，即调整国家公权力机关的程序性违法行为，而其他主体的程序性违法则可以通过其他强制措施予以解决，没有必要进行程序性制裁。刑事案件辩护律师的较大的特定瑕疵所引起的无效辩护行为，由于实施主体的特殊性，无法适用针对当事人的普通强制措施等方式予以制裁，其行为不仅侵害了基于当事人委托的私法契约关系，而且侵害了刑事诉讼中的被告人的辩护权，还间接性地使控辩平等对抗落空，最终毁坏了公正审判权的基础，所以，对辩护律师的制裁必须结合民事赔偿，司法行政机关的纪律制裁，宣告程序无效撤销原判，发回重审等方式，截断因违法的程序行为所获得的利益，才能从根本上阻碍因无效辩护引起的案件的实体性形成过程与程序性形成过程。

对律师的无效辩护采用撤销原判、发回重审方式处理，理论基础在于无效辩护行为侵害"辩护权"与"公正审判权"，导致审判不公。在正当程序理论的支配下，英美法系国家庭审建立在控辩对抗、法官中立的基础之上，辩护权与公正审判权是刑事法律乃至宪法赋予被告人的基本权利。辩护权不仅是程序正义的基本要求，也体现了当事人的主体地位。控诉权力与辩护权利的平等对抗为实现"控、辩、裁"三方职能分离架构起一个公正的"三角形"诉讼结构，实现权利与权力的相互制约，被告人的程序主体性价值也通过自己或者辩护律师辩护行为体现出来。尽管被追诉者涉嫌犯罪，甚至被采取强制措施，但应当保障其作为人的基本的人权，赋予其辩解与说理的机会。在大陆法系国家，对于侵害被告人辩护权的行为通过诉讼行为无效处理，尽管没有明确规定因律师原因导致的无效辩护行为运用诉讼行为无效制度，但《法国刑事诉讼法》第802条规定法院对于程序性违法宣告无效的处置权。法国的司法实践中也出现过因预审法官在讯问被告人的过程中侵犯被告人而委任律师或者由法院指定律师的情形，宣告预审法官的讯问行为无效，法官会裁量该行为是否损害了辩护权。① 之所

① 陈瑞华：《大陆法中的诉讼行为无效制度——三个法律文本的考察》，载《政法论坛》2003年第5期。

以主张将律师的无效辩护纳入诉讼行为无效的制裁体系，还在于刑事诉讼中的律师具有独立的地位，有的国家将之定位为“准司法官员”的身份，不同于一般的当事人或者其他的诉讼参与人，律师无效辩护行为不仅侵害被告人的辩护权，而且由此侵害被告人公正审判权，给整个审判程序带来消极影响，使司法制度的基本原则受到较大的影响。

其三，促进诉讼行为无效与程序性制裁理论的借鉴及融合。程序性制裁理论是对程序性违法行为的处置程序的一种理论总结，诉讼行为无效是程序性违法的一种具体处置措施，虽然两者均由程序性违法行为引起，但诉讼行为无效与程序性制裁两者并不能等同，国外的实践表明：诉讼行为无效制度只是程序性制裁的一种形式。我国学者对程序性违法的解决方案曾有不同的观点，王敏远教授认为：(1) 否定违法程序的效力，程序重新开始；(2) 否定该违法程序的效力及由此得到的结果；(3)在否定违法程序的行为及结果的基础上，程序进入另一阶段；(4)补正程序。① 随后，陈瑞华教授在比较借鉴的基础上，以国外程序性制裁理论为基础，系统研究了处置程序性违法行为的多项程序措施。他认为程序性制裁是通过宣告无效的方式来追究程序性违法者的法律责任，在大陆法国家的刑事诉讼制度中，这种宣告无效也就是通常所说的“诉讼行为无效制度”；而在英美法中，最典型的“程序性制裁”莫过于排除非法证据、撤销违反法律程序的起诉以及撤销下级法院的违法裁判三种宣告无效措施。② 夏红教授更是将程序性违法行为的处置程序概括为七种，也讨论过针对具体的诉讼行为的程序性处置问题，七种处置方式都是以诉讼行为的程序违法为前提，程序性违法是导致诉讼行为无效的原因。③ 孙厚祥认为，应当针对程序性违法轻重程度的不同适用不同的处理措施，对于较轻的程序

---

① 王敏远：《论违反刑事诉讼程序的程序性后果》，载《中国法学》1994 年第 3 期。

② 陈瑞华：《程序性制裁制度的法理学分析》，载《中国法学》2005 年第 6 期。

③ 夏红：《无效刑事诉讼行为程序性处置论》，载《河北法学》2010 年第 11 期。

性违法可以补正，对于比较严重的程序性违法则否定其效力，对于严重的程序性违法则否定其效力及后果。①有人认为，程序性违法是指司法机关及其工作人员和诉讼参与人的程序性违法行为。② 但大部分学者坚持狭义说，认为程序性违法是指代表国家公权力的公、检、法机关工作人员职务行为中的程序性违法行为。

如果程序性违法采用广义说，相应的诉讼行为无效制度包括诉讼参与人所实施的程序性违法行为。在我国《刑事诉讼法》中，律师被作为其他的诉讼参与人，其所实施的无效辩护行为可以直接从实施主体的角度归入诉讼行为无效制度；律师接受委托后，在审前程序中，一般而言，采取了积极的侵权性违法或者技术性违法行为，诸如违法取证行为，若是虚假证据则可适用实体性的伪证罪予以制裁，若是违法获得的真实证据则适用诉讼行为的无效制度从程序上予以制裁；在审判程序中，则会因不恰当地行使辩护权而导致对公正审判权的侵害，即侵害了更为严重的权利而导致审判行为无效，辩护行为当然无效。如果程序性违法采用狭义说，律师并不属于国家的公权机关，从实施程序性违法的主体的角度并不能将律师的无效辩护行为纳入程序性违法与程序性制裁范围，只能借助于学者所提出的诉讼行为无效的具体形式中的理由，即因律师不恰当的行使辩护权而侵害被告人获得公正审判权引起程序性制裁。所以，应当扩展程序制裁理论，将律师的无效辩护纳入程序性制裁内容。

四、刑事程序性辩护中证明机制的完善

刑事程序性辩护有效性的提升，并不只是意味着易于达到当事人所预期行为的结果，还代表着程序性裁判制度的发展，是刑事司法公正的结果。程序性裁判立基于程序性事实，而程序性事实由证据所支撑，想获得程序性辩护的胜诉，离不开诉讼证明机制。刑事诉讼的证

① 孙厚祥等：《刑事诉讼程序性制裁机制探索》，载《人民检察》2006 年第 9 期。也可见孙厚祥：《我国刑事诉讼程序性违法裁判机制的完善》，载《华东政法学院学报》2006 年第 5 期。

② 吴孝军：《论犯罪侦查中的程序性违法》，载《法学》2004 年第 6 期。

明机制包括证明主体、证明对象、证明责任、证明标准、证明程序、证明方法等几方面的内容。正如陈瑞华教授在研究程序裁判制度与相关证据规则的关系时指出："只有将某一程序性争议纳入程序性听证的范围，法院才能围绕着该项程序问题构建专门的证据规则，在听证程序与证据规则的关系上，应当是先有听证程序才有证据规则。"①换言之，程序性裁判的司法化必然推动证据规则发展，在发生程序性争议时，控辩双方围绕证据进行攻击与防御，相应推动证据规则的发展；相反，程序性裁判的行政化解决方案则缺乏推动证据规则发展的诱因。也有学者认为，我国程序性制裁制度缺乏可操作性的配套制度，举证责任与证明标准是其中重要的问题。②

我国学者关于证明主体的概念和范围存在较大差异，传统的证据理论对证明主体的划分有广义和狭义之分，"广义的证明主体包括公安、司法机关及其办案人员、当事人以及诉讼参与人；狭义的证明主体仅指公安、司法机关及其办案人员"。③ 也有观点将证明视为国家专门机关的一种职权活动，因而认为证明主体只能是公安、司法机关。另有其他学者从不同的角度以狭义的证明主体为基准，对其所界定的范围进行扩充，认为证明主体除了司法机关及司法人员外，还应包括当事人和辩护人，并从诉讼本质的对抗性、刑事诉讼的目的、程序推进、监督司法、举证责任分配、庭审模式改革和人权保护的主旨、司法公正等层面进行论证。④ 传统的证明理论均将认识论和实体真实作为研究重心，没有充分认识证明主体的价值。刑事司法的发展表明，人权、程序正义等观念在刑事司法中的地位也不容忽视，传统的证明主体理论缺乏应有的张力，无法回应司法制度对程序正义的需求。证明并不意味着承担责任，传统的理论将刑事司法中证明的责任

---

① 陈瑞华：《程序性裁判中的证据规则》，载《法学家》2011 年第 6 期。

② 林喜芬：《"程序性制裁理论"的理论反思——以非法证据排除规则为分析焦点》，载《南京师范大学学报》2010 年第 2 期。

③ 陈光中：《刑事证据制度与认识论》，载《中国法学》2001 年第 1 期。也可见陈志兴：《论刑事诉讼证明的主体》，载《社科纵横》2005 年第 8 期。

④ 罗辅秦：《当事人和辩护人：我国刑事诉讼的证明主体》，载《娄底师专学报》1998 年第 4 期。

归于国家机关，但并没有意识到证明也是主张权利的一种方式，现代法治理念为刑事司法中主体理论的研究提供了新的视角。程序正义及权力的分立与制衡是研究刑事司法主体的理论依据，在刑事程序性辩护过程中，正当法律程序之下公权力的良性运作不仅体现在国家机关相互之间权力的分离与制衡之中，还体现在以权利主体主张权利为特征的与国家机关之间的交涉性行为之中。程序性辩护选择权推动了以被告人为代表的当事人的主体地位，辩方提出的程序性权利主张有力地对抗程序性违法行为，成为衡平控辩双方力量的重要权利。从国家的层面来说，则是通过程序性辩护制度设计弱化公权运作的暴力性特征，强化交涉性与说理性，呈现司法民主性的特征。刑事程序性辩护指向公权机关的程序性违法行为，无罪推定的基本原理决定国家机关承担举证责任，由国家机关证明被告人的犯罪行为是否存在，而且必须证明程序运作的合法性，这也是程序法治的应有之义。传统的刑事司法将证明主体与证明责任相关联，极易陷入狭义论的范畴之中。当事人作为程序性辩护的证明主体并不意味着让其承担证明责任，而是激活主体积极维护程序性权利的决心，这也为我国程序性裁判中当事人主张非法证据排除等程序性违法主张时所承担的提供初步证据的责任提出了新的诠释。原案被告即程序性违法原告的主体地位，决定其不能被当作认识案件事实的手段，因为程序性辩护行为是法律正当程序自我证成的过程。

证明标准的高低与证明对象的性质、事实观念、科技发展水平、程序在司法中的地位、刑事政策等因素息息相关。① 日本曾有学者提出："法律所要求的证明方法是多种多样的。"②其所谓的证明方法中就包括证明标准。大陆法系国家将证明标准区分为严格证明与自由证明。严格证明有着严格的证据能力的形式要求，对证明方法即调查手段有着合法性的要求，有着较高的证明标准。大致上，严格证明适用

① 石浩旭：《刑事程序性证明理论系统研究》，知识产权出版社 2013 年版，第 107~111 页。

② ［日］松尾浩也：《日本刑事诉讼法》（下卷），张凌译，中国人民大学出版社 2005 年版，第 12 页。

的对象为决定犯罪构成要件的定罪与量刑的实体性事实、具有违法阻却性的事由；自由证明由法官自由裁量证明的方式，证明标准相对较低，大致上，适用的对象为程序性事项。严格证明与自由证明的适用范围并非一成不变的，在不同的国家和地区，甚至同一国家和地区的学者们的主张亦有所不同。① 部分国内学者将自由心证作为大陆法系的证明标准，事实上，与其说自由心证是一种证明标准，不如说其是一种证明方式，是运用自己的良心与理性对案件作出评判的自由裁量方式。在对证明对象进行分类基础之上，自由心证的具体运用呈现出严格证明与自由证明两种方式，契合了对不同事项的不同的证明标准的要求。在英美法系国家，也根据诉讼的不同阶段及所证事实性质不同而对证明标准进行分类，美国的刑事证据规则将刑事诉讼证明的标准分为九类，即无线索、怀疑、有理由的怀疑、有理由的相信、合理根据、优势证据、排除合理怀疑、绝对的确定等。② 其中有理由的怀疑、有理由的相信、合理根据、优势证据是签发令状、提起诉讼等程序性事项的适用标准，排除合理怀疑则是定罪的标准。以审判为中心与证据裁判原则相结合的结果是“正向递进”“反向指引作用”形成动态互动关系，需要综合证据裁判之原则与政策权衡之视角由“刑事证明标准形式一元化”向“证明标准递进式”转化，通过审判程序发挥对于审前程序的指引和制约作用，进行过程控制，以审判为中心的理念强调各主体的刑事诉讼活动围绕审判程序进行。③ 刑事程序性辩护指向公权机关的程序性违法行为，两大法系对程序性事项均沿袭着相对低的证明标准，将证明标准作为平衡控辩双方力量的手段，程序性辩护有效性的提升意味着降低程序性辩护主张者的证明标准，程序性辩护主张者只需证明有理由的怀疑程度即可启动程序性裁判程序。而提高可能实施程序性违法的国家公权机关的证明标准，即公权机关必须

① 闵春雷：《严格证明与自由证明新探》，载《中外法学》2010 年第 5 期。

② 郑曦：《论刑事被遗忘权的边界——以性侵未成年人案件为例》，载《江汉论坛》2018 年第 9 期。

③ 谢澍：《论刑事证明标准实质递进性——“以审判为中心”语境下的分析》，载《法商研究》2017 年第 3 期。

证明其行为的合法性，至少达到清楚和有说服力的证据标准，不但要证明其手续齐备，还要证明其过程合法。

证明责任的分配与无罪推定的价值取向相关，与证据的距离及取证成本相关。依法治国的基本理念决定所有国家公权力的运作必须遵循法律的依据。在刑事司法过程中，国家机关也必须依法实施国家的刑罚权。无罪推定的基本原则和价值取向决定国家机关追诉犯罪必须以合法的手段与方式查明犯罪事实，查获犯罪嫌疑人，承担证明责任，否则当事人有权以程序性违法为由提出程序性辩护主张。国家机关有义务保证其取证手段的程序合法性，这是无罪推定的应有之义。所以，在程序性辩护主张提出之后，国家机关有义务承担证明责任。现代各法治国家在分配证明责任时，同时兼顾了证明距离及证明的成本等问题。掌握国家公权力的国家机关在取证能力方面大大强于被告人，虽然在程序性违法的证明上，由可能实施程序性违法的追诉机关承担证明责任存在“自我证成”的困局，但是由于国家追诉机关在实施强制性取证手段时，一般均需特定的批准程序，如果追诉机关事先获得了批准，则至少意味着形式上具有合法性，但并不能证明取证行为的具体过程的合法性，所以，追诉机关还需证明具体的取证行为的合法性，否则，应当推定追诉行为的违法性；在没有获得批准的情形下，实施取证行为本身即可证明取证形式违法行为的存在。另外，录音、录像等取证过程所获得的证据均掌握在国家机关手中，由其承担证明责任的成本更低，国家机关客观义务决定其应当以合法的手段获得证据以寻求案件的真实，并准确地适用法律。所以，就程序性事项而言，辩方在承担提出证据的责任之后，应由国家相关机关承担说服责任。

证明主体的确定、证明标准与证明责任的设置均只是提供了一种制度可能，刑事程序性辩护有效性的提升，用主客观一致性的标准来衡量，既有当事人对程序性辩护效果的主观评判，也有对客观真实的解决程序问题的准确性评判。作为整个过程的策略选择者，律师在其中起着至关重要的作用。在刑事审前阶段，律师积极地进行会见、阅卷、调查取证等帮助行为，对于后续的辩护方案的选择及辩护效果均有较大的影响，特别是在被告人被羁押的情况下更是如此。因为无效辩护侵害了当事人的辩护权而使控辩力量失衡，最终损害了程序公正与法治秩序的情形广泛存在。国外大部分法治国家均对无效辩护适用较为严厉的制裁措施，可能使先前的裁判程序归于无效，但为了避免被告人恶意提出无效辩护，从而阻止程序生效，国外相关制度在被告人提出无效辩护的抗辩事由之后，证明无效辩护事由的责任由被告人承担。但必须注意这一责任并不是向被告人施加证明责任，被告人只需初步地证明存在无效辩护的可能即可。被告人需要证明的内容包括：律师辩护存在缺陷与瑕疵、缺陷与瑕疵的辩护行为对被告人造成了实质性的损害、两者之间存在因果关系。① 所以，在我国的刑事程序性辩护的制度设计中，必须弱化辩方对程序性违法的证明责任，明确初步证明并不意味着承担证明责任，法律应当进一步明确该事项举证责任由国家机关承担，强化公权机关对其程序合法性的证明责任。

第三节　辩证认识刑事程序性辩护的限度

刑事程序性辩护的基础是程序性权利，辩护有效性的提升意味着辩护质量的提高，对于提升程序价值、加强人权保障、提高司法权威均有着重要的意义，而且对于扩展辩护制度的空间、推动主体选择程序性辩护具有积极的作用。但源于程序性制裁制度的局限性，刑事程序性辩护也有其局限性，不能无休止地鼓励刑事程序性辩护，应当将其限定在一定的范围之内。

一、刑事程序性辩护有效性与程序违法的相关性

正如前述，刑事程序性辩护有效性高并不意味着程序违法数量高，也有可能是一个国家在特定时期重视程序价值的结果，程序能够通过自身的运作及时制止程序性违法，程序运作相当高效，其结果必

① 陈瑞华：《刑事诉讼中的有效辩护问题》，载《苏州大学学报》2014 年第 9 期。

然是程序价值被尊重，程序违法数量逐渐缩小，制度与实践良性循环；刑事程序性辩护有效性低，并不意味着程序违法行为数量就少，因为程序违法不能得到及时有效制止，程序恶性循环，程序价值会被贬损，在这种情形下，程序性违法反而更多，但也不能绝对地看待这一问题。还有一种可能就是司法实践中真实程序违法行为数量少，公权机关严守程序法律，依法办案，这也可能会使程序性辩护提出率及有效率均较低，但这只是一种理想的状态。

从短期看，刑事程序性辩护有效性高可能呈现出程序性违法辩护的提出率及有效率均呈现“双高”的现象，程序性违法导致程序性辩护的产生。提高刑事程序性辩护的质量，意味着律师进行刑事程序性辩护的成功率高，也意味着公权机关在刑事诉讼中的程序性违法比率较高。从人权保障的角度来看，应当提升程序性辩护的有效率，但就程序法治本身来看，程序性违法率高也说明程序没有被遵守，两者之间存在一定的悖论，所以，应当协调两者之间的关系。程序本身就是一系列的价值取舍的过程，程序的设置应当向最有利于法律的诸项价值实现的方向发展，但程序的繁琐与过剩也会阻碍程序本身的发展，程序本身也应受到法律正当性与合理性的评价，不能孤立地追求哪一个方面的高比率。如果提起刑事程序性辩护的数值远超客观上真实程序性违法的数值，一方面，说明了主体程序意识较强，主体积极通过自己的行为维护程序权利；另一方面，也有可能是主体利用程序性辩护拖延诉讼逃避追诉而造成。程序性辩护指向真正的程序性违法，才最能体现其价值，但对程序的不同理解，以及程序性事实与证据的偏差决定并不是所有的程序性辩护均能获得支持。刑事程序性辩护的有效率能够正向激励主体选择刑事程序性辩护，当所有的主体都能够正确认识程序的价值，也就抑制了程序性违法行为的产生，这一过程也是通过程序性辩护的权利主张抑制程序性违法行为生成的过程。

二、利用刑事程序性辩护技巧的限度

辩护是一门经验的艺术，成功的辩护建立在熟练掌握法律理论知识与丰富的实践经验的基础之上。刑事程序性辩护过程也是一个利用程序性事实与证据编织程序性法律事实的过程，型构程序性法律故事的技巧在其中起着关键的作用。作为理性经济人的辩护人会最大限度地利用自己所掌握的技巧，以赢得程序性辩护的成功。但辩护技巧的过度适用会使诉讼程序偏离正当程序的轨道，过度利用程序性辩护技巧会拖延诉讼，导致整体诉讼效率的下降与司法公正的丧失，会使案件远离事实与证据。刑事程序是一个自组织体系，不同的制度要素共同构成程序系统，以维系国家的程序法治。

部分主体的利益导向会使程序性辩护技巧过度使用。从被追诉人个人的角度来看，程序性辩护主张是为了维护法律赋予的程序权利；从国家的角度来看，程序性辩护制度的运作过程是针对程序性违法进行自我修复的过程。所以，可以套用德国法学家耶林的话，程序性辩护权利主张不仅是权利人对自己的义务，也是对社会应尽的义务。程序性辩护有效性的提高也是对国家的要求，是国家在设置程序制度之后对公民应该有的保障。从某种意义上说，律师介入之后，虽然律师的地位具有独立性，律师的使命在于维护当事人的合法权益，但又不可避免地掺杂了律师个人的利益使问题更加复杂，辩护行为的动机不再纯粹。而对被追诉人来说，逃避追诉与不利于己的结果是作为理性经济人的内心倾向，两种心理动机融合之后，制度设置在不同利益所驱动的心态之下会出现偏差，被追诉人会利用法律赋予的程序权利，阻碍追诉行为的进行，律师则会利用程序性辩护达到辩护行为的成功，获得当事人对其执业行为的认可，进而延长案件的办理时间和程序以获得更多的律师费用。这一切均是在维护程序正义，主张在程序权利的名义下进行，刑事程序的启动、证明、裁判与责任承担法律事先都有规定，这些法律规定都是法律事先对各类价值进行取舍与选择的结果，当事人及其律师根据法律的预测与指引作用选择辩护行为，以追求己方实体利益与程序利益的最大化。恶意利用程序性辩护权利会浪费有限的司法资源而造成司法不公。程序发生于特定的时间、空间范围之中，程序的运作需要时间，律师及其当事人在选择刑事程序性辩护时必定会耗费时间与资源。在资源有限的特定情形下，律师为自己及其当事人争取更多的时间及资源则意味着国家也会耗费更多的司法资源，如果过度地利用程序性辩护技巧，只会造成诉讼繁琐与拖沓，造成案件的积压与司法的不效率，最终也会影响公正的实现。近年来，在民事诉讼领域已经开始研究恶意诉讼侵权责任的处置制度与方式，但在刑事诉讼领域还没有恶意利用程序性权利的制裁措施。事实上，在维护当事人的辩护权与人权保障的语境下，较难界定恶意的辩护行为，或许这也是人权保障的必然代价。但由于我国当前激增的案件数量和有限的司法资源，必须对程序性辩护作出限定，不能简单以案件数量进行限定，而是应当通过制度设计进行调整。例如，通过初步证明责任的分担等制度设置转移程序性辩护主张提出后国家机关因寻找证据而疲于奔命的结果，在当事人的程序性辩护权与司法资源的承受力之间寻求适度的平衡。

过度使用程序性辩护的技巧可能会使辩护远离案件的事实与证据。公权机关违法取证的最终目的是获得案件的实体事实与证据，以达到成功控诉。正常的程序性辩护的目的是维护程序法治，实现程序价值，截断违法行为与事实与证据之间的关联，通过否定违法程序行为而否定因此获得的实体事实与证据。但在程序性裁判的空间中，程序性辩护主张也依赖于程序性事实与证据得以证立，所以，这一行为取决于两个方面：其一，程序违法程度；其二，所能获得的程序性违法的事实与证据。而程序性违法程度需要程序性违法事实与证据的支撑，程序性辩护的技巧起着较为重要的作用。在具体案件中，事实与证据总有限度，当所能获得的关于案件的程序性违法的事实与证据达到一定量后，在难以继续获得的情形下，如何展示所获得程序性违法事实与证据的技巧，可能会决定程序性辩护的成败。如果辩方抓住小的程序瑕疵不放，并将之通过媒体等力量无限放大，将严重阻碍程序的正常运行，使案件的程序事实与实体事实更加难以获得。

过度使用程序性辩护的技巧可能会使辩护偏离公正与效率。程序性辩护的目的是为了实现程序性公正，进而达到实体公正，但利用程序法律之内的或者法外的力量“死磕”程序，而过度进行程序性辩护及辩护技巧的使用会使公正与效率皆丧失，虽然我国程序性辩护对案件实体的定罪量刑的影响力不及国外一些以倡导程序正义为主的国家的影响力，但在司法实践中也存在通过程序性辩护技巧恶意阻碍程序进程的例子。

三、刑事程序性辩护的有限性

刑事程序性辩护的有限性源于程序性制裁的局限性，刑事程序性制裁从本质上看是社会治理手段，但任何的技巧与手段均会存在局限性。根据我国学者的研究，刑事程序性制裁的局限性体现在：针对主体错位；代价过于高昂；不正当地使被告人获得了额外的收益；使被害人因此可能失去获得正义机会；使社会为此承受巨大的代价。除此以外，宣告无效这一制裁程序性违法行为的方式，实际的抑制效果值得怀疑。因而应当弄清其范围与界限，并设定合理的界限。① 我国非法证据排除规则存在缺陷，无法发挥制裁的救济功能。非法证据排除规则等程序性制裁措施必须结合责任主体、威慑功能和利益流向三个方面加以完善，对程序性违法的有效治理必须科学划定程序性制裁和实体性制裁各自的作用边界，以形成强大合力。② 程序性制裁存在理论上的自洽性与前瞻性不足等缺陷，实践中也存在治理效果欠佳的问题，应当在认识局限的基础上构建一套针对程序性违法的综合治理机制。③ 程序性制裁机制存在效益困局与道德风险，可能降低公安、司法机关控制犯罪的能力，甚至架空法律，可能进行无谓的程序倒流，耗费司法成本，降低司法效率。另外，程序性制裁机制有着反实质正义的天然倾向，具有很强的功利性，会产生相当程度的道德风险。④ 程序性制裁机制是一种实现程序正义的具体化的技术性手段，但程序性制裁机制也存在缺陷，应当正视其缺陷，在作宏观的考虑之后扬长避短，最大限度地发挥其作用。

程序性权利是起点，但程序性制裁并不是终点，终点是人权保障

---

① 陈瑞华：《程序性制裁制度的法理学分析》，载《中国法学》2005 年第 6 期。

② 陈虎：《程序性制裁之局限性——以非法证据排除规则为例的分析》，载《当代法学》2010 年第 2 期。

③ 林喜芬：《“程序性制裁理论”的理论反思——以非法证据排除规则为分析焦点》，载《南京师范大学学报》2010 年第 2 期。

④ 蒋鹏飞：《刑事诉讼程序性制裁机制之弊端及其应对》，载《中国刑事法杂志》2010 年第 12 期。

与司法公正。针对侵害程序性权利的程序性违法行为，从国家制度追求来看，程序性权利的设置是程序正义的应有之义，是实现程序正义的具体的法律技术手段，不能一方面提倡程序性权利，另一方面又限制主体提出程序性辩护主张，程序性制裁的局限性决定不能过度依赖于程序性制裁来实现社会的治理。正如有学者提出的将程序性制裁的慑止效应作为是否适用程序性制裁的衡量标准，其本质在于国家通过对个案中的程序性违法的制裁截断程序性违法人员的心理预期，进而达到威慑、遏制程序性违法，维护合理的刑事诉讼运作秩序的效果。① 不难看出，刑事程序性辩护局限性源于程序性制裁的有限性，从个体角度来说，被追诉人及其律师通过对整体的程序性制裁效果的考虑之后，进而选择是否进行程序性辩护，也会对程序性辩护的结果有一个心理预期。从国家的层面考量，一方面为了实现程序性人权，另一方面为了实现国家的刑罚权维护社会的秩序，这一点决定了国家不可能允许无休止的刑事程序性辩护，出于维护社会统治的需要，也必须将刑事程序性辩护限定在一定的范围之内。另外，一种制度的实施、实效与国民的观念息息相关，我国传统社会以及现代社会中实体观念还占着较为重要的地位，当严苛的程序性制裁过多地影响追究犯罪时可能难以为公众接受。当然，国家对程序性制裁与辩护的限制可以通过一定的制度来调整。以非法证据排除为例，当我国刑事诉讼中辩方在提出非法证据排除时必须提供初步证据，也是较为合理的规制方式，类似的制度设计能够有效规制滥用程序性辩护权的行为。

第四节　刑事辩护律师制度的完善

只有通过专业法律服务人士的帮助，犯罪嫌疑人才有更大可能实现自己的全部权利，才能获得法律的强力保障，获得适足的机会准备

① 蒋鹏飞：《刑事诉讼程序性制裁机制之弊端及其应对》，载《中国刑事法杂志》2010 年第 12 期。

和进行辩护，从而获得公正审判。刑事司法通过输送公正审判，给予社会治理的信心。① 程序性辩护有效性的提高不仅包括美国学者研究的有效辩护，即有律师辩护，还包括辩护的实效，即“有效果的辩护”。其中，美国有效辩护的路径经历了从主观标准到客观标准的历程，主要是衡量律师的有效辩护。律师帮助权是落实辩护权的重要制度保障，虽然我国《刑事诉讼法》中还存在其他主体作为辩护人的情形，但毫无疑问，有效的律师帮助辩护最有利于被追诉主体辩护权的实现。从律师的角度来说，衡量律师辩护行为是否高效，主要与两个因素相关，即前述的律师的执业能力与律师的职业伦理。执业能力达不到要求可能办不好案件，导致辩护行为的效果不好；如果执业能力高，但没办好案件而达不到预期的辩护效果，则是职业道德与伦理的问题。法律的适用是指根据案件事实与证据运用法律，所以，律师的执业能力包括理论知识水平以及实践能力，律师执业能力的提高能够显著提高律师的辩护水平，提升刑事程序性辩护的有效性。律师职业道德与伦理准则是律师执业行为的底线，是律师行为良性发展的必要条件，大多数法治国家均是通过法律的形式直接予以规制。有学者认为：需要进一步完善我国法律援助制度，扩大法律援助范围，完善律师审前取证、庭上质证的律师辩护保障机制，建立律师分专业分级制度，不断提升律师的职业水准与专业水平。②

一、完善法学教育机制提升刑事案件律师辩护能力

威格莫尔认为：“某一法系的形成与发展与受到高度教育的职业阶层的发展与存续相关联。”③刑事程序性辩护有效性的研究是辩护制度从形式到实质的转变结果，其最后的结局在很大程度上也会促成受

① 丁鹏等编译：《欧洲四国有效刑事辩护研究——人权的视角》，法律出版社2012年版，第2页。

② 杨建广、李懿艺：《审判中心视域下有效辩护的构成与适用》，载《政法学刊》2017年第1期。

③ Wigmore, J. H., A Panorama of the world's legal systems, 1936, p. 1129. 转引自丁相顺：《日本司法考试与法律职业制度比较研究》，中国方正出版社2003年版，第29页。

律师制度规范与伦理约束的法律职业者即律师的变化。

刑事案件律师的辩护能力的增强是一项较为复杂的与法学教育相关的社会系统工程。虽然学习法律的个体在智力与个人能力上有着较大的差异，但法学教育正是通过教育方式进行设置与调整，从而让所有法律职业资格考试的通过者能够稳定地获得执业过程中所需要的法律能力，辩护能力只是其中较为重要的一项。刑事案件律师的辩护能力包括专业知识能力、律师执业的技能。律师执业能力是一个较为复杂的问题，虽然各国在培养律师的具体制度上存在差异，但均追求理论与实践的最佳结合。

律师辩护有效性的提高对律师有着较高的要求，不仅要有精深的专业知识水平，还要有综观全案选择辩护策略的能力，因而更需要有熟练的办案经验与实践能力。律师从程序的角度另辟蹊径地提出辩护策略，如果运用得当能够及时维护当事人的合法权益，纠正国家公权机关的程序性违法行为；如果运用不当则阻却了程序的正常推进，阻碍了国家刑罚权的实施，拖延诉讼，浪费国家的司法资源，耗费当事人的诉讼费用。法律是一门经验的艺术，好的辩护策略选择需要律师对丰富理论知识的综合运用与长期办案经验的总结。一个成熟的刑事辩护律师一般需要经历较长时间的理论的熏陶与实践的历练。我国律师职业资格条件从律师资格考试到统一的司法资格考试再到法律职业资格考试，从较低的报名条件到较高的报名条件，现行的条件自2018年4月28日之后变更为法学专业本科学生或者非法学专业本科学生必须具备法律(法学)硕士以上学位或者从事法律工作满三年，对考试者提出了更高的要求，在一定的程度上提升了未来的法律职业者的整体素质，但法学本科教育阶段及律师的职业培训如果无法满足律师能力的要求，也难以达到法治化进程对法律职业者素质的要求。法学本科教育中学生实践能力有待进一步加强，毕业实习不能流于形式，应当借鉴国外有些国家的经验，在正式入职前必须有一定时间的法律实务部门的实习工作经验。律师培训应当实质化，不能简单以上课的方式“走过场”，应采用老带新的师徒式的方式在一年实习期内增加实习律师办案数量的要求，以使实习律师获得更多的办案经验。转为正式律师之后，很多地方律师培训采用网站自学的方式进行再教育，但并无有效的监控措施，只要获得学分即为学习结束，对于学习的效果并无考核的标准与操作的方案，律师是否真的学习，难以把握。不难看出，大学法学教育阶段，学生的实践能力及律师执业之后理论水平的提高，是摆在法学教育及律师培养过程中的两个重要的问题。应当加强本科阶段高校与实务部门互动与合作，鼓励知名的法官、检察官、律师到高校兼职，以“办案工作坊”的方式，对不涉及秘密及隐私的案件，让学生参与办案的过程以获得办案的经验，更重要的是让学生习得运用法律进行思维的方式，丰富律师的培训方式与内容。律师能力的提高，一方面，需要律师自己将办案实务中所获得的实践经验予以抽象、归类总结，对实务中的问题进行系统化的理论分析与沉淀，形成系统性知识，提升自己的理论水平与实践能力；另一方面，律师阶段的培训应重点把握新增法律知识的理解与运用。对实习律师与正式律师建立长效的培训机制，重点加强考核机制，丰富学习方式与内容，通过线上线下、理论知识与实务知识的结合，增强法律知识培训的实效，真正提升律师的理论修养与实践中的业务水平。

二、完善律师的取酬机制

律师既是社会人也是理性经济人。作为社会生活中的一类特殊的群体，律师也是通过执业行为给当事人提供法律服务来获得报酬。单就律师来说，影响律师程序性辩护有效性的因素除了职业素质以外，最为重要的就是利益驱使。尽管法治社会对律师的职业使命提出了更高的要求，但从个人的角度来说，律师也会追求职业利益的最大化。程序法治的重大意义在于通过制度设计，阻碍恶性的因追逐利益而侵害当事人权益、损害法治的事件。律师行业的社会化使律师在执业过程中的利益问题成为无法回避的问题。目前我国律师服务的收费方法采取原则性与灵活性相结合的方式，根据相关规定，由国务院价格主管部门会同国务院司法行政部门制定，国务院有统一的规定，各省、自治区、直辖市也会结合当地情况制定律师服务收费管理办法。《律师服务收费管理办法》规定律师服务收费的定价方式与依据。定价方式为政府指导价和市场调节价两种，政府指导价的依据是当地经济发展水平、社会承受能力、行业发展、服务成本、风险和责任等，大致包括计件固定收费、按标的比例收费、计时收费。但在司法实践中还存在“身价”收费标准，“身价”收费标准可能导致律师资源的不均等分配。① 刑事程序性辩护的存在对中国刑事辩护律师收费制度有重大的影响，刑事案件一般主要以分阶段按件计酬的方式实施收费，传统的辩护行为主要发生在刑事庭审中，针对刑事程序性违法的程序性辩护主要发生在庭前程序中，通过庭前会议等方式解决。2012 年修订《刑事诉讼法》时，将侦查阶段律师界定为辩护人，使审前程序中的辩护成为可能，事实上律师在庭前程序中会见、阅卷、调查取证、程序性辩护的选择等行为至关重要，与庭审阶段的辩护有着同等重要的意义，但以阶段为基础的按件计酬的固定的收费方式，难以体现出不同律师服务的差异性，难以体现出在此阶段付出的工作量及劳动价值，将会打击律师在审前程序中服务的积极性，其中包括进行程序性辩护的积极性，影响案件的办理效果。合理的取酬方式能够使律师获得恰当的收入，因此获得更高的职业荣誉感与成就感，律师会更加珍惜这份职业，也会吸引更多的优秀人才投身到律师行业，律师也会更积极地增加投入，以提升自身的专业素养与业务水平，而不是寄希望于法外因素，以非正常的方式获得胜诉，破坏社会对律师行业的职业期待，损坏律师行业整体的声誉。律师必须凭借口碑与职业声誉，获取案源和提升收入，以实现执业的良性循环。

三、完善值班律师制度，真正实现律师辩护全覆盖

前述域外法治国家刑事司法的历程表明，律师制度对于辩护制度的有效性起着至关重要的作用，到特定阶段之后，从某种意义上说，辩护的有效性就是律师辩护的有效性。刑事程序性辩护有效性的提升离不开律师的介入，称职的律师能够充分保障其当事人的诉讼权利。在全面依法治国背景下，近年来，在保障嫌疑人、被告人律师帮助权的制度方面获得了较大的发展，2012 年修订的《刑事诉讼法》扩大了

---

① 韩晓利：《身价潜规则与刑事案件律师收费标准》，载《晋中学院学报》2013 年第 6 期。

法律援助辩护的范围，将律师介入的时间大大提前；2017 年 10 月，开展刑事案件律师辩护全覆盖试点工作；2018 年 12 月 27 日，最高人民法院和司法部联合发布了《关于扩大刑事案件律师辩护全覆盖试点范围的通知》，将律师辩护全覆盖推向全国；2018 年修订《刑事诉讼法》时，正式确立值班律师制度，使我国在刑事辩护律师保障方面又向前迈进了一大步。在这一系列的改革中，律师帮助辩护的范围层层推进，逐步扩大。正如最高人民法院和司法部通知中所描述的，其目的在于保障司法人权，促进司法公正，让每一件刑事案件都有律师辩护和提供法律帮助，通过律师发挥辩护职责维护当事人合法权益、促进司法公正，彰显我国社会主义法治文明进步。但从司法实践中的辩护情况来看，我国只有 30% 的律师辩护率，70% 的犯罪嫌疑人、被告人迫切需要通过刑事案件律师辩护全覆盖的实现获得律师辩护。①

(一)值班律师制度，律师辩护全覆盖相关规定中存在的问题

1. 值班律师角色定位不清晰

2018 年修订的《刑事诉讼法》第 36 条规定的值班律师制度使我国在刑事辩护律师保障方面又向前迈进了一大步，法律援助机构可以在人民法院、看守所等场所派驻值班律师。犯罪嫌疑人、被告人没有委托辩护人，法律援助机构没有指派律师为其提供辩护的，人民法院、人民检察院、看守所应当告知犯罪嫌疑人、被告人有权约见值班律师，并为犯罪嫌疑人、被告人约见值班律师提供便利。本条规定了值班律师的派驻场所、适用条件及作用，虽然本条已经明确了值班律师的职责为为犯罪嫌疑人、被告人提供法律咨询、程序选择建议、申请变更强制措施、对案件处理提出意见等法律帮助，但学者们对于值班律师的角色定位并没有形成一致意见，“辩护人”“准辩护人”“第三种辩护”“法律服务者”，学者们莫衷一是，导致理论与实务中对于值班律师在刑事诉讼法中的作用也认识不清。在实践中，部分地方的某些

① 顾永忠：《以刑事审判为突破口带动刑事案件律师辩护全覆盖试点向纵深发展》，载《中国律师》2019 年第 2 期。

做法使得值班律师的角色发生偏移，有的地方将之作为法制宣传教育的协助人，有的地方将之作为认罪协商的见证人，有的地方将之作为控诉活动的辅助人。① 定位不清影响律师的作用发挥。

2. 律师辩护覆盖的范围仍不够

不难看出，2018 年修订《刑事诉讼法》时在原有的自行辩护、委托辩护、法律援助辩护三种辩护方式的基础上，增加了值班律师制度。根据学者研究，尽管辩护形态逐步增加，辩护范围也在逐步扩大，但与真正的全覆盖还存在一定的差距。通过对《最高人民法院司法部关于开展刑事案件律师辩护全覆盖试点工作的办法》《关于扩大刑事案件律师辩护全覆盖试点范围的通知》有关规定进行分析，在辩护的方式上，区分了三种情形并分别作出了不同的规定：其一，《刑事诉讼法》第 35 条、第 278 条只是重申了法律所规定的内容，对于此类案件，审前程序法律已经规定了国家法律援助义务，使这类案件实现了全覆盖。其二，除了前述的应当进行法律援助的案件之外，其他适用普通程序审理的一审案件、二审案件、按照审判监督程序审理的案件，虽然也规定被告人没有委托辩护人的，人民法院应当通知法律援助机构指派律师为其提供辩护，但此种应当通知的情形只适用于审判程序之中，对于审前程序的法律援助则缺失。其三，对于适用简易程序、速裁程序审理的案件，被告人没有辩护人的，人民法院应当通知法律援助机构派驻的值班律师为其提供法律帮助。上述第二类，即占案件大多数的一般的普通的公诉案件的审前程序中法律援助辩护并没有覆盖到；而对于第三类，法律援助辩护律师难以覆盖到，因为值班律师不同于辩护律师。2018 年《刑事诉讼法》第 36 条对于上述试点范围进行扩充，没有限定案件类型，也没有适用阶段的限制，换言之，所有没有委托辩护、没有法律援助机构指派律师辩护的情形均可以获得值班律师的帮助，但对值班律师的定位及权利配置决定了值班律师制度的实际作用大小。事实上，我国的值班律师制度设置的初衷是为了保障被告人认罪认罚的自

① 詹建红：《刑事案件律师辩护何以全覆盖——以值班律师角色定位为中心的思考》，载《法学论坛》2019 年第 7 期。

愿性和明智性,① 但这一定位极易限制其适用的范围，辩护全覆盖的目标实际上并没有完成。

3. 值班律师权利不明确，制裁机制不完整

《最高人民法院、司法部关于开展刑事案件律师辩护全覆盖试点工作的办法》《关于扩大刑事案件律师辩护全覆盖试点范围的通知》《刑事诉讼法》区分了值班律师与辩护律师，但只规定了辩护律师的权利，规定了值班律师职责，即为犯罪嫌疑人、被告人提供法律咨询、程序选择建议、申请变更强制措施、对案件处理提出意见等法律帮助，但并没有明确规定值班律师为完成这些任务所享有的权利，权利不明晰则值班律师难以有所作为，从而影响这一制度的作用。

权利与救济相生相伴，《最高人民法院、司法部关于开展刑事案件律师辩护全覆盖试点工作的办法》中确立了一种新的发回重审程序性制裁的方式，即因第二审人民法院发现第一审人民法院未履行通知辩护职责，导致被告人在审判期间未获得律师辩护的，应当认定符合《刑事诉讼法》第 238 条第 3 项规定的情形，丰富了该条的内涵，这也为刑事程序性辩护提供了一种新的可能。但美中不足之处在于，最高人民法院、司法部所发之文件只是局限于审判阶段，只限定在未履行通知辩护职责的情形，而不包括未履行通知值班律师法律帮助职责的情形。另外，对于值班律师不履行法定的帮助辩护职责的制裁措施也缺乏相关规定。

(二)值班律师、律师辩护全覆盖的完善

1. 明确定位，委托律师、辩护律师、值班律师三位一体

《最高人民法院、司法部关于开展刑事案件律师辩护全覆盖试点工作的办法》《关于扩大刑事案件律师辩护全覆盖试点范围的通知》《刑事诉讼法》中规定值班律师制度的目的为提供法律帮助，而不是辩护，故而不能对此作扩大解释，因为从值班律师为被告人提供法律咨询、程序选择建议、申请变更强制措施、对案件处理提出意见等具

① 胡宇清、侯璐阳:《我国值班律师功能定位的结构性重塑》，载《湘潭大学学报》(哲学社会科学版)2021 年第 3 期。

体事务来看，就是一般意义上的最基础的法律帮助，是一些程序性问题，所以，对值班律师制度中“法律帮助”的理解应该适用文义解释。事实上，在存在值班律师制度的国家，建立值班律师制度的目的是补充和完善法律援助制度，以填补刑事诉讼中被追诉人在被逮捕或被起诉初期没有律师为其提供法律服务时，为被追诉人提供辩护前的法律帮助，即以法律咨询为主，不提供出庭辩护等法律服务。不宜将值班律师“辩护人化”，值班律师制度最大的制度价值在于补充各类案件审前程序的律师“空窗期”，以衔接正式的辩护制度，是短期内难以实现辩护律师全覆盖的过渡阶段，可以将值班律师定位为“专门解决程序问题，提供基本法律帮助服务”的主体。明确其维护程序权利，解决程序问题的主体地位，对于缓解我国“重实体，轻程序”的思维习惯有一定的作用。在相当长一段时间，委托律师、辩护律师、值班律师将三位一体式地共存于我国的刑事司法制度中。

2. 值班律师权利保障与制裁机制的完善

主体权利的设置与主体职责、任务相关，法律规定值班律师的职责为提供法律帮助，所以，律师的辩护效果在很大程度上受限于律师在不同阶段的权利限制。虽然前述将值班律师定位为“专门解决程序问题，提供基本法律帮助服务”的主体，为实现辩护律师全覆盖的过渡手段，但在法律没有作出明确规定，也没有相关司法解释作出特别限定的情形下，司法实践中，不应当对值班律师的权利随意作出限制和剥夺，其权利应当与律师的任务相匹配，这才有利于嫌疑人、被告人律师帮助权的实现。会见权是最基本的权利，《刑事诉讼法》规定的犯罪嫌疑人、被告人有权约见值班律师，并为犯罪嫌疑人、被告人约见值班律师提供便利。除此以外，值班律师的阅卷权、调查取证权法律并没有明确规定，也没有明确否定，应当根据法律规定以及值班律师所处置的事项决定其权利范围，才能真正落实这项权利保障制度。具体来说：

其一，根据《刑事诉讼法》第 35 条、第 278 条规定，在整个诉讼阶段，法律已经设定了特定案件法律援助，此类案件不存在值班律师制度的运行空间。

其二，对于其他普通案件审前程序而言，在法律援助机构指派的律师或者被告人委托的律师为被告人提供辩护前，存在一段时间的“空窗期”，这段时间是值班律师制度运行的空间，需要值班律师的介入，提供法律咨询、程序选择建议、申请变更强制措施、对案件处理提出意见等法律帮助事项。而值班律师必须具备完成这些任务的必要的程序性权利，会见权是最基础性的权利，所有律师均享有，一般的法律咨询只需要一般地了解案情即可，但程序选择涉及所适用程序的条件把握，申请变更强制措施涉及对强制措施的适用条件的考量，简单的会见显然难以完成任务。如果案件进入审查起诉环节，应当赋予其阅卷权，才有可能掌握全部案情，才有可能更为准确地提供程序选择的建议。

值班律师与值班律师的衔接，值班律师向辩护律师转化也是一个重要的问题。关于值班律师与值班律师的衔接，相关法律规定法律援助机构在法院、看守所设立值班律师，事实上，这两个地方分别处于审判阶段与审前阶段，当同时需要两个阶段值班律师的情形出现时，如果不同的值班律师分别提供法律帮助，则会产生同一事情重复处理的情形，造成资源浪费，所以，应当建立值班律师衔接机制，促成值班律师帮助制度的高效运作。关于值班律师向辩护律师转化，2017年8月发布的《关于开展法律援助值班律师工作的意见》虽然规定了法律援助值班律师不提供出庭辩护服务，但只是规定值班律师身份不能出庭辩护，并没有禁止值班律师接受委托或者接受法律援助任务后变为辩护律师，以辩护律师身份出庭，所以，应当畅通值班律师向辩护律师转化的通道，值班律师最先接触案件，最先了解案情，转化有利于节约成本，完全阻断值班律师转化为辩护律师的做法并不可取。“严禁利用值班便利招揽案源，介绍律师有偿服务”规定只是禁止主动招揽业务，但并没有禁止法律援助机构指派值班律师接受该案的法律援助，也没有禁止当事人的主动委托，律师被动接受案件的情形对于高效利用有限的律师资源也有一定的意义。

其三，对于审判阶段的简易程序、速裁程序，《最高人民法院、司法部关于开展刑事案件律师辩护全覆盖试点工作的办法》规定，人民法院应当通知法律援助机构派驻的值班律师为其提供法律帮助，这类案件在传统的刑事诉讼中就是普通的公诉案件，也就是说，此种情形有可能全程只有值班律师提供法律帮助，如果限制值班律师的权利，实际上值班律师将难以开展有效的辩护工作，故而应当享有与其他辩护律师同等的权利。

对于制裁机制，值得一提的是，为了保障律师帮助权的实现，对于未履行通知辩护职责，采取了程序性制裁与制裁责任人的处置方式。应当沿着这一路径将审前程序的其他阶段未履行通知辩护职责和未履行通知值班律师法律帮助职责的情形全部涵括进去，实施程序性制裁，将有利于辩护权的真正实现。

3. 进一步扩大覆盖范围，真正实现全覆盖

关于辩护全覆盖的范围问题，集中在两个方面，即在部分普通的公诉案件的审前程序中法律援助辩护并没有覆盖到，简易程序、速裁程序的整个诉讼阶段中法律援助辩护也没有覆盖到，均只能获得值班律师的帮助。所以值班律师成为解决问题的关键。①

值班律师作为过渡时期的一种制度设置当然有其合理性，但目前由于存在诸多现实条件的限制，不宜将值班律师直接当作辩护人，但也必须准确认识值班律师制度的适用范围，而不能误解为只包括简易程序、速裁程序审理案件的审判阶段，只有被告人没有辩护人的情形才能适用。从法律解释的基本原理来看，《刑事诉讼法》是上位法，其效力远远高于最高人民法院、司法部的“通知”与“办法”。而2018年《刑事诉讼法》第36条关于值班律师制度的相关内容，并没有将适用值班律师的条件限定在简易程序、速裁程序审理的案件中，并且也没有适用阶段的限制。换言之，所有没有委托辩护、没有法律援助机构指派律师辩护的情形均可以获得值班律师的帮助，这才符合值班律师制度为支付不起律师费用的主体提供免费的律师帮助的制度初衷。所以，从短期来看，将现行值班律师制度扩展到所有没有委托和援助辩护的情形，为其提供最基本的法律帮助服务，也不失为一种权宜之计；从长远来看，当条件成熟时，辩护律师全覆盖则是最终的选择。

① 顾永忠：《以刑事审判为突破口带动刑事案件律师辩护全覆盖试点向纵深发展》，载《中国律师》2019年第2期。

四、律师职业伦理制度的完善

职业伦理是指调整职业活动伦理关系的准则。不同的职业具有不同的职业伦理，职业伦理的产生是现代社会分工并分化为不同的职业之后的必然结果，是维系职业良性运作的重要条件。社会分工使社会系统分化出不同的角色及功能性需求，职业伦理促成不同角色的功能实现。律师的职业伦理是指处理律师执业活动中不同主体之间关系的伦理准则，具体包括律师与当事人之间的关系、律师与公权机关工作人员的关系、律师与律师之间的关系。但在各类教育与培训中，律师职业伦理方面的内容没有得到足够的重视。① 律师辩护的有效性除了与律师能力有关外，还与律师的职业伦理有关。从宏观上考虑，律师职业的存在立基于公法的程序正义的需要；从微观个案上考虑，则基于当事人委托授权的契约关系。② 两种需要的存在，决定了律师与当事人之间的关系模式，使律师的身份除了具有从属性之外，还有一定的独立性。律师的权利不仅来自法律规定，还来源于当事人的授权委托，因此，一方面，其必须在授权委托的范围内从事活动，为当事人争取最大的权益；另一方面，其基于法律规定的独立性地位的最终目的，也是为了在法律限度内维护当事人的合法权益。刑事诉讼中的嫌疑人、被告人由于法律知识不足或者人身自由被限制，很难同步监测律师辩护的效果，对辩护效果的直观感觉一般体现在最终的结果上。虽然无效的辩护行为可以通过事后的程序性制裁将无效辩护的结果归因到违反公正审判原则而撤销判决，但事后的制裁无疑会浪费有限的司法资源，提升诉讼成本。所以，律师职业伦理在这时起到了关键的作用，辩护律师职业伦理既涉及法律人的道德形象，也涉及我国辩审关系的未来走向。③ 律师知识的高度专业性决定其只能进

① 易胜华：《律师职业伦理与影响性案件》，载《司法》(第9辑)2014年第10期。

② 陈瑞华：《论辩护律师的忠诚义务》，载《吉林大学社会科学学报》2016年第3期。

③ 蔡元培：《当事人中心主义与法庭中心主义的调和：论我国辩护律师职业伦理》，载《法制与社会发展》2020年第7期。

行自我管理，任何外在的管理都会因为信息不对称而缺乏效率，对律师行业的自我管理则主要通过一套完整而严密的职业伦理规范来得到实现。①

从恢复律师制度以来，我国通过一系列的规章制度设置律师执业行为规范。从各类规范所规定的职业伦理内容来看，我国律师的职业伦理包括忠诚义务、勤勉尽责义务与公益义务等。事实上，由于我国律师职业伦理受到大陆法系国家职权主义的影响较强，追求多重伦理，不可避免存在冲突，如律师职业伦理与大众伦理的冲突、律师职业中社会公共责任与商业主义的冲突、律师忠诚义务与真实义务的冲突。② 这些冲突的存在有时使律师陷入尴尬的境地。不难看出，在我国，虽然有一系列的律师行为规范与相关法律和规章用于指引律师行业的业务活动。但事实上，在律师执业活动中，律师行为的边界是一个较难准确清晰界定的问题。在处理律师与当事人的关系上，需要经验与技巧，综观全案，寻找最有效的辩护方式维护当事人的合法权益，对公权力形成一定的制衡，良好地处理律师自身与其他各方主体的关系，包括但不限于刑事程序性辩护。是选择策略性的沉默，还是“死磕”某一个问题，或是畅所欲言，不达目的不罢休？不同辩护策略的选择受制于律师职业伦理的引导。

从全国律师协会网站公布的 2018 年统计数据的情况来看，除了 7 月份数据不详外，全国各省(区、市) 和设区的市律师协会投诉中心收到的投诉共计 6429 例，其中 1 月份 724 例、2 月份 364 例、3 月份 743 例、4 月份 591 例、5 月份 578 例、6 月份 629 例、8 月份 638 例、9 月份 574 例、10 月份 390 例、11 月份 583 例、12 月份 615 例，经过有关机关处理之后，最后认定处理的结果如表 7-1(其中有部分月份没有列出处理案件类别的具体数量，只有 4 月、6 月、8 月、10

① Richard Abel, Why Does the ABA Promulgate Ethical Rules, Texas Law Review, Vol. 59, 1981, p. 4. 转引自吴洪淇：《律师职业伦理的评价样态与规制路径——基于全国范围问卷调查数据的分析》，载《政法论坛》2018 年第 3 期。

② 褚宸舸、孙文博：《我国律师职业伦理：规范、问题和建议》，载《法学教育研究》2016 年第 7 期。

月、11月、12月有投诉案例的具体类别)：①

表 7-1

理由 月份	受到刑事处罚	不当言论、妨碍司法公正	违反会见阅卷的规定	违反管理规定、利益冲突等	代理不尽责	违规收案收费	泄露案件信息	其他
4月		65		121	138	121	3	143
6月		49		145	180	141	14	100
8月		49		110	209	112	17	141
10月	3	58		81	134	88	8	18
11月		56	18		154	104		
12月		41		101	170	147	7	13

从上述数据可以看出，律师代理不尽责占比最高，问题最严重，违规收费也是常见的问题，违反管理规定也不少见，所以，加强律师职业伦理教育具有必要性和紧迫性。

其一，律师职业伦理研究与教育的强化。随着法治进程的推进，律师在法治社会中的重要作用不断加强，律师职业伦理成为规制律师执业行为的有效手段。律师执业环境的巨变，使律师职业伦理的作用日益突显。律师职业伦理知识的研究与教育被提上日程，再也不能因律师职业伦理知识非法律专业知识而觉得其可有可无，可学可不学。应当实现律师职业伦理教育分阶段化，教育方法多元化，加强律师伦理知识在教育与考试考核中的比重。需要通过入职前的学校教育，入职后的职业伦理教育，使律师职业伦理不断内化，需要通过学校伦理知识教育与职业相关单位伦理教育相结合的方式，在不同的阶段推进

① 本部分数据来源于中国律师网公布的2018年各月份关于律师协会惩戒工作通报数据，将收集数据进行统计分析的结果：http://www.acla.org.cn/home/toPage,2019年3月6日访问。

律师伦理教育。

有学者认为：法律职业伦理，特别是律师职业伦理的研究水平，已经在很大程度上制约了法律职业伦理规范建设的中国化进程。律师行业的发展所面临的难题，需要不断地对律师伦理进行研究并转化成伦理规范建设。实证研究表明：我国相关高校设置有法律职业伦理课程的比例极低，研究力量也极为薄弱。① 律师的法学专业知识、实践操作技巧、职业伦理同等重要，如果说专业知识与运用知识的操作技巧是"能做"的技巧，职业伦理则是"做好"的高层次技巧，三种知识均需努力学习并结合实践经验获得。域外法治国家的培养经验正是如此，法国、德国等大陆法系国家获得律师资格均需经过多次理论考试，必须在特定时间深入不同单位进行实践训练之后才能获得。很长一段时间以来，我国的律师职业伦理教育通过三个阶段实行，高校学习阶段、律师实习期间执业前的培训以及律师执业之后的继续教育，但事实上，在高校学习阶段，由于职业伦理知识并非法学专业核心课程，附属于其他学科之中，因而没有受到师生的重视，教学与研究的力量均不够，律师在执业之后的继续教育一般也是对专业知识的学习与研究，此阶段律师伦理的学习也流于形式，律师职业伦理也难以激起学者的研究兴趣。教、学、研的力量不足，直接影响律师职业伦理知识的获取效果，因而较早就有学者提出需要在高校法学教育中加强法律职业伦理教育。②

值得庆幸的是，2017 年，教育部将法律职业伦理课程确立为本科生核心必修课程之一，法律职业伦理建设被提到了前所未有的高度，各高校应当借助司法改革的机会大力推动法律职业伦理研究与教学的深入开展。更为重要的是，需要促成理论界与实践界，即法学教育专家与律师在法律职业伦理教育中互补，可以外聘律师到院校兼职讲授实践中的律师职业伦理知识，对律师的培训则外聘学院教师讲授

① 吴洪淇：《律师职业伦理规范建设的回顾与前瞻》，载《交大法学》2018 年第 2 期。

② 褚宸舸、孙文博：《我国律师职业伦理：规范、问题和建议》，载《法学教育研究》2016 年第 7 期。

律师职业伦理理论研究的知识，缓解理论与实践脱钩的现象。应当在职业伦理教育中挖掘理论的意蕴与实践的价值，律师职业伦理教育的理论性有助于律师理解职业伦理在解决具体问题过程中的作用，深刻理解职业伦理的重要性及处理问题的伦理基点；律师职业伦理教育的实践性有助于律师在碰到实际问题时通过实践感知的索引找寻解决问题的最佳方案而不违背律师职业的宗旨。让职业律师意识到职业伦理是法律专业向度之外解决问题的另一个向度，职业伦理的提升也意味着律师个体整体素质的提升。

在课程的设计上，在职业伦理教育被作为法学专业的核心课程之后，不能简单地沿袭过去填鸭式的灌输伦理知识，将获得伦理知识作为终极目标，应当重点将理论与实践结合，引导学生结合案例，通过专业知识与伦理知识相结合的思辨方式解决问题，提升伦理思辨能力。教学方法上，结合互联网、大数据等科学的方法对案例进行分类，将传统的案例教学法、诊所式法律教育等方法结合起来，精选能够体现职业伦理精神的案件进行教学，建构模型分析律师在成功办理案件过程中的伦理选择过程。诊所式法律教育提倡的以“实习律师学校”代替法学院的创造性构想，在专业教育方面取得了重大的成绩，也可以重新审视和挖掘这种教学方法在律师职业伦理教学方面的作用，重点突出实习阶段进行伦理教育的重要性。律师阶段的职业伦理教育则需提升伦理教育在律师继续教育中的比重，树立先进律师办案实录，发挥特别典型案件示范效应，着重挖掘具体案件处理中的职业伦理精神。①

其二，伦理冲突优先选择机制。有学者提出，应坚持实用主义伦理的做法，在底线伦理基础上建构我国律师职业伦理的框架，建构律师职业伦理冲突及解决机制。② 表面上看，这是一种具体问题具体分析的现实主义路径，提供了一种宏观的解决方案，但是，建立在底线

① 索站超：《论律师职业伦理的冲突与消解》，载《河南财经政法大学学报》2017 年第 3 期。

② 宋远升：《刑辩律师职业伦理冲突及解决机制》，载《山东社会科学》2015 年第 4 期。

伦理基础之上的自由选择有可能使律师的任何一种选择皆为合理，并不能提供个案冲突的解决方案。这种理论框架能够为律师职业伦理冲突提供一种较好的解释框架，但不能真正用于解决伦理冲突的问题。有学者运用一种解释的技巧，试图缓解律师伦理的冲突，主张运用罗尔斯的“重叠共识”与“公共理性”的理论框架，处理在中国律师职业伦理的各项冲突与对立。① 也有学者提出，应当从律师职业伦理的运行机制方面解决问题，建立或完善道德激励机制、评价机制、违法违纪律师的惩戒制度等。② 这一方法正是我们长期以来用于解决律师行业伦理问题的方法，其实，问题的根源在于律师职业定位及多身份的重合，只要这些身份存在，就不可避免产生冲突。也有学者试图弱化和外化承载公益义务的身份，主张将公益义务作为严格限制的外部限制性规范，对辩护律师职业伦理的基本框架结构进行全方位的改革，实现辩护律师职业伦理从“双中心模式”向“单一中心模式”的转型。③ 这种方法的难点在于难以实现精准、严格的外部限制，难以把控在“单一中心模式”下可能造成的对原来追求的其他几种伦理形式损害的“度”。

既然律师多重身份与角色无法避免，解决伦理冲突的方案就不可能是单一的或者一蹴而就，而是错综复杂的。首先，必须借助于多重理论和学说广泛地宣传和解释律师职业的执业常态，增强普通民众对该行业的理解力；其次，在运行机制方面必须建立或完善道德激励机制、律师职业有效性的评价机制、违法违纪律师的惩戒制度等；最后，还必须提升律师行业的职业能力，保证办案律师能够在办理案件过程中，作出最优的策略选择。

其三，律师职业伦理的法律化。伦理制度更多地产生于道德规范的范畴，一般由行为协会制定，因其制定主体的特性决定其强制性存

---

① 丁建峰：《律师职业伦理的中国之“道”——基于公共理性与中国文化的探寻》，载《中山大学法律评论》2020 年第 8 期。

② 褚宸舸、孙文博：《我国律师职业伦理：规范、问题和建议》，载《法学教育研究》2016 年第 7 期。

③ 陈瑞华：《辩护律师职业伦理的模式转型》，载《华东政法大学学报》2020 年第 3 期。

在局限。但与一般行业的职业伦理不同，律师职业对于法治使命的意义与价值非凡，律师职业伦理对于律师行业发展与执业行为也有着重要意义，这就使律师职业伦理超越于一般的道德伦理之上，同时具有法规范的效力与价值。从规范技术构成上看，应将之纳入法律的权利与义务调整的范畴，使之具有更高的效力与更强的保障，具备法律的强制力。有学者曾提出过律师实用主义伦理路径，即通过伦理的规则化、行为化设计，实现一种可以应用的或者控制的规范伦理，并且根据社会发展和法律发达程度来确立律师伦理的内容。①

律师职业伦理制度是律师执业行为的准则，是律师制度的重要组成部分，律师职业伦理建设对律师执业行为具有重要的意义。从国外的经验来看，也是如此。以美国为例，20 世纪以来，美国律师协会先后颁布了《职业伦理准则》《职业责任示范守则》和《职业行为示范规则》，不管是从规范形式上看，还是从规范内容上看，体现出不断法律化、细致化的趋势，强制力与可操作性不断得到加强。② 我国于 1979 年恢复律师制度，1980 年制定了《律师暂行条例》，将律师的身份界定为“国家的法律工作者”，在这种情形下，律师商业化的伦理困境并不存在，律师的执业行为更多地体现为国家工作人员的职务行为。1993 年司法部提出《深化律师工作改革的方案》，实现律所性质的重大转变，律师的执业机构多样化，律师的身份则被界定为面向社会、为社会服务的法律工作者。为了避免律师过度追逐个人利益而忽略社会责任，新的职业伦理成为当时迫切的需要，司法部连续发布了多个规制律师执业行为的规则：1990 年发布《律师十要十不要》，1992 年 10 月发布《律师惩戒规则》，1993 年 12 月发布《律师职业道德和执业纪律规范》(2002 年修订)。1996 年全国律协颁布了新的《律师职业道德和执业纪律规范》(2001 年修订)，1999 年通过了《律师协会会员违规行为处分规则》(2004 年、2017 年修订)，2004 年全国律

① 宋远升:《刑辩律师职业伦理冲突及解决机制》，载《山东社会科学》2015 年第 4 期。

② 邹东俊:《律师协会与美国律师职业伦理的演进与构建》，载《法律方法与法律思维》2011 年第 1 期。

协颁布了《律师执业行为规范》(2009年、2017年修订)。2013年《律师法》进一步对律师有关执业行为规范进行了修改，在一定程度上缓解了律师职业伦理冲突带来的困境。从总体上看，我国律师职业伦理规范与时俱进，不断地针对实践中发现的问题进行完善。纵观我国律师制度的发展历程，经历了从无到有、从粗到细、从执业纪律到职业规范、从规范确立到规范实施的演变过程。① 其中，最为重要的一条主线为：伦理规范从“内部命令式”或者行业自治性规范到法律强制性规范逐步推进的过程，这一进程也是从内部纪律向公开规则转变的过程，加强了律师职业伦理规范的强制力。事实上，律师职业伦理不仅仅是一种义务，也应当是一种权利，所以，律师职业伦理不仅是道德问题，更应该是法律问题。制定相关的法律条文，为律师职业伦理的法律化奠定了坚实的基础。新时期随着政治经济形势的不断变化，律师整体执业环境与格局也发生了重大的变化，我们应当沿着这条道路，针对实践中发生的问题不断完善。

① 吴洪淇:《律师职业伦理规范建设的回顾与前瞻》，载《交大法学》2018年第2期。

参 考 文 献

一、中文著作

[1]《辞海》，上海辞书出版社 1980 年版。

[2]徐静村：《刑事诉讼法学》(上)，法律出版社 1997 年版。

[3]郑戈：《法律解释的社会构造》，载梁治平：《法律解释问题》，法律出版社 1998 年版。

[4]宋英辉：《日本刑事诉讼的新发展》，载《诉讼法论丛》第 1 卷，法律出版社 1998 年版。

[5]李心鉴：《刑事诉讼构造论》，中国政法大学出版社 1998 年版。

[6]樊崇义：《刑事诉讼法学》，中国政法大学出版社 1999 年版。

[7]程荣斌：《中国刑事诉讼法教程》，中国人民大学出版社 1999 年版。

[8]江伟主编：《民事诉讼法》，中国人民大学出版社 2000 年版。

[9]陈光中、徐静村主编：《刑事诉讼法学》，中国政法大学出版社 2000 年版。

[10]孙长永：《侦查程序与人权——比较法考察》，中国方正出版社 2000 年版。

[11]石毅：《中外律师制度综观》，群众出版社 2000 年版。

[12]邱联恭：《程序选择权的法理》，台湾三民书局 2000 年版。

[13]陈瑞华：《刑事诉讼前沿问题》，中国人民大学出版社 2000 年版。

[14]汪建成、黄伟明：《欧盟成员国刑事诉讼法概论》，中国人民大学出版社 2000 年版。

[15]孙孝福：《刑事诉讼人权保障的运行机制研究》，法律出版社 2001 年版。

[16]胡平仁：《立法过程中的利益表达与利益综合》，载胡旭晟：《湘江法律评论》，湖南人民出版社 2001 年版。

[17]孙万胜：《司法权的法理之维》，法律出版社 2002 年版。

[18]锁正杰：《刑事程序的法哲学原理》，中国人民公安大学出版社 2002 年版。

[19]卞建林、刘玫：《外国刑事诉讼法》，人民法院出版社、中国社会科学出版社 2002 年版。

[20]杨宇冠：《非法证据排除规则研究》，中国人民公安大学出版社 2002 年版。

[21]宋英辉、吴宏耀：《刑事审前程序研究》，中国政法大学出版社 2002 年版。

[22]丁相顺：《日本司法考试与法律职业制度比较研究》，中国方正出版社 2003 年版。

[23]宋英辉：《刑事诉讼法原理》，法律出版社 2003 年版。

[24]谢佑平、万毅：《刑事侦查制度原理》，中国人民公安大学出版社 2003 年版。

[25]卞建林、杨宇冠：《联合国刑事司法准则撮要》，中国政法大学出版社 2003 年版。

[26]余定宇：《寻找法律的印迹：从古埃及到美利坚》，法律出版社 2004 年版。

[27]汪海燕：《刑事诉讼模式的演进》，中国人民公安大学出版社 2004 年版。

[28]张卫平：《转换的逻辑——民事诉讼体制转型分析》，法律出版社 2004 年版。

[29]邵建东：《德国法学教育的改革与律师职业》，中国政法大学出版社 2004 年版。

[30]彭漪涟：《逻辑学大辞典》，上海辞书出版社 2004 年版。

[31]刘涛：《刑事诉讼主体论》，中国人民公安大学出版社 2005 年版。

[32]王进喜：《美国律师职业行为规则理论与实践》，中国人民公安大学出版社 2005 年版。

[33]魏晓娜：《刑事正当程序原理》，中国人民公安大学出版社 2006 年版。

[34]程汉大、李培锋：《英国司法制度史》，清华大学出版社 2007 年版。

[35]高铭暄、彭凤莲：《新中国刑事政策的演进》，载卢建平主编，《刑事政策评论》，中国方正出版社 2007 年版。

[36]宋英辉：《刑事诉讼法原理》，法律出版社 2007 年版。

[37]卞建林、刘玫主编：《外国刑事诉讼法》，中国政法大学出版社 2008 年版。

[38]张文显：《法哲学通论》，辽宁人民出版社 2009 年版。

[39]张恒山：《法理要论》，北京大学出版社 2009 年版。

[40]夏红：《无效刑事诉讼行为研究》，中国人民公安大学出版社 2009 年版。

[41]宋英辉：《刑事诉讼法学研究述评》，北京师范大学出版社 2009 年版。

[42]李卫红：《刑事政策学》，北京大学出版社 2009 年版。

[43]朱拥政：《刑事诉讼中的财产权保障》，中国人民大学出版社 2009 年版。

[44]王兆鹏：《辩护权与诘问权》，华中科技大学出版社 2010 年版。

[45]罗力彦：《找到辩点》，法律出版社 2010 年版。

[46]陈瑞华：《程序性制裁理论》，中国法制出版社 2010 年版。

[47]全国人大常委会法制工作委员会刑法室编：《〈关于修改中华人民共和国刑事诉讼法的决定〉条文说明、立法理由及相关规定》，北京大学出版社 2012 年版。

[48]陈光中：《刑事诉讼法学》，北京大学出版社、高等教育出版社 2012 年版。

二、译著

[1][德] 马克斯·韦伯:《世界经济通史》,王容芬译,上海译文出版社 1981 年版。

[2][美]戈尔丁:《法律哲学》(中译本),齐海滨译,三联书店 1987 年版。

[3][英]科特威尔:《法律社会学导论》,潘大松译,华夏出版社 1989 年版。

[4][法]伏尔泰:《哲学辞典》,王燕生译,商务印书馆 1991 年版。

[5][美]德肖微茨:《最好的辩护》,法律出版社 1994 年版。

[6]《马克思恩格斯全集》(第 1 卷),人民出版社 1995 年版。

[7][德]马克斯·韦伯:《儒教与道教》,王容芬译,商务印书馆 1995 年版。

[8]《德国刑事诉讼法典》,李昌珂译,中国政法大学出版社 1995 年版。

[9][奥]凯尔森:《法与国家的一般理论》,沈宗灵译,中国大百科全书出版社 1996 年版。

[10][日]谷口安平:《程序的正义与诉讼》,中国政法大学出版社 1996 年版。

[11][英]哈特:《法律的概念》,张文显等译,中国大百科全书出版社 1996 年版。

[12][英]阿尔尼奥:《理性与权威》,英国大学出版社 1997 年版。

[13]《法国刑事诉讼法典》,余叔通、谢朝华译,中国政法大学出版社 1997 年版。

[14]《法国刑事诉讼法典》,罗结珍译,国际文化出版公司 1997 年版。

[15][法]福柯:《权力的眼睛——福柯访谈录》,严锋译,上海人民出版社 1997 年版。

[16][英]P. S. 阿蒂亚:《法律与现代社会》,辽宁教育出版社、

牛津大学出版社1998年版。

[17][法]卡斯东·斯特法尼、乔治·勒瓦索、贝尔纳·布洛克:《法国刑事诉讼法精义》(上、下),罗结珍译,中国政法大学出版社1999年版。

[18][日]田口守一:《刑事诉讼法》,刘迪、张凌等译,法律出版社2000年版。

[19][美]罗尔斯:《政治自由主义》,万俊人译,译林出版社2000年版。

[20][法]米海依尔·戴尔玛斯-马蒂:《刑事政策的主要体系论》,卢建平译,法律出版社2000年版。

[21]《日本刑事诉讼法》,宋英辉译,中国政法大学出版社2000年版。

[22]中国政法大学刑事法律研究中心组织编译:《英国刑事诉讼法(选编)》,中国政法大学出版社2001年版。

[23][德]阿列克西:《法律论证理论》,舒国滢译,中国法制出版社2002年版。

[24][英]J. M. 凯利:《西方法律思想简史》,王笑红译,法律出版社2002年版。

[25]爱伦·豪切斯泰勒·斯黛丽、南希·弗兰克:《美国刑事法院诉讼程序》,陈卫东、徐美君译,中国人民大学出版社2002年版。

[26][日]谷口安平:《程序的正义与诉讼》,王亚新、刘荣军译,中国政法大学出版社2002年版。

[27][比利时]佩雷尔曼:《法律推理》,朱庆育译,载陈金钊、谢晖:《法律方法》(第二卷),山东人民出版社2003年版。

[28][德]哈贝马斯:《在事实与规范之间:关于法律和民主法治国的商谈理论》,童世骏译,三联书店2003年版。

[29] [美]伟恩·R. 拉费弗、杰罗德·H. 伊斯雷尔、南西·J. 金:《刑事诉讼法》(上、下册),卞建林等译,中国政法大学出版社2003年版。

[30][德]克劳思·罗科信:《刑事诉讼法》,吴丽琪译,法律出版社2003年版。

[31][日]田口守一:《刑事诉讼的目的》,张凌、于秀锋译,中国政法大学出版社 2011 年版。

[32]《德国刑事诉讼法典》,宗玉琨译,知识产权出版社 2013 年版。

[33][英]麦高伟、杰弗里·威尔逊主编:《英国刑事司法程序》,姚永吉等译,法律出版社 2003 年版。

[34][美]乔纳森·H. 特纳:《社会学理论的结构》,北京大学出版社 2004 年版。

[35]伊夫林· T. 菲特丽丝:《法律论证原理——法裁判之证立理论概览》,张其山等译,商务印书馆 2005 年版。

[36][德]卡尔·拉伦茨:《法学方法》,陈爱娥译,商务印书馆 2005 年版。

[37][德]诺伊曼:《法律论证理论大要》,郑永流、念春译,载《法哲学与法社会学论丛》,北京大学出版社 2005 年版。

[38][日]松尾浩也:《刑事诉讼法》(上、下卷),张凌译,中国人民大学出版社 2005 年版。

[39][美]罗纳尔多·V. 戴尔卡门:《美国刑事诉讼法律和实践》,张鸿巍等译,武汉大学出版社 2006 年版。

[40][德]耶林:《为权利而斗争》,法律出版社 2007 年版。

[41][英]杰奎琳·霍奇森:《法国刑事司法——侦查与起诉的比较研究》,张小玲、汪海燕译,中国政法大学出版社 2012 年版。

[42][美]卡罗尔·S. 斯泰克:《刑事程序故事》,吴宏耀译,中国人民大学出版社 2012 年版。

[43]丁鹏等编译:《欧洲四国有效刑事辩护研究——人权的视角》,法律出版社 2012 年版。

三、中文论文

[1]季卫东:《法律程序的意义:对中国法机建设的另一种思考》,载《中国社会科学》1993 年第 1 期。

[2]王敏远:《论违反刑事诉讼程序的程序性后果》,载《中国法学》1994 年第 3 期。

[3]李纵坤：《论辩护律师在刑事诉讼中的地位——兼论我国刑事辩护制度的完善》，载《法学评论》1995年第1期。

[4]陈瑞华：《程序价值理念的四个模式》，载《中外法学》1996年第2期。

[5]张大群：《试拟刑事立案程序的一种方案》，载《政法论坛》1996年第2期。

[6]熊秋红：《论刑事辩护制度之理论基础》(上)，载《政法论坛》1997年第1期。

[7]熊秋红：《论刑事辩护制度之理论基础》(下)，载《政法论坛》1997年第2期。

[8]潘佳铭：《美国宪法"正当程序原则"及其人权纪录》，载《西南师范大学学报》1997年第6期。

[9]熊秋红：《从刑事司法国际标准的角度看我国刑事辩护制度》，载《法学评论》1998年第2期。

[10]吴高庆：《中日刑事辩护制度之比较》，载《河北法学》1998年第4期。

[11]陈瑞华：《程序正义论纲》，载《诉讼法论丛》1998年第1期。

[12]刘焯：《法的效力与法的实效新探》，载《当代法学》1998年第1期。

[13]胡旭晟：《描述性的法史学与解释性的法史学——我国法史研究新格局评析》，载《法律科学》1998年第6期。

[14]左卫民、谢鸿飞：《论民事程序选择权》，载《法律科学》1998年第6期。

[15]杜胜军：《刑事指定辩护制度评析》，载《中国刑事法杂志》1999年第3期。

[16]王在山：《越轨的社会标签理论及其对预防违法、犯罪现象的启示》，载《青年研究》1999年第6期。

[17]尹丽华：《试论刑事辩护制度的完善》，载《中央政法管理干部学院学报》1999年第6期。

[18]锁正杰：《刑事程序价值论：程序正义与人权保障》，载《中

国法学》2000 年第 5 期。

[19]李明海：《中俄刑事辩护制度比较》，载《河北法学》2001 年第 3 期。

[20]陈光中：《刑事证据制度与认识论》，载《中国法学》2001 年第 1 期。

[21]许康定：《我国刑事辩护制度面临的挑战及法律对策》，载《法商研究》2001 年第 3 期。

[22]程荣斌等：《2000 年刑事诉讼法学研究的回顾与展望》，载《法学家》2001 年第 1 期。

[23]陈金钊：《司法过程中的法律方法论》，载《法制与社会发展》2002 年第 4 期。

[24]谢佑平：《生成与发展：刑事辩护制度的进化历程论纲》，载《法律科学》2002 年第 1 期。

[25]尹华嵘、钟琪：《我国取保候审与国外保释制度之比较》，载《浙江学刊》2002 年第 5 期。

[26]姚莉、李力：《辩护律师的程序动议权》，载《法商研究》2002 年第 2 期。

[27]郭松、吴贤静：《大陆法系刑事诉讼条件理论探微》，载《黑龙江省政法管理干部学院学报》2003 年第 6 期。

[28]彭世忠：《程序选择权及其法经济学思考》，载《西南政法大学学报》2003 年第 6 期。

[29]高一飞：《论刑事简易程序中的被告人异议权》，载《云南大学学报》2003 年第 2 期。

[30]陈瑞华：《大陆法中的诉讼行为无效制度——三个法律文本的考察》，载《政法论坛》2003 年第 5 期。

[31]陈瑞华：《程序性制裁制度研究》，载《中外法学》2003 年第 4 期。

[32]张斌：《我国无证搜查制度法理之构建》，载《现代法学》2003 年第 4 期。

[33]蔡佩玉：《刑事辩护制度的文化内涵与立法完善》，载《政法学刊》2003 年第 3 期。

[34]张文显：《对法律规范的再认识》，载《吉林大学社会科学学报》1987年第6期。

[35]葛琳：《论刑事中的程序性裁判机制》，中国政法大学硕士学位论文，2003年10月。

[36]尹丽华：《俄罗斯联邦刑事诉讼法的创新发展》，载《当代法学》2004年第4期。

[37]陈永生：《刑事诉讼的程序性制裁》，载《现代法学》2004年第1期。

[38]龙宗智：《印证与自由心证——我国刑事诉讼证明模式》，载《法学研究》2004年第2期。

[39]喻贵英：《走进美国的陪审制度》，载《法学评论》2004年第2期。

[40]刘梅湘：《犯罪嫌疑人知悉权初探》，载《国家检察官学院学报》2004年第4期。

[41]陈瑞华：《刑事被告人权利的宪法化问题》，载《政法论坛》2004年第3期。

[42]郑宇：《保释制度与取保候审之比较研究》，载《河南省政法管理干部学院》2004年第6期。

[43]邹爱华：《法律规范的逻辑结构新论》，载《湖北大学学报》2004年第6期。

[44]刘梅湘：《犯罪嫌疑人知悉权初探》，载《国家检察官学院学报》2004年第4期。

[45]夏勇：《权利哲学的基本问题》，载《法学研究》2004年第3期。

[46]陈卫东、胡之芳：《关于刑事诉讼当事人处分权的思考》，载《政治与法律》2004年第4期。

[47]吴孝军：《论犯罪侦查中的程序性违法》，载《法学》2004年第6期。

[48]刘少军：《被追诉者刑事程序选择权初探》，载《政法论丛》2004年第5期。

[49]王宏璎：《控辩平等对律师辩护制度的要求》，载《兰州大学

学报》2004年第1期。

[50]张冬梅：《完善我国辩护制度研究》，载《河北法学》2004年第6期。

[51]葛洪义：《试论法律论证的概念、意义与方法》，载《浙江社会科学》2004年第2期。

[52]易延友：《证据法学的理论基础——以裁判事实的可接受性为中心》，载《法学研究》2004年第1期。

[53]李益民、杨永志：《改革、完善我国律师刑事辩护制度若干问题的思考》，载《河北法学》2005年第1期。

[54]余捷：《关于刑事辩护制度的完善思考》，载《人民检察》2005年第9期。

[55]梁庆寅、张南宁：《论刑事辩护中的法律论证》，载《学术研究》2005年第2期。

[56]陈学权：《论刑事诉讼中被追诉人的财产权保护》，载《学术研究》2005年第12期。

[57]林劲松、毕慧：《语义与语境：刑事诉讼中的人权保障》，载《浙江社会科学》2005年第5期。

[58]谢晖：《论法律的实效》，载《学习与探索》2005年第1期。

[59]陈瑞华：《程序性辩护之初步考察》，载《燕山大学学报》2005年第1期。

[60]陈瑞华：《刑事程序性辩护之初步研究》，载《现代法学》2005年第2期。

[61]陈瑞华：《程序性制裁制度的法理学分析》，载《中国法学》2005年第6期。

[62]张泽涛：《反思帕卡的犯罪控制模式与正当程序模式》，载《法律科学》2005年第2期。

[63]于伟：《错案标准的界定》，载《法学》1997年第5期。

[64]王牧、赵宝成：《"刑事政策"应当是什么——刑事政策概念解析》，载《中国刑事法杂志》2006年第2期。

[65]林劲松：《对抗制国家的无效辩护制度》，载《环球法律评论》2006年第4期。

[66]林劲松:《美国无效辩护制度及其借鉴意义》，载《华东政法学院学报》2006 年第 4 期。

[67]孙厚祥:《我国刑事诉讼程序性违法裁判机制的完善》，载《华东政法学院学报》2006 年第 5 期。

[68]孙国祥:《刑事辩护制度与错案预防》，载《人民检察》2006 年第 18 期。

[69]孙洪坤:《刑事指定辩护制度的实证分析——对淮北市法律援助中心、中级人民法院的调研报告》，载《中国刑事法杂志》2006 年第 5 期。

[70]万毅、林喜芬:《现代刑事诉讼法的帝王原则:程序法定原则重述》，载《当代法学》2006 年第 1 期。

[71]杨翠芬:《完善死刑案件被告人辩护制度之构想》，载《河北法学》2007 年第 7 期。

[72]万毅:《刑事诉讼中被追诉人财产权保障问题研究》，载《政法论坛》2007 年第 4 期。

[73]陈瑞华:《对违法审判行为的程序性制裁》，载《兰州大学学报》2007 年第 1 期。

[74]樊崇义、叶肖华:《从有效辩护原则看我国的辩护制度改革》，载《中国律师》2007 年第 10 期。

[75]林林:《辩护权主体的二元结构辨析》，载《人民检察》2007 年第 21 期。

[76]刘杨:《法律规范的逻辑结构新论》，载《法制与社会发展》2007 年第 1 期。

[77]王旭:《法的规则有效性理论研究》，载《比较法研究》2007 年第 3 期。

[78]宋世杰、文娟:《试论刑事当事人的程序选择权》，载《河南公安高等专科学校学报》2007 年第 2 期。

[79]顾永忠、李竺娉:《论刑事辩护的有效性及其实现条件——兼议无效辩护在我国的引入》，载《西部法学评论》2008 年第 1 期。

[80]邹立君:《“重实体，轻程序”命题的语境分析——兼论程序正义问题》，载《法制与社会发展》2008 年第 4 期。

[81]龚佳禾：《“刑事错案认定标准”研究》，载《中国刑事法杂志》2007年第5期。

[82]高新华：《论司法程序性裁判》，载《国家检察官学院学报》2008年第1期。

[83]季卫东：《律师的重新定位与职业伦理》，载《中国律师》2008年第1期。

[84]管宇：《程序正义现代进路》，载《政法论坛》2008年第5期。

[85]谢进杰：《论审判对象的生成——基于刑事诉讼合理构造的诠释》，载《北方法学》2009年第2期。

[86]许娟：《法律何以能被信仰？——兼与法律信仰不可能论者商榷》，载《法律科学》2009年第5期。

[87]周长军：《检察起诉裁量权的国际发展趋势与中国改革》，载《东方法学》2009年第3期。

[88]顾永忠：《刑事辩护的现代法治涵义解读——兼谈我国刑事辩护制度的完善》，载《中国法学》2009年第6期。

[89]李训虎：《割裂下的融合：中国宪法与刑事诉讼法关系解读》，载《法学家》2009年第3期。

[90]简乐伟、张文静：《建立刑事辩护准入制度提高刑事辩护质量》，载《中国司法》2009年第2期。

[91]易军：《生命权发展中的权利论证》，载《法学研究》2009年第4期。

[92]马进保：《刑事诉讼权利宪法保护的理性选择》，载《中国刑事法杂志》2009年第5期。

[93]马静华：《指定辩护律师作用之实证研究——以委托辩护为参照》，载《现代法学》2010年第6期。

[94]夏红：《无效刑事诉讼行为程序性处置论》，载《河北法学》2010年第11期。

[95]陈虎：《程序性制裁之局限性——以非法证据排除规则为例的分析》，载《当代法学》2010年第2期。

[96]蒋鹏飞：《刑事诉讼程序性制裁机制之弊端及其应对》，载

《中国刑事法杂志》2010年第12期。

[97]闵春雷：《严格证明与自由证明新探》，载《中外法学》2010年第5期。

[98]刘政：《刑事被告人程序选择权的缺失分析与制度构建》，载《法学杂志》2010年第4期。

[99]冉杰：《法律论证理论述评》，载《法律科学》2010年第5期。

[100]苏喜民、张杰：《强化刑事拘留强制措施法律监督的实证分析及理性思考》，载《中国刑事法杂志》2010年第10期。

[101]蒋鹏飞：《刑事诉讼程序性制裁机制之弊端及其应对》，载《中国刑事法杂志》2010年第12期。

[102]谢佑平、吴羽：《程序法的价值分析——从宪政、法制品质与司法正义三重意义》，载《东北大学学报》2011年第6期。

[103]施鹏鹏：《走向刑事宪法？——以宪政框架下的法国刑事诉讼改革为背景》，载《浙江社会科学》2011年第6期。

[104]王晓：《法律论证客观性的寻求——以真性、正当性和合法性为基点》，载《国家检察官学院学报》2011年第1期。

[105]申飞飞：《美国无效辩护制度及其启示》，载《环球法律评论》2011年第5期。

[106]甄贞：《论中国特色的控辩关系——以新刑事诉讼法关于刑事辩护制度的规定为视角》，载《河南社会科学》2012年第7期。

[107]顾永忠：《我国刑事辩护制度的回顾与展望》，载《法学家》2012年第3期。

[108]顾永忠：《我国刑事辩护制度的重要发展、进步与实施——以新〈刑事诉讼法〉为背景的考察分析》，载《法学杂志》2012年第6期。

[109]元轶：《辩护制度基本问题的反思——以苏俄联邦的相关刑事法修改为视角》，载《政法论坛》2012年第6期。

[110]吴纪奎：《论辩护律师的民事责任》，载《环球法律评论》2012年第6期。

[111]张栋：《美国死刑案件中指定辩护制度评析》，载《山东社

会科学》2012 年第 12 期。

[112]冀祥德:《刑事辩护准入制度与有效辩护及普遍辩护》,载《清华法学》2012 年第 4 期。

[113]刘计划:《逮捕审查制度的中国模式及其改革》,载《法学研究》2012 年第 2 期。

[114]汤茂定、李建明:《论我国刑辩律师有效辩护的制度保障》,载《深圳大学学报》2012 年第 3 期。

[115]左卫民:《有效辩护还是有效果辩护》,载《法学评论》2019 年第 1 期。

[116]左卫民、马静华:《效果与悖论:中国刑事辩护作用机制实证研究》,载《政法论坛》2012 年第 2 期。

[117]冀祥德:《刑事辩护准入制度与有效辩护及普遍辩护》,载《清华法学》2012 年第 4 期。

[118]陈效:《美国有效辩护理论辨析》,载《学理论》2012 年第 5 期。

[119]程刚:《法律的效力与实效概念辨析》,载《社会科学辑刊》2012 年第 4 期。

[120]劳东燕:《刑事政策与刑法体系关系之考察》,载《比较法研究》2012 年第 2 期。

[121]王喆、闵春雷:《美国死刑有效辩护制度及其启示》,载《东北师大学报》2012 年第 6 期。

[122]高咏:《非法证据排除问题的上诉程序》,载《中国检察官》2013 年第 21 期。

[123]杨克兴、王维:《程序优于权利的形成及其价值借鉴》,载《天津法学》2013 年第 2 期。

[124]马康:《论刑事被告人简易程序选择权》,载《公安学刊》2013 年第 2 期。

[125]尹晓红:《获得律师的有效辩护是获得辩护权的核心——对宪法第 125 条获得辩护条款的法解释》,载《河北法学》2013 年第 5 期。

[126]解永照、张一博:《从规范到事实:效力和实效的纠结以

纯粹法理论为研究背景》，载《山东警察学院学报》2013年第4期。

[127]张建伟：《刑事诉讼司法解释的空间与界限》，载《清华法学》2013年第6期。

[128]孙琴、邓勇：《刑事立案监督的问题及破解路径》，载《中国刑事法杂志》2013年第5期。

[129]季美君、单民：《论刑事立案监督的困境与出路》，载《法学评论》2013年第2期。

[130]张晶：《死刑指定辩护制度的规范化解读》，载《湖北社会科学》2013年第3期。

[131]潘申明、刘宏武：《论刑事辩护制度的革新——以新〈刑事诉讼法〉为基点》，载《法学杂志》2013年第3期。

[132]万毅：《"曲意释法"现象批判——以刑事辩护制度为中心的分析》，载《政法论坛》2013年第3期。

[133]陈永生：《逮捕的中国问题与制度应对——以2012年刑事诉讼法对逮捕制度的修改为中心》，载《政法论坛》2013年第4期。

[134]孟海燕：《论程序价值的现代实现》，载《长沙大学学报》2013年第6期。

[135]卫磊：《当代刑事政策发展的实践路径——以刑法司法解释为视角》，载《华东政法大学学报》2013年第4期。

[136]夏勇：《刑事政策的司法应用》，载《杭州师范大学学报》2013年第2期。

[137]杨宇冠：《我国非法证据排除规则实施问题研究》，载《法学杂志》2014年第8期。

[138]陈实：《话语与实践：刑事政策影响下的刑事诉讼》，载《江西社会科学》2014年第11期。

[139]孙万怀：《宽严相济刑事政策应回归为司法政策》，载《法学研究》2014年第4期。

[140]莫湘益：《庭前会议：从法理到实证的考察》，载《法学研究》2014年第3期。

[141]熊秋红：《有效辩护、无效辩护的国际标准和本土化思考》，载《中国刑事法杂志》2014年第6期。

[142]梁平、陈焘：《论实体法与程序法的关系——兼谈“重实体轻程序”问题》，载《武汉理工大学学报》2014 年第 6 期。

[143]詹建红：《我国程序性辩护制度之省思》，载《法商研究》2014 年第 3 期。

[144]江必新、王红霞：《社会治理的法治依赖及法治的回应》，载《法制与社会发展》2014 年第 4 期。

[145]洪浩、罗晖：《法国刑事预审制度的改革及其启示》，载《法商研究》2014 年第 6 期。

[146]陈瑞华：《刑事诉讼中的有效辩护问题》，载《苏州大学学报》2014 年第 5 期。

[147]许身健：《欧美律师职业伦理比较研究》，载《国家检察官学院学报》2014 年第 1 期。

[148]朱德宏：《非法证据排除规则有效性的制度逻辑：以检察机关公诉权能为视角》，载《学术界》2014 年第 10 期。

[149]熊秋红：《有效辩护、无效辩护的国际标准和本土化思考》，载《中国刑事法杂志》2014 年第 6 期。

[150]杨春洪、付凌云：《论死刑案件指定辩护的有效性——兼谈构建死刑案件指定辩护质量标准》，载《政法学刊》2014 年第 5 期。

[151]吴宏耀：《非法证据排除的规则与实效——兼论我国非法证据排除规则的完善进路》，载《现代法学》2014 年第 4 期。

[152]郑肖肖：《案件质量评估的实证检视与功能回归以发回重审率、改判率等指标为切入点探讨》，载《法律适用》2014 年第 1 期。

[153]程雷：《非法证据排除规则规范分析》，载《政法论坛》2014 年第 6 期。

[154]易胜华：《律师职业伦理与影响性案件》，载《司法》(第 9 辑)2014 年第 10 期。

[155]万毅：《解读非法实物证据排除规则的解释与适用》，载《四川大学学报》(社会科学版)2014 年第 3 期。

[156]孙长永、王彪：《审判阶段非法证据排除问题实证考察》，载《现代法学》2014 年第 1 期。

[157]郭旭：《非法证据排除规则典型案例分析》，载《法学杂

志》2015 年第 1 期。

[158]左卫民：《热与冷：非法证据排除规则适用的实证研究》，载《法商研究》2015 年第 3 期。

[159]马明亮：《非法证据排除规则的结构性困境》，载《现代法学》2015 年第 4 期。

[160]陈瑞华：《非法证据排除规则的适用对象——以非自愿供述为范例的分析》，载《当代法学》2015 年第 1 期。

[161]彭江辉：《有效辩护与辩护质量》，载《湘潭大学学报》(哲学社会科学版)2015 年第 4 期。

[162]祁建建：《美国辩诉交易中的有效辩护权》，载《比较法研究》2015 年第 6 期。

[163]左卫民：《未完成的变革刑事庭前会议实证研究》，载《中外法学》2015 年第 2 期。

[164]石聚航：《刑事政策司法化：历史叙事、功能阐释与风险防范》，载《当代法学》2015 年第 5 期。

[165]印波、高远：《刑事诉讼行为的三重评价：成立性、合法性和有效性》，载《河北学刊》2015 年第 2 期。

[166]王敏远：《2012 年刑事诉讼法修改后的司法解释研究》，载《国家检察官学院学报》2015 年第 1 期。

[167]李奋飞：《论“表演性辩护”——中国律师法庭辩护功能的异化及其矫正》，载《政法论坛》2015 年第 3 期。

[168]付强：《当前刑事立案监督工作机制之完善》，载《中国检察官》2015 年第 3 期。

[169]洪浩、罗晖：《刑事预审制论我国刑事预审制度的重构——以立案登记制的改革为视角》，载《学术论坛》2015 年第 4 期。

[170]汪家宝：《论刑事被追诉人的有效辩护权》，载《政治与法律》2016 年第 4 期。

[171]李本森：《美国刑事无效辩护制度及其对我国的借鉴》，载《北方法学》2016 年第 6 期。

[172]张健：《审判阶段非法证据排除规则的表达与实践——对 995 份刑事裁判文书的实证分析》，载《学习论坛》2016 年第 4 期。

[173]欧明艳、黄晨：《从形式到实质：刑事辩护对裁判结果影响力研究——以C市Y中院近3年198名被告人的律师辩护为样本》，载《法律适用》2016年第1期。

[174]林喜芬、董坤：《非法证据排除规则运行状况的实证研究——以557份律师调查问卷为样本》，载《交大法学》2016年第3期。

[175]杨宇冠、刘曹祯：《刑事诉讼庭前会议制度研究》，载《安徽大学学报》(哲学社会科学版)2016年第5期。

[176]陈瑞华：《论辩护律师的忠诚义务》，载《吉林大学社会科学学报》2016年第3期。

[177]索站超：《论律师职业伦理的冲突与消解》，载《河南财经政法大学学报》2017年第3期。

[178]杨建广、李懿艺：《审判中心视域下有效辩护的构成与适用》，载《政法学刊》2017年第1期。

[179]熊秋红：《审判中心视野下的律师有效辩护》，载《当代法学》2017年第6期。

[180]张中：《论侦查阶段的有效辩护》，载《当代法学》2017年第6期。

[181]吴双：《刑事错案成因与对策的法理探析》，载《黑龙江省政法管理干部学院学报》2017年第4期。

[182]陈肇新：《麦考密克法律论证理论视角下的辩护权》，载《国家检察官学院学报》2017年第5期。

[183]孙谦：《司法改革背景下逮捕的若干问题研究》，载《中国法学》2017年第3期。

[184]陈瑞华：《有效辩护问题的再思考》，载《当代法学》2017年第6期。

[185]姜金良、王艺霖：《非法证据排除认定中裁判思维误区及克服》，载《法律适用》2017年第14期。

[186]单子、洪非：《非法实物证据排除规则的实践曲解与理论校正》，载《大连理工大学学报》(社会科学版)2017年第2期。

[187]谢澍：《论刑事证明标准实质递进性——“以审判为中心”

语境下的分析》，载《法商研究》2017 年第 3 期。

[188]黄美玲：《律师职业化如何可能——基于古希腊、古罗马历史文本的分析》，载《法学家》2017 年第 3 期。

[189]陈瑞华：《程序性辩护的理论反思》，载《法学家》2017 年第 1 期。

[190]董坤：《非法证据排除规则若干新问题释疑》，载《兰州大学学报》(社会科学版)2018 年第 2 期。

[191]吴洪淇：《律师职业伦理规范建设的回顾与前瞻》，载《交大法学》2018 年第 2 期。

[192]吴洪淇：《律师职业伦理的评价样态与规制路径——基于全国范围问卷调查数据的分析》，载《政法论坛》2018 年第 2 期。

[193]陈卫东、司楠：《审判中心主义场域下刑事辩护制度的再造》，载《浙江工商大学学报》2018 年第 1 期。

[194]任素贤：《审判阶段非法证据排除规则适用的实证考察及困境突破》，载《政治与法律》2018 年第 6 期。

[195]郝银钟、史达：《法院适用非法证据排除规则实证研究——基于 587 份裁判文书的分析》，载《贵州民族大学学报》(哲学社会科学版)2017 年第 1 期。

[196]田维武、阮能文：《庭前会议制度的实践难题及完善路径》，载《中国检察官》2018 年第 1 期。

[197]蒋志如、陈磊：《从“有”辩护到实现“有效”辩护的演进轨迹——改革开放 40 年来我国刑事辩护制度的变革与发展》，载《内蒙古师范大学学报》2018 年第 4 期。

[198]刘磊：《非法证据排除规则的中国范式：困境与出路》，载《武汉大学学报》2018 年第 6 期。

[199]张成、律璞玉：《如何找到职务犯罪的辩点》，载《中国律师》2018 年第 2 期。

[200]顾永忠：《以刑事审判为突破口带动刑事案件律师辩护全覆盖试点向纵深发展》，载《中国律师》2019 年第 2 期。

[201]詹建红：《刑事案件律师辩护何以全覆盖——以值班律师角色定位为中心的思考》，载《法学论坛》2019 年第 4 期。

[202]侯晓焱、邢永杰：《我国证人证言排除的刑事司法实务观察》，载《国家检察官学院学报》2019 年第 4 期。

[203]陈瑞华：《辩护律师职业伦理的模式转型》，载《华东政法大学学报》2020 年第 3 期。

[204]石贤平等：《死刑复核程序中法律援助律师辩护有效性的实证研究》，载《黑龙江省政法管理干部学院学报》2020 年第 3 期。

[205]顾永忠、娄秋琴：《程序性辩护的理论发展与实践展开》，载《国家检察官学院学报》2020 年第 3 期。

[206]丁建峰：《律师职业伦理的中国之“道”——基于公共理性与中国文化的探寻》，载《中山大学法律评论》2020 年第 8 期。

[207]胡宇清、侯璐阳：《我国值班律师功能定位的结构性重塑》，载《湘潭大学学报》(哲学社会科学版)2021 年第 3 期。

后　记

本书的研究过程正好赶上《刑事诉讼法》及相关的司法解释的修改和完善，所以最终成果延缓至今，说是难产也不为过。“宝剑锋从磨砺出”，现在终于还是画上了一个句号。刑事程序性辩护及其有效性是一个值得长期关注的问题，在理论相对成熟后，实践中的运作样态似乎是更应该关注的重心。从开题至今，选择这么宏大的问题，尽管有破釜沉舟、壮士断腕的决心，但个人精力与所能掌握的资源毕竟有限，结果不一定完美，更多的是希望抛砖引玉吸引更多的同仁继续关注这一问题，共同推进程序法治的进步。

感谢授业恩师中南财经政法大学姚莉教授，她严谨的工作作风、孜孜不倦的钻研精神永远是我学习的榜样。感谢江西际民律师事务所、擎天律师事务所、卷舒律师事务所等各位律师同仁的大力支持，每次同他们的谈话中，总能更多地捕捉到来自实践中的关于程序性辩护的灵感。

最后，感谢家人一直以来一如既往的支持！

石浩旭

2022 年 9 月